船山遺書

第九册

读通鉴论（上）

〔清〕王夫之 著

中国书店

钟山书局

目录

读通鉴论（上）

读通鉴论（上）

读通鉴论卷一

秦始皇

一

两端争胜，而徒为无益之论者，辨封建者是也。郡县之制，垂二千年而弗能改矣，合古今上下皆安之，势之所趋，岂非理而能然哉？天之使人必有君也，莫之为而为之。故其始也，各推其德之长人、功之及人者而奉之，因而尤有所推以为天子。人非不欲自贵，而必有奉以为尊，人之公也。安于其位者习于其道，因而有世及之理，虽愚且暴，犹贤于草野之罔据者。如是者数千年而安之矣。强弱相噬而尽失其故，至于战国，仅存者无几，岂能役九州而听命于此数诸侯王哉？于是分国而为郡县，择人以尹之。郡县之法，已在秦先。秦之所灭者六国耳，非尽灭三代之所封也。则分之为郡，分之为县，俾才可长民者皆居民上以尽其才，而治民之纪，亦何为而非天下之公乎？

古者诸侯世国，而后大夫缘之以世官，势所必滥也。士之子恒为士，农之子恒为农，而天之生才也无择，则士有顽而农有秀；秀不能终屈于顽，而相乘以兴，又势所必激也。封建毁而选举行，守令席诸侯之权，刺史牧督司方伯之任，虽有元德显功，而无所庇其不令之子孙。势相激而理随以易，意者其天乎！阴阳不能偏用，而仁义相资以为亨利，虽圣人其能违哉！选举之不慎而守令残民，世德之不终而诸侯乱纪，两俱有害，而民于守令之贪残，有所借于黜陟以苏其困。故秦、汉以降，天子孤立无辅，祚不永于商、周；而若东迁以后，交兵毒民，异政殊俗，横敛繁刑，艾削其民，迄之数百年而不息者亦革焉，则后世生民之祸亦轻矣。郡县者，非天子之利也，国祚所以不长也；而为天下计，利害不如封建之滋也多矣。呜呼！秦以私天下之心而罢侯置守，而天假其私以行其大公，存乎神者之不测，有如是夫！

世其位者习其道，法所便也；习其道者任其事，理所宜也。法备于三王，道著于孔子，人得而习之。贤而秀者，皆可以奖之以君子之位而长民。圣人之心，于今为烈。选举不慎，而贼民之吏代作，天地不能任咎，而况圣人！未可为郡县咎也。若夫国祚之不长，为一姓言也，非公义也。秦之所以获罪于万世者，私己而已矣。斥秦之私，而欲私其子孙以长存，又岂天下之大公哉！

二

孔鲋藏书，陈余危之。鲋曰："吾为无用之学，知吾者为友。秦非吾友，吾何危哉？"呜呼！能为无用之学，以广其心而游于乱世，非圣人之徒而能若是乎？

《诗》曰："握粟出卜，自何能榖。"榖者，在我而已，何用卜为？屈其道而与天下靡，利在而害亦伏；以其道而与天下亢，身危而道亦不竞。君子之道，储天下之用，而不求用于天下。知者知之，不知者以为无用而已矣。故曰"其愚不可及也"。秉道以自安，慎交以远物，存黄、农、虞、夏于盗贼禽兽之中，奚不可榖，而安用卜为！庄周惩乱世而欲为散木，言无用矣，而无以储天下之大用。握粟忧深而逃羿彀，其有细人之情乎！知进退存亡而不失其正，易简以消天下之险阻，非圣人之徒，其孰与归？

三

商始兴而太甲放，周始兴而成王危，秦并天下而扶苏自杀，汉有天下而惠帝弗嗣，唐则建成死于刃，宋则德昭不令其终，迄乎建文之变而憯尤烈。天下初定，人心未靖，则天命以之不康，汤、武且不能弭，后代勿论已。然而胡亥杀兄，旋以死亡；太甲、成王，终安其位；则伊尹、周公之与赵高，相去不但若霄壤也。

秦始皇之宜短祚也不一，而莫甚于不知人。非其不察也，惟其好谀也。托国于赵高之手，虽中主不足以存，况胡亥哉！汉高之知周勃也，宋太祖之任赵普也，未能已乱而足以不亡。建文立而无托孤之旧臣，则兵连祸结而尤为人伦之大变。徐达、刘基有一存焉，奚至此哉！虽然，国祚之所以不倾者，无谀臣也。

二世

一

陈婴之不自立也，周市之不王魏也，其情均也，而周市贤矣。市曰："天下昏乱，忠臣乃见。"义之所不敢出，害不敢自之而远。居尊以为天下不义之魁，"负且乘，致寇至"，灼然易见，而人不能知。非不知也，无志义以持其心，流俗之蛊之者进矣。陈婴非幸而有其母，亦殆矣哉！市之一言，所谓"大浸稽天而不溺，疾雷破山而不震"者乎！陈余自矜儒者，而不能守义以自王。周市虽死而如生。陈余碌碌以死，又何称焉？

二

李斯之对二世曰："明主灭仁义之涂，绝谏争之辩，荦然行恣睢之心。"尽古今概贤不肖，无有忍言此者，而昌言之不忌。呜呼！亦何至此哉！斯亦尝学于荀卿氏矣，亦尝与始皇谋天下而天下并矣。岂其飞廉、恶来之所不忍言者而言之不忌，斯之心其固以为然乎？苟非二世之愚，即始皇之骄悖，能受此言而不谴乎？斯抑谓天下后世之不以己为戎首而无所恤乎？无他，畏死患失之心迫而有所不避耳。

　　夫死亦何不可畏也。失不可患，而亦何必于失也。前所以自进者非其道，继所以自效者非其功，后所以自保者非其术，退所以自置者无其方，则失果可患而死果可畏。欲无畏无患、以不言其所不忍言，又奚得乎！天下无必死之涂，而亦无可几幸之得。正志于早而后无所迫，则不忍不敢之心以全。早不能图度于正，迨其后失有形、死有机，虽欲不为此言而不得。不待上蔡东门之叹，肺肝先已自裂。斯岂果无人之心哉？《易》曰："履霜坚冰至。"辨人于早，不若自辨于早也。

三

　　人皆有不忍人之心，而众怒之不可犯，众怨之不可任，亦易喻矣。申、商之言，何为至今而不绝邪？志正义明如诸葛孔明而效其法，学博志广如王介甫而师其意，无他，申、商者，乍劳长逸之术也。无其心而用其术者，孔明也；用其实而讳其名者，介甫也；乃若其不容掩之藏，则李斯发之矣。李斯曰："行督责之术，然后绝谏争之路。"申不害曰："有天下而不恣睢，命之曰以天下为桎梏。"谏争绝，桎梏脱，则虽日劳于刑名文籍之中，而耽酒嗜色、佚游骄乐，可晏享而不辍。苟未忘逸豫之情者，恶能不以此为两得之术哉！

　　任法，则人主安而天下困；任道，则天下逸而人主劳。无一切之术以自恣睢，虽非求治之主，不能高居洸漾于万民之上，固矣。以孔明之淡泊而尽瘁也，以介甫之土木其形而好学深思也，然且乐奉名法者，何也？俭以耳目，勤以耳目，而心思从其康逸也。贤者且然，况令狐绹、张居正之挟权势者哉！使读李斯之言，知其为导谀劝淫之术也，能勿腼然而汗下与？

四

　　怀王之立，非项氏之意也，范增之说，以为从民望而已。臣主之名立，而其心不相释，项氏成而怀王固不能有楚。怀王念此至悉，故一乘项梁之败而夺上将军之权以授宋义；义适遇其际而获怀王之心，故与计事而大悦。非悦其灭秦之计，悦其夺项之计也。宋义壁于安阳而项羽斩之，非愤其救赵之迟，愤其夺己之速。义之壁安阳而不进也，非欲乘秦、赵之敝，欲得当以收项羽之兵也；其遣子相齐而送之无盐也，非不恤士卒之饥寒以自侈，为怀王树外援于齐而因以自固也。

宋义死，诸将慑然曰："首立楚者，将军家也。"羽之情见矣，义之情亦见矣，怀王之不能终安于项氏，情亦见矣。救赵则命宋义，入关则命沛公。梁死羽孤，为偏裨于宋义旌牙之下，为怀王谋项者之计得矣，而抑无以服楚人之心。幸而秦之君二世也，其相赵高也，其将章邯、王离也，无有能乘臣主之隙以间楚耳。不然，虽沛公且无以自持，况义之浅谋、羽之徒勇者乎！

于是而知君臣之非独以名为义也，天之所秩，性之所安，情之所顺，非是则不能以终日。范增立楚之说，董公缟素之谋，不足与于兴亡久矣。

五

秦之所殄灭而降辱者，六王之后也；戍之徒之而寡其妻孤其子者，郡县之民也；而剸二世之首，欲灭宗室，约楚降而分王关中者，赵高也。故怨在敌国，而敌国或有所不能；怨在百姓，而百姓或有所不忍；狎及小人，而祸必发于小人。故曰"惟女子与小人为难养也"。圣人且难之，况中主以降乎！

小人之心，智者弗能测也，刚者弗能制也。料其必不能，而或能之矣；料其必不欲，而或欲之矣。项羽之暴也，沛公之明也，章邯之怨方新也，尽天下欲食高之肉而寝处其皮也，使高灭嬴氏之宗，开关以讲于诸侯，岂能免于刀俎，而况受纳地之封乎？则以智者料高，而固知其与秦相终始；以愚者料高，而亦决其与秦同齑粉也。然而必弑胡亥以侥幸于一得，岂徒胡亥之愚，矢入幄而不觉哉？明而熟于计者，未有谓为且然者矣。祸福之外，有无借之欲焉；死生之外，有无方之谲焉；俄顷之间，有忽变之情焉。利亦有所不喻，而无所不逞，而后君子莫能为之防。故圣人且犹难之，诚哉其难之也！"濡有衣袽，终日戒。"终日者，无竟之辞也。舍禔躬慎微而求驭之之术，不堕其阱中者鲜矣。

六

孰谓秦之法密，能胜天下也？项梁有栎阳逮，蕲狱掾曹咎书抵司马欣而事得免。其他请托公行、货贿相属、而不见于史者，不知凡几也。项梁，楚大将军之子，秦之所尤忌者，欣一狱掾，驰书而难解。则其他位尊而权重者，抑孰与御之？法愈密，吏权愈重；死刑愈繁，贿赂愈章；涂饰以免罪罟，而天子之权，倒持于掾史。南阳诸刘屡杀人而王莽不能问，皆法密吏重有以蔽之也。

设大辟于此，设薄刑于彼，细极于牛毛，而东西可以相窜。见知故纵，蔓延相逮，而上下相倚以匿奸。闰位之主，窃非分而梦寝不安，借是以钳天下，而为天下之所钳，固其宜也。受天命，正万邦，德足以威而无疚愧者，勿效尔为也。宽斯严，简斯定。吞舟漏网而不敢再触梁笱，何也？法定于一王，而狱吏无能移也。

《读通鉴论》卷一终

读通鉴论卷二

汉高帝

一

有天下者而有私财，业业然守之以为固，而官天地、府万物之大用，皆若与己不相亲，而任其盈虚。鹿桥、钜台之愚，后世开创之英君，皆习以为常，而贻谋不靖，非仅生长深宫、习阉人污陋者之过也。灭人之国，入其都，彼之帑皆我帑也，则据之以为天子之私。唐克西京，而隋氏之有在唐；宋入周宫，而五代之积在宋；蒙古遁，而大都之藏辇而之于南畿。呜呼！奢者因之以侈其嗜欲，俭者因之以卑其志趣，赫然若上天之宝命、祖宗之世守，在此怀握之金赀而已矣。祸切剥床，而求民不已，以自保其私，垂至其亡而为盗资，夫亦何乐有此哉！

汉王之入秦宫而有艳心，见不及此。樊哙曰："将欲为富家翁邪？"英达之君而见不及哙者多矣。范增曰："此其志不在小。"岂徒一时取天下之雄略乎！以垂训后嗣，而文、景之治，至于尽免天下田租而国不忧贫，数百年君民交裕之略，定于此矣。

天子而斤斤然以积聚贻子孙，则贫必在国；士大夫斤斤然以积聚贻子孙，则败必在家；庶人斤斤然以积聚贻子孙，则后世必饥寒以死。周有大赉，散之惟恐不速，故延及三十世，而亡之日，上无覆宗之惨，民亦无冻馁流夺之伤。后之王者，闻樊哙富翁之消，尚知惩乎！

二

韩信数项羽之失曰："有功当封爵者，印刓敝，忍不能予。"繇斯言也，信之所以徒任为将而不与闻天下之略，且以不保其终者，胥在是矣。封爵者，因乎天之所予而隆之，非人主所以市天下也。且爵赏亦岂必其足荣哉？荣以其难得而已。人主轻之，天下猎之；人主重之，天下荣之。宋艺祖许曹彬下江南授使相。彬早知不得而安焉，故封爵不侈而彬服。非然，则更始之侯林立，而不救其亡，期于必得之不足歆也。羽不惜屈己以下人，而靳天爵，何遽非道而必亡乎？汉高天下既定之后，侈于封矣，反者数起，武帝夺之而六寓始安。承六王之敝，人思为君，而亟予之土地人民以恣其所欲为，管、蔡之亲不相保，而况他人乎！以天下市天下而己乃为天子，君臣相贸，而期报已速，固不足以一朝居矣。

抑信之为此言也，欲以胁高帝而市之也。故齐地甫定，即请王齐，信之怀来见矣。挟市心以市主，主且窥见其心，货已售而有余怨。云梦之俘，未央之斩，伏于请王齐之日，而几动于登坛之数语。刀械发于志欲之妄动，未有爽焉者也。信之言曰："以天下城邑封功臣，何所不服。"为人主者可有是心，而臣子且不可有是语。况乎人主之固不可以是心市天下乎！言不必信，行不必果。宋祖之慎，曹彬之明，保泰居盈之道得之矣。奚必践姑许之言而亵天之景命哉！

若夫项羽之所以失者，非吝封爵之故。信之说，不如陈平之言之允也。陈平曰："项王所任爱，非诸项即妻之昆弟，虽有奇士不能用。"故羽非尽不知人，有蔽之者也。琐琐姻亚，踽踽仕，持大权，而士恶得不蔽？虽然，亦有繇尔。羽，以诈兴者也；事怀王而弑之，属宋义而戕之，汉高入关而抑之，田荣之众来附而斩艾掠夺之。积忮害者，以己度人而疑人之忮己。轻残杀者，大怨在侧而怨不可狎。左顾右盼，亦惟是兄弟姻党之足恃为援。则使轻予人以权，己且为怀王，己且为宋义。惴惴栗栗，戈戟交于梦寐，抑恶能不厚疑天下哉？然而其疑无救也。为汉王之腹心者项伯也，其兄弟也；追而迫之刭者吕马童也，其故人也。从之于大败之余者三十余骑，而兄弟姻亚不与焉。怀愍求援，而终以孤立。非刭印不与者慭己而贼之，其亲戚之叛已久矣。

不疚于天，则天无不佑；不愧于人，则人皆可驭。正义以行乎坦道，而居天下之广居；无所偏党，而赏罚可以致慎而无所徇；得失之几，在此而不在彼，明矣。不然，舍亲贤，行诱饵，贱名器，以徇游士贪夫之竞躁，固项羽之所不屑为者也。

三

名义云者，因名以立义，为可繇不可知之民言也。不知义矣，为之名以使之顾而思，抑且欲其顾而思而不但名也，况君子之以立民极而大白于天下者哉！谓董公说高帝为义帝发丧为汉之所以兴者，率天下后世而趋于伪，必此言夫！

忠孝非人所得而劝也。如其劝之，动其不敢不忍之心而已。心生而后有事，事立而后有礼，礼行而后有名。名者，三累之下。天下为之名，而忠孝者不欲自居。高帝无哀义帝之心，天可欺乎？人可愚乎？彭城之败，几死几亡，而缟素之名，不能为之救；则涂饰耳目以故主复仇之名，无当于汉之兴，明矣。

虽然，以此正项籍之罪，使天下耻戴之为君长也则有余。何也？籍者，芈氏之世臣也。援立义帝者，项梁之以令诸侯者也。刘氏世不臣于楚，其屈而君怀王也，项氏制之耳。高帝初无君怀王之心，则可不哀怀王之死。为天下而讨弑君之贼，非人弑己君而有守官之责者也。故发丧之后，高帝亦终不挟此以令天下；而数羽之罪，不嫌以背约不王己于秦为首。则董公之说，亦权用之一时，而高帝亦终不以信诸心。呜呼！貌为君子者，曰言心而以名为心，曰言义而以名为义，告子恶得不以义为外而欲戕贼之乎？

秦灭六国，互相噬而强者胜耳。若其罪，莫甚于殄周。楚幸不亡于秦，而楚且为秦。非其世臣，非其遗胄，抑何必戴楚以为君。戴楚者，项氏之私义也。汉亦何用引项氏之义以为己义乎！此义不明，但有名而即附诸义焉。李嗣源，夷裔也，名为唐而唐之；李昇，不知其为谁氏之子也，名为唐而又唐之。有名而无义，名为义而义不生于心，论史者之乱义久矣。中国立极之主，祖考世戴之君，明明赫赫在人心而不昧；臣子自有独喻之忧，行其不敢不忍者，而岂但以名哉！

四

毒天下而以自毒者，其惟贪功之人乎！郦生说下齐，齐已受命，而汉东北之虑纾，项羽右臂之援绝矣。黥布盗也，一从汉背楚而终不可叛。况诸田之耿介，可以保其安枕于汉也亡疑。乃韩信一启贪功之心，从蒯彻之说，疾击已降，而郦生烹，历下之军，蹀血盈野，诸田卒以殄其宗。惨矣哉！贪功之念发于隐微，而血已漂卤也。

龙且亦犹是也，军于高密，客说以深壁勿战，令齐王招散民，反汉而归已，汉客兵不容于久留而必溃败，以全三军，奠楚势而保齐，岂不贤于浪战以死亡乎？且则曰："救齐，不战而降之，吾何功？"虽其后胜败不同，而且之心亦信之心也。信以其毒毒齐，而齐民骈死，田氏以亡；且以其毒自毒，而潍水涌流，楚军大覆，田氏不救。举人之宗社人民存亡生死之大，而不满忮人之溪壑，毒螫人而蜂虿亦死。信幸破齐以自请王齐，而未央之诛已伏于此，且亦以其身毙于潍水之上。然则贪功而毒人，亦自仇其项领而速之斫也。悲哉！愚不可瘳已。

李左车下全燕而燕不叛，随何收九江而黥布无疑。善用人者，亦何利有贪功之人，以贼天下而多其衅哉！汉虽有齐而力已疲，楚覆救齐之兵而项王大惧，忮人不黜而能定天下，未之有也。

五

韩信下魏破代而汉王收其兵，与张耳破赵而汉王又夺其兵，何以使信帖然听命而抑不解体以扬去哉？此汉王之所以不可及也。制之者气也，非徒气也，其措置予夺之审有以大服之也。结之者情也，非徒情也，无所偏任，无所听荧，可使信坦然见其心也。吾之所为，无不可使信知之矣。信固知己之终为汉王倚任而不在军之去留也，故其视军之属汉也无以异于己。无疑无怨，何所靳而生其忮惎乎？假使夺信军而授之他人，假使疑信之反而夺其军以防之，项王一印之刓而信叛，三军之重，岂徒一印之予夺乎！

心不可使人知者，以柔用之而败，以刚用之而速亡。有所偏听、怙党而疑人者，不能制之而死于其人，能制之而其人速叛以去。武王曰："予有乱臣十人，同心同德。"十人之同乎武王，武王同之也。

六

汉王甫破项羽，还至定陶，即驰夺韩信军，天下自此宁矣。大敌已平，信且拥强兵也何为？故无所挟以为名而抗不听命，既夺之后，弗能怨也。如姑缓之，使四方卒有不虞之事，有名可据，信兵不可夺矣。夺之速而安，以奠宗社，以息父老子弟，以敛天地之杀机，而持征伐之权于一王，乃以顺天休命，而人得以生。

且信始不从蒯彻之言与汉为难者，项未亡也。三分天下，鼎足而立，蒯彻狂惑之计耳。昔者韩尝以此持天下之纵横，然吞于秦而不救，其覆轨矣。信反于齐，则张耳扼其西，彭越控其南，鼎足先折而徒为天下蝥贼。信知其不可而拒彻，计之深也。项王灭，汉王倦归于关中，信起而乘之，乃可以得志。彻之说，信岂须臾忘哉？卞庄子小死大毙一举而两得之术，俟时而发，发不旋踵矣。其曰"不忍背汉"者，姑以谢彻耳。削王而侯，国小而无兵，尚欲因陈豨以发难；拥三齐之劲旅，西向而虎视，尚谁忌哉？

或曰宋太祖之夺藩镇也类此。而又非也。信者，非石守信、高怀德之俦也。割地而王，据屡胜之兵，非陈桥拥戴之主也。故宋祖惩羹吹齑而自弱，汉高拔本塞源以已乱，迹同而事异。其权不在形迹之间也。

七

汉王初即皇帝位，未封子弟功臣，而首以长沙王吴芮、闽粤王无诸，此之谓"大略"。二子者，非有功于灭项者也，追原破秦之功而封之。以天下之功为功，而不功其功，此之谓"大公"。楚、汉争于北，而南方无事，久于安则乱易起，立王以镇抚之，此之谓"制治于未乱"。以项羽宰天下不公为罪而讨之，反其道而首录不显之绩，此之谓"不遄遗，得尚于中行"。若此者，内断之心，非留侯所得与，况萧何、陈平之小智乎！量周天下者，事出于人所不虑，若迂远而实协于人心，此之谓"不测"。

八

秦、项已灭，兵罢归家，何其罢归之易而归以即乎安？古者兵皆出于农，无无家者也，罢斯归矣。汉起巴蜀、三秦之卒，用九江、齐、赵之师，不战其地，不扰其人，无闾井之怨，归斯安矣。后世招募失业之民，欲归而无所归，则战争初息而遣归之也难。善师古者，旁通而善用之。则汉抑有"民相聚山泽不书名数者，复其故爵田宅，教训而优恤之"之诏，是可为后世师者也。无所侵伤于民，而禁其仇杀；非有官爵田里，而为之授以隙地；宽假以徭役，而命为稍食之胥卒。以此散有余之卒，熟计而安存之，奚患亡术哉？高帝甫一天下，而早为之所。国不糜，农不困，兵有所归。下令于流水之源，而条委就理，不谓之有"大略"也得乎！

九

以大义服天下者，以诚而已矣，未闻其以术也；奉义为术而义始贼。义者，心之制也，非天下之名也。心所勿安而忍为之，以标其名，天下乃以义为拂人之心而不和顺于理。夫高帝当窘迫之时，岂果以丁公为可杀而必杀之哉？当诛丁公之日，又岂果能忘丁公之免己而不以为德哉？欲惩人臣之叛其主，而先叛其生我之恩，且嚣然曰是天下之公义也。则借义以为利，而吾心之恻隐亡矣。

夫义，有天下之大义焉，有吾心之精义焉。精者，纯用其天良之喜怒恩怨以为德威刑赏，而不杂以利者也。使天下知为臣不忠者之必诛而畏即于刑，乃使吾心违其恩怨之本怀，矫焉自诬以收其利。然则义为贼仁之斧而利之囮也乎？故赦季布而用之，善矣，足以劝臣子之忠矣。若丁公者，废而勿用可也；斩之，则导天下以忘恩矣。恩可忘也，苟非刑戮以随其后，则君父罔极之恩，孰不可忘也？呜呼！此三代以下，以义为名为利而悖其天良之大慝也。

十

留侯欲从赤松子游，司马温公曰："明哲保身，子房有焉。"未足以尽子房也。子房之言曰："家世相韩，为韩报仇。"身方事汉，而暴白其终始为韩之心，无疑于高帝之妒。其忘身以伸志也，光明磊落，坦然直剖心臆于雄猜天子之前。且曰："愿弃人间事，从赤松子游。"视汉之爵禄为鸿毛，而非其所志。忠臣孝子青天皎日之心，不知有荣辱，不知有利害，岂尝逆亿信之必夷、越之必醢，而仅以全身哉！抑惟其然，而高帝固已喻其志之贞而心之洁矣，是以举太子以托之，而始终不忮。

呜呼！惟其诚也，是以履虎尾而不疚。即不幸而见疑，有死而已矣，弗能内怀忠而外姑为佞也。曹操之甚毒也，徐庶怀先主之知，终始不与谋议，而操无能害，况高帝之可以理感者乎！若夫未忘故主，而匿情委曲以避患，谢灵运之所以身死而名辱。"本自江海人，忠义感君子"，孰听之哉？

十一

中国夷狄之祸，自冒顿始。冒顿之阑入句注、保太原，自韩王信之叛降始。信失韩之故封而徙于太原，其欲甘心于汉久矣。请都马邑，近塞而易与胡通；数使之胡求和，阳为汉和而阴自为降地；畜不逞以假手于冒顿，不待往降之日，而早知其志在胡矣。

非韩信则冒顿不逞，非石敬瑭则邪律氏不横，求如郭子仪与吐蕃、回纥有香火缘而无贰心者，今古无两人。然则以狁焉不逞之强帅置之边徼，未有不决堤焚林以残刘内地者。饥鹰狘犬，不畜之樊圈，而轶之扬飞蹯走之地，冀免祸于目前，而首祸于千古。甚哉高帝之偷也！

十二

鲁两生责叔孙通兴礼乐于死者未葬、伤者未起之时，非也。将以为休息生养而后兴礼乐焉，则抑管子"衣食足而后礼义兴"之邪说也。子曰："自古皆有死，民无信不立。"信者，礼之干也；礼者，信之资也。有一日之生，立一日之国，惟此大礼之序、大乐之和，不容息而已。死者何以必葬？伤者何以必恤？此敬爱之心不容昧焉耳。敬焉而序有必顺，爱焉而和有必浃，动之于无形声之微，而发起其庄肃乐易之情，则民知非苟于得生者之可以生，苟于得利者之可以利，相恤相亲，不相背弃，而后生养以遂。故晏子曰："惟礼可以已乱。"然则立国之始，所以顺民之气而劝之休养者，非礼乐何以哉？譬之树然，生养休息者，枝叶之荣也；有序而和者，根本之润也。今使种树者曰：待枝叶之荣而后培其本根。岂有能荣枝叶之一日哉？故武王克殷，驾甫脱而息贯革之射，修禋祀之典，成《象武》之乐。受命已末，制作未备，而周公成其德，不曰我姑且休息之而以待百年也。

秦之苛严，汉初之简略，相激相反，而天下且成乎鄙倍。举其大纲，以风起于崩坏之余，亦何遽不可？而非直无不可也；非是，则生人之心、生人之理、日颓靡而之于泯亡矣。惟叔孙通之事十主而面谀者，未可语此耳。则苟且以背于礼乐之大原，遂终古而不与于三王之盛。使两生者出，而以先王安上治民、移风易俗之精意，举大纲以与高帝相更始，如其不用而后退，未晚也。乃必期以百年，而听目前之灭裂。将百年以内，人心不靖，风化未起，汲汲于生养死葬之图；则德色父而诟语姑，亦谁与震动容与其天良，而使无背死不葬、捐伤不恤也哉？

卫辄之立，乱已极矣。子曰："礼乐不兴，则刑罚不中，民无所措手足。"务本教也。汉初乱虽始定，高帝非辄比也。辄可兴而谓高帝不可，两生者，非圣人之徒与？何其与孔子之言相刺谬也！于是而两生之所谓礼乐者可知矣，谓其文也，非其实也。大序至和之实，不可一日绝于天壤；而天地之产，中和之应，以瑞相佑答者，则有待以备乎文章声容之盛，未之逮耳。然草创者不爽其大纲，而后起者可借，又奚必人之娴于习而物之给于用邪！故两生者，非不知权也，不知本也。

十三

萧何曰："天子以四海为家，非壮丽无以示威。"其言鄙矣，而亦未尝非人情也。游士之屦，集于公卿之门，非其必能贵之也；蔬果之馈，集于千金之室，非必其能富之也。释、老之宫，饰金碧而奏笙钟，媚者匍伏以请命，非必服膺于其教也，庄丽动之耳。愚愚民以其荣观，心折魂荧而戢其异志，抑何为而不然哉！特古帝王用之之怀异耳。

古之帝王，昭德威以柔天下，亦既灼见民情之所自戢，而纳之于信顺已。奏九成于圜丘，因以使之知天；崇宗庙于七世，因以使之知孝；建两观以县法，因以使之知治；营灵台以候气，因以使之知时；立两阶于九级，因以使之知让。即其歆动之心，迪之于至德之域，视之有以燿其目，听之有以盈其耳，登之、降之、进之、退之，有以诒其安。然后人知大美之集，集于仁义礼乐之中，退而有以自惬。非权以诱天下也；至德之荣观，本有如是之洋溢也。贤者得其精意，愚不肖者矜其声容，壮丽之威至矣哉！而特不如何者徒以宫室相夸而已。

不责何之弗修礼乐以崇德威，而责其弗俭。徒以俭也，俭于欲亦俭于德。萧道成之鄙吝，遂可与大禹并称乎？

十四

国无贵人，民不足以兴；国无富人，民不足以殖。任子贵于国，而国愈偷；贾人富于国，而国愈贫。任子不能使之弗贵，而制其贵之擅；贾人不能使之弗富，而夺其富之骄。高帝初定天下，禁贾人衣锦绮、操兵、乘马，可谓知政本矣。

呜呼！贾人者，暴君污吏所亟进而宠之者也。暴君非贾人无以供其声色之玩，污吏非贾人无以供其不急之求，假之以颜色而听其辉煌，复何忌哉！贾人之富也，贫人以自富者也。牟利易则用财也轻，志小而不知裁，智昏而不恤其安，欺贫懦以矜夸，而国安得不贫、民安得而不靡？高帝生长民间而习其利害，重挫之而民气苏。然且至孝文之世，后服帝饰如贾生所讥，则抑末崇本之未易言久矣。

十五

娄敬之小智足以动人主，而其祸天下也烈矣！迁六国后及豪杰名家居关中，以为强本而弱末，似也。遣女嫁匈奴，生子必为太子，谕以礼节，无敢抗礼，而渐以称臣，以为用夏而变夷，似也。眩于一时之利害者，无不动也。乃姑弗与言违生民之性，就其说以折之，敬之说恶足以逞哉！

富豪大族之所以强者，因其地也。诸田非渤海鱼、盐之利，不足以强；屈、昭、景非云梦泽薮之资，不足以强；世家非姻亚之盛、朋友之合、小民之相比而相属，不足以强。弃其田里，违其宗党，夺其所便，拂其所习，羁旅寓食于关中土著之间，不十年而生事已落，气焰沮丧。曹子桓云："客子常畏人。"谅矣哉！畏人者尚能自强以为国强邪？固不如休息余民而生聚之也。故贫民尚可徙也，舍其瘠土而移其窳俗，可使强也。豪杰大族，摧折凋残而日以衰。聚失业怨咨之民于辇毂之下，弱则靡而悍则怼，岂有幸乎？而当时之为虐甚矣。

匈奴之有余者，猛悍也；其不足者，智巧也。非但其天性然，其习然也。性受于所生之气，习成于幼弱之时。天子以女配夷，臣民狃而不以为辱，夷且往来于内地，而内地之女子妇于胡者多矣。胡雏杂母之气，而狎其言语，驵戾如其父，慧巧如其母，益其所不足以佐其所有余。故刘渊、石勒、高欢、宇文黑獭之流，其狡猾乃凌操、懿而驾其上。则礼节者，徒以长其文奸之具，因以屈中国而臣之也有余，而遑臣中国哉！

凡斯二者，皆敬之邪佞，以此破之，将孰置喙？而徙民之不仁，和亲之无耻，又不待辨而折者也。

十六

陈豨之反，常山郡亡其二十城，周昌请诛其守尉，高帝曰："是力不足，亡罪。"守尉视属城之亡而不效其死力，昌之请诛，正也。虽然，有辨。寇自内发，激之以反，反而不觉，觉而匿不以闻，不为之备，不亟求援，则其诛勿赦也无疑。寇自外发，非其所激，非所及觉，觉而兵已压境，备而不给，待援不至，其宥也无疑。故立法者，无一成之法，而斟酌以尽理，斯不损于国而无憾于人。陈狶之反，非常山之所能制而能早觉者也。故周昌之按法，不如高帝之原情。虽然，止于勿诛而已矣，其人不可复用也。所谓"近死之心不可复阳也"。

十七

叔孙通之谏易太子也，曰："臣愿伏诛以颈血污地。"烈矣哉！夫抑有以使之然者：高帝之明，可以理喻也；吕后之权足恃也；留侯、四皓之属为之羽翼，而诡随者惮高帝而不敢竞也。通知必不死，即死而犹有功，何惮而不争？呜呼！以面谀事十余主之通，而犯颜骨鲠也可使如此。上有明君，下有贤士大夫，佞者可忠，柔者可强，天下岂患无人才哉！匪上知与下愚，未有不待奖而成者也。

惠帝

一

曹参因萧何之法而治，非必其治也，惟其时之不得不因也。高帝初崩，母后持权于上，惠帝孱弱而不自振，非因也，抑将何为哉？鲁两生曰："礼乐百年而后兴。"惟惠帝之时言此为宜尔。周公之定礼也，流言未靖，东郊未定，商、奄未殄，不遑及也。参非周公之德而值其时，乃欲矫草创之失以改易一代之典，则人心不宁而乱即于此起。《易》于《益》之初曰："利用为大作，元吉无咎。"元吉而后无咎，利者非其利也。风淫于上而雷迅于下，其吉难矣。

夫饬大法、正大经、安上治民、移风易俗，有本焉，有末焉，有质焉，有文焉。立纲修纪，拨乱反正，使人知有上下之辨、吉凶之则者，其本也。缘饰以备其文章，归于允协者，其末也。末者，非一日之积也。文者，非一端之饰也。豫立而不可一日缓者，其本质也。俟时而相因以益者，其末文也。

高帝之时，不可待也，而两生之说非矣。无以植其本，则后起者无借也，而锢人心风俗于简略慢易之中，待之百年而民俗益偷。虽有其志而无其征，虽有其主而无其臣。故迄乎武帝，仅得董仲舒之疏漏；而曲学阿世之公孙弘者且进也，不足以有为矣。此高帝不夙、两生不出之过也。

惠帝、曹参之时，不可不因也。有周之遗文，六国之遗老，虽有存者，可与厘定萧何之法、叔孙通之礼，以折中三代，昭示来兹；而母后悍，权奸张，内难且作，更张未几，而祸发于中，势将指创制显庸为衅端，天下抑且以修明制作为戒。其弊也，《诗》《书》道圮，俗学苟容，人心趋靡，彝伦日斁，渐渍以益流为偷薄，所必然矣。

呜呼！方正学死，而读书之种绝于天下，则汉之犹有贾、董、臧、绾以存古道于百一者，非曹参有以养之乎？故惟曹参者，可以因也，时也。前此而为高帝，当敦其质，后此而为文、景，必致其文，时也。两生傲而不出，文、景让而不遑，违乎时，违乎道矣。

二

语曰："明王有道，守在四夷。"制治保邦之道至矣。《书》曰："迪惟有夏，乃有室大竞。"竞以德也，非竞以兵也。《诗》曰："邦畿千里，惟民所止。"民所止也，非兵所聚也。《易·萃》之象曰："除戎器，戒不虞。"《萃》聚二阳于四五，而分四阴于上下。阳，文德也；阴，武功也。近九五者阳，而屏阴于外，内文教而后不虞以戒矣。

汉聚劲兵于南北军，而兵积强于天子之肘腋，以是为竞王室、巩邦畿、戒不虞之计焉。然天子岂能自将之哉，必委之人。而人不易信，则委之外戚，委之中官，以为昵我而可无虞者。乃吕禄掌北军，吕产掌南军，吕后死，且令据兵卫宫以遂其狂逞，而刘氏几移于吕。其后窦、梁、何进与中官迭相握符，而恣诛杀以胁天子者，蹀血相仍。即其未乱也，人主之废立，国事之措置，一听命于大将军，而丞相若其府史。使利器不操于其手，则三公九卿持清议于法宫之上，而孰敢恣睢以逞乎？天下散处而可以指臂使者也。兵者，卫四夷而听命于帅者也，近在肘腋而或掣之矣。周勃侥得而成，窦武侥失而败，人主赘立于上，而莫必其操纵，则亦危矣。

唐当天宝之前，无握禁兵于辇毂者，故扑二张、诸武如缚雏之易。借曰不竞，然且安、史犯阙而旋踵以平。贞元以后，鱼朝恩、吐突承璀、王守澄、刘季述所挟以骄，而废主弑君如吹枯而振槁，其所恃者，岂非天子所欲聚以自竞之兵乎？垂及五代，郭氏攘于前，赵氏夺于后，不出郊关而天下以移。究所以御夷裔而除盗贼者，又不借此也。则天子未能有兵，聚兵以授人之乱而已。

边徼之备不修，州郡之储不宿，耀武于法宫明堂之侧，舍德而欲以观兵，弃略而欲以炫勇，天子之服天下，岂以左矛右戟、遥震遐方而使奢乎！惟兵在外而守在夷也，则内戚阉宦、辽远而不相及，利不足以相啖，威不足以相灼，怵然畏天下之议其后而无挟以争。即有逆臣猝起以犯顺，亦互相牵曳而终以溃败。推而大之，舜、禹之舞干而三苗效顺，亦惟不与天下竞勇而德威自震，胥此道焉耳矣。呜呼！聚兵于王室以糜天下于转输，只以召乱而弗能救亡，岂非有天下者之炯戒哉！

文帝

一

诚以安君之谓忠，直以正友之谓信，忠信为周。君子周而上下睦，天下宁矣。周勃平诸吕，迎立文帝，而有德色；非有罔上行私之慝也，不学无术而忘其骄耳。袁盎与俱北面事君，尊卑虽殊，固有同寅之义；规而正之，勃岂遽怙而不改。借其不改而后廷折之，勃过不掩而文帝之情亦释矣。乃弗规弗折而告文帝曰："丞相骄，陛下谦让，臣主失德。"斯言出而衅忌生，勃之祸早伏而不可解，险矣哉！

帝之谦，非失德也，尊有功而礼大臣，亦何非太甲、成王之盛心；而导之以猜刻，此之谓不忠。谅其心之无他，弗与规正，而行其谗间，此之谓不信。盎之险波，推刃晁错而夺之权，于勃先之矣。小人之可畏如此夫！

乃抑有奸不如盎者，浅而躁，褊迫而不知大体，击于目即腾于口，贻祸臣主，追悔而弗及，非盎类而害与盎等。故人主之宜远躁人，犹其远奸人也。则亲亲尊贤之道，其全矣乎！

二

《易》曰："谦亨，君子有终。"君子而后有终，非君子而谦，未有能终者也。故"㧑"也、"鸣"也、"劳"也，而终之以"侵伐"。虽吉无不利，而固非以君子之道终矣。君子之谦，诚也。虽帝王不能不下邱民以守位，虽圣人不能不下刍荛以取善。理之诚然者，殚心于此，而诚致之天下。见为谦而非有谦也，而后可以有终。故让，诚也；任，亦诚也。尧为天下求贤，授之舜而不私丹朱；与禹之授启、汤之授太甲、武王之授成王，一也，皆诚也。舜受于尧，启受于禹；与泰伯之去勾吴、伯夷之逃孤竹，一也，皆诚也。若夫据谦为柄，而"㧑"之，而"鸣"之，而"劳"之；则姑以此谢天下而不自居于盈，则早已有填压天下之心，而祸机伏而必发，故他日侵伐而无不利。黄、老之术，离诚而用伪久矣。取其"鸣谦"之辞，验其"侵伐"之事，心迹违，初终贸，抑将何以自解哉！故非君子，未有能终其谦者也。

有司请建太子，文帝诏曰："楚王，季父也；吴王，兄也；淮南王，弟也。"诸父昆弟之懿亲，宜无所施其伪者。而以观其后，吴濞、楚戊、淮南长无一全其躯命者。尺布斗粟之谣，取疚于天下而不救。然则诏之所云，以欲翕固张之术，处于谦以利用其忍，亦险矣哉！

且夫言者，机之所自动也。吴、楚、淮南闻斯语而歆动其妄心，则虽欲扑之而不得。故曰"火生于木而焚生火之木"，自生而自克也。文帝亦何利焉？至于侵伐而天下亦殆矣。君子立诚以修辞，言其所可行，行焉而无所避，使天下洞见其心，而鬼神孚之；兵革之萌销于心，而机不复作；则或任焉而无所用谦，或让焉而固诚也，非有伪而托于"鸣"者也。何侵伐之利哉！

三

汉兴，至文帝而天下大定。贾谊请改正朔、易服色、定官名、兴礼乐，斯其时矣。鲁两生百年而后兴之说谬矣。虽然，抑岂如谊之请遽兴之而遂足以兴邪？武帝固兴之矣，唐玄宗欲兴之矣，拓跋氏宇文氏，及宋之蔡京，亦皆欲兴之矣。文帝从谊之请，而一旦有事于制作，不保其无以异于彼也。于是而兴与不兴交错，以凋丧礼乐，而先王中和之极遂斩于中夏。

夫谊而诚欲兴也，当文帝之世，用文帝之贤，导之以中和之德，正之于非僻之萌，养之以学问之功，广之以仁义之化，使涵泳于义理之深。则天时之不可逆，而正朔必改；人事之不可简，而服色官名之必定；至德之不可致，而礼乐之必兴；怵惕而不安其心，若倦于游而思返其故。抑且有大美之容，至和之音，仿佛于耳目之间，而迫欲遇之。则以文从质，以事从心，审律吕于铢累之间，考登降于周旋之际，一出其性之所安，学之所裕，以革故而鼎新，不待历岁年而灿然明备矣。谊之不劝以学而劝以事，则亦诏相工瞽之末节，方且行焉而跋倚，闻焉而倦卧，情文不相生，焉足以兴？故文帝之谦让，诚有歉于此也，固帝反求而不容自诬者也。礼乐不待兴于百年，抑不可遽兴于一日，无他，惟其学而已矣。

或曰：成王幼冲，德未成而周公亟定宗礼，何也？曰：周公之自定之也，非成王之能也。迨其后成王日就月将而缉熙于光明，乃以用周公之所制而不惭。谊固非周公，藉令其能如周公，而帝以黄、老之心行中和之矩范，自顾其不类而思去之，又奚能以终日乎？

四

文帝罢卫将军军，不欲使兵之冗集于京师也；罢太尉官属丞相，不欲兵柄轻有属也；合将与相而一之，故匈奴侵上郡而灌婴以丞相出将。以是为三代文武同涂之遗制与！抑论之：罢卫军，罢太尉，未尝不宜也。天子者，不待拥兵以为威；假待之以为威，则固不可更授其制于一人。乃若合将相于一，而即相以将，则固不可。灌婴者，可将者也，非可相者也；其可相者，则又非可将者也。故三代之制，不可行于后世者有二：农不可兵，兵不可农；相不可将，将不可相也。

且夫古之将相合一者，列国之事尔。楚之令尹，楚之帅也；晋之将中军，晋之相也。所以然者，何也？列国无议礼、制度、考文之事，无百揆、四门、大麓之典；其执政者，不必有燮阴阳、兴教化、叙刑赏之任。而其为帅也，亦邻国之不辑，相遇于中原，以一矢相加遗，而犹有礼焉；非如后世之有天下者，与夷狄盗贼争社稷之存亡也。其谓之将相者，今一郡之倅判而已；又其小者，一县之簿尉而已。若天子，则吉甫、山甫、方叔、南仲各任其任而不相摄。然则三代且不然，而况后世统万方之治乱，司边徼之安危者乎！

盖相可使之御将，而不可使为将；将可与相并衡，而不可与六卿并设。宋之以枢密司兵而听于相，庶几近之矣。以枢密总天下之戎务，而兵有专治；以宰相司枢密之得失，而不委以专征。斟酌以仿三代之遗意，而因时为节宣，斯得之与！阁臣督师，而天下速毙。呜呼！殆矣夫！

五

审食其之死，文帝伤淮南王长之志，赦而弗治，亦未为失也。汉廷之大臣，无有敢请治之者，国无人矣。张释之为廷尉，虽在食其已死之后，而追请正邢侯、雍子之刑，抑非事远而不可问；姑市其直于太子、梁王之行驰道，而缄口于淮南。则其直也，盖"见可""知难"之直，畏强御而行于所可伸者也。天子诎于情，而廷臣挫于势，故其后王安欲反，而谓汉廷诸臣如吹枯振落之易。其启侮于诸侯久矣。张释之其尤乎！

六

以一人之誉而召季布，以一人之毁而遣季布，天下将窥其浅深。虽然，何病？人主威福之大权，岂以天下莫能窥为不测哉！布之悻悻于罢去，而仰诘人主以取快，其不足以为御史大夫，明矣。使酒难近之实，自露而不可掩矣。文帝之失，轻于召布也，非轻于罢布也。慎用大臣而不吝于改过，闻人之言，迟之一月，而察其非诬，默然良久，而曰："河东吾股肱郡，故特召君。"所以养臣子之耻也，非惭也。如其惭邪，抑以轻于召布而愧其知人之不夙也。

七

贾谊、陆贽、苏轼之三子者，迹相类也。贽与轼，自以为类也，人之称之者，亦以为类也。贽盖希谊矣，而不能为谊，然有愈于谊者矣。轼且希贽矣，而不能为贽，况乎其犹欲希谊也。

奚以明其然邪？谊之说：豫教太子以端本，奖廉隅以善俗，贽弗逮焉。而不但此，傅梁怀王，王堕马毙，谊不食死，贽弗能也。所以知其不能者，与窦参为难之情，胜于忧国也。顾谊之为学，粗而不纯，几与贽等。而任智任法，思以制匈奴、削诸侯，其三表五饵之术，是婴稚之巧也；其削吴、楚而益齐，私所亲而不虑贻他日莫大之忧，是仆妾之智也；贽之所勿道也。故辅少主、婴孤城、仗节守义，以不丧其贞者，贽不如谊；而出入纷错之中，调御轻重之势，斟酌张弛以出险而经远也，谊不如贽。是何也？谊年少，愤盈之气，未履艰屯，而性之贞者略恒疏，则本有余而末不足，斯谊与贽轻重之衡，有相低昂者矣。

若夫轼者，恶足以颉颃二子乎！酒肉也，佚游也，情夺其性者久矣。宠禄也，祸福也，利胜其命者深矣。志役于雕虫之技，以耸天下而矜其慧。学不出于揣摩之术，以荧天下而仇其能。习于其父仪、秦、鞅、斯之邪说，遂欲以揽天下而生事于平康之世。文饰以经术，而自曰吾谊矣；诡测夫利害，而自曰吾贽矣；迷失其心而听其徒之推戴，且曰吾孟子。俄而取道于异端，抑曰吾老聃矣，吾瞿昙矣。若此者，谊之所不屑，抑贽之所不屑也。绛、灌之非谊曰："擅权纷乱。"于谊为诬，于轼允当之矣。藉授以幼主危邦，恶足以知其所终哉！乃欲推而上之，列于谊与贽之间，宋玉所云"相者举肥"也。

王安石之于谊，似矣，而谊正。谊之于方正学，似矣，而正学醇。正学凌谊而上之，且不能以戡祸乱，而几为戎首。然则世无所求于己，己未豫图其变，端居臆度，而欲取四海而经营之，未有能济者也。充谊之志，当正学之世，尽抒其所蕴，见诸施行，殆可与齐、黄并驱乎！贽且不能，而轼之淫邪也勿论已。故抗言天下者，人主弗用而不足惜。惟贽也，能因事纳忠，则明君所卫勒而使驰驱者也。

八

　　文帝除盗铸钱令，使民得自铸，固自以为利民也。夫能铸者之非贫民，贫民之不能铸，明矣。奸富者益以富，朴贫者益以贫，多其钱以敛布帛、菽粟、纻漆、鱼盐、果蓏，居赢以持贫民之缓急，而贫者何弗日以贫邪！耕而食，桑苎而衣，洿池而鱼鳖，圈牢而牛豕，伐木艺竹而材，贫者力以致之，而获无几；富者虽多其隶佣，而什取其六七焉。以视铸钱之利，相千万而无算。即或贷力于贫民，而雇值之资亦仅耳，抑且仰求而后可分其波润焉。是驱人听豪右之役也。

　　故先王以虞衡司山泽之产而节之，使不敢溢于取盈，非吝天地之产，限人巧而使为上私利也。利者，公之在下而制之在上，非制之于豪强而可云公也。推此义也，盐之听民自煮，茶之听民自采，而上勿问焉，亦名美而实大为蠹稗于天下。

　　或曰：盐可诡得者也。茶之利，犹夫耕之粟，而奚为不可？曰：古之耕也以助，今之耕也以贡。助以百亩为经，贡以户口为率。法圮于兼并，而仍存其故。茶之于民也，非赖以生如粟也。制于粟而不制于茶，即有刜山之劳，而亦均于逐末。故漆林之税，二十而五，先王不以为苛。恶在一王之土，食地之力，可任狡民之舍稼穑以多所营，而不为之裁制邪？抑末以劝耕，奖朴而禁奸，煮海种山之不可听民自擅；而况钱之利，坐收逸获，以长豪黠而奔走贫民，为国奸蠹者乎！

　　金、银、铅、锡之矿，其利倍蓰于铸钱，而为争夺之衅端。乃或为之说曰：听民之自采以利民。弄兵戕杀而不为禁，人亦何乐乎有君？

九

　　铸钱轻重之准，以何为利？曰：此利也，不可以利言也，而利莫有外焉矣。如以利，则榆荚线缳尚矣，毁杂铅锡者尚矣，然而行未久而日贱，速敝坏而不可以藏。故曰，此利也，不可以利言也。

　　且夫五谷、丝苎、材木、鱼盐、蔬果之可为利，以利于人之生而贵之也。金玉珠宝之仅见而受美于天也，故先王取之以权万物之聚散。然亦曰以是为质，可以致厚生之利而通之，非果以为宝，而人弗得不宝也。然既仅有仅见，而因天地自然之质也。铜者，天地之产繁有，而人习贱之者也；自人制之范以为钱，遂与金玉珠宝争贵，而制粟帛材蔬之生死；然且不精不重，则何弗速敝坏而为天下之所轻。其惟重以精乎！则天物不替而人功不偷，犹可以久其利于天下。

故长国家者，知天人轻重之故，而勿务一时诡得之获。一钱之费，以八九之物力人功成之，利亦未有既也。即使一钱之费如一钱焉，而无用之铜化为有用，通计初终，而多其货于人间，以饶益生民而利国，国之利亦溥矣。一钱之费用十之八九，则盗铸无利而止。钱一出于上，而财听命于上之发敛，与万物互相通以出入，而有国者终享其利。故曰不以利言，而利莫有外也。则"五铢"之轻，不如"开元"之重；殽杂铅锡，不如金背漆背之精；通计之而登耗盈虚之数见，非浅人所易知也。以苟且偷俗之情，与天地之德产争美利，未有能胜者也。

十

淮南王长反形已具，丞相、御史奏当弃市，正也。所谓"人臣无将，将则必诛"者也。文帝赦而徙之，与蔡叔、郭邻之罚等，臣子法伸而天子之恩纪不斩。长愤恚不食而死，"怙终贼刑"，免于讨，足矣。袁盎请斩丞相、御史，恔人之心，不可穷诘，有如此者！或者其欲以恩私外市诸侯而背天子，挟庄助外交之心，以冀非望，未可知也。抑或憎妒大臣之轧己，而欲因事驱逐，以立威于廷，而攘人位，未可知也。文帝避杀弟之名，置盎不遣而参用其说。盎之无惮以逞，面欺景帝，迫晁错而陷之死，终执两端，与吴、汉交市，而言之不衷也显矣。盎，故侠也；侠者之心，故不可致诘者也。有天下而听任侠人，其能不乱者鲜矣！

十一

呜呼！自汉以后，治之不古也有自矣。太甲、高宗、成王之姿，非必其轶文帝而上之；然而伊尹之训，传说之命，周公之告，曰"无安厥位惟危", 曰 "不惟逸豫, 惟以乱民", 曰 "所其无逸", 未尝贬道以诱之易从也。岂其如贾生之言曰: "使为治, 劳志虑, 苦身体, 乏钟鼓之乐, 勿为可也。乐与今同, 而欲立经陈纪, 为万世法。" 斯其为言, 去李斯之言也无几。何也? 以法术制天下, 而怙以恬嬉, 则其法虽异于秦之法, 而无本以立威于末, 劳天下而以自豫, 能以是一朝居乎! 使天下而可徒以法治而术制焉, 裁其衣服而风俗即壹, 修其文辞而廉耻即敦, 削夺诸侯而政即咸统于上, 则夏、商法在, 而桀、纣又何以亡?

夫文帝而幸非纵欲偷乐之主也, 其未免于田猎钟鼓之好而姑以自逸, 未有以易之耳。得醇儒以沃乃心, 浸灌以道义之腴, 建中和而兴王道, 诸侯奚而不服, 风俗奚而不移, 廉耻奚而不崇? 而先导谀以冀仇其说, 文帝幸不为胡亥耳, 文帝而胡亥, 谊虽欲自异于李斯也不能。乃后世或犹称之曰 "善诱其君以兴治"。下恶得有臣, 上恶得有君哉!

十二

贾生之论教太子, 本论也。虽然, 尤有本焉。士庶之子, 杯酒之耽, 博弈之好, 夺其欲而教之, 且反唇曰 "夫子未出于正" 矣。况天子之子, 淫声曼色交于前, 妇人宦寺罗于侧, 欲有与导, 淫有与宣; 为君父者, 忘志虑之劳, 惮身体之苦, 逐钟鼓驰驱之乐, 徒设严师以闲之于步履拜揖之间, 使其听也, 一偶人之威仪耳。成帝穆穆皇皇, 而淫荒以滋乱。况其闻风志荡, 徒怨君父之我夺, 而思快于一旦乎!

成王幼而武王崩, 无所取仪型也, 则周公咏《豳风》, 陈王业之艰难; 作《无逸》, 举前王之乾惕; 遥立一文、武以为之鹄。亦惟文、武之果可以为鹄, 而后周公非徒设以冀其观感。如其以逸乐为德, 以法术为治, 以声音笑貌为道, 以师保传之谆谆为教, 此俗儒之徒以苦人, 而父子师友之间, 相蒙以伪, 曾不如文帝之身治黄、老术, 而以授其子之足使信从也。故贾生之论, 非立教之本论也。

十三

等贤而上之，则有圣人；等贵而上之，则有天子。故师一善者，希圣之积也；敬公卿大夫者，尊王之积也。此陛尊、廉远、堂高之说也。郡县之天下，夷五等，而天子孤高于上，举群臣而等夷之，贾生所以有戮辱太迫、大臣无耻之叹焉。呜呼！秦政变法，而天下之士廉耻泯丧者五六矣。汉仅存之；唐、宋仅延之；而托不能延之。洪武兴，思以复之，而终不可复。诚如是其笞辱而不怍矣，奚望其上忧君国之休戚，下畏小民之怨讟乎！身为士大夫，俄加诸膝，俄坠诸渊，习于诃斥，历于桎梏，褫衣以受隶校之凌践，既使之隐忍而幸于得生。则清议之讥，非在没世而非即唾其面，诅咒之作，在穷檐而不敢至乎其前，又奚不可之有哉？

虽然，为士大夫亦有以致之矣。萧何出狱而仍相，周勃出狱而仍侯，不能禁上之不以囚隶加己，而何不可禁己之无侯以相也？北寺之狱，廷杖之辱，死净之臣弗避焉，忠也。免于狱，不死于杖，沾沾然自以为荣，而他日复端笏垂绅于堂陛，是亦不可以已乎？如邹尔瞻之复为九卿也，于亏体辱亲之罪奚避焉？人主曰：是尝与囚隶同挞系而不以为耻者也，是恶足改容而礼乎！上弗奖之，下安受之；下既安之，上愈贱之。仁宗之宽厚，李祭酒之刚直，且荷校而不能引退，斯则贾生所宜痛哭者也。

十四

子之于父母，可宠、可辱，而不可杀。身者，父母之身也。故宠辱听命而不惭。至于杀，则父母之自戕其生，父不可以为父；子不能免焉，子不可以为子也。臣之于君，可贵、可贱、可生、可杀，而不可辱。刑赏者，天之所以命人主也，贵贱生死，君即逆而吾固顺乎天。至于辱，则君自处于非礼，君不可以为君；臣不知愧而顺承之，臣不可以为臣也。故有盘水加剑，闻命自弛，而不可捽。抑臣之异于子，天之秩也。人性之顺者不可逆，健者不可屈也。

贾生之言以动文帝，而当时之大臣，抑有闻而愧焉者乎？微直当时，后世之诏狱廷杖而尚被章服以立人之朝者，抑有愧焉者乎？使诏狱廷杖而有人自裁者，人君之辱士大夫，尚可惩也。高忠宪曰："辱大臣，是辱国也。"大哉言乎！故沉水而逮问之祸息。魏忠贤且革其凶威，况人主哉？

十五

汉初封诸侯王之大也，去三代未远，民之视听，犹习于封建之旧，而怨秦之孤，故势有所不得遽革也。秦政、李斯以破封建为万世罪，而贾谊以诸侯王之大为汉痛哭，亦何以异于孤秦。而论者若将黥刖秦而揖进贾生以坐论，数十年之间，是非之易如水火。甚矣夫论史者之惛惛也！

谊之言曰："众建诸侯而少其力。"以为是殆三代之遗制也与？三代之众建而俭于百里，非先王故俭之也，故有之国不可夺，有涯之宇不可扩也。且齐、鲁之封，征之诗与春秋传，皆逾五百里，亦未尝狭其地而为之防也。割诸王之地而众建之，富贵骄淫之子，童心未改，皆使之南面君人，坐待其陷于非辟，以易为襁爵。此阳予阴夺之术，于骨肉若仇雠之相逼，而相縻以术，谊之志亦奚以异于嬴政、李斯？而秦，阳也；谊，阴也；而谊憯矣！汉之剖地以王诸侯，承三代之余，不容骤易。然而终不能复者，七国乱于前，秦革于后，将灭之镫余一焰，其势终穷，可以无烦贾生之痛哭。即为汉谋，亦惟是巩固王室，修文德以静待其自定，无事怵然以惊也。乍见封建之废而怵然惊，乍见诸侯之大而怵然惊，庸人之情，不参古今之理势，而惟目前之骇，未有不贼仁害义而启祸者。言何容易哉！

至其论淮南之封侯，而忧白公、子胥、专诸、荆轲之事，则周公之封蔡仲也，曰："尔尚盖前人之愆。"将亦忧蔡仲剚刃以冲成王之胸乎？于是而谊之刻薄寡恩，不可掩矣。淮南之终叛也，皆以为谊言之中也。谊昌言于廷曰："安且为白公、子胥。"而安能无以白公、子胥为志哉！然则淮南之叛，谊导之矣。淮南王长之废，国法也；其子受封，亲亲之仁也。淮南终得国，而长犹然文帝之弟，安犹然文帝之从子，白公、子胥也乎哉！不引而亲之，顾推为仇而虑之，以杀机往者以杀机报，为天子司天下之生杀，日取天下而虑其仇，蔑不仇矣。甚哉，谊之不闻道而只为术也！

十六

贾谊畏诸侯之祸，议益梁与淮阳二国之封，亘江、河之界，以制东方，何其言之自相背戾也！谊曰："秦日夜苦心劳力以除六国，今高拱以成六国之势。"则其师秦之智以混一天下，不可掩矣。乃欲增益梁、淮阳而使横亘于江、河之间。今日之梁、淮阳，即他日之吴、楚也。吴、楚制而梁、淮阳益骄，而使横亘于江、河之间以塞汉东乡之户，孰能御之哉？己之昆弟，则亲之、信之；父之昆弟，则疑之、制之；逆于天理者，其报必速，吾之子孙，能弗以梁、淮阳为蜂虿而仇之乎？

夫封建之不可复也，势也。虽然，习久而变者，必以其渐。秦惟暴裂之一朝，而怨满天下。汉略师三代以建侯王，而其势必不能久延，无亦徐俟天之不可回、人之不思返、而后因之。七国之变未形，遽起而剪之，则亦一秦也。封建之在汉初，灯炬之光欲灭，而姑一耀其焰。智者因天，仁者安土，俟之而已。谊操之已蹙，而所为谋者，抑不出封建之残局，特一异其迹以缓目前尔。繇此言之，则谊亦知事之必不可以百年，而姑以忧贻子孙也。封建之尽革，天地之大变也，非仁智不足以与于斯，而谊何为焉！

十七

晁错徙民实边之策伟矣！寓兵于农之法，后世不可行于腹里，而可行于塞徼。天气殊而生质异，地气殊而习尚异。故滇、黔、西粤之民，自足以捍蛮、苗，而无逾岭以窥内地之患。非果蛮、苗弱而北狄强也，土著者制其吭，则深入而畏边民之捣其虚也。

虽然，有未易者焉。沿边之地，肥硗不齐，徙而授以瘠壤，不逃且死者寡。吏失其人，绥抚无术，必反而为北狄用。此二患者，轻于言徙，必逢其咎，而实边之议，遂为永戒。错之言曰："相其阴阳之和，尝其水泉之味。"始事之不可不密也。地诚硗矣，虽有山溪之险，且置之为瓯脱，而移塞于内，无忧也；我所不得居，亦彼所不能据也。若夫吏人之得失，在人而不在法。然法善以待人，则人之失者鲜矣。后世之吏于边者，非羸贫无援之乙科，则有过迁补之茸吏；未有能入而为台谏郎官者，未有擢而为监司郡守者。以日暮途穷衰飒之心，而仅延簪绂之气，能望其忧民体国而固吾圉哉？若择甲科之选，移守令课最之贤者以为之吏，宽其法制，俾尽其材，以拊循而激劝之，轻徭赋以安之，通商贾、教树畜以富之，广学宫之选以荣之，宠智能豪隽之士以励之；则其必不为北狄用以乘中国之衅者，可以保之百年，边日以强，而坐待狄之自敝。故曰：错之言伟矣。

特其曰："绝匈奴不与和亲，其冬来南，壹大治则终身创矣。"此则未易言也。非经营于数十年之久，未能效也。羁縻以和亲，而徐修实边之策，或不待大治而自不敢南犯。其不悔祸而冒昧以逞与，大治之，无虑其不克矣。

十八

入粟而拜爵免罪，晁错之计，亦未失也。其未为失计也，非谓爵可轻而罪得以赀免也，谓其可以夺金钱之贵而授之粟。轻赀折色，有三易焉：官易收，吏易守，民易输。三易以趋苟简之利便，而金夺其粟之贵，则宁使民劳于输，官劳于收，吏劳于守，而勿徇其便。此参数十世而能纯成其利，非俗吏之所知也。

虽然，入粟六百石而拜爵上造，一家之主伯亚旅，力耕而得六百石之盈余者几何？无亦强豪挟利以多占，役人以佃而收其半也；无亦富商大贾以金钱笼致而得者也。如是，则重农而农益轻，贵粟而金益贵。处三代以下，欲抑强豪富贾也难，而限田又不可猝行，则莫若分别自种与佃耕，而差等以为赋役之制。人所自占为自耕者，有力不得过三百亩，审其子姓丁夫之数，以为自耕之实，过是者皆佃耕之科。轻自耕之赋，而佃耕者倍之，以互相损益，而协于什一之数。水旱则尽蠲自耕之税，而佃耕者非极荒不得辄减。若其果能躬亲勤力，分任丁壮，多垦厚收，饶有盈余，乃听输粟入边，拜爵免罪。而富商大贾居金钱以敛粟，及强豪滥占、佃耕厚敛多畜者不得与。如此，则夺金之贵而还之粟，可十年而得也。充错之说，补错之未逮，任牧民于良吏，严拜爵免罪之制于画一，乃不窒碍而行远。不然，输粟之令且变而为轻赀折色，天下益汲汲于金钱，徒以乱刑赏之大经，为败亡之政而已矣。

十九

肉刑之不可复，易知也。如必曰古先圣王之大法，以止天下之恶，未可泯也；则亦君果至仁，吏果至恕，井田复，封建定，学校兴，礼三王而乐六代，然后复肉刑之辟未晏也。不然，徒取愚贱之小民，折割残毁，以惟吾制是行，而曰古先圣王之大法也；则自欺以诬天下，憯慝甚焉。

抑使教养道尽，礼乐复兴，一如帝王之世，而肉刑犹未可复也。何也？民之仁也，期以百年必世，而犹必三代遗风未斩之日也。风未移，俗未易，犯者繁有，而毁支折体之人积焉，天之所不佑也。且也，古未有笞杖，而肉刑不见重；今既行笞杖，而肉刑骇矣。故以曹操之忍，而不敢尝试，况不为操者乎！张苍之律曰："大辟论减等，已论而复有笞罪，皆弃市。"严矣。虽然，固书所谓"怙终贼刑"者也。故详刑者，师文帝之诏、张苍之令，可也。

二十

汉有杀人自告而得减免之律，其将导人以无欺也与！所恶于欺者，终不觉而仇其慝也。夫既已杀人矣，则所杀者之父兄子弟能讼之，所司能捕获之，其恶必露，势不可得而终匿也，而恶用自告为？小人为恶而掩蔽于君子之前，与昌言于大廷而无怍赧也，孰为犹有耻乎？自度律许减免而觊觎漏网者，从而减之，则明张其杀人之胆，而恶乃滔天。匿而不告者鼠也；告而无讳者虎也。教鼠为虎，欲使天下无欺，而成其无忌惮之心，将何以惩？故许自告者，所以开过误自新之路，而非可以待凶人。凶人而自匿，民彝其犹有未致，不较瘥乎？

二十一

什一之赋，三代之制也。孟子曰："重之则小桀，轻之则小貉。"言三代之制也。天子之畿千里；诸侯之大者，或曰百里，或曰五百里，其小者不能五十里。有疆场之守，有甲兵之役，有币帛饔飧牢饩之礼，有宗庙社稷牲币之典，有百官有司府史胥徒禄食之众，其制不可胜举。《聘义》所云："古之用财者不能均。"如此是已。故二十取一而不足。然而有上地、中地、下地之差，有一易、再易、莱田之等，则名什一，而折中其率，亦二十而取一也。

自秦而降，罢侯置守矣。汉初封建，其提封之广，盖有倍蓰于古王畿者，而其官属典礼又极简略，率天下以守边，而中邦无会盟侵伐之事。若郡有守，县有令，非其伯叔甥舅之交，而馈问各以其私。社稷粗立，而祀典不繁。一郡之地，广于公侯之国，而掾史邮徼，曾不足以当一乡一遂之长。合天下以赡九卿群司之内臣，而不逮《周礼》六官之半。是古取之一圻而用丰，今取之九州而用俭，其他国家之经费，百不得一也。什一而征，将以厚藏而导人主之宣欲乎？不然，亦奚用此厚敛为也！

文帝十三年，除田租税；景帝元年，复收半租，三十而税一；施及光武之世，兵革既解，复损十一之税，如景帝之制；诚有余而可以裕民也。封建不可复行于后世，民力之所不堪，而势在必革也。

二十二

汉文短丧，而孝道衰于天下，乃其蹂来有渐也；先王权衡恩义之精意，相沿以晦，而若强天下以难从也。《礼》曰："事亲致丧三年，事君方丧三年。"方也者，言乎其非致也。嗣君之丧，致丧也。外而诸侯，内而公卿大夫，方丧也。苟其为方丧，则郊可摄，社稷五祀可祭，会盟征伐可从事，于臣也奚病？弟子之丧师也，群居则经，出则否；以意通之，然则臣为君丧，有事焉而摄吉以行，可矣。《昏礼》之辞曰："三族之不虞。"君不与焉，则冠昏且得行矣。天地社稷，越绋而行事，则祭固不废矣。文帝之诏曰："损其饮食，绝鬼神之祭祀，以重吾不德。"盖秦有天下，尊君已侈，禁天下以严，制天下之饮食，绝其祭祀，失先王之精义，而溢分以为物情之难堪，非三代之旧也。

抑文帝之诏，统吏民而壹之，则无差等也。《礼》有之："诸侯为天子斩衰。"惟诸侯也。"公士大夫之众臣为其君斩衰，布带绳屦"。《传》曰："近臣，君服斯服矣。"是从服也，非近臣则杀矣。"庶人为国君齐衰三月"。国君云者，对在国之民而言，于天子则畿内之民也，不施及天下明矣。统天下之臣民，禁其嫁娶、祠社、饮酒、食肉，皆秦之苛法也。秦统而重之，文帝统而轻之，皆昧分殊之等，而礼遂以亡。

惟夫嗣君者，虽天子，固子也。达于庶人，性之无可致，一也。同姓之诸侯王，爵则古诸侯也，自汉以下，无民事焉，无兵事焉，尤其可伸者也。宰辅以下，至于外吏之卑者，一也，皆臣也。吉凶杂用，推布带绳屦之礼而通焉。特非荐祀，则降采而素焉可矣。郡县之天下，无内外之殊，通庶人三月之制，施及天下可矣。

惟是"谅暗"之礼，举兵戎刑赏之大政，皆总己以听于冢宰，抑有难行于今者。非但冢宰之难其人而僭乱为忧也。古之天子所治者千里之畿尔，四夷之守，藩卫任之。强臣内擅，诸侯得而问罪焉。外内相制，而诸侯之生死予夺，非朝廷所得意为恩威，则冢宰亦不得以意乱之。郡县之天下，统四海之治，总万方之赋，兼四裔之守。监司守令，刑赏听命，而莫有恒经。是非交错，恩威互致，冢宰孰敢以一身任之？非但无伊、周之德也，与百僚同拔于贡举资格之中，望自不足以相荐也。故欲行商、周之制，伸孝子之情，定天下之志，体先王之精意而无有弊，非穷理尽性以适时措之宜者，未易言也。沿三代之遗文于残阙之后，矫嬴政之过，而不内反诸心、外揆之时，达于事之无不可遂。则文帝之短丧，遂以施行于万世，而有志者莫挽，不亦悲乎！

夫文帝犹有古之遗意也。已下棺，服大功十五日、小功十四日、纤七日，未葬以前，固皆斩衰也。《礼》："天子七月而葬。"虞祔卒哭，将已期矣，期而小祥，古有受服焉。大功小功者，受服之变也；纤，禫服也；虽短之，犹未失古之意，而促已甚。文帝以己亥崩，乙巳葬，合而计之，四十三日耳。景帝速葬而速除，不怀甚矣。以日易月，非文帝之制也，愈趋而愈下也。

二十三

文帝崩年四十有六，阅三年而吴王濞反。濞之令曰："寡人年六十有二。"则其长于文帝也，十有三年。当文帝崩，濞年五十有九，亦几老矣。

诈病不觐，反形已著，贾谊、晁错日画策而忧之。文帝岂不知濞之不可销弭哉？赐以几杖而启衅无端，更十年而濞即不死，亦以衰矣。赵、楚、四齐，庸劣无大志，濞不先举，弗能自动。故文帝筹之已熟，而持之已定。文帝幸不即崩，坐待七国之瓦解，而折箠以收之。是谊与错之忧，文帝已忧之。而文帝之所持，非谊与错所能测也。

吉凶之消长在天，动静之得失在人。天者人之所可待，而人者天之所必应也。物长而穷则必消，人静而审则可动。故天常有递消递长之机，以平天下之险阻，而恒苦人之不相待。智者知天之消长以为动静，而恒苦于躁者之不测其中之所持。若文帝者，可与知时矣。可与知时，殆乎知天矣。知天者，知天之几也。夫天有贞一之理焉，有相乘之几焉。知天之理者，善动以化物；知天之几者，居静以不伤物，而物亦不能伤之。以理司化者，君子之德也；以几远害者，黄、老之道也；降此无道矣。庸人不测，恃其一罅之知，物方未动，激之以动。激之以动，而自诧为先觉。动不可止，毒遂中于天下，而流血成渠。国幸存，而害亦憯矣。呜呼！谋人家国者，可不慎哉！自非桀、纣，必有怀来，有一罅之知者，慎密以俟之，毋轻于言，而天下之祸可以息。

《读通鉴论》卷二终

读通鉴论卷三

景帝

一

甚哉名义之重也，生乎人之心，而为针铓剑刃以刺人于隐者也。故名以生实，而义不在外。苟违乎此，疑在肘腋而先战乎心。夫欲有所为，而无可信之人，必危；有可信之人，而固不敢信，必败。吴太子之谏王濞曰："王以反为名，此兵难以借人，人亦且反王。"以此疑田禄伯，不遣循江、淮入武关，而坐困于下邑。其不信禄伯而因以败也，则太子任其失。借令假禄伯以兵，而禄伯且反也，亦未可知。是两穷之术，而姑保其可疑。太子固曰"王以反为名，兵难以借人"。名不正，义不直，浮鼓其忿欲以逞，其中之铓刃，常不去于肺肝。是以无名无义而欲有为于天下，即以攻无道而不克，况以之犯顺哉？故自疑者必疑人，信人者必自信也。自不可信，人不可保，疑之而殱功，信之而祸亦起。苻坚以不疑而亡于慕容垂，安庆绪以不疑而亡于史思明。吴太子之言，固天理显露之一几，以震小人而褫之，恶能强哉！恶能强哉！

二

文帝且崩，戒景帝曰："即有缓急，周亚夫可任将兵。"则文帝未尝须臾忘制吴也。故几杖之赐，欲以销其雄心而待其自敝，非玩也。中有所恃，则可静以待动，而不为祸先，无已，则固有以胜之矣。柔而不陷于弱，本立焉耳。晁错者，焉知此！迫而无以应，则请上自将而身居守，有亚夫之可恃而不知任也，身之不保，宜矣哉！故柔而玩、竞而不知自强之术，两者异出而同归于败。

三

周亚夫请以梁委吴，绝其食道，景帝许之。梁求救而亚夫不听，上诏亚夫救梁，而亚夫不奉诏。于是而亚夫之情可见，景帝之情亦可见矣。委梁于吴以敝吴，而即以敝梁。梁之存亡，于汉无大损益；而今日之梁为他日之吴、楚，则敝梁于吴而恃以永安。亚夫以是获景帝之心，不奉诏而不疑。景帝之使救也，亦聊以谢梁而缓太后之责也，故可弗奉诏而不疑也。

呜呼！景帝之心忍矣，而要所以致之者，太后之私成之也。帝初立，年三十有二，太子荣已长，而太后欲传位于梁王。景帝曰："千秋万岁后传于王。"探太后之旨而姑为之言也。窦婴正辞而太后怒，则景帝之基梁久矣。亚夫委之敝而弗救，与帝有密约矣。不然，兄弟垂危，诏人往援，不应而不罪，景帝能审固持重如此其定哉？后愈私之，帝愈基之，梁其不为叔段、公子偃者，幸也。

故兄弟之际，非父母所得而与。亲者自亲，爱者自爱，信者自信，猜者自猜。全中人于不相激，而使贤者得自伸其恩义，则以养子孙于和平坦易之中，而无隐情以相倾。太后妇人，不足以知此，为君子者，尚其鉴诸！

四

国无人而不可与立，彝伦敦也。韩安国泣请于梁王，而羊胜、公孙诡伏诛；田叔悉烧狱辞，而梁王之罪解。以诚信行于家国骨肉之间，彝伦危而得安；汉之人才，所以卓越乎后世也。邹阳见王信而雠其说，策士之小慧耳。假天性合离之权于闺房，阳之智与胜、诡等；自诧其巧，而不知适成乎乱。安国也，叔也，守贞以全仁孝之大者也，非佞人之得有功也。

五（增补）

法严而任宽仁之吏，则民重犯法，而多所矜全。法宽而任鸷击之吏，则民轻犯法，而无辜者卒罹而不可活。景帝诏有司谳不能决，移谳廷尉，谳而后谳不当，谳者不为失，立法宽矣。乃郅都、宁成相继为中尉，则假法于残忍之小人，姑宽为之法，以使愚民轻于蹈阱，而幸其能出而终不免也。且也谳不当而不为罪，无论失入之憯也，即数失出而弗谴，亦以导赇吏之鬻狱，而淫威之逞，冤民且无如之何也。于是而高帝宽大之意斩，武帝严酷之风起矣。严之于法而无可移，则民知怀刑；宽之以其人而不相尚以杀，则民无滥死。故先王乐进长者以司刑狱，而使守画一之法，雷电章于上，雨露润于下，斯以合天理而容保天下与！

六

算资十而得官，景帝减而为四，争之于铢两之间，亦恶足以善风俗乎！应劭曰："古者疾吏之贪，衣食足，知荣辱，赀盈十万，乃得为吏。"劭所云古者何古也，殆秦人之法也。举富人子而官之，以谓其家足而可无贪，畏刑罚而自保，然则畏人之酗饮，而延醉者以当筵乎？富而可为吏，吏而益富，富而可赇其吏于子孙。毁廉耻，奔货贿，薄亲戚，猎贫弱，幸而有赀，遂居人上，民之不相率以攘夺者无几也。自非嬴氏为君、商鞅为政，未有念及此以为得计者也。

呜呼！亦有自来矣。世之乱也，一策行而取卿相，一战胜而有封邑。故草野贫寒之子，忘躯命，游于刀锯鼎镬之下，以弋获官邑。于是而如馁者之得食焉，快贪饕而忘哽噎。于是天下苦之，人主厌之，而矫之以任富人之子，以是为愈于彼也。虽然，岂必无以养天下之廉耻而需此哉？矫枉者之枉甚于所矫，而天下之枉不可复伸。为君子者，清品类，慎交游，远挟策趋风之贱士，以使人主知所重轻焉。何至贻朝廷以菲薄贤智、轻侧陋之心，问居赢而揖进之哉？

七

　　班固叙汉初之富庶详矣。盖承六国之后，天下合而为一，兵革息，官吏省，馈享略，置邮简，合天下而仅奉一人，以一王而府天下，粟帛货贿流通，关徼弛而不滞，上下之有余宜矣。呜呼！后之天下犹汉也，而何为忧贫孔棘，而上下交征之无已也！班固推本所繇，富庶原于节俭。而曰："高帝令贾人不得衣丝乘车，重租税以困辱之。孝惠、高后虽弛其禁，然市井之子孙，不得仕宦为吏。量吏禄，度官用，以赋于民。山川园池市井租税，自天子至于封君，皆取其入为私奉养，不领于经费。"知言也夫！

　　尤要者，则自困辱商贾始。商贾之骄佚以罔民而夺之也，自七国始也。七国者，各君其国，各有其土，有余不足，各产其乡，迁其地而弗能为良。战争频，而戈甲旌旄之用繁；赂遗丰，而珠玑象贝之用亟；养游士，务声华，而游宴珍错之味侈。益之以骄奢之主，后宫之饰、狗马雁鹿袨服殊玩之日新，而非其国之所有。于是而贾人者越国度险，罗致以给其所需。人主大臣且屈意下之，以遂其所欲得，而贾人遂以无忌惮于天下。故穷耳目之玩、遂旦暮之求者，莫若奖借贾人之利；而贫寒之士，亦资之以沾濡。贾人日以尊荣，而其罔利以削人之衣食，阳与而阴取者，天下之利，天子之权，倒柄授之，而天下奚恃以不贫？且其富也不劳，则其用也不恤，相竞以奢，而殄天物以归糜烂。弗困弗辱，而愚民荣之，师师相效，乃至家无斗筲，而衣丝食粲，极于道殣而不悔，故生民者农，而戕民者贾。无道之世，沧胥而不救，上下交棘而兵戎起焉。非此之惩，国固未足以立也。高帝之令，班固之言，洵乎其知本计也。

　　人主移于贾而国本凋，士大夫移于贾而廉耻丧。许衡自以为儒者也，而谓"士大夫欲无贪也，无如贾也"。杨维桢、顾瑛遂以豪逞而败三吴之俗。濠、泗之迁，受兴王之罚，而后天下宁。移风易俗，古今一也。

武帝

一

董仲舒请使列侯郡守岁贡士二人，贤者赏，所贡不肖者有罚，以是为三代乡举里选之遗法也，若无遗议焉。夫为政之患，闻古人之效而悦之，不察其精意，不揆其时会，欲姑试之，而不合，则又为之法以制之，于是法乱弊滋，而古道遂终绝于天下。

郡县之与封建殊，犹裘与葛之不相沿矣。古之乡三年而宾兴，贡士惟乡大夫之所择，封建之时会然也。成周之制，六卿之长，非诸侯入相，则周、召、毕、荣、毛、刘、尹、单也。所贡之士，位止于下大夫，则虽宾兴，而侧陋显庸者亡也。且王畿千里，侯国抑愈狭矣。地迩势亲，乡党之得失是非，且夕而与朝右相闻。以易知易见之人才，供庶事庶官之冗职，臧否显而功罪微。宾兴者，聊以示王者之无弃材耳，非举社稷生民之安危生死而责之宾兴之士也。

郡县之天下，统中夏于一王。郡国之远者，去京师数千里。郡守之治郡，三载而迁。地远，则贿赂行而无所惮。数迁，则虽贤者亦仅采流俗之论，识晋谒之士，而孤幽卓越者不能遽进于其前。且国无世卿，廷无定位，士苟闻名于天下，日陟日迁，而股肱心膂之任属焉。希一荐以徼非望之福，矫伪之士，何惮不百欺百饰以迎郡守一日之知，其诚伪淆杂甚矣。于是而悬赏罚之法以督之使慎，何易言慎哉！

知人则哲，尧所难也。故鲧殛，而金曰试可者勿罪。生不与同乡，学不与同师，文行之华实，孝友之真伪，不与从事相觉察，偶然一日之知，举刑赏以随其后，赏之滥而罚者冤，以帝尧之难责之中材，庸讵可哉？其弊也，必乐得脂韦括囊之士，容身畏尾，持禄以幸无尤。又其甚者，举主且为交托营护，而擿发者且有投鼠忌器之嫌。则庸驽竞乘，而大奸营窟，所必至矣。

闻一乡之有月旦矣，未闻天下之有公论也。一乡之称，且有乡原；四海之誉，先集伪士；故封建选举之法，不可行于郡县。《易》曰："变通者时也。"三代之王者，其能逆知六国强秦以后之朝野，而豫建万年之制哉？且其后汉固行之矣，而背公死党之害成，至唐、宋而不容不变。故任大臣以荐贤，因以开诸科目可矣。限之以必荐，而以赏罚随其后，一切之法，必敝者也。

封建也，学校也，乡举里选也，三者相扶以行，孤行则踬矣。用今日之才，任今日之事，所损益，可知已。而仲舒曰："三王之盛易为，尧、舜之名可及。"谈何容易哉！

二

乡举之法，与太学相为经纬，乡所宾兴，皆乡校之所教也。学校之教，行之数十年，而乡举行焉。所举不当者罚之，罚其不教也，非罚其不知人也。仲舒之策，首重太学，庶知本矣。不推太学以建庠序于郡国，而责贡士于不教之余，是以失也。

经天下而归于一正，必同条而共贯，杂则虽矩范先王之步趋而迷其真。惟同条而共贯，统天下而经之，则必乘时以精义，而大业以成。仲舒之策曰："不在六艺之科、孔子之术者，皆绝其道。"此非三代之法也，然而三代之精义存矣。何也？六艺之科，孔子之术，合三代之粹而阐其藏者也。故王安石以经义取士，踵仲舒而见诸行事，可以行之千年而不易。安石之经学不醇矣，然不能禁后世之醇，而能禁后世之非经。元祐改安石之法，而并此革之，不知通也。温体仁行保荐以乱之，重武科以宂之，杨嗣昌设社塾以淆之，于是乎士气偷、奸民逞，而生民之祸遂极。皆仲舒之罪人也，况孔子乎！若夫割裂鏧帨而无实也，司教者之过也。虽然，以视放言绮语、市心恶习、睨径窦以徼诡遇者，不犹愈乎！习其读，粗知其义，虽甚小人，且以是为夜气之雨露，教亦深矣。

三

淮南王安之谏伐南越，不问而知其情也。读其所上书，讦天子之过以摇人心，背汉而德己，岂有忧国恤民仁义之心哉！越之不可不收为中国也，天地固然之形势，即有天下者固然之理也。天地之情，形见于山川，而情寓焉。水之所绕，山之所蟠，合为一区，民气即能以相感。中国之形，北阻沙漠，西北界河、湟，西隔大山，南穷炎海，自合浦而北至于碣石，皆海之所环也。形势合，则风气相为嘘吸；风气相为嘘吸，则人之生质相为俦类；生质相为俦类，则性情相属而感以必通。南越固海内之壤也。五岭者，培塿高下之恒也，未能逾夫大行、殽函、剑阁、龟厄之险也。若夫东瓯之接吴、会，闽、越之连余干，尤股掌之相属也。其民鸡犬相闻，田畴相入，市贾相易，婚姻相通，而画之以为化外，则生类之性暌，而天地之气閟矣。孟子曰："吾闻用夏变夷者。"帝王之至仁大义存乎变，而安曰："天地所以隔内外。"不亦偾乎！顾其所著书，侈言穷荒八殥九州之大，乃今又欲分割天地于山海围聚之中，"将叛之人其辞惭"，当亦内愧于心矣。

夫穷内而务外，有国之大戒，谓夫东越大海、西绝流沙也。《书》曰："宅南交。"则交址且为尧封，而越居其内。越者，大禹之苗裔，先王所以封懿亲者也，非荒远之谓也。新造之土，赋不可均，如安所云："贡酎不输大内，一卒不给上事。"诚有之矣。且城郭、兵防、建官、立学之费，仰资于县官，以利计之，不无小损。然使盗我边鄙，害我穑事，置兵屯戍，甚则兴师御之，通计百年之利，小吝而大伤，明王之所贱，而抑岂仁人之所忍乎？

君子之于禽兽也，以犬马之近人，则勒之、靮之、驯之、抚之而登其用。顾使山围海绕、天合地属之人民，先王声教所及者，悍然于彝伦之外，弗能格焉，代天子民者，其容惎弃之哉！武帝平瓯、闽，开南越，于今为文教之郡邑。而宋置河朔、燕、云之民，画塘水三关以绝之，使渐染夷风，于是天地文明之气日移而南，天且歆汉之功而厌宋之偷矣。安挟私以讦武帝，言虽辩，明者所弗听也。

四

言有迹近而实异者，不可不察。申公曰："为治不在多言，顾力行何如耳。"汲黯曰："陛下内多欲而外施仁义，奈何欲效唐、虞之治乎！"于以责武帝之崇儒以虚名而亡实，相似也。然而异焉者，申公之言，儒者立诚之辞也；汲黯之言，异端贼道之说也。

黯之自为治也，一以黄、老为师，托病卧闺阁而任丞史，曹参之余智耳，而抑佐以傲忽之气。其曰"奈何欲效唐、虞"，则是直以唐、虞为不必效，而废礼乐文章，苟且与民相安而已。内多欲，则仁义不能行，固也。乃匹夫欲窒其欲，而无仁义以为之主，则愈窒而发愈骤；况万乘之主，导其欲者之无方乎。故患仁义之不行，而无礼以养躬，无乐以养心耳。如其日渐月摩，涵濡于仁义之腴，以庄敬束其筋骸，益以强固；以忻豫涤其志气，益以清和。则其于欲也，如月受日光，明日生而不见魄之暗也，何忧乎欲之败度而不可制与！故救多欲之失者，惟仁义之行。而黄、老之道，以灭裂仁义，秕糠尧、舜，偷休息于守雌之不扰，是欲救火者不以水，而豫撤其屋，宿旷野以自诧无灾也。黯挟其左道，非侮尧、舜，胁其君以从己，而毁先王仅存之懿典，曰："仁义者，乃唐、虞、三代已衰之德。"孟子曰："言则非先王之道。"又曰："吾君不能谓之贼。"黯之谓与！武帝之不终于崇儒以敷治，而终惑于方士以求仙，黯实有以启之也。

庄助称"黯辅少主，贲、育不能夺"，恃其气而已。刘安惮黯而轻公孙弘，安固黄、老之徒，畏其所崇尚而轻儒耳，非果有以信黯之大节而察弘之陋也。主少国疑，惟行仁义者可以已乱。周公几几于有践之笾豆，冲人安焉。充黄、老之操，"泛兮其可左右"，亦何所不至哉！黯其何堪此任也！

五

太史公言："匈奴畏李广之略，士卒亦乐从广而苦程不识。"司马温公则曰："效不识，虽无功犹不败；效李广，鲜不覆亡。"二者皆一偏之论也。以武定天下者，有将兵，有将将。为将者，有攻有守，有将众，有将寡。不识之正行伍，击刁斗，治军簿，守兵之将也。广之简易，人人自便，攻兵之将也。束伍严整，斥堠详密，将众之道也。刁斗不警，文书省约，将寡之道也。严谨以攻，则敌窥见其进止而无功。简易以守，则敌乘其罅隙而相薄。将众以简易，则指臂不相使而易溃。将寡以严谨，则拘牵自困而取败。故广与不识，各得其一长，而存乎将将者尔。将兵者不一术，将将者兼用之，非可一律论也。人主，将将者也。大将者，将兵而兼将将者也。

三代而下，农不可为兵，则所将之兵，类非孝子顺孙，抑非简以驭之，使之乐从，固无以制其死命。则治军虽严，而必简易以为之本。非春秋、列国驰骤不出于畛轨，追奔不逾于疆域，赋农以充卒，夕解甲而旦相往来，可以准绳相纠，而但无疏漏即可固圉之比也。故严于守而简于攻，闲其纵而去其苦，有微权焉，此岂可奉一法以为衡而固执之哉？

班超以简，而制三十六国之命，子勇用之而威亦立。诸葛孔明以严，而司马懿不敢攻，姜维师之而终以败。古今异术，攻守异势，邻国与夷狄盗贼异敌。太史公之右广而左不识，为汉之出塞击匈奴言也。温公之论，其犹坐堂皇、持文墨以遥制阃外之见与！

六

王恢言："全代之时，北有强胡之敌，内连中国之兵，尚得养老长幼，种树以时，匈奴不敢轻侵。"夫恢抑知代之所以安而汉之所以困乎？恢言以不恐之故，非也。汉穷海内之力，与匈奴争，而胜败相贸。夷狄贪鸷而不耻败，何易言恐也！全代之安者，代弗系天下之重轻也。匈奴即有代，而南有赵，东有燕，不能震动使之瓦解。燕、赵起而为敌方新，势且孤立而不能安枕于代，而觊觎之情以沮。天下既一于汉，则一方受兵而天下摇。率天下之力以与竞，匈奴坐以致天下之兵，一不胜而知中国兵力止此也，恶得如全代之时，曾莫测七国之浅深？西汉都关中，而匈奴迫甘泉；东汉都洛阳，而上谷、云中被其患；唐复都长安，而突厥、回纥、吐蕃乘西埤以入；宋都汴，契丹攻澶、魏，卒使女真举河北以入汴，元昊虽屡胜而请和。天子之所在，郑重以守之，彼即睨是为中国全力之所注，因殚其全力以一遇，幸复败之，天下若栋折而榱自崩。且京师者，金帛子女之所辏也，其朵颐而甘心者，非旦夕矣。繇此推之，代之所以捍匈奴而有余者，惟无可欲而不系中国之安危，故不争也。

南蛮之悍，虽不及控弦介马之猛，然其凶顽嚣发而不畏死，亦何惮而不为。乃间尝窃发，终不出于其域。非其欲有所厌也，得滇、黔、邕、桂而于中国无损，天子遥制于数千里之外，养不测之威，则据非所安，而梦魂早为之震叠。中国之人心亦恬然，俟其懈以制之，而不告劳，亦不失守以土崩。滇、粤可以制南，燕、代可以制北，其理一也。

女真、蒙古之都燕，所以远南方也。中国之全力在于南，天子孤守于北，何为者乎？代以一国制匈奴则有余，秦以天下则不足，汉、唐任之边臣而苟全，天子都燕，一失而不复收，其效大可睹矣。威以养而重，事以静而豫，如是者之谓大略。

七

主父偃、徐乐、严安，皆天下之恹人也。而其初上书以徼武帝之知，皆切利害而不悖于道。然则言固不足以取人矣乎？夫人未有乐为不道之言者也，则夫人亦未有乐为不道之行者也。士之未遇，与民相迩，与天下之公论相习。习而欲当于人心，则其言善矣。言之善也，而人主不得不为之动。迨其已得当于人主，而人主之所好而为者不在是；上而朝廷，下而郡邑，士大夫之所求合于当世者，又不在是；遂与人主之私好，士大夫怀禄结主之风尚相习。习而欲合乎时之所趋，则其行邪而言亦随之。故不患天下之无善言也，患夫天下之为善言者行之不顾也。不患言之善而人主不动也，患夫下之动上也，以谔谔于俄顷；而下之动于上也，目荧耳易，心倾神往，而不能自守也。

中人者，情生其性，而性不制其情。移其情者，在上之所好、俗之所尚而已。使天下而有道，徐乐、严安、主父偃亦奚不可与后先而疏附哉！故文之有四友，惟文王有之也。若夫穷居而以天下为心，不求当于天下之论；遇主而以所言为守，不数变以求遂其私；此龙德也，非可轻责之天下者也。

八

徐乐土崩瓦解之说，非古今成败之通轨也。土崩瓦解，其亡也均，而势以异。瓦解者，无与施其补葺，而坐视其尽。土崩者，或欲支之而不能也。秦非土崩也，一夫呼而天下蜂起，不数年而社稷夷、宗枝斩，亡不以渐，盖瓦解也。栋本不固，榱本不安，东西南北分裂以坠，俄顷分溃而更无余瓦，天下视其亡而无有为之救者；盖当其瓦合之时，已无有相浃而相维之势矣。隋、元亦犹是也。

周之日削，而三川之地始入于秦；汉之屡危，而后受篡于魏；唐之京师三陷，天子四出，而后见夺于梁；宋之一汴、二杭、三闽、四广，而后终沉于海。此则土崩也。或支庶犹起于遐方，或孤臣犹守其邱垄，城陷而野有可避之宁宇，社移而下有逃禄之遗忠；盖所以立固结之基者虽极深厚，而啮蚀亦历日月而深，无可如何也。土崩者，必数百年而继以瓦解，瓦解已尽而天下始宁。际瓦解之时，天之害气，人之死亡，彝伦之戕贼，于是而极。其圮坏而更造之君相甚重矣，固有志者所不容不以叙伦拨乱自责也。

九

主父偃之初上书曰："蒙恬攻胡，辟地千里，以河为境，暴兵露师，死者不可胜计，蜚刍挽粟，百姓靡敝，天下始畔秦。"立论严矣。迨其为郎中，被亲幸，乃言"河南地肥饶，外阻河，蒙恬城之以逐匈奴，广中国，灭胡之本"。遂力请于武帝，排众议，缮蒙恬所为塞，因河为固，漕运山东，民劳国虚。同此一人，同此一事，不数年，而蒙恬之功罪，河南之兴废，自相攻背如此其甚。繇是言之，辨奸者岂难知哉？听之勿骤，参酌之勿忘，而已曙矣。武帝两听而不疑，其为江充所惑以戕父子之恩，宜矣哉！

十

分藩国推恩封王之子弟为列侯，决于主父偃，而始于贾谊。谊之说至是而始雠，时为之也。当谊之时，侯王强，天下初定，吴、楚皆深鸷骄悍而不听天子之裁制，未能遽行也。武帝承七国败亡之余，诸侯之气已熸，偃单车临齐而齐王自杀，则诸王救过不遑，而以分封子弟为安荣，偃之说乃以乘时而有功。因此而知封建之必革而不可复也，势已积而俟之一朝也。

高帝之大封同姓，成周之余波也。武帝之众建王侯而小之，唐、宋之先声也。一主父偃安能为哉！天假之，人习之，浸衰浸微以尽泯。治天下者，以天下之禄位公天下之贤者，何遽非先王之遗意乎？司马氏惩曹魏之孤，欲反古而召五胡之乱，岂其智不如偃哉？不明于时故也。

十一

公孙弘请诛郭解，而游侠之害不滋于天下，伟矣哉！游侠之兴也，上不能养民，而游侠养之也。秦灭王侯、奖货殖，民乍失侯王之主而无归，富而豪者起而邀之，而侠遂横于天下。虽然，逆弥甚者失弥速，微公孙弘，其能久哉？

若夫荀悦三游之说，等学问志节之士于仪、秦、剧、郭之流，诬民启乱，师申、商之小智，而沿汉末嫉害党锢诸贤之余习尔。曹操师之以杀孔融、夺汉室；朱温师之以歼清流、移唐祚；流波曼衍，小人以之乱国是而祸延宗社。韩侂胄之禁伪学，张居正、沈一贯之毁书院，皆承其支流余裔以横行者也。

虽然，郭解族而游侠不复然于后世。若夫学问志节之士，上失教，君子起而教之，人之不沦胥于禽兽者赖此也。前祸虽烈，后起复盛，天视之在人心，岂悦辈小人所能终掩之乎！游行之讥，只见其不知量而已矣。

十二

汲黯责公孙弘布被为诈，弘之诈岂在布被乎？黯不斥其大而摘其小，细矣。黯非翘细过以讦人者。黯之学术，专于黄、老，甘其食，美其衣，老氏之教也。以曾、史为桎梏，以名教为蹄衡羁络，为善而不欲近名，大白而欲不辱，故黯之言曰："奈何欲效唐、虞之治。"弘位三公，禄甚多，布被为诈。尧、舜富有四海而茅茨土阶，黯固以为诈而不足效也。弘起诸生，四十而贫贱，安于布被，则布被已耳，弘之诈岂在此乎？黯沉酣于黄、老，欲任情以远名，而见以为诈焉耳。

十三

淮南王安著书二十篇，称引天人之际，亦云博矣。而所谋兴兵者，率儿戏之策；所与偕者，又童昏之衡山王赐及太子迁尔。叛谋不成，兵不得举，自刭于宫庭，其愚可哂，其狂不可瘳矣。

成皋之口何易塞，三川之险何易据，知无能与卫青敌，而欲侥幸于刺客，安即反，其能当青乎？即刺青，其能当霍去病乎？公孙弘虽不任为柱石臣，而岂易说者？起贫贱为汉三公，何求于淮南，而敢以九族试雄主大将之欧刀邪？内所恃者，徒巧亡实之严助；外所挟者，轻僄亡赖之左吴、赵贤、朱骄；首鼠两端之伍被，怀异志于肘腋而不知。安之愚至于如此，固高煦、宸濠之所不屑为，而安以文词得后世之名。繇此言之，文不足以辨人之智愚若此乎！

而非然也。取安之书而读之，原本老氏之言，而杂之以辩士之游辞。老氏者，技术以制阴阳之命，而不知其无如阴阳何也。所挟者术，则可以窥见气机盈虚之畔罅，而乘之以逞志。乃既已逆动静之大经，而无如阴阳何矣；则其自以为窥造化而盗其藏，而天下无不可为者，一如婴儿之以莛击贲、育，且自雄也。率其道，使人诞而丧所守，狂逞而不思其居。安是之学，其自杀也，不亦宜乎！夫老氏者，教人以出于吉凶生死之外，而不知其与凶为徒也。读刘安之书，可以鉴矣。

十四

张汤治狱为酷吏魁，而其决于诛伍被也，则非酷也，法之允也。被者，反覆倾危之奸人，持两端以贸祸者也。不诛之，又且诡遇于汉廷，主父偃、江充之奸，被任之有余矣。被之始谏安也，非果禁安使勿反，称引汉德，为他日兔脱计耳。已而为安画反谋矣，俄而又以谋反踪迹告矣。"宫中荆棘"之谏，"侯无异心、民无怨气"之语，盖亦事后自陈、规救其死之游辞，而谁与听之哉！与人谋逆而又首告，纵舍勿诛，则谗贼相踵，乱不可得而弭矣。故汤之持法非过，而被之诛死允宜也。

呜呼！为伍被者不足道，君子不幸陷于逆乱之廷，可去也，则亟去之耳。不然，佯狂瘖疾以避之；又不然，直词以折之；弗能折，则远引自外而不与闻。身可全则可无死；如其死也，亦义命之无可避者，安之而已；过此则无术矣。谋生愈亟，则逢祸愈烈；两端不宁，则一途靡据。故曰"有道则知，无道则愚"。诚于愚者，有全生，无用术以求生；有义死，无与乱以偕死者也。

十五

遐荒之地，有可收为冠带之伦，则以广天地之德而立人极也；非道之所可废，且抑以纾边民之寇攘而使之安。虽然，此天也，非人之所可强也。天欲开之，圣人成之；圣人不作，则假手于时君及智力之士以启其渐。以一时之利害言之，则病天下；通古今而计之，则利大而圣道以弘。天者，合往古来今而成纯者也。禹之治九州，东则岛夷，西则因桓，南暨于交，北尽碣石，而尧、舜垂衣裳之德，讫于遐荒。禹乘治水之功，因天下之动而劳之，以是声教暨四海，此圣人善因人以成天也。

汉武抚已平之天下，民思休息。而北讨匈奴，南诛瓯、越，复有事西夷，驰情宛、夏、身毒、月氏之绝域。天下静而武帝动，则一时之害及于民而怨谤起。虽然，抑岂非天牖之乎？玉门以西水西流，而不可合于中国，天地之势，即天地之情也。张骞恃其才力强通之，固为乱天地之纪。而河西固雍、凉之余矣。若夫駹也、冉也、邛僰也、越巂也、滇也，则与我边鄙之民犬牙相入，声息相通，物产相资，而非有駤戾冥顽不可向迩者也。武帝之始，闻善马而远求耳，骞以此而逢其欲，亦未念及牂柯之可辟在内地也。然因是而贵筑、昆明垂及于今而为冠带之国，此岂武帝、张骞之意计所及哉？故曰：天牖之也。

君臣父子之伦，诗书礼乐之化，圣人岂不欲普天率土而沐浴之乎？时之未至，不能先焉。迨其气之已动，则以不令之君臣，役难堪之百姓，而即其失也以为得，即其罪也以为功，诚有不可测者矣。天之所启，人为效之，非人之能也。圣人之所勤，人弗守之，则罪在人而不在天。江、浙、闽、楚文教日兴，迄于南海之滨、滇云之壤，理学节义文章事功之选，肩踵相望，天所佑也，汉肇之也。石敬瑭割土于契丹，宋人弃地于女真，冀州尧、舜之余民，化为禽俗，即奉冠带归一统，而党邪丑正，与宫阃比以乱天下，非天也，人丧之也。将孰俟焉以廓风沙霾曀之宇，使清明若南国哉！

十六

武帝游宴后宫阅马，嫔御满侧，金日䃅于数十人之中独不敢窃视，武帝以此知日䃅，重用之而受托孤之命，非细行也。盖日䃅非习于君子之教，而规行矩步以闲非礼者也。不期而谨于瞻视焉，不期而敦其敬畏焉，不期而非所视者勿视焉，勿曰细行也。神不守于中，则耳目移于外而心不知。让千乘之国，而变色于笾豆；却千金之璧，而失声于破甑；才足以解纷，勇足以却敌，而介然之顷，莫能自制其耳目；岂细故哉！君子黈纩以养目，琇莹以养耳，和鸾佩玉以养肢体，兢兢乎难之，而恐不胜于俄顷。贞生死、任大任，而无忧惑，此而已矣。武帝之知人卓矣哉！

诸葛公年廿七而昭烈倚为腹心，关羽、张飞所莫测也。武帝举日䃅于降胡，左右贵戚所莫测也。知人之哲，非人所易测久矣。诸葛公之感昭烈，岂仅以三分鼎足之数语哉！神气之间，有不言而相喻者在也。乃既有言矣，则昭烈之知益审，而关、张之疑益迷。日䃅之受知，非有言也，故武帝之知深矣。卫、霍之见知，犹众人之常也。心持于黍米，而可以动天地，自非耳食道听之庸流，岂待言而后相知哉？

十七

武帝之劳民甚矣，而其救饥民也为得。虚仓廥以振之，宠富民之假贷者以救之，不给，则通其变而徙荒民于朔方、新秦者七十余万口，仰给县官，给予产业，民喜于得生，而轻去其乡以安新邑，边因以实。此策，晁错尝言之矣。错非其时而为民扰，武帝乘其时而为民利。故善于因天而转祸为福，国虽虚，民以生，边害以纾，可不谓术之两利而无伤者乎！史讥其费以亿计，不可胜数，然则疾视民之死亡而坐拥府库者为贤哉？司马迁之史谤史也，无所不谤也。

十八

以名誉动人而取文士，且也跻潘岳于陆机，拟延年于谢客，非大利大害之司也，而轩轾失衡，公论犹绌焉，况以名誉动人而取将帅乎！将者，民之死生、国之存亡所系者也。流俗何知而为之流涕，士大夫何知而为之扼腕。浸授以国家存亡安危之任，而万人之扬诩，不能救一朝之丧败。故以李广之不得专征与单于相当为憾者，流俗之簧鼓，士大夫之臭味，安危不系其心，而漫有云者也。

广出塞而未有功，则曰"数奇"，无可如何而姑为之辞尔。其死，而知与不知皆为垂涕，广之好名市惠以动人，于此见矣。三军之事，进退之机，操之一心，事成而谋不泄，悠悠者恶足以知之？广之得此誉也，家无余财也，与士大夫相与而善为慷慨之谈也。呜呼！以笑貌相得，以惠相感，士大夫流俗之褒讥仅此耳。可与试于一生一死之际，与天争存亡，与人争胜败乎？卫青之令出东道避单于之锋，非青之私也，阴受武帝之戒而虑其败也。方其出塞，武帝欲无用，而固请以行，士大夫之口啧啧焉，武帝亦聊以谢之而姑勿任之，其知广深矣。不然，有良将而不用，赵黜廉颇而亡，燕疑乐毅而偾，而武帝何以收绝幕之功？忌偏裨而掣之，陈余以违李左车而丧赵，武侯以沮魏延而无功，而卫青何以奏寘颜之捷，则置广于不用之地，姑以掣匈奴，将将之善术，非士大夫流俗之所测，固矣。东出而迷道，广之为将，概可知矣。广死之日，宁使天下为广流涕，而弗使天下为汉之社稷、百万之生灵痛哭焉，不已愈乎！广之为将，弟子壮往之气也。"舆尸"之凶，武帝戒之久矣。

岳飞之能取中原与否，非所敢知也；其获誉于士大夫之口，感动于流俗之心，正恐其不能胜任之在此也。受命秉钺，以躯命与劲敌争死生，枢机之制，岂谈笑慰藉、苟且牍竿之小智，以得悠悠之欢慕者所可任哉！

十九

忠佞不并立。立人之廷者，谗不必忧，讥不可避，而必为国除蟊贼以安社稷，斯国之卫也。虽然，食其禄不避其难，居其职不委其责，去而隐，屏而在外，则亦终远小人而不与为缘尔，非取于必胜以自快也。所恶于佞者，恶其病国而己不可浼也，非与为仇雠而必欲得位以与胜也。汲黯之恶张汤，允矣。君任之以讽议，则攻击之无余，以报君之知。既无言责，而出守外郡，则抑效忠于淮阳而臣道以尽。复固请为中郎，补过拾遗，以冀与汤争荣辱，何为者邪？引国家之公是公非为一己之私恨，干求持权，以几必胜，气矜焉耳，以言乎自靖则未也。或曰：屈原放而不忘萧艾之怨，非乎？曰：屈原，楚之宗臣也，张仪、靳尚之用，楚国危亡之界也，而黯岂其伦哉？婷婷然属李息以攻排，而必快其志，气矜焉耳，非君子之道也。

二十

张汤治囚导官，见鲁谒居之弟，阴为之而佯不省，奸人诡秘之术也。而谒居弟以之而怨汤，汤以之而死。诈者卒死于诈，鬼神不可欺，而人不可术御也。祸生非所能测矣，奸人挟此术以仇奸，而终以自覆也，固然。曾君子而为之乎？

周颛弗择而以施之王导，遂与汤同受其祸，愚矣哉！王敦之罪，不加于导，身为大臣，何嫌何疑，不引以自任，而用奸人之诈乎！阳与阴取，欲翕固张，颛沉溺于老氏之教，而不知其蹈张汤之回遹。为此术者，小以灭身，大以偾国，是以君子恶夫术之似智而贼智也。节之初六曰："不出户庭，无咎。"密也。密者，慎之谓也，非隐其实、顾反用之、以示不测之谓也。秘而诡，虽无邪而犯神人之忌，可不戒哉！

二十一

乐成侯丁义荐栾大，大诈穷而义弃市。小人不耻不仁，不畏不义，小惩而大诫，小人之福也；惩一人而天下诫，国家之福也。义之荐大，非武帝奖之弗荐也。弗与惩之，继义而荐者相踵矣。义既诛，大臣弗敢荐方士者，畏诛而自不敢尝试也。义诛，而公孙卿之宠不复如文成、五利之烜赫。其后求仙之志亦息矣，无有从臾之者也。故刑赏明而金壬戢。武帝淫侈无度而终不亡，赖此也夫！

二十二

鬼神日流行于两间，而以悦忽无象、摇天下之耳目而疑之。立教者不能矫谓之无，精意莫传，浅陋者遂托焉。佛、老之教虽诐也，然其始教未尝倚乎鬼神。乃其流裔一淫于鬼神，而并悖其虚无寂灭之初心。岂徒佛、老然哉！君子之道，流而诬者亦有之。魏、晋以下，佛、老盛，而鬼神之说托佛、老以行，非佛、老也，巫之依附于佛、老者也。东汉以前，佛未入中国，老未淫巫者，鬼神之说，依附于先王之礼乐诗书以惑天下。儒之驳者，屈君子之道以证之。故驳儒之妄，同于缁黄之末徒，天下之愚不肖者，有所凭借于道，而妖遂縠人以兴而不可息。汉之初为符瑞，其后为谶纬，驳儒以此诱愚不肖而使信先王之道。呜呼！陋矣。

武帝之淫祠以求长生，方士言之，巫言之耳。倪宽，儒者也，其言王道也，琅琅乎大言之无惭矣；乃附会缘饰，以赞封禅之举，与公孙卿之流相为表里，武帝利赖其说，采儒术以文其淫诞，先王之道，一同于后世缁黄之徒，而灭裂极矣。沿及于谶纬，则尤与莲教之托浮屠以鼓乱者，均出一轨。呜呼！儒者先裂其防以启妄，佛、老之慧者，且应笑其狂惑而贱之。汉儒之毁道徇俗以陵夷圣教，其罪复奚逭哉！

盖鬼神者，君子不能谓其无，而不可与天下明其有。有于无之中，而非无有于无之中，而又奚能指有以为有哉！不能谓其无，《六经》有微辞焉，郊庙有精意焉，故妄者可托也。天下之喻微辞、察精意以知幽明之故者，鲜矣。无已，则宁听佛、老之徒徇愚不肖而诱之，俾淫妄者一以佛、老为壑，而先王之道，犹卓然有其贞胜。则魏、晋以下，儒者不言鬼神，迄于宋而道复大明，佛、老之淫祀张，圣道之藩篱自固，不犹愈乎！

二十三

治河之道，易知而无能行。盘庚曰："无总于货宝，生生自庸。"古今之通弊尽此矣。中国之形如箕，西极之山，箕之膺也；南北交夹，连山以趋于海，箕之两胁也；其中为污下平衍，达于淮、泗之浦，箕之腹与舌也。近山者，土润而黏以坚；污下而平衍者，土燥而轻以脆。盖坟散沙尘自高迤下，而积以虚枵，河出山而径其中，随所冲决而皆无滞，若有情焉，豫审其易归于海之地，而惟便以趋耳。当尧之时，未出山而先阻，故倚北山之麓，夺济、漯以入海，其地坚也。是以垂之千余年，至周定王之世而始决，因其倚山也。禹乘之而分二渠，疏九河，纾豫、徐之灾。河偶顺而禹适乘之，有天幸焉，非禹可必之万世者也。南岸本弱也，日蚀日薄而必决，至决而南而不可复北，神禹生于周、汉之余，且将如之何哉！汉武之塞瓠子而可塞也，其去决也未久，北河尚浚，而可强之使从也。不百年而终不可挽矣。则梁、楚、淮、泗之野，固河所必趋之地，虽或强之，终必不从。至于宋，而王安石尚欲回使北流，其愚不可瘳矣。

徐、豫、兖南之境，是天所使受河之归者也。河之赴海也，必有所夺以行，而后安流而不溢。所夺者必大川也，漯也、济也、漳也，皆北方之大川也。自河阴而东，南迤于徐，北迤于汶，水皆散而无大川以专受其夺，则惟意横流而地皆可夺矣。顾其地沙卤硗脆，不宜于稻粱，抑无金锡梗楠竹箭桑麻之利，而其人嗜利怀奸，狡者日富而拙者日瘠，盖中国之陋壤也。然则河既南而不可复北，而南山之麓，顺汝、蔡以东，带濞、霍而迤于江浦，抑河所必不能龁蚀之者，后世弗庸治也。弃数邑之污壤，并州县而迁之，减居者之赋，制迁者之产，于国家所损者无几，而治河之劳永弛矣。然而不可行者，在廷惜田赋之虚籍，惮建置之暂费，而土著之豪，肩货贿、恋田庐以疾呼而相挠也。

孟诸，薮也；濠、泗之野，牧豕之地也；为万世之利，任其为河可也。故苟无贪水利之心，河可无治；如其大有为也，因河之所冲，相其污下，多为渠以分酾之，而尽毁其堤，神禹再兴，无以易此。抑必待泛滥之时，河自于徐、泗旷衍之浦，荡涤而有大川之势，于以施功，尤自然之获矣。如其未也，姑捐利以释河勿治，而徐俟之后世，其犹愈乎！瓠子宣防，数十年之涂饰，为戏而已矣。

二十四

《旅》之象曰："先王以明慎用刑而不留狱。"离，明也；艮，止也；明而慎，可以止矣，而必求明于无已，则留狱经岁，动天下而其害烈矣。汉武帝任杜周为廷尉，一章之狱，连逮证佐数百人，小者数十人，远者数千里，奔走会狱，所逮问者几千余万人。呜呼！民之憔悴，亦至此哉！缘其始，固欲求明慎也。非同恶者，不能尽首恶之凶；非见知者，不能折彼此之辩；非被枉者，不能白实受之冤。三者具，而可以明慎自旌矣。居明慎之功，谢虚加之责，而天下络绎于徽缧，明慎不知止而留狱，酷矣哉！

且夫证佐不具，而有失出失入之弊，不能保也。虽然，其失出也，则罪疑而可轻者也；即其失入也，亦必非矜慎自好者之无纤过而陷大刑者也。若夫赇吏豪民之殃民也，民既受其殃矣，朝廷苟有以暴明其罪，心已恔矣，奚必廷指之而后快？其所朘削于弱民者，已失而固无望其复得；安居休息，而凋残之余，尚可以苏。复驱之千里之劳，延之岁月之久，迫之追呼之扰，困之旅食之艰，甚则拘之于犴狱，施之以五木；是饮菫幸生而又食之以附荙，哀我惮人，何不幸而遇此明慎之执法邪！故台谏之任，风闻奏劾，巡察之任，访逮豪猾，事状明而不烦证佐，其得无留之旨与！法密而天下受其荼毒，明慎而不知止，不如其不明而不慎也。

二十五

治奸以迫，则奸愈匿，而盗其尤者也。盗之初觉也，未有不骇而急窜者也。当其为盗之日，未有不豫谋一可匿之穴以伏者也。求之愈急，则匿益固，匿之者亦恐其连坐而固匿之。则虽秦政之威，不能获项伯于张良之家，况一有司而任数不可诘之隶卒乎？迨其渐久，而上之求之也舒，则盗不能久处橐闭之中，匿者亦倦而厌之，则有复归田里、翱翔都市而无忌者，于是而获之易于圈豕。夫不才之有司，岂以盗之贼民病国为忧哉？畏以是为罪谪耳。

武帝之发觉而捕弗满品者，二千石以下至小吏，主者皆死，则欲吏之弗匿盗不上闻、而以禁其窃发也，必不可得矣。秦之亡于盗也，吏匿故也。故高帝三章之法，惟曰"盗者抵罪"，而责之不急。盗者，人之所众恶者也，使人不敢恶盗，而恶逐盗之法，盗恶得而不昌？善治盗者，无限以时日，无宽以赦后，获之为功，而不获无罪，人将惟盗是求而无所惮，盗乃恶得而不绝？呜呼！上失其道而盗起，虽屡获伏法，仁者犹为之恻然。况凭一往之怒，立一切之法，以成乎不可弭之势哉！汉武有丧邦之道焉，此其一矣。

二十六

善者非以赏故善也，王者以赏劝善，志士蒙其赏而犹耻之。小人则怀赏以饰善，而伪滋生，而赏滋滥。乃流俗复有阴德之说，谓可劝天下以善，而挟善以求福于鬼神，俗之偷也，不可救药矣。

阴德之说，后世浮屠窃之，以诱天下之愚不肖，冀止其恶。然充其说，至于活一昆虫、施一箪豆，而豫望无穷之利；迨其死无可侥之幸，而又期之他生。驱愚民，胁君子，而道遂丧于人心。东汉以上，浮屠未入中国，而先为此说者史氏也，则王贺阴德之说是也。

贺逐盗而多所纵舍。法之平也不可枉，人臣之职也；人之无罪也不可杀，并生之情也。而贺曰："吾所活者万人，后世其兴乎？"市沽沽之恩，而怀私利之心，王莽之诈，贺倡之矣。故王氏之族终以灭，而为万世乱贼之渠魁，以受《春秋》之铁钺。史氏以阴德称之，小人怀惠，坏人心，败风俗，流为浮屠之淫辞，遂以终古而不息。近世有吴江袁黄者，以此惑天下，而愚者惑焉。夫亦知王贺之挟善徼天而终赤其族乎？

二十七

汉发七科谪充战士征胡，法已苛矣，乃犹有正俗重农之意焉。吏有罪，一也。使为吏者惜官箴而重自爱也。亡命，二也。使民有罪自伏而不逃亡以诡避也。赘婿，三也。使民不舍其父母而从妻以逆阴阳之纪也。贾人，四也。故有市籍，五也。父母有市籍，六也。大父母有市籍，七也。农人力而耕之，贾人诡而获之，以役农人而骄士大夫，坏风俗，伤贫弱，莫此甚焉。重其役者，犹周制贾出车牛乘马之赋、以抑末而崇本也。汉去古未远，政虽苛暴，不忘贱货利、重天伦、敦本业之道焉。至于唐，承五胡十六国之习，始驱农民以为兵。读杜甫《石壕吏》之诗，为之陨涕。汉即不可法，成周之遗制，甲兵之资取之于商贾，万世可行之法乎！

二十八

情之所发，才之所利，皆于理有当焉。而特有所止以戒其流，则才情皆以广道之用。止才情之流者，性之贞也。故先王之情深矣，其才大矣，以通天下之志、成天下之务，而一顺乎道。武帝曰："朕不变更制度，后世无法；不出师征伐，天下不安；为此者不得不劳民。若后世又如朕所为，是袭亡秦之迹也。"有是心，为是言，而岂不贤乎？戒后世以为情，立大法、谨大防以为才，固通志成务者所不废。然而终以丧德而危天下者，才利而遂无所择，情动而因滥于他也。因是而慕神仙、营宫室、侈行游，若将见为游刃有余之资，可以惟吾意而无伤；而淫侈妖巫之气，暗引之而流。无他，才无所诎而忘其诎于道，情无所定而不知定以性也。固其得于天者，偏于长而即有所短。而方其崇儒访道，董仲舒、倪宽之流，言道言性，抑皆性道之郛郭，而昧其精核，无能徵所不逮，而引之深思以自乐其天也。

虽然，武帝之能及此也，故昭帝、霍光承之，可以布宽大之政，而无改道之嫌。宋神宗惟不知此，而司马君实被三年改政之讥，为小人假绍述以行私之口实。则武帝之为此言也，其贤矣乎！

二十九

刘屈氂之攻戾太子也，非果感于周公诛管、蔡之言而行辟也。武帝曰："丞相无周公之风矣。"其词缓，未有督责屈氂之意，则陈大义以责太子而徐为解散也，岂繄无术？而必出于死战，此其心欲为昌邑王地耳。太子诛，而王以次受天下，路人知之矣。其要结李广利，徇姻亚而树庶孽，屈氂之愿，非一日之积矣。然而屈氂旋诛，奸人戕天性以徼非望，未有能幸免者矣。顾孰使险如屈氂而为相也，则武帝狎宠姬、任广利而为之左右也。用人假耳目于私昵，而不保其子，悲夫！

三十

司马迁挟私以成史，班固讥其不忠，亦允矣。李陵之降也，罪较著而不可掩。如谓其孤军支虏而无援，则以步卒五千出塞，陵自炫其勇，而非武帝命之不获辞也。陵之族也，则嫁其祸于李绪；迨其后李广利征匈奴，陵将三万余骑追汉军，转战九日，亦将委罪于绪乎？如曰陵受单于之制，不得不追奔转战者，匈奴岂伊无可信之人？令陵有两祖之心，单于亦何能信陵而委以重兵，使深入而与汉将相持乎！迁之为陵文过若不及，而抑称道李广于不绝，以奖其世业。迁之书，为背公死党之言，而恶足信哉？

为将而降，降而为之效死以战，虽欲浣涤其污，而已缁之素，不可复白，大节丧，则余无可浣也。关羽之复归于昭烈，幸也；假令白马之战，不敌颜良而死，则终为反面事仇之匹夫，而又奚辞焉？李陵曰："思一得当以报汉，"愧苏武而为之辞也。其背道也，固非迁之所得而文焉者也。

三十一

忠邪亦易辨矣，而心迹相疑，当其前者亦易惑焉。武帝所托孤者三人，而上官桀为戎首，与霍光、金日磾若缁素之别。乃自其得当于帝者推之，其迹显，其心见矣。光出入殿门，进止有常度；日磾在上左右，目不忤视者数十年；非以逢帝之欲而为尔也，以自敦其行而不失为履之贞也。桀谢马瘦之责，而曰："闻上不安，日夜忧惧，意不在马。"言未卒，泣数行下。桀非与国休戚之臣，厩令之职，在马而已，其泣也，何为而泣也？慎以自靖者，君子之徒也；佞以悦人者，小人之徒也。君子知有己，故投之天下之大，而惟见己之不可失；小人畏罪徼宠，迎人之喜怒哀乐，而自忘其躬。于此审之，忠邪之不相杂久矣。

惟我为子故尽孝，惟我为臣故尽忠。顾七尺之躬，耳目在体而心函于内，忠臣孝子，非以是奉君父，而但践其身心之则。光与日磾天性近之，而特未学耳，桀乌足与齿哉？武帝以待光、日磾者待桀，不知桀也，且不知光、日磾也。知人之难，惟以己视人，而不即其人之自立其身者视之也。

《读通鉴论》卷三终

读通鉴论卷四

昭帝

一

金日磾，降夷也，而可为大臣，德威胜也。武帝遗诏封日磾及霍光、上官桀为列侯，日磾不受封，光亦不敢受。日磾病垂死，而后强以印绶加其身。日磾不死，光且惮之，况桀乎？桀之逆，日磾亡而光受其欺也。霍光妻子之骄纵，至弑后谋逆以亡其家，无日磾镇抚之也。光之不终，于受封见之矣。日磾没，而光施施自得，拜侯封而若不及，早已食上官桀之饵，而为其所狎。利一时之荣宠，丧其族于十年之后，"厉熏心"，鲜不亡矣。光之咎，非但不学无术也；利赖之情浅，虽有憸人与其煽妻逆子，恶得而乘之？若日磾者，又岂尝学而有他术哉！

二

策者曰："夷狄相攻，中国之利。"呜呼！安所得亡国之言而称之邪！孱君、懦将、痿痹之谋臣，所用以恣般乐怠傲而冀天幸者也。楚不灭庸、麇、群舒，不敢问鼎；吴不取州来、破越、胜楚，不敢争盟；冒顿不灭东胡，不敢犯汉；女真不灭辽，蒙古不灭金，不敢亡宋。夷狄非能猝强者也，其猝强者，则又其将衰而无容惧者也。刘渊之鸷，不再世而即绝；元昊之凶，有宁夏而不敢逾环庆之塞，惟其骤起也。若夫若燔火在积薪之下，日吞其俦类，浸以荧荧，而中国不知。如或知之，覆以自慰曰：此吾之利也。乃地浸广，人浸众，战数胜，胆已张，遂一发而不可遏。火蕴于积薪之下，焰既腾上，焦头烂额而无所施救矣。赵充国藉藉称凤将，而曰："乌桓数犯塞，匈奴击之，于汉便。"此宋人借金灭辽、借元灭金之祸本也。充国之不以此误汉，其余几矣！霍光听范明友追匈奴便击乌桓，匈奴繇是恐，不能复出兵，龊矣哉！

三

人与人相于，信义而已矣；信义之施，人与人之相于而已矣；未闻以信义施之虎狼与蜂虿也。楚固祝融氏之苗裔，而周先王所封建者也。宋襄公奉信义以与楚盟，秉信义以与楚战，兵败身伤而为中国羞。于楚且然，况其与狄为徒，而螫噆及人者乎！

楼兰王阳事汉而阴为匈奴间，傅介子奉诏以责而服罪。夷狄不知有耻，何惜于一服，未几而匈奴之使在其国矣。信其服而推诚以待之，必受其诈；疑其不服而兴大师以讨之，既劳师绝域以疲中国，且挟匈奴以相抗，兵挫于坚城之下，殆犹夫宋公之自衄于泓也。傅介子诱其主而斩之，以夺其魄，而寒匈奴之胆，讵不伟哉！故曰：夷狄者，歼之不为不仁，夺之不为不义，诱之不为不信。何也？信义者，人与人相于之道，非以施之非人者也。

四

严延年劾奏霍光擅废立无人臣礼，其言甚危，其义甚正，若有敢死之气而不畏强御。或曰：光行权，而延年守天下之大经，为万世防。延年安得此不虞之誉哉！其后霍氏鸩皇后，谋大逆，以视光所行为何如，延年何以嚅不复鸣邪？光之必有所顾忌而不怨延年，宣帝有畏于霍氏，必心利延年之说而不责延年，延年皆虑之熟矣。犯天下之至险而固非险也，则乘之以沽直作威，而庸人遂敬惮之。既熟虑诛戮之不加，而抑为庸人之所敬惮，延年之计得矣。前乎上官桀之乱，后乎霍禹之逆，使延年一讦其奸，而刀锯且加乎身，固延年所弗敢问也。矫诡之士，每翘君与大臣危疑不自信之过，言之无讳以立名，而早计不逢其祸，此所谓"言辟而辨，行伪而坚"者也。有所击必有所避，观其避以知其击，君子岂为其所罔哉？

宣帝

一

爵赏者，人君驭下之柄，而非但以驭下也，即以正位而凝命也。辞受者，人臣自靖之节，而非但以自靖也，即以安上而远咎也。故赏有所不行，爵有所不受，而国家以宁。草昧之始，君与开国之臣，为天下而已乱。迨其中叶，外寇内奸，不逞于宗社，而殃及兆民，大臣代君行讨，底定以绥之，而天下蒙安。斯二者，君爵之而非私，下受之而无惭，霍光岂其然哉！

昌邑之废，光之不幸也。始者废长立少，不择而立昌邑，光之罪也。始不慎而轻以天下授不肖，已而创非常之举，以臣废君，而行震世之威。若夫迎立宣帝，固以亲以贤，行其所无事者，非其论功之地也。宣帝纪定策功，加封光以二万户，侯者五人，关内侯者八人。宣帝之为此，失君道矣。已为武帝曾孙，遭家不造，以贤而立乎？其位所固有也。震矜以为非望之福，德戴己者而酬之，然则觊非望者，可县爵赏以贸天下之归，而天位亦危矣。爵赏行，而宣帝之立亦不正矣，以爵赏贸而得之者也。光不引咎以谢严延年之责，晏然受之而不辞，他日且为霍山请五等之荣，则光之废主，乃以邀功而贸赏，又何怪其妻之鸩后而子之谋逆乎？则抑何异司马昭、萧道成之因以篡，苗传、刘正彦之敢于行险以侥幸乎？

论者曰："光不学无术。"学何为者也？非揽古今之成败而审趋避之术也。诸葛公有云："非淡泊无以明志。"又云："学须静也。"惟淡与静，以养廉耻之心，以明取舍之节，以昭忠孝之志，纯一于天性，终远于利名。故可贵、可贱、可履虎尾而不咥，可乘高墉而射隼，居震世之功，而不愧于屋漏。无他，无欲故静。皎然白其志于天下，流俗不能移，妻子不能乱。君以顺天休命而无私，臣以致命遂志而不困。光之不学，未能学乎此也。非此之学，而学于术，以巧为避就。曹操盖尝自言老而好学矣，曾不如金日磾之顜愚，暗合乎道也。

二

宣帝欲尊武帝为世宗，荐盛乐，过矣。然其过也，所谓君子之过，失于厚也。夏侯胜讼言讦之，如将加诸铁钺者。子贡曰："恶讦以为直者。"殆是谓乎！《春秋》之法，"为尊者讳，为亲者讳"。《春秋》以正乱臣贼子之罪，垂诸万世者也。桓、宣弑立而微其辞，尊则君，亲则祖，未有不自敬爱其尊亲而可以持天下之公论者也。

宣帝者，武帝之曾孙也。假令有人数夏侯胜乃祖乃父之恶于胜前，而胜晏然乐听之，其与禽兽奚择哉！而胜以加诸其君而无忌，是证父攘羊之直也，而天理灭矣。苟其曰武帝之奢纵而泽不及民，万世之公论不可泯也。则异代以后，何患无按事迹而核功罪者。鲧不以配帝而掩圯族之恶，吾弗从臾以效尤可尔。留直道以待后人，全恩礼以尽臣道，各有攸宜，倒行则乱。恶武帝之无恩于天下，而己顾无礼于上，宣帝按不道之诛，不亦宜乎！

三

霍光死而魏相兴，此后世大臣兴废，而国政变更、人才进退之始也。霍光非尽不可与言者也，严延年廷劾之而勿罪，田延年所与共废立者而不阿，悍妻行弑，欲自举发，特茬苒而不能自胜耳。上书者以副封先达领尚书者而后奏，光亦惩昌邑之失而正少主之视听，特未深知宣帝之明而持之太过耳。相当光之时，奏记于光，俾去副封可也；昌言于廷，俾宣帝救光去之可也。为人臣者，言苟当于纪纲之大，难有所不避，况光之犹可与言而无挟以不相听从者乎！待光之死而后言之，相之心不纯乎忠。而后世翘故相以树新党者，相实为之倡。是殆授兴革之权于大臣，而人主幸大臣之死以行己意。上下睽，朋党兴，国事数变。至于宋，而宰相易，天子为之改元。因是而权臣有感于此，则恋位以免祸，树党以支亡，迭虚迭盈而国为之敝。斯其为害，三代亡有也；高、文、景、武之世，亦亡有也。故曰：自相始也。

抑相之进也，言正而心诐，迹贞而行诡，所因者许广汉也，听起伏于外戚而莫能自遂也。司马温公奉宣仁太后改新法，而章惇、邢恕犹指宫闱以为口实，况缘外戚以取相乎？君子之慎始进也，枉尺而直寻不为也。春秋之世，不因大夫而立功名者，颜、曾、冉、闵而已。汉之不因外戚，后世之不因宦寺者，鲜矣。此风俗邪正、国事治乱之大辨也。

四

路温舒之言缓刑，不如郑昌之言定律也。宣帝下宽大之诏，而言刑者益淆，上有以召之也。律令繁，而狱吏得所缘饰以文其滥，虽天子日清问之，而民固受罔以死。律之设也多门，于彼于此而皆可坐，意为重轻，贿为出入，坚执其一说而固不可夺。于是吏与有司争法，有司与廷尉争法，廷尉与天子争法，辨莫能折，威莫能制也。巧而强者持之，天子虽明，廷尉虽慎，卒无以胜一狱吏之奸，而脱无辜于阱。即令遣使岁省而钦恤之，抑惟大凶巨猾因缘请属以逃于法，于贫弱之冤民亡益也。惟如郑昌之说，斩然定律而不可移，则一人制之于上，而酷与贿之弊绝于四海，此昌之说所以为万世祥刑之经也。

夫法之立也有限，而人之犯也无方。以有限之法，尽无方之慝，是诚有所不能该矣。于是而律外有例，例外有奏准之令，皆求以尽无方之慝，而胜天下之残。于是律之旁出也日增，而犹患其未备。夫先王以有限之法治无方之罪者，岂不审于此哉？以为国之蠹、民之贼、风俗之蜚蚀，去其甚者，如此律焉足矣，即是可以已天下之乱矣。若意外无方之慝，世不恒有，苟不比于律，亦可姑俟其恶之已稔而后诛，固不忍取同生并育之民，逆亿揣度，刻画其不轨而豫谋操蹙也。律简则刑清，刑清则罪允，罪允则民知畏忌，如是焉足矣。

抑先王之将纳民于轨物而弭其无方之奸顽者，尤自有教化以先之，爱养以成之，而不专恃乎此。则虽欲详备之，而有所不用，非其智虑弗及而待后起之增益也。乃后之儒者，恶恶已甚，不审而流于申、韩。无知之民，苟快泄一时之忿，称颂其摘发之神明，而不知其行自及也。呜呼！可悲矣夫！

五

霍光之祸，萌于骖乘。司马温公曰："光久专大柄，不知避去。"固也。虽然，骖乘于初谒高庙之时，非归政之日也，而祸已伏。虽避去，且有疑其谖者。而谗贼间起，同朝离贰，子弟不谨，窦融所以不免，而奚救于祸？夫骖乘之始，宣帝之疑畏，胡为而使然邪？张安世亦与于废立，而宣帝亡猜。无他，声音笑貌之间，神若相逼，而光不知，帝亦情夺意动而不知所以然邪。

子夏问孝，子曰："色难。"岂徒子之于父母哉。上之使民，朋友之相结，宾主之相酬，言未宣，事未接，而早有以移民之情。惟神与气，不可强制之俄顷而获人心者也。《诗》云："温温恭人，惟德之基。"德之用大矣，而温恭为之基。温恭者，仁之荣也，仁荣内达而德资以行，岂浅鲜哉！子曰："切切偲偲，怡怡如也，可谓士矣。"非便辟之谓也。其气静者，貌不期而恭；其量远者，色不期而温。善世而不伐，德博而化，宽以居之，仁以守之，学问以养之，然后和气中涵而英华外顺。呜呼！此岂霍光之所及哉！立震世之功名，以社稷为己任，恃其气以行其志，志气动而猝无以持，非必骄而神已溢，是以君子难言之也。

周公处危疑而几几，孔子事暗主而与与，则虽功覆天下，终其身以任人之社稷而固无忧。夫周、孔不可及矣，德不逮而欲庶几焉者，其在曾子之告孟敬子乎！敬其身以远暴慢，心御气而道御心。有惴惴之小心，斯有温温之恭德。虽有雄猜之主、忮害之小人，亦意消而情得。故君子所自治者身也，非色庄以求合于物也。量不弘，志不持，求不为霍光而不可得，岂易言哉！

六

流俗之毁誉，其可徇乎？赵广汉，虔矫刻核之吏也，怀私怨以杀荣畜而动摇宰相，国有此臣，以剥丧国脉而坏民风俗也，不可复救。乃下狱而吏民守阙号泣者数万人。流俗趋小喜而昧大体，蜂涌相煽以群迷，诚乱世之风哉！

小民之无知也，贫疾富，弱疾强，忌人之盈而乐其祸，古者谓之罢民。夫富且强者之不恤贫弱，而以气凌之，诚有罪矣。乃骄以横，求以忮，互相妨而相怨，其恶惟均。循吏拊其弱而教其强，勉贫者以自存，而富者之势自戢，岂无道哉？然治定俗移而民不见德。酷吏起而乐持之以示威福，鸷击富强，而贫弱不自力之罢民为之一快。广汉得是术也。任无籍之少年，遇事蜂起，敢于杀戮，以取罢民之祝颂。于是而民且以贫弱为安荣，而不知其幸灾乐祸，偷以即于疲惰，而不救其死亡。其黠者，抑习为阴憯，伺人之过而龁啮之，相仇相杀，不至于大乱而不止。愚民何知焉，酷吏之饵，酷吏之阱也。而鼓动竞起，若恃之以为父母。非父母也，是其嗾以噬人之猛犬而已矣。

宣帝以刻核称，而首诛广汉刻核之吏，论者犹或冤之。甚矣流俗之惑人，千年而未已，亦至此乎！包拯用而识者忧其致乱，君子之远识，非庸人之所能测久矣。

七

萧望之之不终也，宜哉！宣帝欲任之为宰相，而试以吏事，出为左冯翊，遂愤然谢病，帝使金安上谕其意，乃就。望之而有耻之心也，闻安上之谕，可愧死矣。

世之衰也，名为君子者，外矜廉洁而内贪荣宠，位高则就之，位下则辞之。夫爵禄者，天之秩而人君制之者也。恃其经术奏议之长，择尊荣以为己所固得；充此志也，临大节而不以死易生、不以贱易贵，以卫社稷也，能乎？处己卑而高视禄位，揽非所得以为己据，诚患失之鄙夫，则亦何所不可哉！其或以伉直见也，徒畏名义以气矜自雄耳，非心所固耻而不为者也。人主轻之，小人持之，而终不免于祸，不亦宜乎！武帝以此薄汲黯而终不用，黯得以令终，武帝可谓善驭矣。宣帝温谕以骄望之，非望之之福也。

八

居心之厚薄，亦资识与力以相辅，识浅则利害之惑深，力弱则畏避之情甚。夫苟利害惑于无端而畏避已甚，则刻薄残忍加于君臣父子而不恤。

张敞，非昌邑之故臣也，宣帝有忌于昌邑，使敞觇之，敞设端以诱王，俾尽其狂愚之词，告之帝而释其忌，复授以侯封，卒以令终，敞之厚也。徐铉，李煜之大臣也，国破身降，宋太宗使觇煜，而以怨望之情告，煜以之死。铉之于煜，以视敞于昌邑，谁为当生死卫之者？而太宗之宽仁，抑不如宣帝之多猜。铉即稍示意旨，使煜逊词，而己借以入告，夫岂必逢太宗之怒；则虽为降臣，犹有人之心焉。铉遂躬为操刃之戎首而忍之，独何心乎！无他，敞能知人臣事君之义，导主以忠厚，而明主必深谅之，其识胜也。且其于宠辱祸福之际，寡所畏忌，其力定也。而铉孱且愚，险阻至而惘所择，乃其究也，终以此见薄于太宗而不得用。小人之违心以殉物也，亦何益乎！

有见于此而持之，则虽非忠臣孝子，而名义之际，有余地以自全。无见于此而不克自持，则君父可捐，以殉人于色笑。若铉者，责之以张敞之为而不能，况其进此者乎？故君之举臣，士之交友，识暗而力柔者，绝之可也。一旦操白刃而相向，皆此俦也。

九

尹翁归卒，家无余财，宣帝赐其子黄金百斤以奉祭祀，于朱邑亦然，非徒其财也，荣莫至矣。故重禄者，非士所希望以报忠者也，而劝士者在此。刻画人以清节，而不恤其供祭祀、养父母、畜妻子之计。幸而得廉士也，则亦刻核寡恩、苟细以伤民气之褊夫，而流为酷吏，然且不能多得。而渔猎小民以求富者，借口以无忌而不惭。唐、宋以前，诏禄赐予之丰，念此者至悉，犹先王之遗意也。

至于蒙古，私利而削禄，洪武之初，无能改焉。禄不给于终岁，赏不逾于百金，得百轩轾，而天下不足以治，况三百年而仅一轩轾乎？城垂陷，君垂危，而问饲猪，彼将曰救死而不赡。复奚恤哉！

十

汉人学古而不得其道，矫为奇行而不经，适以丧志。若韦玄成避嗣父爵，诈为狂疾，语笑昏乱，何为者也？所贵乎道者身也，辱其身而致于狂乱，复何以载道哉！箕子之佯狂，何时也？虞仲断发文身，过矣，盖逃于勾吴而从其俗以安，非故为之也。然而亏体辱亲，且贻后嗣以僭王猾夏之巨恶矣。且古之诸侯，非汉诸侯之比也。国人戴之，诸大夫扳之，非示以必不可君，则不可得而辞也。若夫玄成者，避兄而不受爵，以义固守，请于天子，再三辞而可不相强，奚用此秽乱辱身之为以惊世哉！丞相史责之曰："古之辞让，必有文义可观，乃能垂荣于后。"摘其垂荣之私意，而勉之以文义，玄成闻此，能勿愧乎？士守不辱之节，不幸而至于死，且岳立海腾以昭天下之大义；从容辞让之事，谁为不得已者？而丧其常度，拂其恒性，亦愚矣哉！韦氏世治经术，而玄成以愚。学以启愚也，不善学者，复以益其愚；则汉人专经保残之学，陷之于寻丈之间也。

十一（增补）

史称宣帝元康之世，比年丰稔，谷石五钱，而记以为瑞，盖史氏之溢辞，抑或偶一郡县粟滞不行，守令不节宣而使尔也。一夫之耕，上农夫之获，得五十石足矣。终岁勤劳而仅获二百五十钱之赍，商贾居赢，月获五万钱，而即致一万石之储，安得有农人孳孳于南亩乎？金粟之死生，民之大命也。假令农人有婚丧之事，稍费百钱，已空二十石之囷积，一遇凶岁，其不馁死者几何邪？故善养民者，有常平之廪，有通粜之政，以权水旱，达远迩，而金粟交裕于民，厚生利用并行，而民乃以存。腐儒目不窥牖，将谓民苟得粟以饱，而无不足焉；抑思无布帛以御寒，无盐酪蔬肉以侑食，无医药以养老疾，无械器以给耕炊，使汝当之，能胜任焉否邪？

十二

赵充国之策羌也，制狄夷初起之定算也。夷狄而初起，其锋铦利，谋胜而不忧其败。谋胜而不忧其败，则致死而不可撄。败之不忧，则不足以持久而易溃。其徒寡，其积不富，其党援不坚，而中国之吏士畏之不甚。是数者，利于守而不利于攻，不易之道也。

狄夷之初起亦微矣，而中国恒为之敝。有震而矜之者而人心摇，有轻而蔑之者而国谋不定。彼岂足以敝我哉？尝试与争而一不胜，则胁降我兵卒，掠夺我刍粮，阑据我险要，而彼势日猖。党而援之者，益信其必兴而交以固。盛兵以往，溃败以归，而我吏士之心，遂若疾雷之洊加而丧其魄。故充国持重以临之，使其贫寡之情形，灼然于吾吏士之心目，彼且求一战而不可得，地促而粮日竭，兵连而势日衰，党与疑而心日离。能用是谋而坚持之，不十年而如坚冰之自解于春日矣。

虽然，一人谋之已定，而继之者难也。夷无耻者，困则必降，降而不难于复叛。充国未老，必且有以惩艾而解散之，而辛武贤之徒不能，故羌祸不绝于汉世。然非充国也，羌之祸汉，小则为宋之元昊，大则为拓跋之六镇也，而拓跋氏以亡矣。

十三

宣帝之诏充国曰："将军不念中国之费，欲以数岁而胜敌，将军，谁不乐此者？"呜呼！此鄙陋之臣以惑庸主而激无穷之害者也。幸充国之坚持而不为动，不然，汉其危矣！

为国者，外患内讧，不得已而用兵。谓之不得已，则不可得而速已矣；谓之不得已，则欲已之，亦惟以不已者已之而已矣。何也？诚不可得而已也，举四海耕三余九之积，用之一隅，民虽劳，亦不得不劳；国虽虚，亦不得不虚。鄙陋之臣，以其称盐数米于㸑厨之意计而为国谋，庸主遂信以为忧国者，而害自此生。司农怠于挽输，忌边帅之以军兴相迫，窳敝之有司，畏后事之责，猎胥疲民，一倡百和，鼓其欲速之辞，而害自此成。茫昧徼功之将帅，承朝廷吝惜之指，翘老成之深智沉勇以为耗国毒民，乃进荡平之速效，而害自此烈矣。

充国之至金城也，以神爵元年之六月，其振旅而旋，以二年之五月，持之一年而羌以瓦解，则所云欲以数岁而胜敌者，盖老成熟虑之辞，抑恐事不必速集，而鄙陋之庸臣且执前言以相责耳。非果有数岁之费以病国劳民，显矣。甚矣，国无老臣而庸主陋臣之自误也！惮数岁之劳，邀期事之速效，一蹶不振，数十年兵连祸结而不可解，国果虚，民果困，盗贼从中起，而遂至于亡。以田夫贩竖数米量盐之智，捐天下而陆沉之，哀哉！

十四

宣帝重二千石之任，而循吏有余美，龚遂、黄霸、尹翁归、赵广汉、张敞、韩延寿，皆藉藉焉。迹其治之得失，广汉、敞、霸皆任术而托迹于道。广汉、敞以虔矫任刑杀，而霸多伪饰，宽严异，而求名太急之情一也。延寿以礼让养民，庶几于君子之道，而为之已甚者亦饰也。翁归虽察，而执法不烦；龚遂虽细，而治乱以缓；较数子之间，其愈矣乎！要此数子者，惟广汉专乎俗吏之为，而得流俗之誉为最；其余皆缘饰以先王之礼教，而世儒以为汉治近古，职此繇也。

夫流俗之好尚，政教相随以滥；礼文之缘饰，精意易以相蒙；两者各有小著之效，而后先王移风易俗、缘情定礼之令德，永息于天下。救之者其惟简乎！故夫子言南面临民之道，而甚重夫简；以法术之不可任，民誉之不可干，中和涵养之化不可以旦夕求也。

如广汉者，弗足道矣。继广汉而兴，为包拯、海瑞者，尤弗足道矣。至于霸、延寿、翁归，循其迹而为之，何遽不如三代？而或以侈败，或以伪讥，何为其致一时之感歔，反出广汉下乎？虽然，亡其实而犹践其迹，俾先王之显道不绝于天下，以视广汉与敞之所为，犹蓂稗与五谷，不可以熟不熟计功也。褊躁以徇流俗之好恶，效在一时，而害中于人心，数百年而不复，亦烈矣哉！

十五

萧望之曰：“恩足以服孝子，谊足以动诸侯，故《春秋》大士匄之不伐丧。”遂欲辅匈奴之微弱，救其灾患，使贵中国之仁义，亦奚可哉？恩足以服孝子，非可以服夷狄者也；谊足以动诸侯，非可以动夷狄者也。梁武拯侯景于穷归，而死于台城；宋徽结女真于初起，而囚于五国。辅其弱而强之，强而弗可制也；救其患而安之，安而不可复摇也。汉之于匈奴，岂晋之于齐、均为婚姻盟会之友邦哉？望之之说《春秋》也，失之矣。

十六

苏威以五教督民而民怨，黄霸以兴化条奏郡国上计而民颂之。盖霸以赏诱吏，而威以罚督民，故恩怨殊焉，而其为治道之蠹，一也。耕者让畔，行者让路，道不拾遗，传记有言之以张大圣人之化者矣；而诗书所载，孔门所述，未尝及焉。故称盛治之民曰“士悫女憧”，言乎其朴诚而不诡于文也。故曰：“礼不下庶人，刑不上大夫。”礼之不可望庶人，犹大夫之不待刑也。圣人之训，炳如日星矣。

孔子没，大义乖，微言绝；诸子之言，激昂好为已甚，殆犹佛、老之徒，侈功德于无边，而天地日月且为之移易也。夫圣人之化，岂期之天下哉？尧有不令之子，舜有不恭之弟，周公有不道之兄，孔子有不圬不雕之弟子，草野无知，而从容中道于道路，有是理哉？以法制之，以刑束之，以利诱之，民且涂饰以自免；是相率为伪，君子之所恶也。汉之儒者，辞淫而义诡，流及于在位，袭之以为政。霸之邪也，有自来矣。君子之道，如天地之生物，各肖其质而使安其分，斯以为尽人物之性而已矣。

十七

耿寿昌“常平”之法，利民之善术也，后世无能行之者，宋人仿之，而遂流为“青苗”。故曰：非法之难，而人之难也。三代封建之天下，诸侯各有其国，其地狭，其民寡，其事简，则欲行“常平”之法也易。然而未尝行者，以生生之计，宽民于有余，民自得节宣焉，不必上之计之也。上计之而民视以为法；视以为法，则惮而不乐于行，而黠者又因缘假借以仇其奸。故三代之制，裕民而使自为计耳。虽提封万井之国，亦不能总计数十年之丰歉而早为之制也。郡县之天下，财赋广，而五方之民情各异，其能以一切之治为治乎？

然则"常平"之制不可行与？曰：常平者，利民之善术，何为而不可行也？因其地，酌其民之情，良有司制之，乡之贤士大夫身任而固守之，可以百年而无弊，而非天子所可以齐一天下者也。寿昌行之而利，亦以通河东、上党、太原、弘农之粟于京师而已矣。

十八

宣帝临终，属辅政于萧望之，其后望之被谮以死，而天下冤之。夫望之者，固所谓可小知而不可大受者也。望之于宣帝之世，建议屡矣，要皆非人之是，是人之非，矫以与人立异，得非其果得，失非其固失也。匈奴内溃，群臣议灭之，望之则曰："不当乘乱而幸灾。"呼韩邪入朝，丞相御史欲位之王侯之下，望之则曰："待以不臣，谦亨之福。"韩延寿良吏也，忌其名而讦其小过以陷之死。丙吉贤相也，则倨慢无礼而以老侮之。且不但已也，出补平原太守，则自陈而请留；试之左冯翊，则谢病而不赴。迹其所为，盖揽权自居，翘人过以必伸，激水火于廷，而怙位以自尊者也。若此者，其怀禄不舍之情，早为小人之所挟持；而拂众矫名，抑为君子所不信。身之不保，而安能保六尺之孤哉！见善若惊，见不善如仇，君子犹谓其量之有涯而不可以任大；况其所谓善者不必善，所谓不善者非不善乎！

宣帝之任之也，将以其经术与？挟经术而行其偏矫之情，以王安石之廉介而祸及天下，而望之益之以侈；抑以其议论与？则华而不实，辩而窒，固君子之所恶也。主父偃、徐乐岂无议论之近正，而望之抑奚以异？盖宣帝之为君也，恃才而喜自用，乐闻人过以示察者也，故于望之有臭味之合焉。以私好而托家国之大，其不倾者鲜矣。

元帝

一

朋党之兴，始于元帝之世，流风所染，千载不息，士得虚名获实祸，而国受其败，可哀也夫！萧望之、周堪、张猛、刘更生，固雅意欲为君子者也。其攻史高、弘恭、石显，以弼主于止，固君子之道也。夫君子者，岂徒繇其道而遂以胜天下之邪哉？君子所秉以匡君而靖国者，謇謇之躬，可生可死，可贵可贱，可行非常之事，可定众论之归，而不倚人以为援。若夫进贤以卫主，而公其善于天下，则进之在己，而举错一归之君。且必待之身安交定之余，而不急试之危疑之日。然且避其名而弗居，以使贤士大夫感知遇于吾君，而勉思报礼。身已安，交已定，道已行，小人已远，则善士之进，自拔以其汇，而不肖者不敢饰说以干。于身为君子，于国为大臣，恃此道也。

今萧、周二子者，奉遗诏，秉国政，辅柔弱之主，甫期年耳。元帝浮慕之而未尝知之。使二子果以抑群小、清政本为远图，身任之，以死继之，其孰敢不震叠焉？乃其所为有异是者，郑朋欲附之，望之受之，周堪听之，华龙闻其风而欲附焉。□□□□□□□□□□□□□而杨兴、诸葛丰之徒，皆仰望而欲攀倚。以此思之，则此数子者，必悬朝廷之禄位以引躁进喜事之人，而望其援，讼其直以击恭、显。身为大臣，国是不决，乃借资于浮薄之徒，或激或叛，以成不可解之祸。呜呼！四子者，果捐躯以报上，独立不惧，而奚以此闻声附和之宵人为哉？悬汲引以诱人，利则从，害则叛，固其常也。况乎风相煽，讹相传，一时之气焰，小民之视听且骇，而况孱主孤立于群小之间乎！

故朋党之兴，必有败类以相附，而贻小人之口实。使为君子者，远爵赏之权，泯交游之迹，不歆便佞之推戴，不假新进以攻排，无瑕可求，孤立自任，则败类恶得而乘之？狄仁杰且以制诸武之凶，李泌终不受梅询、曾致尧之惑，大臣之道，当如此矣。四子而能然也，元帝虽孱，恭、显虽横，亦孰与相激，而令宣帝之业陨于一朝乎？

申屠嘉之困邓通，困之而已；韩魏公之逐内竖，逐之而已；何所借于群不逞而为之羽翼？司马温公任二苏以抑王安石，而秦观、张耒以狭邪匪人，缘之以忝清流之选，故终绌于绍述之党。杨、左广结台谏以抗魏忠贤，而汪文言以无赖赀郎窃附以召祸。浮薄之徒，一得当于君子，而使酒狂歌、呼卢谑傲以嗣萧艾兰茝之音，其气膻，其焰绿。为君子者，可勿豫戒之哉！

二

元帝诏四科举士，即以此第郎官之殿最，一曰质朴，二曰敦厚，三曰逊让，四曰有行。盖屏主佞臣惩萧、周、张、刘之骨鲠，而以柔惰销天下之气节也。自是以后，汉无刚正之士，遂举社稷以奉人，而自诩其敦厚朴让之多福。宣帝曰："乱我国家者，必太子也。"其言验矣。

虽然，有自来矣。极重必反者，势也。文、景、武、昭之世，贤不肖杂进，而质朴未亡，君子无赫赫之名，而小人亦无难见之恶。气矜如汲黯，名胜如贾谊，人主甚器其材，而终不显。至于逞风采以徼人主之知，动天下之色，如主父偃、徐乐、终军、东方朔，以洎刑名聚敛之臣，皆旋用而旋弃。迨宣帝切于求治，以文法为尚，而天下翕然从之。于是而沽名炫直之士，矫为人所不能以自旌，气焰足以凌人主，而人主厌其苛核，非但贵戚宦寺之疾之也。魏相以之赤霍氏之族，萧望之以之持丙吉之短，张敞以之攻黄霸之私，势已成乎极重，则其反而相奖以诡随也，天下且乐其易与，而况乎人主之与戚宦哉？

屈伸之理，一彼一此；情伪之迁，一虚一盈。故人主驭天下之人才，不轻示人以好恶而酌道之平，诚慎之也。畏其流而尤畏其反也。

三

赵充国持重以破羌，功莫盛矣，二十余年而羌人复反，吾故曰：难乎其为继也。当充国时，求战不得、坐而自困之羌，心灰而不敢竞者阅二十年，而皆已衰老。后起之胡雏，未尝躬受挫抑，将曰：汉但能自守，而不能有加于我，前人无能为而受其困，我别有以制汉而汉穷矣。藉令充国未老，天子终以西事任之，抑必有锐师以继之于挫折之余，而辛武贤之徒弗能也。外忌充国之功，而内实私幸之以偷安。故冯奉世曰："守战之备，久废不简，夷狄有轻边吏之心。乡姐骄狂而骤起，实有繇来矣。"于是而奉世之决于进讨，功不可泯；韦玄成、郑弘之固陋，罪亦不可掩矣。

羌之初起也，持重以困之而自敝，万全之道也。过此而乡姐踵乱，非先零比矣。一起一败而不能无疑畏焉。已烬之炷，狂焰一熺而膏不给，胜则前，败则降，习先零故事，而无致死之心，是其必当剿除也明甚。故奉世决于大举，合六万人以捣之于初起，盖与充国之策异术而同功。奉世不可师充国之守，充国不可用奉世之攻，因时度敌而善其操纵，其道一也。

夫羌地亘河、湟，南接秦、陇，于长安为肘腋；力虽小而骄之则大，种虽散而使之相并则合；使其得志以逞，非但唐之回纥、宋之元昊已也。迨乎东汉，幸而都洛耳；使都长安，庸臣师玄成、郑弘之说，茸阘以召侮，羌且逼王畿城下而莫惩，汉其亡于羌乎！奉世翦之于始，张奂、段颎夷灭之于后，羌乃不能为中国腹心之患。其后虽姚弋仲之桀雄，不乘刘、石之余而不敢起。垂至于今二千年，秦、陇、河、岷、阶、文之间，岩险瓯脱而防闲不设，则二汉之猷远矣。冯奉世首建大议以申天讨，善体充国之意而通其变，民到于今受其赐，非玄成等偷安一时之所能知也。

四

贡禹、匡衡之言，其不醇者盖亦鲜矣。禹曰："天生圣人，盖为万民，非自娱乐而已。"衡曰："天人之际，精祲有以相荡，善恶有以相推，宜省靡丽、考制度、近忠正、远巧佞，以崇至仁。"又曰："聪明疏通者，戒于太察；寡闻少见者，戒于壅蔽；勇猛刚强者，戒于太暴；仁爱温良者，戒于无断；湛静安舒者，戒于后时；广心浩大者，戒于遗忘。"又曰："婚姻之礼正，然后品物遂而天命正，孔子论《诗》以《关雎》为始，此纲纪之首、王教之端也。"又曰："圣人动静游燕所亲，物得其序。"又曰："佞巧之奸，因时而动，圣人慎防其端，禁于未然，不以私恩害公义。"又曰："正家而天下定矣。"读其文，绎其义，想见其学，非公孙弘、倪宽之剿旧闻而无心得者所及；亦且非韦玄成、薛广德之择焉而不精者所可与匹俦也。

论者谓元帝柔而少断，禹与衡不以为言，而但就帝之长，孜孜以恭谨节俭相奖，为禹、衡之罪，过矣。元帝所以优游不断者，惟其心之不清，几之不慎，而中不适有主也。则其所为恭谨节俭，亦惟其名而无其实。天子之尊富，即省之又省，而以溺其志者尚多。燕闲游息之下，史高、石显岂无导侈之为？而特未甚耳。不然，何知其邪而不能去乎？繇是言之，使无禹、衡之正，称《诗》《礼》精严之旨以防其流，则以帝之柔而益以骄淫，安所得十六年之安，内无寇攘，而外收绝域之功乎？

君子出所学以事主，与激于时事之非而强谏之臣异。以谏为道者，攻时之弊，而不恤矫枉之偏。以学事主者，规之以中正之常经，则可正本以达其义类，而裁成刚柔一偏之病；主即不悟，犹可以保其大纲而不乱。故以孔子之圣，告茬弱之哀公，惟规之以人道政本之大端，而不屑取奔越之祸豫为之防。夫岂不达于时变哉？以道豫立而变自消也。且衡之言曰："近忠正，远邪佞，寡闻少见者戒于壅蔽，仁爱温良者戒于无断。"固已尽元帝之所短，而特不为矫枉之论，导之鸷击耳。夫可喻者，则微言而喻矣；不可喻者，则痛哭流涕以谈而固不喻也。是以君子之言，有体有要，而不诡于大常；补偏救弊之术，二子有所不尚，夫亦犹行君子之道乎！

论者徒见萧望之、周堪之死不以罪，咎元帝而因以咎禹、衡。乃石显之奸恶不及于天下，而海内晏安，则儒者雍容涵养之功，亦岂可诬哉？汉之中亡也，成、哀之奢纵成之，非元帝优柔致之也。又奚可以张禹、孔光之罪罪二子也！

五

邪说之行于天下，必托于君子之道。释氏之言心性，亦君子之言也；老氏之言道德，亦君子之言也；天下以其为君子之雅言，遂谓其有当于治与道而信之。故《六经》之支说，皆以破道而有余，焦延寿、京房之于《易》是已。

《易》《乾》《坤》之策三百六十，当期之日，取其象之一端大略而言。《屯》《蒙》以下之策，老少杂而非三百六十者多矣。期之日三百六十有五而有余分，不尽如《乾》《坤》之策也。圣人观天地人物之变而达其会通，以为是肖其大纲耳；亦犹二篇之策万一千五百二十以象万物，而物固不可以万计也。故曰"神无方而《易》无体"，"周流六虚，不可为典要"。二子者，乃欲限六十四卦之爻以各当一日，无以处余四卦，不得已而以《震》《兑》《坎》《离》居分、至之位。则不知二分二至在六十卦之外而为之纲维邪？抑二分二至一日而二卦以异于余卦邪？东《震》西《兑》、南《离》、北《坎》者，位也；二分二至之日，时也。时经而位纬，二子取而错乱之也何居？故延寿者，筮史日者之流，以小术测阴阳之迹，似不足以知天化而叙治理。房是之学，乃敢以与人宗社哉？

其为术也，立典要以为方体，于是而有八宫世应之说。抑自《乾》至《剥》而穷，又不得已而措晋、大有于其末。垂至于今，鬻技之卜师，相因以断吉凶之大故，而不能明言其所以然之理，徒以惑民而侥幸。然则延寿与房，虽欲辞为妖妄之魁也而不得。何也？非天理之自然，则皆妖也。房以是欲与石显、五鹿充宗竞贞邪于天人之际，吾未见妖之足胜邪也。邪者获罪于人，妖者获罪于天，妖尤烈矣。

或曰：房之按日以候气，分卦以征事，所言者亦与当时之得失祸福合，何也？曰：石显之邪，而君德以昏，国是以乱，众耳众目具知之矣。事既已然，取而求其所以然者，而实固非也。势已成，形已见，谓天之象数亦然，亦恶从而辨之？故日月之有灾眚，岁时之有水旱，禽虫草木之有妖孽，人民之有疴沴，山川之有崩沸，吾知其不祥；而有国者弗可不恐惧以修省耳。铢累而分之，刻画而求之，幸而弋获之妖人，以是取显名、致厚利而惑天下；《王制》所谓"假于鬼神时日卜筮以疑众，杀"。其宜膺天刑久矣。房内挟此以与邪臣竞，自杀其躯而邪益张，宜矣哉！何也？托君子之道，诬圣人之教，矫造化之神，三者皆获罪于天而不可逭者也。

六

京房考课之法，迂谬而不可举行；即使偶试而效焉，其不可也固然。何也？法者，非一时、非一人、非一地者也。房曰："末世以毁誉取人，故功业废而致灾异。"毁誉之不当者多也，然而天下之公论存焉。虽甚拂人之性，亦不能谓尧暴而跖仁也。舍此而一以功业程之，此申、韩之陋术，而益之以拘迫，不肖者涂饰治具以文其贪庸；不逮，则鞭策下吏、桎梏民庶以副其期会，灾不在天，异不在物，而民已穷、国已敝矣。

先后异时也，文质相救而互以相成，一人之身，老少异状，况天下乎？刚柔异人也，不及者不可强，有余者不可裁，清任各有当，而欲执其中，则交困也。南北异地也，以北之役役南人，而南人之脆者死；以南之赋赋北土，而北土之瘠也尽；以南之文责北士，则学校日劳鞭扑；以北之武任南兵，则边疆不救危亡。其间损乃以益，杀乃以生，简乃以备，一视为吏者居心之仁暴、忧国之诚伪。而惟考课其一切之功能，此王莽所以乱天下者，房为之开先矣。塾师之教童子也有定课，而童子益愚；耕夫之驭牛也有定程，而牛以敝。梏四海九州强智柔和于房一人之意见，截鹤胫以续凫，其不亡也何待焉？

盖房之为术，以小智立一成之象数，天地之化，且受其割裂，圣人之教，且恣其削补。道无不圆也，而房无不方，大乱之道也，侮五行而椓二仪者也。郑弘、周堪从而善之，元帝欲试行之，盖其补缀排设之淫辞有以荧之尔。取天地人物、古今王霸、学术治功，断其长，擢其短，令整齐瓜分如弈者之局、厨人之刌也，此愚所以闻邵子之言而疑也，而况房哉！

七

汉之亡，非元帝之咎也。帝弱而寡断，然而无所伤于天下，石显仅逞于异己，而恶不及于民，国之元气未斫焉。故曰：非元帝之咎也。王氏，元后之族也，王凤为大将军录尚书事，为篡弑之阶。然非元帝之宠后族而早任之，帝崩，成帝乃假凤以大权，而帝无遗命。故曰：非元帝之咎也。虽然，其所自来，抑岂非元帝隐伏之咎肇于不测哉？帝以成帝耽燕乐为不能胜大位，而欲立山阳王，识之早也。重易国储，闻史丹之谏而止，亦正也。然知成帝之不克负荷，而不择贤臣以辅正之，幸傅昭仪而迟回于山阳，遭重疾而忽忽不定，闻史丹之谏，知命之已促，而徒有善辅之言，无托孤之遗命，以听哲妇孺子之自求亲信，而王凤进矣。

成帝之在东宫也，既为元帝之所憎而孤危甚，摇摇于废立之间者将十年。匡衡、史丹亦但以大义规元帝，而非必与成帝为腹心。所窃窃然忧、翕翕然私语而计者，徒王凤耳。元后宠衰，而忧祸之及，所与窃窃然忧、翕翕然私语而计者，亦凤兄弟耳。人情出危险之中而思故时之同患者，未有不深信而厚倚之。故成帝一立，而顾瞻在廷，无有如凤之亲己者，岂复忧他日之攘己乎？呜呼！于是而知叔孙舍之不赏私劳以杀竖牛，卓乎其不可及已。

天位者，天所位也；人君者，人所归也。为主器之长子，膺祖宗之德泽，非窃非夺，天人所不能违；而翕訾以相保，呴沫以相怜，私忧过计，贪天功为己力，此其人亦何足任而戴之不忘乎？唐玄宗知张说之奸，怀其潜邸之恩而不能远，以召均、垍之逆；况杨复恭之以家奴而门生天子乎？呜呼！自非攘功擅权之小人，孰敢以大宝之攸归自任为己绩者？赵汝愚不欲行内禅之赏，可法也，而犹存其迹也；丙吉护宣帝于狱而终不自白，故能相天子以成中兴之业。然则汉文却周勃之私言，世庙罢新都之政柄，不得谓之刻核而寡恩；成帝之碌碌，何足以语此哉！元帝不能顾命史丹，而使凤得以私劳惑庸主，亦其昵爱山阳而愤然不恤之咎与！故曰：隐伏之咎，肇于不测也。

《读通鉴论》卷四终

读通鉴论卷五

成帝

一

　　读杜钦进谏之章，与其奏记王凤之书，及论王章之事，竟以王氏之篡，归祸始于钦之党奸，非平情之论也。成帝之无道也，足以亡国。王凤初起，犹修饰而有类于社稷之臣；其视张放、淳于长、史育之导欲以宣淫者，不若也。五侯之专，莽之篡，岂钦之所能前知哉？士志于有为，而际昏庸之主，思有所造于国家，不得自达于上，不获已而见大臣之可与言者，因之以效"纳约自牖"，而"遇主于巷"，所谓救失火而不暇问主人者也。故以陈蕃之刚正，而依窦武以行其志，能早知自别以远嫌者鲜矣。至于凤已成乎专逼，心知其误，而卒不能自拔，钦固有无可如何者，而其情亦可悯矣。

　　故君子之爱身也，甚于爱天下；忘身以忧天下，则祸未发于天下而先伏于吾之所忧也。外戚也，宦寺也，女主也，夷狄也，一失其身，虽有扶危定倾之雅志，不得自救其陷溺；未有身自溺而能拯人之溺者也。孔子行乎季孙而鲁几治，非孔子固弗敢也。圣人之大用，中材所不敢效也。虽然，圣人岂有不测之术哉？齐人服，郈、费堕，季斯一受女乐，而即决于行，无所凝滞，而必不与之推移。则一旦释然忘前此之功业，而逌然以去，无他，纯乎道而无私焉耳。圣人不可学而可学者，此也。凤之专、王氏之盛，成帝之终不足与有为，威福下移，形势已成，钦胡为其荏苒而不去也？能去则去，虽因季斯而不损其圣。事已不可，而尚惜其位，则钦虽持义之正，而不免于党奸。虽然，若钦者，固未易言去也；谏凤不听而去之，且无名而为其所忌，故非圣人不能去，不能去而可不早慎择所从哉？君子度德以自处。女主也，外戚也，宦寺也，即可与有为，而必远之凤，人道之大戒也。贾捐之、杨兴、崔浩、娄师德、张说，一失其身，而后世之讥评，无为之原情以贷者，皆钦之类也。可勿戒乎！

二

亡西汉者，元后之罪通于天矣。论者徒见其吝玺不予、流涕汉庙、用汉伏腊而怜之，妇人小不忍之仁，恶足以盖其亡汉之大憝哉！今有杀人者，流涕祖免而抚其尸曰：吾弗忍也，而孰听之？

汉惩吕氏之祸，不举国柄而授之外戚久矣。霍氏之持权，武帝拔霍光于下僚，与降胡厮吏等，非缘后族也；其既也，则以废暗立明安社稷之功也。宣帝之于史氏，元帝之于许氏，以恩泽侯而已矣。成帝年已二十，元帝未有属王氏之遗命焉；王凤起自卫尉，一旦而持天下之柄，孰为之邪？五侯并日而封，杨兴、驷胜争之而不得；苟参以异父弟强成帝以封侯，帝不听，而犹宠以侍中；刘向谏而不听，王章争而见杀，垂涕不食，以激成帝之诛章；刘向抗疏不已，成帝叹息悲伤，卒受制而不能决。凤死而音代，音死而商代，商死而根代，根死而莽代，一以世及之法取汉之天下，而使相嗣以兴，非后之内主于宫中，亦岂能蔓引绵延之如此哉？

且夫王氏之横，未尝不可扑也。成帝察其奢僭不轨，而音、商、立、根借槁负斧锧以待罪；王立结淳于长之奸露，成帝下有司按治，而立杀其子以灭口；计其为人，非能险鸷于吕之产、禄，武之三思、懿宗也。乃吕氏私其族而终以国事付平、勃，武氏私其侄而终以国事付狄、娄，元后则笼刘氏之宗社于其馨帨，而以授之私亲。逮乎哀帝之立，姑退莽以胁哀帝，而蛊在廷之心，纵董贤之不逞，乘其败以进莽，使恣行其鸩主之毒，晏然处之而不一诘。摄则使之摄矣，假则使之假矣，岂徒莽之奸足以恣行无忌哉？老妖不死，日蚀月觅，以殄汉而必亡之，久矣。故曰：罪通于天也。

妇人之道柔道也，反其德而为刚，虽恶易折。《大畜》之五曰："豮豕之牙，吉。"牙可豮也，而吕、武以之，周勃、狄仁杰豮之而吉矣。《姤》之初曰："羸豕孚蹢躅。"羸云者，不壮而柔者也，以柔而结人心者也，而蹢躅之凶不可禁，元后以之，虽刘向痛哭以陈言，成帝悲伤而惧祸，而无如后之涕泣者何也！莽已篡，汉已灭，姑以一泣逃天下后世之诛，而谁信之？不然，莽之基毒，无有于其子，后果有思汉之心，莽其能戴之没世而生荣死哀以相报哉？女祸之烈，莫如王氏，而论者犹宽之。蹢躅之孚，且以孚后世而免于史氏之诛，亦险矣哉！

三

成、哀之世，天地宗庙之祀倏废倏兴，以儿嬉而玩鬼神甚矣。其废而复兴也，或以天子之病，或以继嗣之不立，小人徼福之术，固不足道。其废也，始于贡禹而成于匡衡，所持者，三代之典礼也。宗庙远，有毁而无立者，义也；诚所不至，不敢黩焉，义所以尽仁也。儒者之言礼，文而已矣；以文而毁，犹之乎以文而立。夫汉之嗣君，于其所不废之祀而能以诚格之乎？执是以论，举凡天地祖宗之祀皆可毁矣，而何但七世以上与五畤之郊也？苟非其人，道不虚行。宫室之侈，妃嫔之众，服膳之奢，乐之淫，刑之滥，官之冗，赋之重，一能汰其所余以合于三代，而后议郊庙之毁，未晚也。

且三代之靳祀于七世，岂徒然乎？抑创法者，自开国之君守约以待子孙之易尽其情而无伪，非祖宗立之而后王毁之也。自汉以降，百为不师古，礼乐之精意泯焉；而独于祧庙致严于祖宗之废兴，何其徇末而斫其本也？况古之祧也，于大禘而合食，则虽废而不忘。后世无禘而徒祧，几于忘其所自出。然则废五畤以伸上帝之孤尊，古之可法者也。制以七世而毁庙，古之未可遽法者也。君子之言礼，非但以其文也。

四

进言者极其辞，而必有所避就，非但以远嫌而杜小人之口实也，道存焉矣。嫌已远而小人无间以指摘，则君之听不荧，而言乃为功于宗社。刘向忧王氏之势盛而移汉，见之远，虑之切，向死而汉亡，所系亦大矣哉！而于进言有未得者，故成帝虽感，而终不能庸，小人之党，且有挟以上摇主听而下惑人心。

其言曰："王氏、刘氏且不并立，宜援近宗室。"斯岂向所宜言者乎？以事言之，刘氏之贤，无有逾于向者，枢机之任，不归王氏必归向矣，未有斥人之奸而自任者也。且刘氏、王氏岂颉颃而并论以争衰王者。颉颃而并论，妇人勃溪之说也；且假之以颉颃之名而王氏张。彼将曰：天下非彼则我也。况乎吕氏之祸，与吴、楚、淮南、燕、广陵互相盈虚，则外戚反唇而相讥，岂患无辞哉？以道言之，选贤任能以匡扶社稷者，天下之公也。尧之举禹、皋，禹之任稷、契，汤之托伊尹，高宗之立传说，文王之任闳、散，皆非懿亲也。周道亲亲，而周、召以庸，管、蔡以诛；师尚父，邑姜之父，且以佐燮伐而位太师。王氏诚不可任，博求之天下，岂繄无贤；而必曰援近宗室，举大义而私之一家，又岂五帝三王之道哉？

向于是而失言矣。以为独任，则不可有自请之情；以为博选宗室之贤，则歆之党逆，向且不能保之于子，而况他乎？成帝悟而不终，群奸闻而不惮，未必非向之言有以召之也。故进言者，匪道是循，徒以致寇，而可不慎哉！

五

汉诸王之以禽兽行废者不一，汉廷无有能据道以处此者，而谷永能言之。其曰："帝王不窥人私，而《春秋》为尊者讳。"此义行，迄乎东汉，秽德不章。永之言，其利溥矣。夫人之有耻，自耻者也；耻心荡而刑杀不能止，故知刑杀者，非可以善风俗、已祸乱者也。汉之于此，既无家法以正之于先，而纵苛察之吏、告讦之小人，扬之于后。无他，忌侯王之强，日思蕲艾以图安，而纨绔膏粱，卒投于阱而无从辨。呜呼！惎如是矣，恶得不拱手而授之贼臣哉？以刑制淫而固不可制，假暗昧以锄强而只以自弱。谷永者，王氏之私人也，而虑能及此，故知永者附权臣，非有移鼎之心，宠利未忘，规一时之进取而已。汉能用之，亦何遽不为赞治之臣乎？

六

老之戒在得，至于老而所需于天下者微矣，得奚足以乱其心哉？子孙之情长，而道义之气馁，引子孙之得为己得，于是濒死而不忘。张禹之初，与王根异也，犹有生人之气也；虑及子孙，而行尸走肉，遂祸人之宗社，冒万世之羞，朱云欲以齿剑而不惭。夫人为不善而贻怨于子孙，诚不可为也；身之无过，质之鬼神而不疚，则亦奚患哉？且夫祸福亦何常之有，假令王氏早败，而按同恶之诛，禹之子孙，又能保其富贵乎？故祸福者，天也；失得者，人也；老而忧子孙，引天之吉凶以私之没世，其愚不可疗矣。成帝不辑折槛以旌朱云，则所以待禹者亦可知矣。禹且不自保，而况其子孙？

七

谷永非杜钦之比也，永虽无党王篡汉之远图，而资王氏以荣宠，因为之羽翼焉，与钦之误合于小人、欲悔而不能也，其情异矣。顾于此得人君听言之道焉。永，王氏之私人也，其心，王氏之心也；若其言，则固成帝膏肓之药石，可以起汉于死而生之也。夫王氏之固结而不解，帝忌之而不能黜，岂非以躬耽淫侈，畏昌邑之罚；而内护赵、李，外庇张放、淳于长之私心，有所恶缩，而倒授以权哉？宠骄妒之妾，饮食幸臣之家，加赋重敛以纵游，而失百姓之心，是持宗社以遗人之道也。使帝感永之言，悔过自艾，正己齐家而忧社稷，贤臣进，庶务理，民情悦以戴汉而不忘；权奸之谋自日以寝，而岂必诛戮放废以伤母氏之心乎？故曰："君子不以人废言。"永之谏不行，虽忘躯忧国之臣与奸贼争死生而无救于祸败。则读永书者，勿问其心可也。

八

何武欲分宰相之权而建三公，自成帝垂及东汉，行之二百余年，至曹操而始革。丞相，秦官也；三公，殷、周之制也。古者合文武为一涂，故分论道之职为三；秦以相治吏，以尉治兵，文武分，而合三公之官于一相。汉置相，而阃政专归于大将军，承秦之分，而相无戎政之权，大将军总经纬之任。故何武有戒心焉，分置三公，以大司马参司空、司徒之间，冀以分王氏之权。乃名乍易而实不可更，莽之终以大司马篡也，亦其流极重而不可挽也。然而武之法行之终代而不易者，以防微杜渐之术，固人主之所乐用也。

若以古今之通势而言之，则三代以后，文与武固不可合矣，犹田之不可复井，刑之不可复肉矣。殷、周之有天下也以戎功，其相天子者皆将帅。伊尹、周公，始皆六军之长也。以将帅任国政，武为尚而特缘饰之以文；是取武臣而文之，非取文臣而武之也。列国之卿，各以军帅为执政，敦诗书，说礼乐，文之于既武之后，秉周制也。所以必然者，三代寓兵于农，兵不悍，而治民之吏即可以治兵。其折冲而敌忾者，一彼一此，疆场之事，甲未释而币玉通，非有犷夷大盗争存亡于锋刃之下者也。而秦、汉以下不然，则欲以三公制封疆原野之生死，孰胜其任而国不为之敝哉？则汉初之分丞相将军为两途，事随势迁，而法必变。遵何武之说，不足以治郡县之天下固矣。特汉初之专大政以大将军，而丞相仅承其意指，如田千秋、杨敞、韦玄成、匡衡，名为公辅，奉权臣以行法，则授天下于外戚武臣之手，而祸必滋。故武之说，可以救一时之欹重，而惜乎其言之晚也！相不可分也，将相不可合也，汉以后之天下，以汉以后之法治之，子曰："所损益，可知也。"

九

成、哀之世，所可任为大臣者，王嘉而已矣。师丹之视翟方进，寻丈之间耳，皆以其身试权奸之好恶而不能出其樊笼，即有所欲言，而必资以自达也。师丹之劾董弘，何武之援王莽，屈于时之所尚，而不得不为之羽翼。无他，王、传二女主交相起伏，汉已无君与大臣久矣。方进之附淳于长也，欲与王氏忤，而长固王后之姊子也；长之不类，尤出诸王之上，资之以与诸王抗，而方进之欲不死也奚能？荧惑之变，驾言移祸于宰相，王氏之嫉也深，虽微荧惑，方进其能免乎？武与丹浮沉于积阴之闲，一彼一此，小有所效，而俱为女主效妒媚之功，其不被显戮，幸尔。

呜呼！至于成、哀之季而无可为矣。君子慎所趋以自全，辞大位而不居，其庶几乎！一受其事，则非如王嘉之必死以自靖，而负咎于天人也，必不可浣。庄生曰："游羿之谷中。"谓此时也。游其谷中而死焉，君子之徒也；游其谷中而免焉，小人之徒也；游其谷中，避死而得死焉，刑戮之民也。慎之哉！

哀帝

一

人之能为大不韪者，非其能无所惧也，惟其能无所耻也。故血气之勇不可任，而犹可器使；惟无所耻者，国家用之而必亡。成帝欲用孔光为丞相，刻侯印、书赞而帝崩，是日光于大行前拜受丞相博山侯印绶，汲汲然惟恐缓而改图，一如乞者之于墦间，惟恐其馂之不余，而遽长跽以请也。张放者，幸臣也，帝崩，且思慕哭泣而死，而光矫凶为吉，犯天下之恶怒；然且卒无恶怒之者，光岂能不惧哉？冥然无耻，而人固容之也。

始为廷尉，则承王莽之指，鸩杀许后，若无所惧也，而实无可惧也；莽为内主，天下无有难之者也。既则议为传太后筑别宫，力请逐传迁归故郡，抗定陶王之议，夺其立庙京师，若无所惧也，而非无所惧也；内主有人，群臣相保，故师丹获不测之祸，而光自若也。耻心荡然，而可清可浊，无不可为，以得宠而避辱。王嘉濒死，犹对狱吏曰："贤孔光而不能进。"亦恶知光之潜其迷国罔上，陷嘉于死，机深不测也哉？而嘉云然者，其两端诡合以诱嘉，抑可知已。

拜谒迎送、执臣主之礼于董贤者，光也；莽既乘权，去贤如敝屣者，光也；拱手以天下授之贼臣，幸早死而不与佐命之赏者，光也；莽既诛，犹无有声言其恶以殄其世者，光也。呜呼！人苟自尽丧其耻，则弑父与君而罪不及，亦险矣哉！有国者不辨之于早，徒忌鸷悍之强臣，而容厚颜之鄙夫，国未有不丧者也。故管子曰：廉耻，国之维也。

二

限田之说，董仲舒言之武帝之世，尚可行也，而不可久。师丹乃欲试之哀帝垂亡之日，卒以成王莽之妖妄，而终不可行。武帝之世可行者，去三代未远，天下怨秦之破法毒民而幸改以复古；且豪强之兼并者犹未盛，而盘踞之情尚浅；然不可久者，暂行之而弱者终不能有其田，强者终不能禁其兼也。至于哀帝之世，积习已久，强者怙之，而弱者亦且安之矣；必欲限之，徒以扰之而已矣。

治天下以道，未闻以法也。道也者，导之也，上导之而下遵以为路也。封建之天下，天子仅有其千里之畿，且县内之卿士大夫分以为禄田也；诸侯仅有其国也，且大夫士分以为禄田也；大夫仅有其采邑，且家臣还食其中也；士仅有代耕之禄也，则农民亦有其百亩也。皆相若也。天子不独富，农民不独贫，相仿相差而各守其畴。其富者必其贵者也，且非能自富，而受之天子、受之先祖者也。上以各足之道导天下，而天下安之。降及于秦，封建废而富贵擅于一人。其擅之也，以智力屈天下也。智力屈天下而擅天下，智力屈一郡而擅一郡，智力屈一乡而擅一乡，莫之教而心自生、习自成；乃欲芟夷天下之智力，均之于柔愚，而独自擅于九州之上，虽日杀戮而只以益怨，强豪且诡激以胁愚柔之小民而使困于田。于是限之而可行也，则天下可徒以一切之法治，而王莽之化速于尧、舜矣。

限也者，均也；均也者，公也。天子无大公之德以立于人上，独灭裂小民而使之公，是仁义中正为帝王桎梏天下之具，而躬行藏恕为迂远之过计矣。况乎赋役繁，有司酷，里胥横，后世愿朴之农民，得田而如重祸之加乎身，则强豪之十取其五而奴隶耕者，农民且甘心焉。所谓"上失其道民散久矣"者也。轻其役，薄其赋，惩有司之贪，宽司农之考，民不畏有田，而强豪无挟以相并，则不待限而兼并自有所止。若窳惰之民，有田而不能自业，以归于力有余者，则斯人之自取，虽圣人亦无如之何也。

三

　　成、哀之世，汉岂复有君臣哉！妇人而已矣。彭宣、何武、唐林，皆所谓铮铮者也，而所争者，仅一傅喜之去留而已。哀帝之初，傅氏与王氏争而傅氏胜；哀帝之亡，王氏与傅氏争而王氏胜。胜者乘权，而不胜者愤；二氏之荣枯，举朝野而相激以相讼，悲夫！

　　当傅迁之倾邪，而推喜以抑迁，亦何异乎王根、王立之骄横而推莽邪？其言曰："喜，傅氏贤子，议论不合而退，百寮莫不恨之。"傅氏之贤子，何当于天下之安危、刘宗之存亡，而百寮何所容其恨？又何异乎王莽、王仁之就国，而天下多冤王氏者。傅喜幸而未败尔。莽之废，吏民叩阙而讼冤，贤良对策而交奖，伪谦所诱，人心翕归，而贤者不免，且较喜而弥甚。喜之贤，其孰信之？以四海之大，岂緊无人可托孤寄命者，惟区区王、傅二姬之爱憎是争。呜呼！率天下而奔走于闺房之嚬笑，流俗之溺流而不反如是哉！

　　故圣王之治，以正俗为先，以辨男女内外之分为本。权移于妇人，而天下沉迷而莫能自拔，孰为为之而至此极！元后之阴狡，成帝之昏愚，岂徒召汉室之亡哉？数十年中原无丈夫之气，而王莽之乱，暴骨如山矣。

四

　　历成、哀、平之三季，环朝野而如狂，所仅能言人之言者，一李寻而已，其他皆所谓人头畜鸣也。寻推阴阳动静之义，昌言母后之不宜与政，岂徒以象数征吉凶哉？天地之经，治乱之理，人道之别于禽兽者，在此也。妇人司动而阴乘阳，阳从阴，履霜而冰坚，豕孚而蹢躅。天下有之，天下必亡；国有之，国必破；家有之，家必倾。父子、君臣、兄弟、朋友之伦，以之而泯；厚生、正德、利用之道，以之而蔑。故曰：寻之言，言人之言，而别于禽兽也。妇者，所畜也；母者，所养也；失其道，则母之祸亦烈矣，岂徒妇哉？

夫国有君子，国可不亡。寻昌言之无诛，而不能救汉之亡，又何也？寻非其人也。阴之干阳，其变非一。女子之干丈夫也，鬼之干人也，皆阴之干阳也。寻知乾之刚、阴之静矣，鬼亦阴也，静以听治于人者也。顾其识不及此，听甘忠可、夏贺良之邪说，惑上以妖，终以贬死敦煌，为天下笑；则亦以阴干阳，等于妇人之煽处尔。载鬼一车，而欲惩负途之豕，奚其可？故阴阳动静之理大矣，其变繁矣，其辨严矣。立人之道以匡扶世教，无一而可苟焉者也。

五

治河之策，贾让为千古之龟鉴，而平当之数言决矣。当言"经义有决河深川，而无堤防壅塞之文"。此鲧所以殛，禹所以兴，而以尧、舜之圣，不能与横流之水争胜者也。让言"古之立国者，必遗川泽之分，度水势所不及"。殷所以世有河患，而盘庚奋然依山以避灾，无他，惟无总于货宝而已。细人之情，怙田庐之利，贪濒河之土，动天下以从其欲，贻沉没于子孙，而偷享其利，既古今之通弊矣。而后世之谋臣，要君劳民以埋塞逆五行之叙者，其不肖之情有二焉：其所谓贤者，竭民力，积一篑以障滔天而暂遏之，濒河之民，且歌谣而祷祀焉，遂以功显于廷，名溢于野，故好事者踵起以尝试而不绝。其不肖者，则公帑之出纳，浩烦而无稽，易为侵牟；民夫之赁佣，乘威以指使，而乾没任意；享其利而利其灾，河滨之士大夫与其愚民及其奸胥，交起以赞之，为危词痛哭以动上听。宜乎自汉以来，千五百年，奔走天下于河，言满公车，牍满故府，疲豫、兖、徐三州之民，供一河之溪壑，而一旦溃败，胥为鱼鳖，而但咎埋塞之不固也。可悲矣夫！

古今之异者，南北之殊流耳，其理势则一也。繇让之言而推其利病之原，非河之病民，而民之就河贪利以触其害耳。贪退滩之壤，民有其土而国有其赋，锋端之蜜，截舌而甘之者不恤也。使能通百年之算，念天下之广，犹是民也，徙之而于国无伤，其愈于埋塞疲役之贫劳困毙与溃决之漂荡淹溺也，孰为利害哉？数千年而不出鲧之覆辙，君不明，而贪功嗜利之臣民，积习而不可破，平当之言，贾让之策，县巨烛于广廷，而昧者犹擿埴以趋也；不亦悲乎！

六

谷永请讳诸侯王之兽行，以全人道之耻，议之正者也；耿育请掩赵昭仪杀皇子之恶，以隐成帝之惑，议之不正者也；二说相似而贞邪分，精义以立法，不可不辨。永之正者，《凯风》之不怨也；育之不正者，《小弁》之怨也。淫妒之嬖妾，操刃以绝祖宗之胤胄，而曲为之覆，天子之子，不死于妖嬖者，其余几何哉！《春秋》成而乱臣贼子惧，故书“文姜逊于齐”“哀姜逊于邾”，以昭大义，而不以逐母为嫌。昭仪之恶，宗庙所不容，况非嫡后君母，而可纵之乎？

甚哉，育之言悖也，曰“知陛下有贤圣通明之德，废后宫就馆之渐，绝微嗣以致位”。是成帝戕父子之恩以为未然之迁图，其孰信之？育若曰“昭仪不杀皇子，则哀帝不得而立”，以蛊帝心而纵妖嬖。是哀帝本不与于篡弑之谋，而育陷之使入也。《春秋》严党贼之诛，哀帝不能免，而育之罪不可逭矣。解光问罪之爰书不伸，赵氏宫官之大罚不正，宫闱肆毒于社稷而莫之问，故元后党王莽以弑平帝、废孺子，而无所顾忌。胡三省者，乃谓其合《春秋》“为尊者讳”之义。邪说张，而贾继春资之以仇其庇李选侍之奸。清议不明，非一时一事之臧否已也。

七

鲍宣七亡七死之章，陈汉必亡之券以儆哀帝，正本之论也。王莽之奸奸而愚，非有操、懿之才，其于国又未有刘裕之功，轻移于衽席之上而莫之禁，莽其何以得此哉？惟民心先溃于死亡，而莽以私恩市之。藉非成帝之耽女宠，哀帝之昵顽童，纵其鬻吏贼民而蛊民以寇攘，莽亦上官桀、霍禹之续尔，而汉祚奚其亡？

张放、淳于长，王氏之先驱也；傅迁、董贤，王氏之劝驾也；曹爽、何晏，司马懿之嚆矢也；李林甫、杨国忠，安禄山之前茅也；蔡京、童贯、史弥远、贾似道，女真、蒙古之伥鬼也；而非君之溺于宠乐以忘民之死也不成。不然，孔光、扬雄之流，亦尝与闻名教；而宗室群臣以及四海之民，岂遽能以片饵诱婴儿而辄弃其母乎？故宣陈亟救死亡之言，知探本矣，愈于刘向之欲挽横流而堙诸其下也。

虽然，宣之言犹有病焉，后世言事之臣，增暗主之疑而授奸臣以倾妒之口实，皆此繇也。宣言："慎选举，大委任，以儆官邪，而免民于死亡。"是矣。勿亦姑言贤者之当任，以听人主之自择，待有问焉，而后可胪列傅喜、何武、孔光、彭宣、龚胜之贤以告，未晚也。今乃不然，若天子之左右一惟其所建置，而君不得以司取舍之权，众不得以参畴咨之议，则逼上有嫌，而朋党之谤兴。且喜、武诸人皆大臣也，自不能邀人主之知而安其位，宣能以疏远片言取必于同昏之廷乎？知不可得而故言之，授奸人以背憎之资，石介遇明主而激党祸，况庸君佞幸权奸交乱之天下哉！进言者不知其道，徒以得后世之称而无益于时，皆此一时之气矜为之也。又况宣所称者，龚胜而外，吾未见有大臣之操焉。孔光巨奸而与于清流，宣失言矣。盈廷之士气，汉室之孤忠，惟一王嘉，而不能讼其屈抑。然则鲍宣者，亦一时气激之士，而未足以胜匡主庇民之任者乎！

八

《易》曰："伏戎于莽，三岁不兴。"不兴者，虑其兴之辞也。三岁而不兴，逮其兴而燎原之焰发于俄顷矣。哀帝崩，元后一闻之，即日驾之未央宫，驰召王莽，诏诸发兵符节、百官奏事、中黄门、期门兵皆属莽。此高帝驰入赵壁夺韩信、张耳军之威权，后以一老妪断然行之，雷迅风烈而无疑畏；其提携刘氏之天下授之王氏，在指顾之间耳。非伏之三岁，爪牙具而羽翼成，安能尔哉？

甚矣，悍妇之威，英雄所不能决，帝王所不能持，而指麾轻于鸿毛，至此极也！司马懿之杀曹爽，刘裕之克刘毅，朱温之争李克用，大声疾呼、深虑阴谋、赪颜流汗、喋血以争而仅得者，元后偃息谈笑而坐收之。故莽有伏戎藏于平芜蔓草之中，无有险阻之形而不可测也。三岁伏而一旦兴，有国者可不戒哉！

九

何武以忤王莽而死，可以为社稷之臣乎？未也。武与公孙禄谋云："吕、霍、上官几危社稷，不宜外戚大臣持权。"此汉室存亡之纽也。乃当其时，内而元后为伏莽之戎，外而孔光为翼戴之奸，武仅以孤立之势扑始燃之火，既处于不敌之数矣。国之安危，身之生死，徒借于一言，而言非可恃也，所恃者浩然之气胜之耳。公孙禄岂可终保者哉？而与之更相称说，武举禄，禄即举武，标榜以示私，授巨奸以朋党之讥，则气先馁而恶足以胜之！禄惟诡随，乃以幸免；武不欲为禄之诡随矣，则足以杀其躯而已矣。心不可质鬼神，道不可服小人，出没于宠辱之中，而欲援已倾之天下，以水溅沸膏，欲熄其焰而焰愈烈，非直亡身，国因以丧，悲夫！

十

平当、彭宣皆见称于班固，宣未可与当并论也。当临受侯封，卧病不起以固辞之，知世不可为，郁邑以死，可谓知耻矣。当之在位，丁、傅持权，而史称帝虽宠任丁、傅，而政自己出，异于王氏；则当逡巡以死，而不忝无实之封，于自守之道未失也。若宣者，位司空为汉室辅，王莽杀两后，诛异己，腹心爪牙交布朝廷，而元后为国贼之内主，此正宣肝脑涂地、激天下忠烈之气、以救一线之危者，而为全躯、保妻子之谋，谢不能以引退，尚足为人臣子乎？龚胜、邴汉且犹在梅福之下，所任异也，而况宣位三公之重哉？宣者，与董贤、孔光并居台辅而不惭者也，其生平可知矣。班固曰："见险而止。"率天下以疾视君父之死亡而不恤，必此言夫！

平帝

一

元寿二年六月，哀帝崩，明年正月，益州贡白雉，群臣陈莽功德，号安汉公，天下即移于莽。以全盛无缺之天下，未浃岁而迁，何其速也！上有暗主而未即亡，故桓、灵相踵而不绝；下有权奸而未即亡，故曹操终于魏王，司马懿杀曹爽、夺魏权，历师、昭迄炎而始篡。天下者，待一人以安危，而一人又待天下以兴废者也。惟至于天下之风俗波流簧鼓而不可遏，国家之势，乃如大堤之决，不终旦溃以无余。故莽之篡如是其速者，合天下奉之以篡，莽且不自意其能然，而早已然也。

莽之初起，人即仰之矣；折于丁、傅，而讼之者满公车矣；元后拔之废置之中，而天下翕然戴之矣。固不知莽之何以得此于天下，而天下糜烂而无余，如疫疬之中人，无能免也。环四海以狂奔，泛滥滔天，而孰从挽之哉？夫失天下之人心者，成、哀之淫悖为之，而蛊天下之风俗者不在此。宣、元之季，士大夫以鄙夫之心，挟儒术以饰其贪顽。故莽自以为周公，则周公矣；自以为舜，则舜矣；周公矣，舜矣，无惑乎其相骛如狂而戴之也。

当伪之初起也，匡衡、贡禹不度德，不相时，舍本逐末，兴明堂辟雍，仿《周官》饰学校于衰淫之世。孔光继起为伪之魁，而刘歆诸人鼓吹以播其淫响。而且经术之变，溢为五行灾祥之说。阳九百六之数，易姓受命之符，甘忠可虽死而言传，天下翕然信天命而废人事，乃至走传王母之筹而禁不能止。故莽可以白雉、黄龙、哀章铜匮惑天下，而愚民畏天以媚莽。则刘向实为之俑，而京房、李寻益导之以浸灌人心，使疾化于妖也。子曰："无为小人儒。"儒而小人，则天下无君子；故龚胜、邴汉、梅福之贞，而无能以死卫社稷，非畏祸也，畏公议之以悖道违天加已也。小人而儒，则有所缘饰以无忌惮；故孔光诸奸，施施于明堂辟雍之上而不惭。莽之将授首于汉兵，且以孔子自拟，愚昧以为万世笑而不疑。《传》曰："国有道，听于人；国无道，听于神。"古之圣人，绝地天通以立经世之大法，而后儒称天称鬼以疑天下，虽警世主以矫之使正，而人气迷于恍惚有无之中以自乱。即令上无暗主，下无奸邪，人免于饥寒死亡，而大乱必起。风俗淫，则祸眚生于不测，亦孰察其所自始哉？

汉之伪儒，诡其文而昧其真，其淫于异端也，巫史也，其效亦既章章矣。近世小人之窃儒者，不淫于鬼而淫于释，释者，鬼之精者也。以良知为门庭，以无忌惮为蹊径，以堕廉耻、捐君亲为大公无我。故上鲜失德，下无权奸，而萍散波靡，不数月而奉宗社以贻人，较汉之亡为尤亟焉。小人无惮之儒，害风俗以陆沉天下，祸烈于蛇龙猛兽，而幸逸其诛。有心者，能勿伸斧钺于定论乎？

二

君子之道以经世者，惟小人之不可窃者而已；即不必允协于先王之常道而可以经世，亦惟小人之所不可窃者而已。君子经世之道，有质有文。其文者，情之已深，自然而昭其美者也。抑忠信已浃于天下，天佑而人顺之，固可以缘饰而增其华者也。是则皆质之余，而君子不恃之以为经世之本。于是而小人窃之，情隐而不可见，天命人心不能自显，则窃而效之，亦遂以为君子之道在于此而无惭。然则小人之所可窃者，非君子之尚，明矣。

封建、井田、肉刑，三代久安长治，用此三者，然而小人无能窃也。何也？三者皆因天因人，以趣时而立本者也。千八百国各制其国，而汉之王侯仅食租税；五刑之属三千，而汉高约法三章；田亩之税十一，而汉文二十税一，复尽免之；小人无能窃也。何也？虽非君子之常道，然率其情而不恤其文，小人且恶其害己而不欲效也，非文也。《七月》之诗，劝农之事也，而王莽窃之，命大司农部丞十三人，人部一州，以劝农桑，似矣。养生、送死、嫁娶、宫室、器服之有制，礼之等也，而王莽窃之，定制度吏民之品，似矣。若此类，君子之道盖有出于是者；而小人不损其欲，不劳其力，不妨其恶，持空文，立苛禁，一旦以君子之道自居而无难。则以此思之，君子经世之大猷不在此，明矣。何也？农桑者，小民所自劝也，非待法而驱也。制度者，士大夫遵焉，庶人所弗能喻，惟国无异政，家无殊俗，行之以自然耳，非一切之法限之不得而继之以刑者也。然而窃仿之而即似，虽不效而可以自欺，遂以施施于天下曰：吾既以行君子之道矣。故文者，先王不容已，而世有损益，初不使后世效之者也。承百王之敝，而仍有首出庶物之功名，乃能立高明阔远之崖宇，而小人望之如天之不可企及。无他，诚而已矣。诚则未有可窃者也。

三

天下相师于伪，不但伪以迹也，并其心亦移而诚于伪，故小人之诚，不如其无诚也。诚者，虚位也；知、仁、勇，实以行乎虚者也。故善言诚者，必曰诚仁、诚知、诚勇，而不但言诚。陵阳严诩，当王莽之世，以孝行为官，任颍川守，谓掾史为师友，有过不责，郡事大乱。王莽征为美俗使者，诩去郡时，据地而哭，谓己以柔征，必代以刚吏，哀颍川之士类必罹于法。此其呴沫之仁，盖亦非伪托其迹也。始于欲得人之欢心，而与人相昵，为之熟，习之久，流于软媚者浸淫已深而不自觉。盖习于莽之伪俗，日蒸月变，其羞恶是非之心，迷复而不返。乃试思其泣也，涕泪何从而陨？则诘之以伪，而诩不服；欲谓之非伪，而诩其能自信乎？

呜呼！伪以迹，而公论自伸于迹露之日；伪以诚，而举天下以如狂，莫有能自信其哀乐喜怒者，于是而天理、民彝渐灭尽矣。故天下数万蚩蚩之众，奔走以讼莽称莽而翕然不异，夫岂尽无其情而俱为利诱威胁哉？伪中于心肾肺肠，则且有前刀锯、后鼎镬而不恤者。蔡邕之叹董卓，姚崇之泣武曌，发于中而不能自已。甚哉，诚于伪之害人心，膏肓之病，非药石之所能攻也。

四

陈涉、吴广败死而后胡亥亡；刘崇、翟义、刘快败死而后王莽亡；杨玄感败死而后杨广亡；徐寿辉、韩山童败死而后蒙古亡；犯天下之险以首事，未有不先自败者也。乱人不恤其死亡，贞士知死亡而不畏，其死亡也，乃暴君篡主相灭之先征也，先死以殉之可矣。胜、广、玄感、寿辉、山童，皆挟侥幸之心以求逞其志，非其能犯难以死争天下者也；天将亡秦、隋，蒙古而适承其动机也。二刘、翟义不忍国仇，而奋不顾身，以与逆贼争存亡之命，非天也，其志然也；而义尤烈矣。义知事不成而忘其死，智不逮子房而勇倍之矣。

当莽之篡，天下如狂而奔赴之，孔光、刘歆之徒，援经术以导谀，上天之神，虞舜之圣，周公之忠，且为群不逞所诬而不能白。义正名其贼，以号召天下于魑魅之中，故南阳诸刘一起，而莽之首早陨于渐台。然则胜、广、玄感、山童、寿辉者，天贸其死以亡秦、隋；而义也、崇也、快也，自输其肝脑以拯天之衰而伸莽之诛者也。不走而死，义尤烈哉！

王莽

一

王莽未灭，而刘歆先杀，歆未死而族先灭，哀哉！刘向之泽不保其子孙，而从学之门人与俱烬也。甄丰也，王舜也，皆推戴莽以分膏润者也。鬼夺其魄，而丰以乱诛，舜以悸死，于是而知鬼神之道焉。推戴已成而心不自宁，此心之动，鬼神动之也，二气之良能所见几而不可掩也。故皆不得其死，而歆之罚为尤酷焉。《易》曰："小人而乘君子之器，盗思夺之矣。"歆小人也，蒙父向之余烈，自命于儒林，以窃先王之道；君子之器，其可乘乎？貌君子而实依匪类者，罚必重于小人。圣人之学，天子之位，天之所临，皆不可窃者也。使天下以窃者为君子，而王道斩，圣教夷。姚枢、许衡之幸免焉，幸而已矣。

二

严尤之谏伐匈奴，为王莽谋之则得尔，而后世亟称之为定论，非也。莽之召乱，自伐匈奴始，欺天罔人，而疲敝中国，祸必于此而发。尤不敢言莽不可伐匈奴，而言匈奴不可伐，避莽之忌而讳之，岂果如蚊虻之幸不至前，无事求诸水草之薮以扑之哉。

秦之毒天下而亡，阿房也，骊山也，行游无度而诛杀不惩也；非筑城治障斥远匈奴之害也。汉武之疲敝天下，建章也，柏梁也，祷祠祈仙而驰驱海岳也，贪一马而兴万里之师也；非埽幕南之王庭以翦艾匈奴之害也。秦得天下于力战，民未休息。而筑戍之役暴兴，则民怨起。汉承文、景休息之余，中国无事，而乘之以除外逼之巨猾，故武帝之功，至宣、元而收，垂及哀、平，而单于之臣服不贰。莽之得天下更悖于秦，而亟用其不知兵之赤子，是其为秦之续也，必剧于秦，尤心知之而不敢讼言耳。岂可以为定论而废汉武之功哉？

兵者，毒天下者也，圣王所不忍用也。自非鳞介爪牙与我殊类，而干我藩垣，绝我人极，不容已于用也，则天下可以无兵。故莽之聚兵转饷以困匈奴，为久远计者，未尝非策。而严尤之欲深入霆击也，亦转计之谬焉者。莽非其人，莽之世非其时，故用莽之术而召天下之乱。自非莽也，尤之策，与赵普之弃燕、云也，均偷安一时，而祸在奕世矣。

三

西汉之亡也，龚胜、薛方、郭钦、蒋诩、陈咸，皎然不辱，行迹相侔，而未可等也。薛方诡辞以免，何以处夫严光、周党际盛世而隐者乎？君子名之必可言也，言可逊而不可诬。谓王莽为唐、虞，则唐、虞矣，谋诸心，出诸口，方亦何以自安乎？莽之逆以伪，而不足以延，苟有识者，无不知也，知之则必避之矣。避臣莽之诛于他日，抑避忤莽之祸于当时，方之工于术也，其得与龚胜齿哉？视纪逡、两唐而慧焉者尔。钦、诩则可谓自好矣。咸谢病不应，辞亦孙矣，而悉收汉之律令书文壁藏之，岂徒以俟汉氏中兴之求哉？诚有不忍者矣。子之慕亲也，爱其手泽；臣之恋主也，悯其典章；典章者，即先王神爽之所在也，故以知咸有不忍之心也。呜呼！胜以死自靖，咸以生存汉，恻怛之生心一也。微二子，吾孰与归？

四

天下相习于怪，无不怪也。郅恽引天文历数，上书王莽，令就臣位，复立汉室，可不谓怪乎？以莽之惨，无不可杀者，而恽免于死；莽诬天而以天诬人，故忌天而不加刑，恽故持之盈而发之无惮耳。恽以此故智，闭门不纳光武而蒙赏，世皆惊其奇而伟其志操，而不知为君子所必斥为怪而不欲语者也。怪士不惩，天下不平。使明主戮之，而天下犹惜之。大经不正，庶民习于邪慝，流俗之论，以怪为奇，若此类者众矣。

《读通鉴论》卷五终

读通鉴论卷六

后汉更始

一

为名而有所推奉者，其志不坚；人为名而尊己者，其立不固；项梁之立怀王，新市、平林之立更始是已。天下愤楚之亡而望刘氏之再兴，人之同情也，而非项梁与张卬、王凤、朱鲔之情也。怀王、更始不思其反，受其推戴而尸乎其位，名岂足以终系天下而戢桀骜者私利之心乎？怀王任宋义，抑项羽，而祸发于项氏；更始终恃诸将而无与捍赤眉之锋。徇不坚之志，立不固之基，疑之信之，无往而非召祸之门。

呜呼！其危也，非一旦一夕之故也。而士之处斯世也难矣！彼以名而立君，而我弗事焉，则世且责我以名义；顺而与之，则今日之输忱，且为他日党贼之地。苟或所以退不保其身，进不全其节也。嬴氏之暴，楚之亡，莽之篡，汉之中绝，苟有心者，孰不愤焉？而斟酌于从违，在间不容发之顷，一往之志，义未审而仆其生平。无他，不揣其实而为名所动也。慎之哉！

二

力均则度义，义均则度德；力可恃也，义可恃也，至于德而非可以自恃矣。伯升果有天下之志，与更始力相上下而义相匹，则以德相胜，而天下恶能去己？诸将之欲立更始，无亦姑听之而待其自毙。如其不毙，则天且授之，人且归之，而恶能与争？如其毙，则姑顺诸将之欲，自全于祸福之外，遵养以待时。故高帝受巴、蜀、汉中之封，而待三秦之怨、三齐之反以屈项羽，而羽终屈。伯升不知出此，婷婷然与张卬、朱鲔争，夫天下之大宝，岂有可自争而自得者乎？其见害于诸将也，不揆而犯难也。李轶且扼腕而思害焉，况他人乎？

三

王莽既诛，更始定都洛阳，赤眉帅樊崇将渠帅二十余人入见，安危存亡之大机也，于此失之，而更始之亡决矣。定天下之纷乱者，规模有可素定而未可全定也。莽之未诛，汉之力全注于莽；莽平，群盗方兴而未戢，固其所不豫谋者。一旦而莽诛矣，释其重忧而相庆以大定，猝然授以赤眉而不容其踌躇以审处，豫谋所不及矣。莽未诛，赤眉者，莽之赤眉也；莽已诛，赤眉者，汉之赤眉。以新造之邦，代莽而受赤眉之巨难，周章失措而不知所裁；及其算失事败，而后知前此之疏。当其时，气乍盈而易弛，机至速而难留，善已乱者，俄顷定之而永靖，将谓其有不测之智勇，而不知非然也。神不偏注于所重，而固有余力以待变也。故撄大敌，举大事，谋大功，敛精专气以求成者之非难；而大敌已灭，大事已决，大功已就，正天人交相责，而艰难萃于一人之身，此则中材以下者所不及谋，而大有为者立不拔之基，以应万变之迁流，权不可设而道则不穷也。

更始君臣，恶足以及此哉！其遣使谕降赤眉也，亦忧其不降耳；不知不降之不足忧，而降之之忧更大。然则无前定之道，无抑姑置赤眉而急自治；未能如圣哲之坐制于俄顷也，则无如缓之以俟其定。将天自有不测之吉凶，人自有猝然之离合，可降也而后降之，可讨也而后讨之，夫亦可谓因天乘时而顺俟天命矣。其始也，无余力以待之；其继也，又弗能姑置焉；更始之亡，所以决于樊崇之入见也。

四

　　光武之拒更始，与昭烈之逐刘璋，一也；论者苛求昭烈，而舍光武，失其平矣。刘焉之于昭烈，分不相临，光武则固受更始大司马之命矣。更始起于汉室已亡之后，人戴之以嗣汉之宗社；刘焉当献帝之世，坐视宗邦之陵夷，方且据土而自尊。则焉父子有可逐之罪，而更始无之。如曰更始不能安位而存汉，则璋之弱，又岂足以保三巴而不授之曹操乎？然则以忠信坚贞之义相责，而昭烈有辞，光武无辞矣。

　　乃光武之不与篡逆同罚也，则固有说。更始之立，非光武兄弟之志也；张卬、朱鲔动摇人心而不能遏，则奉更始而君之，受其铁钺之赐，皆出于弗获已，而姑以自全。君臣之义，生于人心者也。天下方乱，君臣未定，无适主之分义，同兴讨贼之师，势均德齐而志不属。故更始不任为光武之君，拒之而心固不疚。义非外也，信诸心者无大疚焉，斯可矣。惟然，则光武可逸不忠之罚，昭烈可释不信之咎，皆非可执一切之信义以相纠者也，而于昭烈乎何诛？

五

　　更始不足以有为，史极言之，抑有溢恶之辞。欲矜光武之盛而掩其自立之非，故不穷更始之恶，则疑光武之有惭德也。乃若更始之亡也，则舍洛阳而西都长安也。当是时，赤眉在濮阳，城头子路、力子都在河、济间，力子都，《后汉书·任光传》作刁子都。《通鉴注》云："《姓谱》：力，黄帝佐力牧，汉有力子都。"今从之。铜马、大肜等贼在燕、赵，李宪在淮南，天下所岌岌未定者东方也。而遽避劳趋逸，欲拥关以自固，则天下深见其不可恃，而竞扼其虚。顾欲长保故宫之富贵以自封殖，是犹狐兔倚窟以安，而韩卢腾踯于外，甫一出而必不免于获也。王莽诛，关中无事，隗嚣委宗族而从己；于斯时也，得一重臣如寇恂者，镇抚长安而安集之，为洛阳之根本，而都洛以弹压山东，光武即解体于河北，其能遽收河内、下河东而无所顾畏邪？赤眉已降之余，不能驰骋任志如践无人之境，必矣。

盖更始所任为大臣者，类皆群盗之长，贪长安之富盛，而借口于复高帝之旧业以为廓清；其铮铮小异如朱鲔、刘嘉、鲍永之流，亦不胜盈廷譸訾之论；则塞颠当之户，耽燕雀之嬉，固其宜也。光武得士于崛起之中而任之，既无盗贼之习气；及天下甫定，复不以任三公，而别用深识之士；虚建西都，而定宅洛阳，以靖东方之寇；皆惩更始之失而反其道。老子曰："不善人，善人之资。"更始之失，光武之资也。

六

匈奴之祸，至元、成之世而大息矣。东汉之初，因卢芳而大为中国害，非徒王莽之激之，抑更始挑之也。更始尸位于关中，赤眉横行于曹、濮，萧王异志于河北，公孙述割据于巴、蜀，斯时也，岂有德有威足以及匈奴；而轻以一介之使，循故事以求匈奴之顺已，召其侮而授之以嫚词，自取之矣。故严尤之谏，为王莽言也。伐之不可，和之不能，夷狄焉知仁义，势而已矣。更始之势，曾莽之不若，而欲匈奴修呼韩邪之已事，不度德，不量力，贻数十年边关之祸。陈遵者，淘妄人也。易世而后，微窦宪、耿秉之矫矫，汉其危矣。

光武

一

昆阳之战，光武威震天下，王业之兴肇此矣。王邑、王寻之师，号称百万，以临瓦合之汉兵，存亡生死之界也。诸将欲散归诸城，光武决迎敌之志，诸将不从，临敌而挠，倾覆随之。光武心喻其吉凶，而难以晓譬于群劣，则固慨慷以争、痛哭以求必听之时也。乃微笑而起，俟其请而弗迫与之言，万一诸将不再问而遽焉骇散，能弗与之俱糜烂乎？呜呼！此大有为者所以异于一往之气矜者也。

寻、邑之众，且压其项背，诸将欲散而弗及，光武知之矣。知其欲散而弗及，而又迫与之争，以引其喧嚣之口，相长而益馁其气，则不争而得，争之而必不得者也。而且不仅然也。藉令敌兵不即压境以相迫，诸将惊溃而敌蹑之，王邑无谋，严尤不决，兵虽众而无纪，外盛而中枵，则诸将溃败之余，敌兵骄懈，我乃从中起以乘之，夫岂无术以处此？而特不如今此之易耳。诸将自亡，而光武固不可亡，项梁死而高帝自兴，其明验已。一笑之下，绰有余地，而何暇与碌碌者争短长邪？

而尤不仅然也。得失者，人也；存亡者，天也；业以其身任汉室之兴废，则寻、邑果可以长驱，诸将无能以再振，事之成败，身之生死，委之于天，而非人之所能强。苟无其存其亡一笑而听诸时会之量，则情先靡于躯命，虽慷慨痛哭与诸将竞，亦居然一诸将之情也。以偶然亿中之一策，怀愤而求逞，尤取败之道，而何愈于诸将之纷纭乎？

天下之大，死生之故，兴废之几，非旷然超于其外者，不能入其中而转其轴。故武王之《诗》曰："勿贰尔心。"慎谋于未举事之前，坦然忘机于已举事之后，天锡帝王以智，而必锡之以勇。勇者，非气矜也，泊然于生死存亡而不失其度者也。光武之笑起而不与诸将争前却，大有为者之过人远也，尤在此矣。

二

怀王遣高帝入关，而高帝之王业定；更始遣光武徇河北，而光武之王业定。大有为者之初起，不欲躬为戎首，抑必借人以兴；迨其威名已著，而追随于行队之间，则得失兴丧之枢，不任己而因人；稍欲持权，而祸已发于肘腋，宋义之所以死于项羽，伯升之所以死于李轶、朱鲔也。

然则项羽禁高帝不令入关，更始听朱鲔而拒刘赐之请，不委河北于光武，羽与更始，可以终保大位而无与争乎？曰：不能也。禽之相制以气，人之相役以道，项羽有韩信、陈平而不能禁其不去，更始有隗嚣而不能服，无以役之也。藉令置高帝、光武于股掌之上，用之不能，杀之不可，羽与更始且自困于无术。三齐甫受封而旋叛，彭越、陈余、英布翱翔桀骜以需时，王郎蜂起于河北，赤眉反戈而西向，羽与更始终无以固其位，而徒召乱于无已。尔朱兆且不能得之于高欢，况二帝之涵育者深乎！故以范增、朱鲔为忠谋者，愚也，无救于败而徒乱天下也。无御豪杰定四海之道，而操疑忌以困人，其亡愈速矣。

三

王者代天而行赏罚，参之以权谋，则逆天而天下不服，非但论功行赏、按罪制刑于臣民也。武王封武庚于东国，不得不封也，天也；周公相成王诛武庚，不得不诛也，天也。三代以上，诸侯有道，天下归之，则为天子；天子无道，天下叛之，退为诸侯。武庚宜侯者也，不得不封；武庚宜安侯服，而欲复干天命，不得不诛。既代天以赏罚，则洞然与四海公其衮钺，而无所委曲于操纵以为驾驭之术。苏洵氏惟不知此，故以权术测王者之举动，而成乎小人之邪说。

王郎遣杜威纳降，威为郎请万户侯封，光武曰："顾得全身可矣。"刘恭为盆子乞降，恭问所以待盆子者，帝曰："待以不死耳。"大哉王言！奉天以行赏罚，而意智不与焉，斯乃允以继天而为之子。王郎者，妖人也。妖人倡乱，不可不诛；以其降而姑贳之，终拒其降而斩之，以惩天下之妖妄，而天下定。盆子者，愚而为人立者也。愚且贱，而欲干天位也，可诛；非其志而听命于人也，可宥；待以不死，而授之散秩以养之，义正而仁亦裕矣。所尤难者，光武决于一言，而更无委曲之辞以诱之，明白洞达，与天下昭刑赏之正，故曰：大哉王言，体天无私而为之子也。

为权术之说者则不然，心恶之而姑许之，谓可以辑群雄之心，使刘永之俦，相仍而革面。独不见唐高祖之待李密，其后竟如之何也？狙诈兴而天下相长以伪，故终唐之世，藩镇倏叛倏服，以与上相市，而兵不可戢。然则权者非权也，伪以长乱而已矣。《汤诰》曰："有罪不敢赦，帝臣不蔽，简在帝心。"诚帝心也，岂忧天下之有不服哉？何所蒸畏而与人相为龃龉乎！故言权术以笼天下者，妾妇之智而已矣。

四

冯异招李轶于洛阳，轶报曰："千载一会，思成断金。"异斩武勃，轶闭门不救，是宜受其款而洛阳可速下也。光武则宣露其书，使朱鲔杀轶。轶本与伯升俱起，诇事诸将，忌伯升而潜杀之，光武欲得而甘心久矣。轶死，而洛阳之围经年始拔，事有宁劳而不贪近功以申大义者，此是也。乃杀伯升者，朱鲔之本志，轶特徇鲔而从之者尔。帝之于鲔也，使岑彭说之曰："举大事者，不忌小怨，鲔降，官爵可保，河水在，吾不食言。"鲔降而拜将军，封列侯，传封累世。同怨而异报，达于理者之制恩怨，非常情之所可测也如此。

虽然，亦恶有不可测哉？伯升初起，始发于李轶，迎光武而与建谋，则轶固光武兄弟所倚为腹心也。更始立，朱鲔、张卬暴贵，轶遽背而即于彼。因势而迁者，小人之恒也，亦何至反戈推刃而无余情哉？及光武初定河北，始有入关之志。更始委三十万之重兵于轶守洛阳，而李松甫败于赤眉，轶又窥长安之不固而思附光武，觊然纳断金之言而不惭。光武曰："季文多诈，不能得其要领。"特假手于鲔以杀之，而讨犹未伸，非可以鲔例之也。

鲔起于平林，先光武以举事，与伯升未有交也；奉更始而为更始谋杀伯升者，亦范增之愚忠耳。更始之诸将，类皆贼也，而鲔独异。杀伯升，留光武而不遣，知有更始而不恤其他；诸将挟功而欲自王，更始弗能违也，鲔独守高帝之约，辞胶东之封；受命守洛，百战以与寇恂、冯异争死生之命；及长安破，更始降于赤眉，洛阳孤立无援，且坚壁固守，以杀伯升为惭而不降。故通更始之廷所可与有为者，惟鲔一人而已。于事君之义，立身之耻，殆庶几焉。藉令光武以怨轶者怨鲔而拒戮之，则以私怨而废天下之公，且将奖人臣之操异志以介从违，而何以劝忠乎？子曰："以直报怨。"直者，理而已矣，于轶何可忘，而于鲔何容芥蒂也。

五

效卓茂之为，可以化今之人乎？曰：何为其不可也。效卓茂之为，遂可以化人乎？曰：何为其可也。所以然者何也？素履无咎，居心无伪，而抑于大节不失焉，则行之也，和顺而无矫物之情，笃实而不期功名之立，动之以天而物弗能违矣。非然，则严诩之以乱颍川者，所谓"乡原德之贼也"。王莽之当国，上下相率以伪，效茂之迹以夸德化者，非直一严诩也；莽皆乐推之以诱天下，彼亦乐附莽而成其利达。莽居摄而茂以病免，名不照于当时，而莽无求焉。自拔于流俗，而居约以自污，敦实行而远虚名，茂自此远矣。

且其谕部民之言曰："人所以群居不乱异于禽兽者，以有仁爱礼义，知相敬事也。"扩愚贱之昏瞀，而示以天理流行之实，夫岂托迹宽仁以干誉者之所能及此乎？茂惟有此，虽无皎皎之名，而志终不降；虽违物情之顺，而不爽天性之贞。自非然者，恭而谄，宽而弛，朴而鄙，无得于心，不全其大，徒饰为从容平易之容，石建以之猎显名厚实，而不保其子之令终。天不可罔，人固不可重欺也。故欲学茂者，无但求之事为之迹也。

六

鲍永、冯衍审知更始之亡而后降，正也。然既已事主不终，纳款以免战争攻守之祸，岂更有无妄之福可容其觊望乎？鲍永以立功而受封，虽可受之而无疚，要亦听新主之自为予夺耳。冯衍曰："天命难知，人道易守，守道之臣，何患死亡。"苟知此矣，在贫如富，在贱如贵，悠游卒岁，俟命而无求，岂不成乎大丈夫哉！而怏怏失志，移怒忿于妻子，抒怨怼于文辞；然则昔之阻孤城、抗大敌而不降者，正留一不挑之节，为夫死更嫁之地，衍之生平，败于此矣。光武终废而不用，不亦宜乎！

七

光武之处彭宠，不谓之刻薄而寡恩，不得矣。王郎之乱，微耿况与宠之力不及此。天下粗定，置宠若忘，而以年少骄躁之朱浮位于其上，宠恶能不怨邪？泄浮之奏以激宠，使速反而殄之，诚不知光武之何心？意者宠之初发突骑助光武讨王郎，宠无固志，特为吴汉、王梁所胁诱，而耿况、寇恂从臾之，以此有隙焉，而虽功亦罪乎？夫天下竞起，疑王疑帝，岂易测之于风尘之下；既有功于己而拯其急，则固未可忘也。光武能忍于反侧子而不能忍于宠也何邪？

乃宠之不得其终也，亦有以自取矣。耿况之始归光武，亦寇恂决之也；乃既决于听恂矣，则遣其子弇亲将而来，称帝之议，弇无所避而密陈之，故寇恂虽见委任，而不能掩况父子之输忠。宠弗然也，从汉与梁之策，即遣汉与梁任之，资以兵众，而成汉与梁之丰功，宠无与焉。汉与梁驰驱于中原，而己晏坐于渔阳，何其不自树立，倒柄以授人邪？宠之愚不应至是，则宠有犹豫之情可知矣。光武而兴，则汉与梁为己效功；光武而败，则汉与梁任其咎，而己犹拥郡以处于事外。呜呼！处乱世，拥重兵，势不可以无事，非儒生策士徘徊顾虑之时也。虑未可以委身，则窦融虽后至而无猜；审可以托迹，则得丧死生决于一念；若其姑与之而留余地以自处，犯英主之大忌，受群言之交摘，未有能免者也。《易》曰："需于泥，致寇至。"敬慎且危，而况悍妻群小之交煽乎？乱世之去就，决之以义而已；义定而守之以信，则凶而可以无咎。需者事之贼，非欲其躁也，无两端以窥伺之谓也。宠之不免，非旦夕之故矣。虽然，略其心，纪其绩，以不忘患难之初心，则物自顺焉。光武之刻薄寡恩也，不得以宠之诈愚而谢其咎也。

八

光武之得天下，较高帝而尤难矣。建武二年，已定都于洛阳，而天下之乱方兴。帝所得资以有为者，独河北耳。而彭宠抑叛于幽州，五校尚横于内黄。关以西，邓禹虽入长安，赤眉环绕其外，禹弗能制焉。郾、宛、堵乡、新野、弘农，近在咽颊之间，寇叛接迹而相为牵制，不异更始之在长安时也。刘永、张步、董宪、苏茂，横亘东方，为陈、汝眉睫之患；隗嚣、公孙述姑置而可徐定者勿论焉。其视高帝出关以后，仅一项羽，夷灭之而天下即定，难易之差，岂不远哉？

或曰：项羽，劲敌也，赤眉、五校、刘永、张步、董宪、苏茂、董诉、苏况、隗嚣，皆非羽伦，则光武易。夫寇岂有常哉？项羽之强也而可使弱，弱者亦何不可使强也。曹操虑袁绍之难平，而卒与争衡者周瑜之一隅；苻坚荡慕容、姚氏之积寇，而一败不支于谢玄之一旅。时之所兴，势之所凑，人为之效其羽翼，天为之长其聪明，燎原之火，一爝未灭，而猝已焚林，讵可量邪？且合力而与争者一途，精专志定，无旁挠焉，而恶得不易！分势而四应者杂起，左伏右起，无宁日焉，而恶得不难！使以高帝荥阳之相持，而遇光武丛生之敌，乘间捣虚而掎其后，羽不待约，而人为之犄角，高帝不能支矣。则甚矣光武之难，而光武之神武不可测也。

乃微窥其所以制胜而荡平之者，岂有他哉？以静制动，以道制权，以谋制力，以缓制猝，以宽制猛而已。帝之言曰："吾治天下以柔道行之。"非徒治天下也，其取天下也，亦是而已矣。柔者非弱之谓也，反本自治，顺人心以不犯阴阳之忌。孟子曰："行法以俟命。"光武其庶几乎！高帝之兴，群天下而起亡秦，竞智竞力，名义无所伉，人心无所惑也。光武则乘思汉之民心以兴，而玄也、盆子也、孺子婴也、永也、嘉也，俱为汉室之胄，未见其分之有所定也。苟有分义以相摇，则智力不足以相屈，故更始亡而故将犹挟以逞志。然则光武所以屈群策群力而独伸焉者，舍道其何以哉？天下方割裂而聚斗，而光武以道胜焉。即位未久，修郊庙，享宗祖，定制度，行爵赏，举伏湛，征卓茂，勉寇恂以绥河内，命冯异使抚关中，一以从容镇静结已服之人心，而不迫于争战。然而桀骜强梁之徒，皆自困而瓦解。是则使高帝当之，未必其能奢定如此也。而光武之规模弘远矣。

呜呼！使得天下者皆如高帝之兴，而无光武之大猷承之于后，则天下后世且疑汤、武之誓诰为虚文，而惟智力之可以起收四海。曹操何所惮而不为天子，石虎、朱温亦何能寒海内之心而不永戴之哉？三代而下，取天下者，惟光武独焉，而宋太祖其次也。不无小疵，而大已醇矣。

九

赤眉之弃长安、西走安定，非邓禹之力能驱之也，食尽而旁掠，固不以安定为终焉之计，而必返乎长安。邓禹不乘其有可溃之势，蹑其后以蹙之，而入长安晏坐以待其归，河决痈溃，容可御乎？于是退之云阳，士气已馁，而还攻之于坚城之下，其败宜矣。故善用兵者，知时而已。赤眉食尽，引兵东归，时异乎昔，则惟扼之于险而可制其死命。禹乃违光武之令，就关内而与争，何昔之怯而今之忿也！

然光武终能遏之于宜阳而尽降之，曾不恤归师勿掩之戒，塞决河而敛溃痈，则又何也？严阵以待，求战不得，求走不能，弗犯其锋，稍迟之而气即馁矣。帝以持重而挫其方决之势，禹以持重而失之方溃之初，相时之变，定几于顷刻，非智之所能知，勇之所能胜。岳鹏举曰："运用之妙，存乎一心。"心不忘而时自应于其会，此未可以一成之论论之也。

十

所贵乎史者，述往以为来者师也。为史者，记载徒繁，而经世之大略不著，后人欲得其得失之枢机以效法之无繇也，则恶用史为？

光武之始徇河北，铜马诸贼几数百万；及破之也，溃散者有矣，而受其降者数十万人。斯时也，光武之众未集，犹资之以为用也。已而刘茂集众十余万而降之于京、密；朱鲔之众且三十万而降之于洛阳；吴汉、王梁击檀乡于漳水，降其众十余万于邺东；五校之众五万人降之于羛阳；余贼之拥立孙登者五万人，降之于河北；赤眉先后降者无算，其东归之余尚十余万人，降之于宜阳；吴汉降青犊，冯异降延岑、张邯之众，盖延降刘永之余，王常降青犊四万余人，耿弇降张步之卒十余万；盖先后所受降者，指穷于数。战胜矣，威立矣，乃几千万不逞之徒听我羁络，又将何以处之邪？高帝之兴也，恒患寡而亟夺人之军，光武则兵有余而抚之也不易，此光武之定天下所以难于高帝也。

夫民易动而难静，而乱世之民为甚。当其舍耒而操戈，或亦有不得已之情焉，而要皆游惰骄桀者也。迨乎相习于戎马之间，掠食而饱，掠妇而妻，驰骤喧呶，行歌坐傲，则虽有不得已之情而亦忘之矣。尽编之于伍，而耕夫之粟不给于养也，织妇之布不给于衣也，县官宵夜以持筹不给于馈饷也。尽勒之归农，而田畴已芜矣，四肢已惰矣，恣睢狂荡、不能受屈于父兄乡党之前矣。故一聚一散，倾耳以听四方之动而随风以起，诚无如此已动而不复静之民气何矣！而光武处之也，不十年而天下晏然，此必有大用存焉。史不详其所以安辑而镇抚之者何若，则班固、荀悦徒为藻帨之文、而无意于天下之略也，后起者其何征焉？

无已，而求之遗文以仿佛其大端，则征伏湛、擢卓茂，奖重厚之吏，以调御其嚣张之气，使惰归而自得其安全，民无怀怨怒以摈之不齿，吏不吝教导以纳之矩矱，日渐月摩而消其形迹，数百万人之浮情害气，以一念敛之而有余矣。盖其亲文匽武之意，早昭著于战争未息之日，潜移默易，相喻于不言，当其从戎之日，已早有归休之志，而授以田畴庐墓之乐，恶亦有不帖然也？自三代而下，惟光武允冠百王矣。何也？前而高帝，后而唐、宋，皆未有如光武之世，胥天下以称兵，数盈千万者也。通其意，思其变，函之以量，贞之以理，岂易言哉！岂易言哉！

十一

光武报隗嚣书，称字以与颉颃，用敌国礼，失御嚣之道矣，是以失嚣。嚣者，异于狂狡之徒，犹知名义者也。始起西州，歃血告于汉祖之神灵，知汉未绝于天，愿为中兴之元功耳。更始疑欲杀之，亦奔归秦、陇，而耻与张卬、谢禄同逆。达其情，奖之义，正名之为君臣，而成其初志，嚣将以为得知己而愿委身焉。名义者，嚣所素奉之名也，待以敌国，而置之名义之外以相笼络，嚣且谓更始之始尊我而终忌我，今犹是也，奚以委身而相信哉？文帝之下尉佗也，佗本无戴汉之心，下之而骄气以平，非可与嚣比者也。怀疑未决，而又重授以疑，虽慷慨论列如马援，无能蠲其猜忮矣。

十二

上下相亲，天下之势乃固。故三代之王者，不与诸侯争臣民，立国数百年；其亡也，犹修天子之事守而不殄其宗社。汉承秦而罢侯置守，守非世守，而臣民亦迭易矣。然郡吏之于守，引君臣之义，效其忠贞，死则服之，免官而代为之耻，曲全其名，重恤其孤幼，乃至变起兵戎而以死卫之。如楚郡刘平遇庞萌之乱，伏太守孙萌身上，号泣请代，身被七创，倾血以饮萌，如此类者，尽东汉之世，不一而足。盖吏之于守，其相亲而不贰也，天子不以沽恩附势为疑，廷臣不以固结朋党为非，是以上下亲而迭相维系以统于天子。故盗贼兴而不能如黄巢、方腊之僭，夷狄竞而不能成永嘉、靖康之祸，三代封建之遗意，施于郡县者未致也。

延及后世，党议兴而惟恐人之不离，告讦起而惟恐部民之不犯其上，将以解散臣民而使专尊天子，而不知一离而不可复合，恶能以一人为羁络于清宫，而遍縻九州之风马牛哉？导民以义，而民犹趋利以忘恩；导民以亲，而民犹背公以瓦解；如之何更奖以刻薄犯顺之为也！三代以下，惟汉绝而复兴，后世弗及焉，有以夫！

十三

言一发而不可收，习相沿而不能革，无圣人出，则须其自已而后已。班彪之说隗嚣，窦融之决志以从光武，皆以符命为征；彪与融处乱世而身名以全，皆所谓豪杰之士也，然而所据者在此，况其他之琐琐者乎？

仲尼没，七十子之徒，流风日远，舍理言天，而窥天以数，贤者不能自拔，而疑信参焉。刘杨造瘿杨之谶以惑众，张丰宝肘石之玺以自迷，皆缘之以酿乱而亡其身。光武之明，且恐非此而无以动天下，刻画五行、割裂六艺者二百余年，迨魏、晋而始衰，害固如是之烈也！

孔子赞《周易》以前民用，道而已矣，阴阳柔刚仁义之外无道也。至于汉，乃有道外之数以乱道；更千年而濂、雒阐其微以距邪说，邵康节犹以其授于陈抟、穆修者，冒三圣之显道，以测皇王之升降，非君子之所知也。其殆京房、夏贺良之余烬，乘风而一煽者乎！

十四

疑信相参之际，人有隐情而我亦与之隐，则疑终不释；豁然发其所疑而示之以信，岂有不测之明威哉？无不可共见之心而已。窦融在河西，怀疑不决，好事者且以尉佗之说进，此融所秘而不敢以告者也。光武赐书，开两端以摘发之，而河西震服。凡光武之诎群雄者，胥此道也。

盖有所隐而不敢宣者，畏人之知。抑料人虽知我而无能禁我也，更相与隐之，则彼且畏我之含杀机以暗相制；不则谓其疑己而无如己何矣。晓然曰：予既已知汝必有之情矣；而终不以为罪；且亦不禁汝之勿然，而吾固无所惧也。则相谅以明恩，而无姑相隐忍之情以示懦。此非权术之为也，恃在己而不幸人之弗相害，洞然知合离得失之数，仰听之天，俯任之人，术也而道在其中。此光武之奇而不诡于正者与！

十五

起于学士大夫，习经术，终陟大位者三：光武也，昭烈也，梁武帝也。故其设施与英雄之起于草泽者有异，而光武远矣。

昭烈习于儒而淫于申、韩，历事变而权术荡其心，武侯年少而急于勋业，是以刑名乱之。梁武篡，而反念所学，名义无以自容，不获已，而闻浮屠之法有"心亡罪灭"之旨，可以自覆，故托以自饰其恶，愚矣。然而士大夫释服入见者，面无毁容，则终身不录，终不忍使大伦绝灭于天下，人道犹借以仅存，固愈于萧道成之惟利是尚也。光武则可谓勿忘其能矣。天下未定，战争方亟，汲汲然式古典，修礼乐，宽以居，仁以行，而缘饰学问以充其美，见龙之德，在飞不舍，三代以下称盛治，莫有过焉。故曰：光武远矣。

呜呼！古无不学之天子，后世乃有不学之相臣。以不学之相臣辅草泽之天子，治之不古，自高帝始，非但秦也。秦以亡而汉以兴，亡者为后戒，而兴者且为后法，人纪之存，不亦难乎！

十六

王元说隗嚣据隘自守，以待四方之变，其亡也宜矣。天下方乱，士思立功名，而民思息肩于锋刃，能为之主者，众所待也，人方待我而我待人乎？待者，害之府也。无已，则儒生怀道术以需时而行者，待求治之主；不则武夫以方刚之膂力欲有所效者，待有为之君。是两者可待也。若夫欲创非常之业，目不营乎四海，心不周乎万民，力不足以屈群策群力而御之，谋不能先天下而建廓清之首功；乃端坐苟安，待人之起而投其隙。所待者而贤于我，则我且俯首而受制；所待者与己齐力而或不己若，则幸虽制彼而无以服天下之心。鹬蚌渔人之术，其犹鼠之俟夜乎！而何以为天下雄也？拥重兵，据险地，谋臣武士亦足以用，但立一待人之心，而即已自处于坐困之途；延颈企之，仰窥天，俯视地，四顾海内而幸其蜂起，乱人而已。乱人者，未有不亡者也。

十七

严光之不事光武，以视沮、溺、丈人而尤隘矣。沮、溺、丈人知道不行，弗获已而废君臣之义者也，故子曰："隐者也。"隐之为言，藏道自居，而非无可藏者也。光武定王莽之乱，继汉正统，修礼乐，式古典，其或未醇，亦待贤者以道赞襄之，而光何视为滔滔之天下而亟违之？倘以曾与帝同学而不屑为之臣邪？禹、皋陶何为胥北面事尧而安于臣舜邪？

若周党者，则愈僻矣。召而至三，征而就车，偃蹇伏而不拜，忿骜之气，施于君臣礼法之下，范升劾其不敬，罪奚辞焉？党闻《春秋》报仇之说，非君非父之惨，称兵以与人相仇杀，党其北宫黝之徒与！黝固无严诸侯，党亦无严天子也。赐帛而罢之，耻孰甚焉！帝覆载以容之，而党藐乎小矣。

王良应召而受禄，虽无殊猷，而恭俭以居大位，于君子之道尚不远矣。故君子者，以仕为道者也，非夷狄盗贼，未有以匹夫而抗天子者也。范希文曰："蛊之上九，子陵有焉。"非其时而凭高以为尚，则"比之无首"而已矣，恶足法哉？

十八

来歙使隗嚣，愤然为危激之辞质责嚣，欲刺之，而嚣不能加害。史称歙有信义，言行不违，往来游说，皆可覆按，故西州士大夫敬爱而免之。信义之于人大矣哉！

士处纷争之世，往来传命而失信义者有二，而乱人不与焉。习于说术者，以为荐朴诚于雄猜狙诈之前，则且视为迂拙而见诎；以巧驭巧，以辩驭辩，机发于不测，而易以动人；而不知有尽之慧敌多方之诈，固不胜而适逢其怒也。又或胸无主而眩于物者，两雄相猜，其中未易测也，而所争所欲，和与战、合与离、两端而已，欲翕固张，薄为望而厚为责，有溢美溢恶之辞焉。乃无定情而惊其夸说，因而信之，遂与传之，而固不可覆按也；则未有欺而欺者多矣，欺已露而追悔无及也。是两者，失信失义而抑取憎于人者多矣。

故庄周非知道者，而其言游说则尽矣，勿传其溢词，而信义可以不失，歆其明于此而持之固乎！履虎尾而不咥，素以往而已矣。

十九

建官之法，与选举用异而体合，难言之矣。省官将以息民，而士之待用者，滞于进而无以劝人于善。不省，则一行之士，可自试以交奖于才能；然而役多民劳，苦于不给，且也议论滋多，文法滋繁，责分而权不一，任事者难而事多牵制以疑沮。吏省而法简，则墨吏暴人，拥权自恣，无以相察；而胥史豪强，易避就以仇其奸。故一兴一废一繁一简之际，难言之也。

天下有定理而无定法。定理者，知人而已矣，安民而已矣，进贤远奸而已矣；无定法者，一兴一废一繁一简之间，因乎时而不可执也。

乱之初息，不患士之不劝于功名也，而患其竞。一夫有技击之能，一士有口舌刀笔之长，尝以试之纷纠之际而幸仇，效者接踵焉；而又多与以进取之涂，荡其心志，则损父母、弃坟墓、舍田畴以冒进者不息。惟官省而难容，乃退安于静处，而爵禄贵、廉耻兴焉。且也民当垫隘之余，偷安以自免之情胜。其有犯不轨者，类皆暴横恣睢，恶显而易见；不则疲敝亡赖而不知避就者；未容有深奸奇巧，诡于法而难于觉察者焉。则网疏吏寡，而治之也有余。抑百务草创，而姑与天下以休息，虽有不举，且可俟之生遂之余，则郡县阔远而事为不详，正以缓不宁而使之大定，此则省官之法善矣。

若夫天下已定，人席于安矣，政教弛而待张矣；于斯时也，士无诡出歧途以幸功名之路，温饱安居而遂忘于进，则衣冠之胄，俊秀之子，亦且隳志于庠序，而自限于农圃。非多为之员、广为之科，以引掖之于君子之途，则朴率之风，流为鄙倍，而诗书礼乐不足以兴方起之才。且强暴不足以逞，而匿为巧诈；豪民日以磐固，而玩法自便；则百里一亭，千里一邑，长吏疏，掾督缺，而耳目易穷。乃官习于简略，而事日以积，教化之详，衣袽之备，官不给而无以齐民，事不夙而无以待变。是则并官以慎选，而不能尽天下之才；省吏以息民，而无以理万民之治；吝爵吝权之害，岂浅于滥冗哉？故曰：理有定而法无定，因乎其时而已。

光武建武六年，河北初定，江、淮初平，关中初靖，承王莽割裂郡县、改置百官、苛细之后，抑当四海纷纭、蛇龙竞起之余，侥幸功名之情，中于人心而未易涤，并省四百余县，吏职减损，十置其一，斯其时乎！斯其时乎！要之非不易之法也。

二十

窦融之责隗嚣曰："兵起以来，城郭皆为邱墟，生民转于沟壑，天运少还，而将军复重其难，孤幼将复流离，言之可为酸鼻。"仁人之言，其利溥如此哉！

说人罢兵归附而以强弱论，我居强而孰甘其弱？激之已耳。以天命论，天视听自民视听，置民不言，而托之杳茫之符瑞，妄人不难伪作以惑众，而乱益滋。惟融之为言也如此，嚣虽不能听，而已怆于心，心怆而气夺矣。秦、陇之民闻之，固将怨嚣而不乐为之死；汉之荷戈以趋、负粮以馈者，亦知上之非忍毒我，而祸自彼发，不容已也。其利溥矣。

然而融之为此言也，则非以是为制嚣之柄，而离秦、陇之心使去嚣也。何以知其然也？使融而操此以为术，则言之不能如是之深切；而融全河西以归命，实践此言，以免民于死，非徒言也。窦氏之裔，与汉终始，一念之永，百年之泽矣。

二十一

治之敝也，任法而不任人。夫法者，岂天子一人能持之以遍察臣工乎？势且仍委之人而使之操法。于是舍大臣而任小臣，舍旧臣而任新进，舍敦厚宽恕之士而任佻幸乐祸之小人。其言非无征也，其于法不患不相传致也，于是而国事大乱。江冯请令司隶校尉督察三公，陈元争之，光武听元而黜冯之邪说，可谓知治矣。臣下之相容，弊所自生也；臣下之相讦，害所自极也。如冯之言，陪隶告其君长，子弟讼其父兄，泃然三纲沦、五典斁，其不亡也几何哉！

大臣者，日坐论于天子之侧者也；用人行政之得失，天子日与酬辨，而奚患不知？然而疑之也有故，则天子不亲政而疏远大臣，使不得日进乎前，于是大臣不能复待天子之命而自行其意。天子既疏远而有不及知，犹畏鬼魅者之畏暗也，且无以保大臣之必不为奸，而督察遂不容已。媢疾苛核之小人，乃以挠国政而离上下之心。其所讦者未尝不中也，势遂下移而不可止。藉令天子修坐论之礼，勤内朝外朝之问，互相咨访，以析大政之疑，大臣日侍黼扆，无隙以下比而固党；则台谏之设，上以纠君德之愆，下以达万方之隐，初不委以毛鸷攻击之为，然而面欺擅命之慝，大臣固有所不敢逞，又焉用督察为哉？

况大臣者，非一旦而加诸上位也。天子亲政，则其为侍从者日与之亲，其任方面者，以其实试之功能，验之于殿最而延访之，则择之已夙，而岂待既登公辅之后乎？惟怠以废政，骄以傲人，则大臣之得失不审，于是恃纠虔之法，以为不劳而治也。于是法密而心离，小人进而君子危，不可挽矣。

二十二

乘乱以起兵者，类不得其死，而隗嚣独保首领以终。嚣之所为，盖非犯阴阳之忌而深天下之怨者，不亦宜乎！藉其子纯弗叛以逃，虽世其家可也。嚣之所以不终事汉者，惩于更始之败而蒽以失之也。以身托人，而何容易哉，则固不容不慎；慎而过焉，遂成乎蒽，于是而毁家存汉之心，不能固守而成乎逆。然而兵不越陇，而毒未及于天下，郑兴、马援、申屠刚去之而不留，来歙刺之而不杀，隐然有名义在其心而不忘，其异于公孙述、张步、董宪之流远矣。惜哉，其不奉教于窦融耳。卑屈而臣于公孙述，则势蹙而无聊之为也。其怙终而不听光武之招，则愧于马、窦而恐笑其不夙也。蒽而成乎愚，而固不安于戕忍诡随之为，乃以善其死而免于显戮。天维显思、自求自取之谓也。

二十三

任为将帅而明于治道者，古今鲜矣，而光武独多得之。来歙刺伤，口占遗表，不及军事，而亟荐段襄，曰："理国以得贤为本。"此岂武臣之所及哉？歙也、祭遵也、寇恂也、吴汉也，皆出可为能吏、入可为大臣者也。然而光武终不任将帅以宰辅，诸将亦各安于鞾鞈而不欲与于鼎铉。呜呼！意深远矣。故三代以下，君臣交尽其美，惟东汉为盛焉。

二十四

苟为欲治之君，乐其臣之敢言者有矣，而敢言之士不数进。非徒上无能容之也，言出而君怒，怒旋踵而可息矣，左右大臣得为居间而解；藉其终怒不释，乃以直臣而触暴君，贬窜诛死，而义可以自安且自伸也。惟上之怒有已时，而在旁之怨不息，乘间进毁，且翘小过以败人名节，则身与名俱丧，逮及子孙族党交游而皆受其祸，则虽有骨鲠之臣，亦迟回而吝于一言。故能容敢言者非难，而能安敢言者为难也。

光武以支庶之余，起于南阳，与其人士周旋辛苦，百战以定天下，其专用南阳人而失天下之贤俊，虽私而抑不忘故旧之道也。且南阳将吏，功成爵定，亦未闻骄倨侈汰以乱大法，夫岂必斥远而防制之。乃郭伋以疏远之臣，外任州郡，慷慨而谈，无所避忌。曰："当简天下贤俊，不宜专用南阳故旧。"孤立不惧赫奕之阀阅，以昌言于廷，然而帝不怒也。且自邓禹以降，勋贵盈廷，未有忿疾之者，伋固早知其不足畏而言之无尤。诚若是，士恶有不言，言恶有不敢哉？诸将之贤也，帝有以镇抚之也；奖远臣以忠鲠，而化近臣于公坦，帝之恩威，于是而不可及矣。宋祖怀不平于赵普，而雷德骧犹以鼎铛见责，曲折以全直臣，而天子不能行其意。伋言之也适然，帝听之也适然，南阳勋旧闻之也适然。呜呼！是可望之三代以下哉？

二十五

建武十二年，天下已定，所未下者，公孙述耳。三方竞进，蠚之于成都，述粮日匮，气日衰，人心日离，王元且负述而归我，此其勿庸劳师亟战而可坐收也较然矣。触其致死之心，侥幸而犹图一逞，未易当也。吴汉逼成都而取败，必然之势矣。光武料之于千里之外而不爽，非有不测之智也，知其大者而已。

故善审势者，取彼与我而置之心目之外，然后笼举而规恢之，则细微之变必察；耳目骛于可见之形，而内生其心，则智役于事中，而变生于意外。《诗》云："不出于颎。"出于颎者，其明哲无以加焉。昆阳之拒寻、邑，邯郸之蠚王郎，光武固尝以亟战得之矣，彼一时也。吴汉效之而恶得不败！

二十六

公孙述之廷不可仕也；虽然，述非王莽比矣，不得已而姑与周旋以待时，不亦可乎？李业、王皓、王嘉遽以死殉之，过矣。述之初据蜀也，犹未称帝，威亦未淫也；察其割据之雄心，虑相诬陷，夫岂无自全之术哉？乃因循于田里家室之中，事至而无余地，居危乱之邦，无道以远害，畏溺而先自投于渊，介于石而见几者若此乎？

谯玄荐贿以免，则尤可丑矣。处乱世而多财，辱人贱行以祈生，殆所谓"负且乘致寇至"者与！哀、平之季，廉耻道丧，一变而激为吊诡，蜀人尤甚焉。匹夫匹妇之谅，恶足与龚胜絜其孤芳哉！

二十七

晋平公喜其臣之竞，而师旷讥其不君。为人君者，欲其臣之竞，无以异于为人父者利其子之争也。光武之诏任延曰："善事上官，勿失名誉。"其言若失君人之道，而意自深。延曰："忠臣不和，和臣不忠，上下雷同，非陛下之福。"《考异》曰：《延传》作"忠臣不私，私臣不忠"。按高峻《小史》作"忠臣不和，和臣不忠"，意思为长，又与上语相应，今从之。然则尊卑陵夷，相矫相讦，以兴讼狱而沮成事，抑岂天子之福乎？

夫欲使上官之履正而奉公也，但择其人而任之。夫既使居上位矣，天子无能纳诸道而制其进退，乃恃下吏之鞋庋以翘其过而为异同，于是乎相劝以傲，而事之废兴，民之利病，法之轻重，人得操之以行其意。其究也，下吏抗上官而庶民抗下吏，怨讟生，飞语兴，毁誉无恒，讼狱蜂起，天子亦何恃以齐天下，使网在纲，有条而不紊乎？阴阳之气不和，则灾祲生；臣民之心不和，则兵戎起。共、骧不和于舜、禹，管、蔡不和于周、召，如是而可以为忠臣乎？

光武叹息曰："卿言是也。"为延之说所摇与？抑姑以取其一节之亢直而善成其和衷与？以为治理之定论，则非矣。

二十八

道非直器也，而非器则道无所丽以行。故能守先王之道者，君子所效法而师焉者也；能守道之器者，君子所登进而资焉者也。王莽之乱，法物凋丧，公孙述宾宾然亟修之。其平也，益州传送其瞽师、乐器、葆车、舆辇，汉廷始复西京之盛。于此言之，述未可尽贬也。

述之起也非乱贼，其于汉也，抑非若隗嚣之已北面而又叛也。于一隅之地，存礼乐于残缺，备法物以昭等威，李业、费贻、王皓、王嘉，何为视若戎狄乱贼而拒以死邪？自述而言，无定天下之略，无安天下之功，饰其器，惘其道，徇其末，忘其本，坐以待亡，则诚愚矣。自天下而言，群竞于智名勇功，几与负爪戴角者同其竞噪，则述存什一于千百，俾后王有所考而资以成一代之治理，不可谓无功焉。马援，倜傥之士也，斥述为井蛙，后世因援之鄙述，而几令与孟知祥、王建齿，不亦诬乎？

汉道中圮，而述储文物以待光武，五代涂炭，而李氏储文艺以待宋太宗，功俱未可没也。宋失汴梁而钟律遂亡，乃者南都陷而浑仪遂毁，使当世而有公孙述也，可勿执李、费二王之硁硁以拒之也。

二十九

高帝初入关，约法三章，"杀人者死"无待察其情，而壹之以上刑。盖天下方乱，民狎于锋刃，挟仇争利以相杀者不可卒弭，壹之以死而无容覆勘，约法宽而独于此必严焉，以止杀也。

王嘉当元、哀之世，轻殊死刑百一十五事，其四十二事，手杀人者减死一等。建武中，梁统恶其轻，请如旧章。甚矣，刑之难言也。杀人一也，而所繇杀之者异。有积忿深毒，怀贪竞势，乘便利而杀之者；有两相为敌，一彼一此，非我杀彼，则彼杀我，偶胜而杀之者；有一朝之忿，虽无杀心，拳勇有余，要害偶中，而遂成乎杀者。斯三者，原情定罪，岂可概之而无殊乎？然而为之法曰：察其所自杀而轻重之。则猾民伏其巧辩，讼魁曲为证佐，赇吏援以游移，而法大乱。甚矣，法之难言也。

夫法一而已矣，一故不可干也，以齐天下而使钦畏者也。故杀人者死，断乎不可词费而启奸也；乃若所以钦恤民情而使死无余憾者，则存乎用法之人耳。清问下民者，莫要乎择刑官而任之以求情之道。《书》曰："刑故无小，赦过无大。"故与过之分，岂徒幕外弯弓不知幕中有人而死于射之谓乎？横逆相加，操杀己之心以来，而幸胜以免于推刃，究其所以激成而迫于势者，亦过之类也；猝然之忿怒，强弱殊于形体，要害不知规避，不幸而成乎杀者，亦过之类也。一王悬法于上，而不开以减死之科；刑官消息于心，而尽其情理之别。则果于杀人者，从刑故之条；而不幸杀人者，慎赦过之典。法不骩而刑以祥，存乎其人，而非可豫为制也。

夫法既一矣，而任用刑者之矜恕，则法其不行矣乎？而抑有道焉。凡断刑于死者，必决于天子之廷，于是而有失出失入之罚，以儆有司之废法。既任吏之宽恤，而又严失出以议其后，则自非仁人轻位禄而全恻隐者，不能无惕于中而轻贷人以破法。夫有司者，岂无故而纵有罪以自丽于罚乎？非其请托，则其荐贿，廷议持衡而二患惩，则法外之仁，可以听贤有司之求瘼，而何忍一人死复继之以一人乎？若曰杀人而可不死也，人将相戕而不已也，而亡虑也。虽减死而五木加之，犴狴拘之，流放徒隶以终其身，自非积忿深毒、怀贪竞势之凶人，亦孰乐有此而昧于一逞也乎？

三十

治盗之法，莫善于缓；急者，未有不终之以缓者也。且盗之方发而畏捕也，强则相拒，弱则惊窜伏匿而莫测其所在。缓之而拒之气馁矣，不能久匿而复往来于其邑里族党矣，一夫之力擒之而有余矣，吏不畏其难获而被罪也。人孰无恶盗之情，而奚纵之？惟求之已急也，迫之以拒，骇之以匿，吏畏不获而被罪，而不敢发觉，夫然后辗转浸淫而大盗以起，民以之死，而国因以亡。

光武之法，吏虽逗留、回避、故纵者皆勿问，听以禽讨为效。牧守令长畏懦选怯不敢捕者，皆不以为罪，只取获贼多少为殿最。惟匿蔽者乃罪之。此不易之良法，而愚者弗能行久矣。

三十一

张纯、朱浮议宗庙之制，谓礼为人子事大宗降其私亲，请除春陵节侯以下四亲庙，以先帝四庙代之。光武抑情从议，以昭穆祢元帝，而祠其亲于章陵，异于后世之苟私其亲者，而要未合于礼之中也。

为人子者，必有所受命而后出为人后，内则受命于父以往，外则受命于所后之父母而来，若哀帝之于成帝是已。故尊定陶为皇，而自绝于成帝，非也。若内无所禀，外无所承，惟己之意与人之扳己而继人之统，此惟天子之族子，以宗社为重，可以不辞，而要不得与受命出后者均。何也？父子之恩义，非可以己之利与臣民之推戴而薄其所生，诬所后者以无命为有命也。况乎光武之兴，自以武功讨篡逆而复宗祊，其生也与元帝之崩不相逮，而可厚诬乎哉？成、哀、平不成乎君者也，废焉可也。元帝于昭穆为诸父，而未有失德，勿毁而列于世，得矣；以为己所后而祢之，不可也。光武之功德，足以显亲，南顿令而上，虽非积累之泽，而原本身之所自来，则视组绀以上而尤亲。尊者自尊也，亲者自亲也，人子不敢以非所得而加诸亲。故组绀之祀，得用天子之礼乐，而特不追王。则南顿以上四世之庙不可除，而但无容加以皇称而已。后世之礼，势殊道异，难执先代之相似者以为法，而贵通其意。光武之事，三代所未有也，七庙之制，不必刻画以求肖成周，节侯以下与元帝以上并祀，而溢于七庙之数，亦奚不可？所难者惟祫祭耳。然使各以其昭穆，君先臣后，从太祖而合食，礼原义起，岂与哀帝之厚定陶、欧阳修之崇濮王、张孚敬之帝兴献，同其紊大分而伤彝伦乎？

若纯与浮之言大宗，则尤谬矣。大宗者，非天子之谓也。礼曰："别子为祖，继别为宗。"宗者，百世不迁；而天子之位，父死子继，兄终弟及，乃至本支绝而旁亲立，国中斩而支庶兴，初非世次相承而不可越。故天子始兴，而母弟为大宗。尊者嗣位，亲者嗣宗。宗者，一姓之独尊也，位者，天下之同尊也，天子之非大宗明矣。大宗无后，就大宗之支子以次而嗣，递相衍以百世，而昭穆不乱，故以宗为重而绝其私亲。天子不与于宗子之中者也，嗣位也，非嗣宗也，不拘于昭穆之次，孙可以嗣祖，叔父可以嗣从子者也。使汉而立大宗焉，抑惟高帝之支子相承不绝，天下虽亡而宗不圮，非王莽所得篡，而光武亦弗能嗣焉。纯与浮不考于《周礼》，合宗与位而一之，于周且悖，而况汉乎？疏漏寡闻，任气以矫时王之制，其与欧阳修、张孚敬之说，异失而同归矣。

三十二

王氏之祸烈矣！光武承之，百战而刘宗始延，惩往以贻后，顾命太子而垂家法，夫岂无社稷之臣？而惟阴识、阴兴之是求。识虽贤，何知其不为莽之恭？识虽不伪，能保后之外戚皆如识乎？饮堇而幸生，复饮以冶葛，卒使窦、梁、邓、何相踵以亡汉。光武之明，而昏于往鉴如是者，何也？

帝之易太子也，意所偏私而不能自克，盈廷不敢争，而从臾之者，自郅恽之佞外无人焉。若张湛者，且洁身引退以寓其不满之意矣。东海虽贤，郭况虽富而自逸，光武不能以自信，周旋东海而优郭氏，皆曲意以求安，非果有鸤鸠之仁也。于是日虑明帝之不固，而倚阴氏以为之援，故他日疾作，而使阴兴受顾命领侍中，且欲以为大司马而举国授之。

呜呼！人苟于天伦之际有私爱而任私恩，则自天子以至于庶人，鲜不违道而开败国亡家之隙，可不慎哉！卒之帝崩而山阳王荆果假郭况以称乱，则帝之托阴氏以固太子之党，亦非过虑也。虽然，虑亦过，不虑亦过；虑以免一时之患，而贻数世之危，固不如其弗虑也。

三十三

汉之通西域也，曰"断匈奴右臂"。君讳其贪利喜功之心，臣匿其徼功幸赏之实，而为之辞尔。夫西域岂足以为匈奴右臂哉？班固曰："西域诸国，各有君长，兵众分弱，无所统一，虽属匈奴，不相亲附，匈奴能得其马畜旃罽，而不能与之进退。"此当时实征理势之言也。

抑考张骞、傅介子、班超之伏西域也，所将不过数十人，屯田之卒不过数百人，而杀其王、破其国，翱翔寝处其地而莫之敢仇。若是者，曾可以为汉而制匈奴乎？可以党匈奴而病汉乎？且匈奴之犯汉也，自辽左以至朔方，横亘数千里，皆可阑入，抑何事南绕玉门万里而窥河西？则武帝、张骞之诬也较著。光武闭关而绝之，曰："东西南北自在也。"灼见其不足为有无而决之矣。

夷狄而为中国害，其防之也，劳可不恤，而虑不可不周。如无能害而徼其利，则虽无劳焉而祸且伏，虽无患焉而劳已不堪，明者审此而已矣。宋一亡于金，再亡于元，皆此物也。用夷攻夷，适足以为黠夷笑，王化贞之愚，其流毒惨矣哉！

三十四

光武之于功臣，恩至渥也，位以崇，身以安，名以不损，而独于马援寡恩焉，抑援自取之乎！

宣力以造人之国家，而卒逢罪谴者，或忌其强，或恶其不逊，而援非也，为光武所厌而已矣。老氏非知道者，而身世之际有见焉。其言曰："功成名遂身退。"盖亦察于阴阳屈伸之数以善进退之言也。平陇下蜀，北御匈奴，南定交址，援未可以已乎？武溪之乱，帝愍其老而不听其请往，援固请而行。天下已定，功名已著，全体肤以报亲，安禄位以戴君，奚必马革裹尸而后为愉快哉！光武于是而知其不自贵也；不自贵者，明主之所厌也。夫亦曰：苟非贪俘获之利，何为老于戎马而不知戒乎？明珠之谤，有自来矣。老而无厌，役人之甲兵以逞其志，诚足厌也。故身死名辱，家世几为不保，违四时衰王之数，拂寒暑进退之经，好战乐杀而忘其正命，是谓"逆天之道"。老氏之言，岂欺我哉？

《易》之为教，立本矣，抑必趣时。趣之为义精矣，有进而趣时，未往而先倦，非趣也；有退而趣时，已过而犹劳，非趣也。"日昃之离，不鼓缶而歌，则大耋之嗟，凶。"援之谓与！

三十五

事难而易处之则败，事易而难图之亦败。易其难者，败而知其难，将改图而可有功；难其易者，非急悔而姑置焉，易者将成乎难，而祸不息矣。

武陵蛮之叛也，刘尚之全军偾焉，马成继往而无功焉，马援持之于壶头，而兵之死者大半，援亦殒焉。及乎援已死，兵已疲，战不可，退不能，若有旦夕歼溃之势；而宗均以邑长折简而收之，群蛮帖服，振旅以还，何其易也！其易也，岂待今日而始易哉？当刘尚、马援之日，早已无难慑伏，而贪功嗜杀者不知耳。使非均也，以疲劳之众与蛮固争，蛮冒死以再覆我军，虽饥困而势已十倍矣。

呜呼！一隅之乱，坐困而收之，不劳而徐定。庸臣张皇其势以摇朝廷之耳目，冒焉与不逞之虏争命，一溃再溃，助其焰以燎原，而遂成乎大乱。社稷邱墟，生民左衽，厉阶之人，死不偿责矣。

三十六

汉诏南单于徙居西河美稷，人极之毁，自此始矣。非但其挟戎心以乘我也，狎与之居而渐与之安，风俗以蛊，婚姻以乱，服食以淫，五帝、三王之天下流涣解散，而元后父母之大宝移于非类，习焉而不见其可耻也，间有所利而不见其可畏也。技击诈谋，有时不逮，呴沫狎媟，或以示恩，而且见其足以临我；愚民玩之，黠民资之，乃至一时之贤豪，委顺而趋新焉。迤及于千岁以后，而忘其为谁氏之族矣。臧宫、马武请北伐，光武曰："吾恐季孙之忧不在颛臾。"奈之何延之于萧墙之内也！

三十七

明帝英敏有余，而蕴藉不足，光武选师儒而养以六经之教，得其理矣，然而张佚、桓荣未足以称此。岂当时无间起之豪杰，守先王之道以待学者，可以为王者师乎？抑有其人而光武未之能庸也。

奚以知佚、荣之不称也？帝欲使阴识传太子，张佚正色而争之，是矣。帝遂移太傅之命以授佚，自非圣人以天自处而无疑，与夫身为懿亲、休威与俱而无容辞，未有可受命者也。佚乃自博士超擢居之而不让，恶可以为帝王师！桓荣受少傅之车马印绶，陈之以诧诸生，施施然曰："今日所蒙，稽古之力也，可不勉哉！"抱君子谋道之忧者，闻斯言也，有不汗面者乎？而足以为帝王师乎？

呜呼！师道之难也，于《蒙》之象见之。人心之险，莫险于利禄之得失；惟以艮止之德，遏欲以静正，不获其身，不见其人，而后夏楚收威，行于胄子。身教立，诚心喻，德威著，塞蒙心之贪戾，而相沐以仁让。故曰："蒙以养正，圣功也。"身之不正，何以养人哉？荣与佚区区抱一经以自润，欲以动太子之敬信，俾忘势让善而宜人，讵可得乎？赖明帝之不为成帝也，非然，荣与佚之情，亦奚以愈于张禹邪？故曰："能自得师者王。"光武之豫教，太子之尊师，而所得仅若此，王道之所以不兴与！

三十八

以祖妣配地祇于北郊，汉之乱典也。光武以吕后几危刘氏，改配薄后，乱之乱者也。吕氏之德，不足以配地矣，薄后遂胜任而无歉乎？开国之君，配天而无歉者，非以其能取天下贻子孙也。宇内大乱，庶民不康，三纲沦，五典致，天莫能复其性；暴政夺人居食，兵戎绝其生齿，地莫能遂其养；王者首出，诛恶削僭，以兵治而期于无兵，以刑治而期于无刑；饥者食，寒者衣，散之四方者逸以居，于是而得有其父子、兄弟、夫妇、朋友，以相亲而相逊；代天以奠兆民，而相天地之不足，则臣子推崇之以配天，以是为与天通理也。母后，一姓之姓也，配祖于宗庙而私恩伸矣。位非其位也，君授之也；德非其德也，元后为民父母，母道亦君所任，非后所任也。吕后不足以配地，薄后其能堪此乎？故曰乱也。

象之不仁，舜不得不以为弟，丹朱之不肖，尧不得不以为子，天伦者受之于天，非人所得而予夺者也。夫妇之道，受命于父母，而大昏行焉；出以其道，而自夫制焉。为人子孙而逆操其进退，己不道而奚以治幽明哉？文姜之逆也，而《春秋》书曰"夫人"。僖公致成风以抑哀姜，而《春秋》书曰"用致"。吕后之罪，听后世之公论，非子孙所得黜也；薄后非高帝之伉俪，非子孙所得命也。告祠高庙，退吕进薄，幸先君之无知，惟己意以取必焉。舜不能使瞽瞍之不子象，而光武能使高帝之不妻吕后哉？慕容垂追废可足浑氏，崔鸿讥其以子废母，致其子宝弑母而无忌。人君垂家法以贻子孙，顺天理而人情自顺，大义自正。如谓光武借此以儆宫闱，乃东汉之祸，卒成于后族，徒为逆乱，而又奚裨邪？故曰乱之乱者也。

《读通鉴论》卷六终

读通鉴论卷七

明帝

一

　　明帝即位之元年，率百官朝于先帝之陵，上食奏乐，郡国计吏以次占其谷价及民疾苦，遂为定制。迨后灵帝时，蔡邕从驾上陵，见其威仪，察其本意，叹明帝至孝恻隐之不易夺，而古不墓祭之未尽也，邕于是乎知通矣。

　　夫云古不墓祭，所谓古者，自周而言之，盖殷礼也。孔子于防墓之崩，泫然流涕曰："古不修墓。"其云古者，亦殷礼也。孔子，殷人也，而用殷礼，示不忘故也。然而泫然流涕，则圣人之情亦见矣。殷道尚鬼，贵神而贱形，礼魂而藏魄，故求神以声，坐尸以献，是亦一道也，而其弊也，流于墨氏之薄葬。若通幽明一致而言之，过墓而生哀，岂非夫人不自已之情哉！

　　且夫谓神既离形而形非神，墓可无求，亦曰魂气无不之也。夫既无不之矣，则亦何独墓之非其所之也？朝践于堂，事尸于室，祝祭于祊，于彼乎，于此乎，孝子之求亲也无定在，则墓亦何非其所在。始死之设重也，瓦缶也；既虞而作主也，桑栗也；土木之与人，异类而不亲，而孝子事之如父母焉，以为神必依有形者以丽而不舍也；岂繫形之所藏，曾瓦缶桑栗之不若哉？墓者，委形之藏也；孙者，委形之化也。以为非其灵爽之故，则皆非故矣；以为形之所委，则皆其体之遗矣；事尸之礼，以孙为形之遗而事之如生，乃于其形之藏而弃之于朽壤乎？夫物各依于其类，不得其真，则以类求之。形之与神，魂之与魄，相依不舍以没世，则神如有依，不违此也审矣。

孝者，生于人子之心者也；神之来格者，思之所成也；过墓而有哀怆之情，孝生于心，而神即于此成焉。且也，是形也，为人子者寒而温之，暑而清之，疾痛疴痒而抑搔之，事之生平，一旦而朽壤置之，曰有尊形者在焉，其情恝，其道过高而亡实。庄也、墨也，皆尝以此为教，而贼人恻隐之良；虽为殷道，自匪殷人，何为效之哉？子曰："其或继周者，虽百世可知也。"损益于礼之中，而不伤仁义，百世之后，王者有作，前圣不得而限之矣。故曰："丧，与其易也宁戚。"执古礼以求合，抑情以就之，易之属也；情有所不忍，虽古所未有而必伸，戚之属也；守章句以师古者，又何讥焉！

二（增补）

养老之典，有本有标，文其标也；文抑以动天下之心而生其质，则本以生标，标以荫本，枝叶荣而本益固矣。养老于庠，袒而割牲，执酱而馈，执爵而酳，标也。制民田里，教之树畜，免其从政，不饥不寒，而使得养其老，本也。王者既厚民之生，使有黍稷、酒醴、丝絮、鸡豚可以养其老矣；然恐民之怗其安饱，而孝弟之心不生也，于是修其礼于太学，躬亲执劳，惇宪乞言，以示天子之必有尊，而齿为天下之所重，乃以兴起斯民之心而不敢凭壮以遗老，则标以荫本而道益荣。明帝修三老五更之礼，养李躬、桓荣，尽敬养之文，于时之天下，果使家给户饶遂其衣帛食肉以奉其父母乎？抑尚未也？民未给养而徒修其文，则固无以兴起孝弟而虚设此不情之仪节矣。虽然，文与质相辅以成者也；本与标相扶以茂者也。以天下之未给而不遑修其礼焉，俟之俟之，而终于废坠矣。修其文以感天下之心，抑可即此以自感其心，俯仰磬折之下，顾文而思之，必有以践之，而仁泽之下流，亦将次第而举矣。明帝之时，内寇靖，边陲无警，承光武之余泽，犹挹水于江、承火于燧也。则文以滋质，标以荫本，亦不得曰虚致此不情之仪节也。乃若其不可者，记曰："敬老为其近于父也。"以近父故敬，则敬老以父而推尔。光武崩，曾未期年，而雍容于冠冕笙磬之下，不已急乎！躬与荣凭几受馈，而寝门之视膳，天夺吾欢，则固有憪怛而不宁者。明帝、东平王苍皆斩焉衔恤之子也，王亟请之，帝辄行之，无已泰乎！是则斫本而务其末也。

三

明帝永平三年，以左冯翊郭丹为司徒，郡守入为三公，循西汉之制也，而尤不待内迁而速拔之以升。其后邢穆、鲍昱皆以太守践三公之位，其重吏事也甚矣。是道也，以奖郡守，使劝进于治理，重其权而使安于其职则得也；若以善三公之选，则有不贵于此者，何也？道者，事之纲也，天下者，郡之积也。即事而治之，目与纲并举而不可有遗；即道而统之，举其纲而不得复察其目；此郡守三公详简之殊也。以郡守纤悉必察之能，赞君道而摄大纲，则琐细而亏其大者多矣。

五方之政，刚柔之性异于天，饶瘠之产异于地，一郡之利病，施于百里以外，则利其病而病其利。郡守之得民也，去其郡之病以兴其利，而民心悦矣。遂以概之于天下，是强山国以舟、泽国以车，徒为病而或足以毙也。然则郡守果贤，固未可坐论清宫，而平章四海。况乎名之所自成，实之所自损，黄霸之贤，且以鸮雀之欺为鼎足羞，况不能如霸者，而遽以宗社托之乎？是则旦郡守而夕三公，庙堂无广大从容之化，其弊也，饰文崇法以伤和平正直之福，非细故也。明帝勤吏事，而不足与于治道，未可为后世择相法也。

四

宗均去槛阱，而九江之虎患息，其故易知也。人与虎争，而人固不胜矣。槛阱者，人所与虎争之具也，有所恃而轻与虎遇，蹈危而不觉，虎与人两毙之术也。均之令曰："江、淮之有猛兽，犹北土之有鸡豚。"谓其繁有而不可使无也。常存一多虎于心目，而无恃以不恐，则自远其害。推此道也，以治民之奸可矣。

故其论治，谓文法廉吏不足以止奸，亦以鸡豚视奸而奸者诎，与天下息机而天下之机息也。文法之吏，恃文法以与奸竞而固不胜；廉吏恃廉以弗惧于奸，而奸巧以伤之；惟其有恃也，而遂谓奸之不足防也。挈大纲，略细法，讼魁猾胥不得至于公廷矣，奚以病吾民哉？均之所挟持者弘远矣。刘先主、诸葛武侯尚申、韩，而蜀终不竞，包拯、海瑞之悁疾，尤其不足论者已。

五

楚王英始事浮屠，而以反自杀；笮融课民盛饰以事浮屠，而以劫掠死于锋刃；梁武帝舍身事浮屠，而以挑祸乐杀亡其国；邪说暗移人心，召祸至烈如此哉！

浮屠之教，以慈愍为用，以寂静为体，以贪、嗔、痴为大戒。而英、融、梁武好动嗜杀，含怒不息，迷乎成败以召祸，若与其教相反，而祸发不爽，何也？夫人之心，不移于迹，而移于其情量之本也。情量一移，反而激之，制于此者，大溃于彼，溃而不可复收矣。浮屠之说，穷大失居，谓可旋天转地而在其意量之中，则惟意所规，无不可以得志，习其术者，侈其心而无名义之可守。且其为教也，名为慈而实忍也；发肤可忍也，妻子可忍也，君父可忍也，情所不容已而急绝之，则愤然一决而无所恤矣。

又其为说也，禁人之欲而无所择；于是谓一饮、一食、一衣、一宿，但耽著而无非贪染也。至于穷极无厌，毒流天下，而其为贪染，亦与寸丝粒米之贪同其罪报而无差别。则既不能不衣食以为物累，又何惮于穷极之贪饕而不可为乎？迫持之，则举手扬目而皆桎梏；宽假之，则成毁一同，而理事皆可无碍，心亡罪灭而大恶冰释，暴逆凶悖无非梦幻泡影，一悟而悉归于空。故学其学者，未有不驵戾以快于一逞者也。

桎梏一脱，任翱翔于剑锋虎吻以自如一真法界，放屠刀、出淫坊，而即获法身。操之极而继以纵，必然之势也。英何惮而不反，融何恤而不掠，衍何忌而不纳叛怒邻以驱民于锋刃哉？赵阅道、张子韶、陆子静之不终于恶，幸也；王钦若、张商英、黄潜善，则已祸人家国矣。

六

让国之义，伯夷、泰伯为昭矣，子臧、季札循是以为节，而汉人多效之。丁鸿逃爵，鲍骏责之曰："《春秋》之义，不以家事废王事。"允矣，而犹未尽也。汉之列侯，非商、周之诸侯。古之诸侯，有其国，君其民，制其治，盖与天子迭为进退者也，君道也。汉之列侯，食租衣税，而无宗社人民之守，臣道也。君制义，臣从义，从天子之义，非己所得制也。古之诸侯，受之始祖，天子易位，而国自如。汉之列侯，受之天子，天子失天下，则不得复有其封。国非己所得私也，何敢以天子之爵禄惟己意而让之也。

且君子之让国，非徒让其禄也。叔齐之贤，王季、文王之德，故伯夷、泰伯以保国康民兴王制治之道德勋名让之。若禄，则己所不屑，而可以非分之得污弟为爱弟乎？鸿弟盛而贤也，不必侯而可以功名自见也；如其不能，则亦温饱以终身而已矣。禄食者，箪食豆羹之类也，让者小而受者愧，商、周之义，恶可效之后世乎？读古人书，欲学之，而不因时以立义，鲜不失矣。子曰："以与尔邻里乡党乎！"受列侯之封，分禄以与弟，斯得矣，侯岂鸿所得让者哉？

七

史有溢词，流俗羡焉，君子之所不取。纪明帝之世，百姓殷富，曰"粟斛三十钱"。使果然也，谋国者失其道，而民且有馁死之忧矣。

一夫之耕，中岁之获，得五十斛止矣。古之斛，今之石也。终岁勤劳，而仅得千五百钱之利，口分租税徭役出于此，妇子食于此，养老、养疾、死葬、婚嫁给于此，盐酪、耕具取于此，固不足以自活，民犹肯竭力以耕乎？所谓米斛三十钱者，尽天下而皆然乎？抑偶一郡国之然而诧传之也？使尽天下而皆然，尚当平籴收之，以实边徼，以御水旱，而不听民之狼戾。然而必非天下之尽然也，则此极其贱，而彼犹踊贵，当国者宜以次输移而平之，讵使粟死金生，成两匮之苦乎？

故善为国者，粟常使不多余于民，以启其轻粟之心，而使农日贱；农日贱，则游民商贾日骄；故曰："粟贵伤末，粟贱伤农。"伤末之与伤农，得失何择焉？太贱之后，必有饿殍，明帝之世，不闻民有馁死之害，是以知史之为溢词也。虽然，亦必有郡国若此者矣，故曰谋国者失其道也。

八

广陵王荆、楚王英、淮阳王延，以逆谋或诛或削。夫三王者诚狂悖矣；乃观北海王睦遣中大夫入觐，大夫欲称其贤，而叹曰："子危我哉！大夫其对以孤声色狗马是娱是好，乃为相爱。"则明帝之疑忌残忍，夫亦有以致之也。

且三王者，未有如濞、兴居之弄兵狂逞也，绥之无德，教之无道，愚昧无以自安，而奸人乘之以告讦，则亦恶知当日之狱辞，非附会而增益之哉？楚狱兴而虞延以死，延以舜之待象者望帝，意至深厚也，而不保其生。寒朗曰："公卿口虽不言，而仰屋窃叹。"则臣民之为寒心者多矣。作图谶，事淫祀，岂不可教，而必极无将之辟以加之，则诸王之寝棘履冰如睦所云者，善不敢为，而天性之恩几于绝矣。

西京之亡，非诸刘亡之也；汉之复兴，诸刘兴之也。乃独于兄弟之间，致其猜毒而不相舍，闻睦之言，亦可为之流涕矣。身没而外戚复张，有以也夫！

九

班超之于西域，戏焉耳矣；以三十六人横行诸国，取其君，欲杀则杀，欲禽则禽，古今未有奇智神勇而能此者。盖此诸国者，地狭而兵弱，主愚而民散，不必智且勇而制之有余也。万里之外，孱弱之夷，苟且自王，实不能逾中国一亭长。其叛也，不足以益匈奴之势；其服也，不足以立中夏之威；而欺弱凌寡，挠乱其喙息，以诧奇功，超不复有人之心，而今古艳称之，不益动妄人以为妄乎？发穴而攻蝼蚁，入沼而捕鳅鲦，曰："智之奇勇之神也。"有识者笑之久矣。

光武闭玉门，绝西域，班固赞其盛德。超，固之弟也。尝读固之遗文，其往来报超于西域之书，述窦宪殷勤之意，而羡其远略，则超与固非意异而不相谋也。其立言也如彼，其兄弟相奖、诬上侥幸以取功名也如此，弄文墨趋危险者之无定情，亦至此乎！班氏之倾危，自叔皮而已然，流及妇人而辩有余，其才也，不如其无才也。

章帝

一

陈汤幸郅支之捷，传介子徼楼兰之功，汉廷议者欲绌而勿录，可矣；介子、汤无所受命，私行以侥幸，既已遂其所图，而又奖之，则妄徼生事之风长，而边衅日开。若第五伦之欲弃耿恭也，则无谓矣。

恭之屯车师也，窦宪奏遣之，明帝命之。金蒲城者，汉所授恭使守者也；车师叛，匈奴骄，围之经年，诱以重利，胁以必死，而恭不降。车师之屯，其当与否，非事后所可归咎于恭也；恭所守者，先帝之命，所持者汉廷之节，死而不易其心，斯不亦忠臣之操乎！车师可勿屯，而恭必不可弃，明矣。伦独非人臣子与？而视忠于君者，如芒刺之欲去体，何也？鲍昱之议是已，然犹未及于先帝之命也。山陵无宿草，忿疾而委其衔命之臣于原野，怨怼君父以寄其恶怒于孤臣，伦之心，路人知之矣。伦之操行矫异，无孝友和顺之天良，自其薄待从兄以立名而已然，是讵足为天子之大臣乎？

二

"三年无改于父之道"，道者，刚柔质文之谓也。刚柔质文，皆道之用也，相资以相成，而相胜以相节。则极重而必改，相制而抑以相生，消息之用存乎其间；非即有安危存亡之大，则俟之三年而非需滞，于是而孝子之心遂，国事亦不以相激而又堕于偏。明帝之明察，诚有过者；而天下初定，民不知法，则其严也，乃使后人可得而宽者也。章帝初立，鲍昱、陈宠急挢先君之过，第五伦起而持之，视明帝若胡亥之惨，而己为汉高，章帝听而速改焉，将不得复为人子矣。

人君当嗣位之初，其听言也，尤不容不慎也。臣下各怀其志于先君之世，而或不得逞，先君没，积愤懑以求伸，遂若鱼之脱于钩，而惟其洋洋以自得。斯情也，名为谋国，而实挟怨怼君父之心，幸其死以鸣豫者也。为人子者，奈何其殉之！且君而尚宽弛与，则人臣未有不悦矣；君而尚严察与，则人臣未有不怨矣。故察吏治、精考核、修刑典，皆臣下之所大不利焉者；幸先君之没，属望于新君，解散法纪以遂其优游，啧有烦言，无所顾忌；立心若此，而殉之以干臣民之誉，过听之病，成乎忘亲，而可不慎哉！

明帝之过于明察也，非法外而加虐刘，如胡亥之为也，尽法而无钦恤之心耳。其法是，其情则过；其情过，其法固是也。即令大狱之兴，罹于因隶者，有迫待矜释者焉；章帝自得以意为节宣，姑即事而贷之，渐使向宽，以待他日；则先帝之失不章，嗣君之孝不损，而臣民之禁忌乐育，亦从容调燮以适于中，无或骤释其衔勒，以趋于痿痹，俾奸宄探朝廷之意旨，以罔戒于吞舟。今陈宠之言曰："荡涤烦苛之法。"帝之诏曰："进柔良，理冤狱。"皆惟亟反明帝以表异。君若臣相劝于纵弛，一激一反，国事几何而不乱哉！

故刚柔文质，道原并建，而大中即寓其闲。因其刚而柔存焉，因其文而质立焉，有道者之所尚也。怀忿怼而遽更张之，如攻仇雠，如救暴乱，大快于一时，求逞而不忌，其弊也，又相反而流以为天下蠹。为此说者佞人也，明主之所放流者也。此道不明，唐、宋以降，为君子者，矫先君之枉以为忠孝，他日人更矫之，一激一随，法纪乱，朋党兴，国因以敝。然后知三年无改之论，圣人以示子道也，而君道亦莫过焉矣。

三

称母后之贤，至明德马后而古今无异词，读其诏，若将使人涕下者，后盖好名而巧于言者也。建初二年大旱，言者以为不封外戚之故，奸人邪说，言之而罔所愧忌，亦至此哉！

夫人不从上之言，而窥上之心以为从，久矣；言者之无愧忌，有致之者也。章帝屡欲封诸舅，后屡却之，受封已定，复有万年长恨之语，人皆以谓封诸马者章帝强为之，非后意也。乃后没未几，奏马防兄弟奢侈逾僭，悉免就国，且有死于考掠者，同此有司，而与大旱请封之奏邈不相蒙也。奸人反覆以窥上意，则昔之请封，为后之所欲；后之劾治，为章帝之所积愤而欲逞，明矣。是以知帝之强封诸舅，阳违后旨，而实不获已以徇母之私也。

车骑之盛，叮咛戒责，而操国之兵柄，讨羌以为封侯地，第五伦争之而不克；兵柄在握，大功既建，复饰恭俭以要誉；此王莽之故智，后所属望于诸马者将在是乎！东京外戚之害，遂终汉世，而国繇以亡，自马氏始，后为之也。故言不足以征心，誉不足以考实。马后好名而名成，工于言而言传，允矣其为"哲妇"矣。哲妇之尤，当时不觉，后世且不知焉，以欺世而有余，可不畏哉！

四

论守令之贤，曰清、慎、勤，三者修，而守令之道尽矣乎？夫三者，报政以优，令名以立，求守令之贤，未有能置焉者也。虽然，持之以为标准，而矜之以为风裁，则民之伤者多而俗以诡，国亦以不康。矜其清，则待物也必刻；矜其慎，则察物也必细；矜其勤，则求物也必烦。夫君子之清、清以和，君子之慎、慎以简，君子之勤、勤以敬其事，而无位外之图。于己不浼，非尽天下而使严于笾豆也；于令不妄，非拘文法而求尽于一切也；于心不逸，非颠倒鸡鸣之衣裳，以使人从我而不息也。君子修此三者，以宜民而善俗，用宰天下可矣。然而课政或有所不逮，而誉望减焉，名实之相诡久矣。第五伦言"陈留令刘豫、冠军令驷协务为严苦，吏民愁怨，议者反以为能"，谓此也。使豫与协不炫其曲廉小谨勤劳之迹，岂有予之以能名者？欲矫行以立官坊而不学，则三者之蔽，民愁而俗诡。故曰："君子学道则爱人。"弦歌兴而允为民父母，岂仅恃三者哉！

五

纳谏之道，亦不易矣。君无爵赏以劝之，则言者不进；以爵赏劝之，言者抑不择而进。故纳谏难也。抑有道于此，士之有见于道而思以匡君者，非以言雠爵赏也，期于行而已矣。故明君行士之言，即所以报士，而爵赏不与焉。子曰："君子不以言举人。"此之谓与！

且夫进言者，绳君之愆而匡之，则言虽未工而知其为忠直之士，心识其人，而以爵赏继其后，其失焉者鲜矣。若夫所言者，求群臣之得失而抑扬之，取政事之沿革而敷陈之，其言允，洵可行矣，而人之贤不肖未可知也。此而以爵赏酬焉，则佞人杂进而奚保其终哉？

抑其言是矣，其人非不肖矣，因其言之不讳，而置之左右，使旦夕纳诲焉。上既惟言是取，人且引言为己任而欲终其敢言之名，于是吹求在位者无已，而毛举庶务之废兴以为言资。将有事止于此，而言且引之以无穷，非奸而斥之奸，非贤而奖之贤；事不可废而欲已之，事不可兴而欲行之；荒唐苟细之论，皆以塞言之责，而国是乱。故言者可使言也，未可使尽言也；可使尽言也，不可使引伸为无已之言也。斟酌之权，在乎主心，乐闻谏而不导人以口给，爵赏之酬，其可轻乎哉！

章帝于直言极谏之士，补外吏而试其为，非无以酬之，而不引之以无涯之辩，官守在而贤不肖抑可征焉，庶几得之。

六

与贤者在于得人，与子者定于立嫡，立嫡者，家天下一定之法也。虽然，嫡子不必贤，则无以君天下而保其宗祏，故必有豫教之道，以维持而不即于咎。太甲颠覆典刑，而终迁仁义，以伊尹也。乃夫人气质之不齐，则固有左伊尹右周公而不能革其恶者。和峤困于晋惠帝之愚；而教且穷，故汉元、晋武守立适之法，卒以亡国。则知适子之不可教，而易之以安宗社，亦讵不可，古之人何弗虑而守一成之俪以不通其变乎？君子所垂法以与万世同守者，大经而已。天下虽危，宗社虽亡，亦可听之天命而安之。何也？择子之说行，则后世昵宠嬖而易元良，为亡国败家之本，皆托之以济其私。君子不敢以一时之利害，启无穷之乱萌，道尽而固可无忧也。

光武以郭后失宠而废太子强，群臣莫敢争者。幸而明帝之贤，得以掩光武之过。而法之不臧，祸发于异世，故章帝废庆立肇，而群臣亦无敢争焉。呜呼！肇之贤不肖且勿论也，章帝崩，肇甫十岁，而嗣大位，欲不倒太阿以授之妇人而不能。终汉之世，冲、质、蠡吾、解渎皆以童婚嗣立，权臣哲妇贪幼少之尸位，以惟其所为，而东汉无一日之治。此其祸章帝始之，而实光武贻之也。故立适与豫教并行，而君父之道尽。过此以往，天也，非人之所能为也，而又奚容亿计哉！

七

不测之恩威无常经，谋略之士所务也，谓足以震人于非所期而莫敢不服。虽然，岂足恃哉？张纡守陇西，羌人反，其酋号吾首乱入寇，追而生得之，纡释之遣归；已而迷吾寇金城塞，纡与战，败之，迷吾将人众诣临羌纳降，纡以毒酒杀之。战而获，则释之；降而来，则杀之；纡以是为不测之恩威也。于是而羌祸之延于秦、陇者几百年而后定。一生一杀，不可测者如是也，彼将何据以为顺逆之从哉？

战而禽，禽而释，何惮乎不战；胜可以逞，败犹可以生也。降而来，来而杀，何利乎降；降而必死，不如战而得生，其不决计相寻于死斗者鲜矣。故恩威者，必有准者也，在己可白，而在物可信也。感其恩者不渝，畏其威者不可犯，乃以服天下而莫敢不服。尚勿轻言不测哉！

八

西汉之衰自元帝始，未尽然也；东汉之衰自章帝始，人莫之察也。元帝之失以柔，而章帝滋甚。王氏之祸，非元帝启之，帝崩而王氏始张；窦宪之横，章帝实使之然矣。第五伦言之而不听；贵主讼之，怒形于言，不须臾而解；周纡忤窦笃而送诏狱；郑弘以死谏，知其忠，问其疾，而终不能用。若此者，与元帝之处萧、张、弘、石者无以异。而元帝之柔，柔以己也，章帝之柔，柔以宫闱外戚也，章帝滋甚矣。托仁厚而溺于床第，终汉之世，颠越于妇家，以进奸雄而陨大命，帝恶能辞其咎哉？

曹子桓曰："明帝察察，章帝长者。"为长者于妇人姻娅之间，脂韦嚅呫以解乾纲，恶在其为长者哉！范晔称帝之承马后也，尽心孝道。乃合初终以观之，帝亦恶能孝邪！马后崩未几，而马氏被谴，有考击以死者矣。是其始之欲封诸舅，后辞而不得也，非厚舅氏也，面柔于马后之前，而曲顺其不言之隐也。其终之废马氏于一旦也，非忘母恩也，窦氏欲夺其权，面柔于哲妇之前，而替母党以崇妻党也。于母氏，柔也；于诸父昆弟，柔也；于床闼，柔也；于戚里，柔也；于臣民，柔也；于罪罟，柔也；虽于忠直之士，柔也；亦无异于以柔待顽谗者也。柄下移而外戚宦寺怙恩以逞，和、安二帝无成帝之淫昏，而汉终不振，章帝之失，岂在元帝下哉？

九

明帝车驾屡出，历兖、并、冀、豫、徐、荆之域，章帝踵之，天下不闻以病告，然天下亦恶能不病哉！供亿有禁，窥探有禁，践蹂有禁；能禁者乘舆也，不能尽禁者从官也，不可必禁者军旅也、台隶也，天下恶能不病也！天子时出巡游，则吏畏觉察而饰治，治可举矣。乃使果有循吏于此，举大纲而缓细目，从容以綦乎治，而废者未能卒兴，且无以酬天子之省视；于是巧宦以逃责者，抑将缘饰其末而置其本，以徒扰吏民；天下恶能不病也！

光武之明以立法，二帝之贤以继治，岂繄不念此，而乐为驰驱以病民者，何也？光武承乱而兴，天下盗贼蜂起，己亦鬻之以成大业，故重有疑焉，冀以躬亲阅历，补罅整纷，而销奸桀之心，以是为建威销萌之大计焉耳。乃国用耗于刍粮，小民狃其举动，羌祸一起，军兴不给，张伯路一呼于草泽，数年而不解，蔓延相踵，垂及黄巾之起，而汉遂亡。盗贼横行，以丧天下，前此未有而自汉始之。然则厚疑天下，而恃目击足履以释忧，徒为召忧之媒，亦何益乎？

有虞氏五载一巡守，岁不给于道途，所谓"尽信书则不如无书"也。周制：十有二年，王乃时巡。历三传而昭王以死，四传而穆王以荒。封建之世，天子之治，止千里之畿，则有暇以及远。五服之君，各专刑赏之柄，则遥制而不能。然且非虞舜、成王而利不偿害。况以一人统天下而耳目易穷，自非廓然大公、推诚以听监司郡县之治，未有能消天下之险阻者也。又况乐酒从禽、游观无度，如顺、桓二帝之资以为口实哉！

和帝

一

议者曰："夷狄相攻，中国之利。"谁为此言者，以贻祸于无穷矣。邓训力破浮议，保护诸胡，免于羌难，群胡悦从，训乃专力以攻迷唐，而迷唐远窜，智矣哉！楚庄吞舒、蓼，而后灭陈、破郑，败晋于邲；夫差栖越于会稽，而后大败齐师，胁晋于黄池；冒顿破东胡，而后困高帝于平城；苻坚吞慕容、卷河西，而后大举以寇晋；蒙古灭金、灭夏，西收钦察畏吾儿，南收六诏，而后举襄、樊以亡宋。夷狄之起也，恒先并其丑类，而后及于中国。中国偷庸之士，犹且曰：夷狄相攻，吾利也。地益广，人益众，合众小而成一大，犹疥癣之毒聚为一痈也。屡胜之气益壮，习于攻击之术益熟，得利而其愿益奢，我且鼾齁自得，以为虎斗于穴而不暇及于牧厩也，祸一发而不可收矣。

善制夷者，力足以相及，则抚其弱，抑其强，以恩树援，以威制暴，计之上也。力不足以相及，闻其相攻也而忧之，修城堡，缮甲兵，积刍粮，任将训卒，以防其突出，策之次也。听其蹄啮以增其强，幸不我及以缓旦夕之祸，坐毙之术也。其尤烈者，激之、奖之、助之，以收兼弱拾残之余利，不知戎心之熟视我吭而思扼之也。悲夫！庸人一言而祸千古，有如是夫！

二

南单于降汉，光武置之西河塞内，迨和帝之世，窦宪出塞五千里，大破北匈奴，北单于逃亡，其余种于除鞬请立，袁安、任隗欲乘朔漠之定，令南单于反北庭，驱逐于除鞬，而安其故庐，此万世之长策也。于除鞬不得立，而汉亡一敌。送南匈奴反北庭，统一匈奴，而南单于抑且以为恩。乃若阳以施大德于南虏，而阴以除中国腹心之蠹，戎心不启，戎气不骄，夷风不淫于诸夏，判然内外之防，无改于头曼以前之旧，刘渊、石勒之祸，恶从而起哉？

夷狄阑居塞内，狎玩中国，而窥间乘弱以恣寇攘，必矣。其寇攘也，抑必资中国之奸宄以为羽翼，而后足以逞，使与民杂居，而祸烈矣。尤不但此也，民之易动于犷悍慆淫、苟简喥息，而畏礼法之检束，亦大化之流所易决而难防也。古之圣王忧之切，故正其氏族，别其婚姻，域其都鄙，制其风俗，维持之使若其性。而民之愚也，未能安于向化而利行之也。廉耻存，风俗正，虽有不利，而固不忍于禽行以不容于乡党。夷狄入而杂处焉，必且与之相市易矣，必将与之相交游矣，浸乃与之结昏姻矣；其衣、其食、其寝处、其男女，盖有与愚不肖之民甘醉饱、便驰逐而相得者矣。彼恶知五帝、三王之前，民之蹄啮弃捐与禽兽伍，而莫保其存亡之命者，固若此也。则且诧为新奇，大利于人情，而非毁五帝、三王之为赘疣。然而强力不若也，安忍儇利不若也，则君之、宗之、乐奉而率从之，而不知元后父母之必就吾同类，而戴以德乘时之一人矣。

女奚之酿也，必择其酸醨而去之，恶其引旨酒而酸之也；慈父之教也，必禁其淫朋而绝之，恶其引朴子而胥淫也。祸莫重于相引，而相害者为轻；害知御，引不知避也。于是而知袁安、任隗之识远矣。其言曰："光武招怀南单于，非谓可永安内地，正以权计之算，扞御北狄。"夫光武岂可谓之权哉？倒置重轻，而灭五帝、三王之大经也。

三

孝和之世，袁安、任隗、丁鸿为三公，何敞、韩棱为尚书，皆智勇深沈，可与安国家者也。窦宪之党，谋危社稷，帝阴知而欲除之，莫能接大臣与谋，不得已而委之郑众，宦寺之亡汉自此始。非和帝宠刑人、疏贤士大夫之咎也，微郑众，帝其危矣。揆所自始，其开自光武乎！崇三公之位，而削其权，大臣不相亲也；授尚书以政，而卑其秩，近臣不自固也。故窦宪缘之制和帝不得与内外臣僚相亲，而惟与阉宦居。非宪能创锢蔽之法以钳天子与大臣也，其家法有旧矣。三公坚持匈奴之议，而不能违宪之讨虏，权轻则固莫能主也。尚书郅寿抗窦宪而自杀，则诛赏待命于权臣也。西汉之亡也，张禹、孔光悬命于王氏之手而宗社移矣。光武弗知惩焉，厚其疑于非所疑者，使冲人孤立于上，而权臣制之，不委心膂于刑人，将谁委乎？明主一怀疑而乱以十世，疑之灭德甚矣哉！

创业之主而委任大臣，非仅为己计也。英敏有余，揽大政于一心，而济之以勤，可独任矣。大臣或有一二端之欺己，而遂厚致其疑；然其疑君子也，必不信小人；君子且疑，而小人愈惧；此岂可以望深宫颐养中材以下之子孙乎？公辅无权，中主不胜其劳，而代言之臣重；代言之臣秩卑，不得与坐论而亲宸坐，则秉笔之宦寺持权；祸乱之兴，莫挽其流矣。天下皆可疑，胡独不疑吾子孙之智不逮，而昵于宴安也乎？

当其始也，大臣与宦寺犹相与为二也，朝纲立而士节未堕，则习尚犹端，而邪正不相为借。若袁安、任隗、丁鸿者，虽忧时莫能自效，而必不攀郑众以有为。事不求可，功不求成，自靖以听天，而不假枉寻以直尺，故郑众虽有成劳，而尚存捡柙。迨及君臣道隔，宦寺势成，大臣之欲匡君而卫国者，且绍介之以行其志，而后宦寺益张而无所忌。杨一清因张永以诛刘瑾，杨涟且不得不左袒王安以抑魏忠贤，则忠端之大臣不能绝内援以有为，又恶能禁小人之媚奄腐哉？高拱、张居正之废兴，一操于冯保之荣落。上失其道，下莫能自主，祸始于东汉，而流毒万年，不亦憯乎！

四

朋党之兴，其始于窦宪之诛乎！霍氏之败也，止其族类之同恶者，而不及其余；王莽篡而伏诛，王闳其族子而免，他勿论已。窦宪之即法也，窦笃、窦景、郭璜、邓叠之同恶，诛之可也；宋酆以大臣而与比，罢之可也；班固之怙势而横，窜之可也；尽举其宗族宾客名之以党，收捕考治之，党之名立，而党祸遂延于后世。君子以之穷治小人，小人即以之反噬君子，一废一兴，刑赏听人情之报复，而人主莫能尸焉，汉、唐以还，危亡不救，皆此之繇也，可不悲乎！

子曰："惟上知与下愚不移。"然则中材之可移者多矣。无所慕而好善，无所惩而恶不善，中心安仁者，天下之一人也。出而欲仕，仕而欲速，非能择恶而远之，抑非必择善而忌之也。人主不能正于上，大臣不能持于下，授奸邪以奔走天下之柄，使陷于恶，无抑内愧于心乎？捐廉耻，迷祸败，徼一旦之利禄，以蹈于水火，仁人所哀矜而不以得情为喜者也。锢之以党，而蹙之以穷年，实繁有徒，亦且聚族延颈待国事之非而乘之复起。迨其后也，愤毒积，而善类之死生悬于其手，而惟其斩艾。国亡人而人亡国，自臣子之迭相衰王酿之，而君亦且无如之何，此抑可为痛哭者矣！

邪党之依附者，戚里也、宦寺也、宫闱也。乃陈蕃之死以窦武，亦戚里也；司马、吕、范之贬以宣仁，亦宫闱也；杨、左之杀以王安，亦宦寺也。彼小人者，亦何不可借戚里、宫闱、宦寺之名以加君子哉？子曰："举直错诸枉，能使枉者直。"枉者直，则直用之，奚党之有乎？舜之所诛者共、骧耳，而告司徒曰："敬敷五教，在宽。"中材之士，不绝其利禄之径，而又涤除其金佞之名，亦何为不濯磨以自新邪？

张酺曰："宪等宠贵，群臣阿附惟恐不及，言宪怀伊、吕之忠，比邓夫人于文母。严威既行，皆言当死，不顾其前后。"以此思之，君失道于上，大臣失制于前，使人心摇摇靡定，行不顾言，言不顾心，如饮之狂药而责其狂，狂可恶，而饮之药者能勿疚乎？君子当思有以处之矣。定国者一人，非天下之自能定也。愤奸邪之驰骋，快诛殛于一朝，博流俗之踊跃，其反也，还以自戕而戕国。捶铁者戒其反覆，任人之宗社，曾爱铁之不若，而亟反亟覆以折之也！

五

章帝命曹褒制汉礼，不参群议，断自上裁，而褒杂引《五经》、旁及谶纬以成之。和帝之加元服，亦既用之矣，张酺奏褒擅制、破乱圣术而废之，褒所定礼遂不传于世，亦可惜矣！褒之引谶纬以定彝典，其说今间见于郑玄，如号上帝以耀宝魄之类，诚陋矣；若其杂引《五经》以参同异者，初未尝失。而酺以专家保残之学，屈公义以伸其私说，其不能通于吉凶哀乐之大用也庸愈乎？

秦废三代之彝典，制氏、戴氏、后氏仅传其一曲，而不可通之于他，未可执也。且即其存者而犹有不可执者焉。子曰："殷因于夏礼，所损益可知也。"因者，仁义之蕴、中和之藏、彝伦之叙耳。夏、殷、周治法相仍，而犹随时以损益，况郡县之天下迥异于三代者哉？

即以彝伦之不易者言之：父子，均也；而汉、唐无自出之帝，不可强立，王侯无社稷之守，长子之丧，不当上视君父。君臣，均也；而令之于守，掾属之于守令，国相长史之于侯王，生杀废置统于天子，令共之谊，自异于三代侯国之臣。兄弟，均也；侯王无国，公卿不世，孝秀登朝，士农迭为兴废，宗子不得独尊，支庶不得终贱。夫妇，均也；同姓而婚姻不通，乃同一姓而所出者异，周、齐、楚、郑之各有王氏，非本支也；周宗之支，周、鲁、滕、邢、孟、仲、臧、南，固同姓也；禁异出而不禁同祖，非其本矣。秦奖节妇，而出妻再适，不齿于人伦；舅姑视父母，以正家纲，而答拜之仪，且适骄其悍妇。然则彝伦之损益，得五经之精意，而无嫌于损益，多矣。他如觐聘之礼，田猎之制，相见之仪，馈赠之节，郡县行之，而情固不浃，事固不治。是必通变以审天则，穷理以察物宜，曲体乎幽明之故，斟酌乎哀乐之原，使贤者可就，不肖可及，以防淫辟，以辨禽兽，而建中和之极，用锡万民，固必参《五经》之大义微言，以出入会通，而善其损益；虽或有过焉，可俟后之作者，继起而改之，可勿虑也。若夫专家之学，守其故常，执闻见而迷其精意，亦恶足尚哉！

襃之礼，吾知其必有疵也；虽然，吾知其必有得也。应劭、蔡邕之所传，语而不详，永嘉之后，夷礼杂附，而天道人事终于昏翳，惜哉！使襃之礼而传也，辨其失，存其得，考其异，验其同，后之人犹有征焉。张醋以迂执之说致其湮没，是亦古今之大缺陷矣。自宋以后，律吕毁而九宫之淫乐兴，冠冕废而袍靴之胡服滥，九献亡而酹酒之野祭行。乃至郭守敬以介然之颖明，废历元而弃天纪，径以为直，便以为利，人之且沦于禽兽也，悲夫！

六

东汉不任三公，三公因不足任，上失御而下遂偷也。刘方、张奋亦有名誉，自致大位矣，乃于和帝之世，因仍章帝之柔缓，弗能有补。所诧为敢言者，为梁氏报怨，吹求窦氏以迎帝之私情而已。乱先帝夫妇之伦，逢嗣君寡恩之恶，舍旧趋新，犯神人之怨恫，而树援于后族，是尚足为天子之大臣乎？帝手诏曰："恩不忍离，义不忍亏。"三公读此而不愧以死，非人也。夫当窦后生存之日，窦景横逆，何弗一言匡救，而必待后之死，乃践踩之如斯其酷邪？窦替梁兴，而东汉遂大乱，三公为宫闱妒争之吠犬，而廉耻扫地，固其人之不肖，抑汉以论道之职为养尊处优之余食赘形，休戚不相共，而无以劝之也。则光武作法之凉，不能谢咎矣。

七

班超之告任尚曰："塞外吏士，本非孝子顺孙，皆以罪过徙补边屯，宜荡佚简易，宽小过，总大纲。"此后世将兵之善术也，然繇此而言兵者难矣。严之，则兵心离而无与效死；宽之，则恣其骄暴而以病民。故曰难也。

三代即民即兵，井甸之赋，师还而仍为乡邻，将虽宽而兵自不为民害。故《师》之象曰"容民畜众"，宽而无损也。后世之兵出于招募，类皆贪酒嗜色樗蒱淫酗之民，容者所不能容，畜者所不易畜也，其不禁而兵为民害久矣。然而三代之兵，不敢暴于其国，而诸侯相竞于侵伐，则出疆而斩木堙井、俘虏掠夺，有所不禁。后世所与出塞之士，弥望而皆茅苇，逐盗之兵，所克皆为内地，守法而不内侵，则饥渴暴露，生之不保，而况有所利乎？然则三代兵不毒民，但不毒乎国中，而自有余逞。故后世之言兵者，倍为难也。无已，则惟达其贪饕淫荡之情，重其饷犒，椎牛酤酒，优裕有余，而后可持法而严以驭之，而民其不病矣乎！

乃将之严也，尤恶其矜名而邀士大夫之誉也。有恤民之心，而矜惠民之名，法浮于情，而足以召怨。无恤民之实，而徒炫清市德，斩刘壮士以要盈廷之荐剡，求兵之以躯命报斗筲之粟，欲其弗鸟兽散也，其可得乎？故获市井小民之歌颂者，必溃之将也；得学士大夫之称说者，必败之将也；多其兵而寡其食，必亡之国也；以名求将而不以功，授将帅殿最之权于清议者，必乱之政也。厚以养之，简以御之，弗与民杂处而殊之，屯聚之于边陲，而与民相忘以安之，庶几乎民无所施其恩怨，士大夫无所容其毁誉，为将者坦然任意以斟酌其恩威，而后兵可得而用也。故曰难也。

八

辟异端者，学者之任，治道之本也。乃所谓异端者，诡天地之经，叛先王之宪，离析《六经》之微言，以诬心性而毁大义者也。非文辞章句度数沿革之小有合离，偏见小闻所未逮而见为异者也。《六经》当秦火之余，非汉儒则愈亡逸，不可谓无功；而专家以相竞，不可谓无罪。善求益者，乐取其所不及以征所已及，丽泽并行竞流以相度越而汇于大川，朋友讲习之功，所为取诸《兑》也；见善而迁，如风之下流，如雷之相应，而十朋之龟弗克违，所为取诸益也。汉之诸儒，各有师传，所传者皆圣人之道所散见也。而习气相沿，保其专家以相攻击，非其所授受者谓之异端，天子听其说而为之禁，不已陋与！

徐防位三公，天子所与论道者也。道论定而为天下则。乃首所建白，禁博士弟子之意说，坐以不修家法之罪，离析圣道，锢蔽后起之聪明，精义隐而浮文昌，道之不亡也几何哉？宋承其弊，苏、王二氏之学迭为废兴，而诐淫以逞。延及于今，经义取士，各有师承。塾师腐士，拾残沈以为密藏，曾不知心为何用、性为何体，三王起于何族，五霸兴于何世。画地为狱，徽纆不解，非是者谓之破裂文体。因而狂迷之士，请以雌黄帖括沉埋烟雾之老生从祀先师。世教衰，正学毁，求斯人之弗化为异物也，恶可得哉？

九

善言天者验于人，未闻善言人者之验于天也。宜于事之谓理，顺于物之谓化。理化，天也；事物，人也；无以知天，于事物知之尔。知事物者，心也；心者，性之灵，天之则也。汉儒言治理之得失，一取验于七政五行之灾祥顺逆，合者偶合也，不合者，挟私意以相附会，而邪妄违天，无所不至矣。

和帝之世，正阳之月，日有食之，有司无以塞咎，举而归之兄弟诸王留京师之应。呜呼！天其欲使人主绝毛里之恩，蔑鞠子之哀，忍忮以逞阳刚之威焰乎？亡周者六国、强秦，鲁、卫终安其分；亡汉者前有王莽，后有袁、曹、孙氏，而先主犹延其祀；亡魏者司马，亡晋者刘裕，亡唐者朱温，又降而孤立无援，异类乘而灭之，兄弟何尤焉。当和帝时，宗支削，外戚张，此正所谓阴逼天位、《离》火下燔、《明夷》之世也。而顾责之天子仅有之兄弟。读和帝之诏，有人之心者，不禁其潸然泣下矣！妄人逞妖诬之辞，援天以制人主，贼仁戕义而削社稷之卫，乃至此哉！

夫日食有常度，而值其下者蒙其咎。抑惟惩愆思过以避阴阳之沴，反诸心，征诸事，察诸物，无往而不用其修省，恶可以一端测哉！虽亿中，不足取也，况其妄焉者乎！

安帝 殇帝附

一

司马迁有言："伯夷虽贤，得孔子而名益著。"吾于泰伯亦云。三代以下不乏贤者，而无与著，贤不著而民不兴行，世无有师圣人乐善之心者也。汉清河王庆其贤矣。夫庆之废，章帝之私也。庆废而安于废，母以诬死而不怨，怡然与和帝相友爱而笃其敬。窦后没，和帝崇梁氏之礼，庆垂涕念母，欲求作祠堂而守礼不敢言。和帝崩，立褓襁之子于民间，而无所窥望，庶几乎知命而安土以敦仁者乎！

当东汉时，兄弟以相让为谊，刘恺、丁鸿皆闻东海王强之风以起，然而逃匿颠沛，效伯夷、泰伯而徇其迹，则谓之好名非苟也。庆从容于章、和之世悍后之旁，优游毂彀，徐就藩封，执臣礼而处之若忘，德弥隐，志弥深，礼弥谨，行弥庸，其不膺至德之称，天下后世无有师圣人乐善之心为心者也。庆之所为，亦可谓"民无得而称"矣。

东海王之安于废也，母氏固存而不失其尊养也，然且山阳王荆假之以称乱，无抑强有可乘之间，而荆乘之。安帝以赤子卧天下之上，而无有拥庆以起者，庆有以弭之也，非强之所能逮也。唐宋王成器委顺于玄宗之世，其近之矣。乃玄宗以戡乱之大功，虽嗣睿宗而若其自致，成器固不敢干，非若庆之以私爱相妨而坐废。成器虽不争，岂能望庆之项背乎？三代以下未尝无贤也，人不知也。殇帝夭，庆子祜终嗣天位，人所不知，天佑之矣。

二

延平之诏曰："郡县欲获丰穰之誉，多张垦田，竞增户口，不愧于天，不畏于人，自今以后，将纠其罪。"庶几乎仁者之怒矣。

垦田之不足为守令功，不待再思而知也。田芜而思垦之，民之不能一夕安寝而忘焉者，而特力不足耳。其能垦与，吏虽瘝，不能夺也；其不能垦矣，吏虽勤，不能劝也。病而不甘食者，慈父不能得之于子，无亦防其强食而噎焉耳。必欲劝之垦也，则无如任其垦而姑不以闻之县官也。张垦田而民愈不敢垦，欺天罔人，毒流原野而田终以芜，国终以贫，此孝宣之世，窃循吏之名者，祸之所延，而贪君利之，纠以罚而害其弭乎！

若夫户口之增，其为欺谩也尤甚。春秋、战国之世，列国争民以相倾，则以小惠诱邻国之民而归己，国遂以强，非四海平康之道也。郡县之天下，生齿止其数，人非茂草灌木，蹶然而生，实于此者虚于彼，飞鸿偶有所集，哀鸣更苦，非可借为土著也。曷抑问所从来而知增者之为耗乎？不然，抑将析人父子兄弟而赋及老稚，虐莫甚焉。贪君以为利，酷吏以为名，读延平之诏，知章、和之世，守令之贼民以邀赏者多矣。张伯路之援棘矜而起，非一朝一夕之故也。

三

母后临朝，未有不乱者也。邓后之视马后也为尤贤，马后贤以名，邓后较有实矣。厚清河王庆而立其子，诏有司捡救邓氏家门非过，遣邓骘兄弟还第，皆实也，宜乎其贤无以愈也。然而听政十年，国用不足，至于鬻爵，张伯路起于内，羌叛于外，三辅流亡，天下大困，非后致之而孰使然邪？

盖后之得贤名者，小物之俭约、小节之退让而已，此里妇之炫其修谨者也。所见所闻，不出闺阃，其择贤辨不肖，审是非，度利害，一惟琐琐姻亚之是庸。故任尚屡败而不黜，一得罪于邓氏而死不旋踵，徙民蹙地，惟邓骘之意而人不能争。其尤忮害者，杜根、成翊世进归政之谏，而扑杀于廷。则擅国昵私，縻国于无名之费以空国计，人不得而知者多矣。张禹、尹勤、梁鲔、徐防、张敏、李修、司马苞、马英，皆以庸劣之才，取容邓氏，而致三公，袁敞铮铮而早不能容，则崇佞替忠，上下相蒙以酿乱而不自觉者多矣。呜呼！后之始立以贤名，后之终总大政以贤著，干愚贱之誉，而蠹隐于中，蚀木不觉，阴始凝而履霜，亦孰知坚冰之至哉？

故奖妇贤者，非良史之辞也；事女主者，非丈夫之节也。司马温公历鉴于汉、唐，而戴宣仁后以行其志，佞者为之说曰：母改子道。岂非过乎？

四

利之所在，害之所兴，抑之已极，其纵必甚。故屈伸相感而利生，情伪相感而害起，屈伸利害之相为往复，而防之于早，以无不利。智者知之明也，而庸愚不知。知者则立法以远害，不知则徇利以致凶，利害之枢机在此矣。

永元之后，降羌布在郡县，为吏民豪右所徭役，积以愁怨，及迎段禧之役，征发羌骑，诸羌犇溃，因结聚入寇，而陇右、三辅、并、益皆残杀破败，内乱乘之，汉因以衰。制之不早，火郁极而燎原，屈伸必然之数也。

中国之智，以小慧制戎狄；戎狄之智，以大险覆中国；中国之得势而骄，则巧以渔其财力；戎狄之得势而逞，则很以恣其杀掠；此小胜而大不胜之固然也。役其力，听役矣；侵其财，听侵矣；债帅、墨吏、猾胥、豪民施施自得，而不知腰领妻孥之早已在其锋刃羁络间矣。

制吏民而使勿虐之者，下策也。贪猾者幸快其须臾之意欲，刑罚非所畏也。或且献其佞说，曰"何事苦吾民以奖异类"，如汲黯之言矣。力可役，财可侵，大险之伏，不敌小慧，贪猾者何知，近取股掌而弗利之邪？

迨及郁极而熺，蒙其利者死骨已朽，而后生食报于毒，亦痛矣哉！

故王者之于戎狄，暴则惩之，顺则远之，各安其所，我不尔侵，而后尔不我虐。旅獒之戒，白雉之却，圣人之虑，非中主具臣所测也。

五

赏以春夏，刑以秋冬。赏者，封国受爵之锡命也；刑者，五刑大辟之即市也。天有恒经，王有恒政，顺天以不违其温肃之气，王道之精微也。而夷狄盗贼之主，逞喜怒而不为之节，则干天而伤民。然其为义，止此而已。进忠贤者，引之若不及；赏军功者，劝之使复效；秋冬不举，万一溘先朝露，王者之心恻矣，贤者功臣之心亦沮矣。若夫听讼断狱，《易》固曰"明慎用刑而不留狱"。留狱者，法之所为大扰也。留以俟秋冬，而枉者直者交困于心而不能释，怨且繇是而深，而变计滋起矣。

且其留而待时也，将拘禁之与？徽缧丛棘之苦，剧于笞杖，逮连证佐，浸以贿而游移其初心。若纵之与？自知不免，几何而不逋也！故夫子取子路之无宿诺，诺不宿，狱不留矣。惟大辟抵罪已定，囚之以待秋冬，缓死而不拂天之和气；肉刑未除，劓、刖、宫、墨，有事刀锯，不可庚温和之化；王者之慎，慎以此尔。夫岂流刑使即三居，扑刑旋施教诫，纵证佐于南亩，省簿书于掾史之谓哉？

《月令》非三代之书，然其曰"孟夏断薄刑"。孟夏，正阳之月也，可以断刑，则春夏之余月可知矣。鲁恭之言，有得有失，言治理者不可不辨。若呴呴之仁，缓之乃以贼之，以是为顺天而爱民，岂理也哉？哀矜清问，则四时皆春，不徒以其文也。

六

和、安之世，汉所任将者，任尚也，军安得不覆，乱安得不极也！尚严急而不知兵，见于班超之说。而犹不仅此。章帝以来，历三世而国事屡变，窦宪盛，尚则为宪之爪牙；邓骘兴，尚则为骘之心膂；宪败，宾客皆坐，而尚自若；西域叛乱，北边丧师，汉法严矣，而尚自若；尚者，一后世之债帅也。平襄之败，死者八千余人，羌遂大盛而不可制；尚翱翔汉阳者三载，坐视羌人之暴，罚谪弗及，复以侍御史将兵于上党，迁中郎将，屯于三辅，保禄位、怙兵权而不惧。尚何以得此哉？其辇金帛以曲媚宫闱戚里者可知矣。然则其严急也，乃以渔猎吏士而为结纳之资也。三辅残，国帑空，并、凉、益土死不收，徙不复，羌人力尽而瓦解，尚乃起而与邓遵争功以死，天殛之也。尚之诛也，赃脏千万以上，宪与骘所为护尚以稔其恶者在此矣。债帅之兴，其始于东汉乎！而邓骘之为汉蟊贼可知矣。母后听政而内外交寇，其所繇来亦可知矣。

七

盗贼之兴，始于王莽之世。莽篡，天下相师以寇攘，而抑刘崇、翟义以草泽起义先之，未足开盗贼窥天之径也。张伯路一起而滨海九郡陷没，孙恩、窦建德、黄巢、方腊、李自成踵兴，而四海鼓动，张伯路实为之嚆矢焉。

三代之盛，大权在天子也。已而在诸侯矣，已而在大夫矣，已而在陪臣矣，浸以下移而在庶人矣。郡县之天下，诸侯无土，大夫不世，天子与庶人密迩；自宰执以至守令，所为尊者，荣富而已，其他未有尊也。十姓百家相雄长而莫能制，丰凶不能必之于天，贪廉不能必之于吏，风会移之，怨毒乘之，欻然狂起，抑将何法以弭之哉！

《易》曰："天险不可升也。"谓上下之分相绝，而无能陵也。易国而郡县，易侯而守令矣；安守令也有体，严守令也有道。守令之仁暴，天子之所操也；其次，廷臣之所衡也；其次，省方之使所纠也；非百姓之所可与持。赇吏兴，上下蔽，天子大臣弗能廉察，激民之重怨，而假民以告讦之权，制守令之黜陟诛赏，是进庶人而分天子之魁柄。不肖之吏，弱者偷合于民，强者相仇而竞，豪民视守令如鸡豚，可豢也、可圈也、可讦也、斯可杀也，而何弗可称兵以胁天子也？盗之所以死此而又兴彼也。

《易》曰："上天下泽，履，君子以辨上下、定民志。"又曰："小人而乘君子之器，盗思夺之矣。"上下不辨，民志不定，乘君子之器者，无大别于小人。侯王岂有种哉？人可傲岸以制守令之荣辱生死，则人可侯王，而抑可天子矣。察吏不严于上，而听民之讼上，摇动人心而犹谓能达庶人之情，非审于天纲人纪者，莫知其弊也。陵夷天险而授之升，立国者尚知所惩乎！

八

国帑屡空，军兴不足，不获已而加赋于民，病民矣，而犹未甚也；以官鬻钱谷而减其俸，民病乃笃。邓后妇人米盐铢累之计也，后人师之，视为两利之术，狂愚不可瘳矣。

万不获已而加赋也，抑必有则。吏方苦其不易征，未有能因而溢者也。獭不饥，不可使捕；鹰不饥，不可使逐；诱取其钱谷于前，而听其取偿于民，吝予之以生计，而委之以自掠，虽欲惩贪，词先讷涩矣。不能使徒步布衣草屦粝食冻老馁幼以为国效功也，则乌能禁饥鹰馁獭之攫而无厌哉！乃人主且曰：吾未尝加赋以病民，民如之何而不急公。上下交怨而国必亡矣。

三代之世，方百里之国，君卿大夫士世食其禄，下逮于胥史者数百人，饔飧币帛车乘刍粮奔走于四方而有余。一郡之大，或兼数圻，禄于朝者几何人？官于其地者几何人？守卫缮修公私交际所资于民者几何事？今之天下，其薄取也，视古而什之二三耳。而古之民足，今之民贫；古之国有余，今之国不足。下不在民，上不在君，居其间者为獭为鹰，又使饥而教之攫；金死于一门，而粟贱于四海，则终岁耕耘，幸无水旱，而道殣相望必矣。

"无野人莫养君子"。上节宣野人之余以养贤，而使观人朵颐，以惟攫取之巧拙为贫富哉！鬻官爵以贱之，减俸以贫之，吏既贱而终不肯贫，廉耻堕，贫窭相迫，避加赋之名，蹈朘削之实，愚者之虐，虐于暴君，曾不自知其殃民，民亦不知也。怨不知所自起而益亟矣。

九

汉之强也，北却匈奴，西收三十六国。未数十年，羌人一梗于河湟，其志止于掠夺，未有窥觊汉鼎之心也。而转徙五郡，流离其民，僵仆载道，如孤豚之避猛虎。悲哉！谁为谋国者，而强弱相贸至此极也！任尚债帅也，邓骘纨绔也，邓后妇人也；妇人尸于上，纨绔擅于廷，债帅老于边，三者合而亡国之道备焉。幸而不亡，民之死也，谁恤之哉？天下未有妇人制命，而纨绔债帅不兴者也。未有阴气凝于上，而干戈之惨不流于天下者也。故曰："鹤鸣于九皋，声闻于野。"气相召，祸相应，而庞参之邪说始乘之，以愞缩消生人之气，可不戒哉！

十

邓后为邓氏近亲开邸第教学，而躬自试之，史称之以为美谈。汉武开博望苑，而太子弄兵；唐高开天策府选文士，而宫门蹀血；天子之子且以召难，况后族乎？谚有之曰："妇人识字则诲淫，俗子通文则健讼。"诗书者，君子所以调性情而忠孝，小人所以启小慧而悖逆者也。故曰："民可使繇之，不可使知之。"不然，三代王者岂以仁义礼乐吝予斯人；而内不及于宫闱，外不私于姻党，何为也哉？

邓后之约饬子弟也屡矣，其辞若足观者。乃豫章唐檀告其太守曰："方今外戚豪盛，君道微弱，"则后之宠私亲以紊朝纲可知矣。假之兵权，复假之以文教，先王经纬天下之大用，一授之匪人，国尚孰与立也！言治者，知兵权之不可旁落，而不知文教之不可下移，未知治道之纲也。一道德，同风俗，教出于上之谓也。

十一

有其始之，则已之也难，是以君子慎乎其始之也。西域通塞，初无当于中国与匈奴之强弱。乃自张骞始之，班超继之，中国震而矜之曰：吾以断匈奴之右臂。于是匈奴亦因而曰：是可以为吾右臂也。迨安帝之世，羌寇起，陇西隔绝，凉州几弃，匈奴于是因车师攻杀后部司马，又杀敦煌长史索班，盖至是而西域不可弃矣。公卿乃始欲闭玉门、绝西域，置河西、陇右剥床及肤之祸于不恤，班勇力争其不可，勇之策贤于其父超矣。非勇之果贤也，时异而势不容已也。乃超之出，无挠之者，而重挠勇。勇策不用，汉师不出，匈奴寇抄不息，沈氏因之而乱。害极于邓骘之庸愞，而祸始于张骞之挑引。故曰有其始之，则已之也难也。

郑于晋、楚，非果系重轻。而楚争之，晋因争之；晋争之，楚益争之；疲天下之兵力百余年，而两皆无据。高欢、宇文泰之玉璧，朱友贞、李存勖之杨刘，一旦而以存亡系之；非其存亡之果系也，力尽于此，而余地皆虚，徒使其土之民人蹂躏而殆无遗种，皆始之者贻之，孰有能包举兴亡胜败之大而游心于余地者乎？《易》曰："非所据而据焉，身必危。"凡见可据者，皆非据也。游士炫其谋，武人张其功，后欲已之而不能，故君子必慎乎其始之也。

十二

颍川杜根上书邓后归政安帝，后怒，扑杀之，得苏，逃宜城山中为酒家保，积十五年，后死乃出。或问以何不投知故而自苦，根言："发露，祸及亲故。"智哉根乎！何也？亲故之能托生死者不易得也。非谓夫叛而执之也，为根之知交者应不至此也。好义之心苟不敌其私利之情，则其气先馁；好义之心与私利之情相半，即不相半而不能忘，其神必乱；气馁神乱，耳目不能自主，周旋却顾，示人以可疑，则愈密而愈疏，故义利交战于胸者，必交受其祸。今有人于此，而人或投之，邻里乡党不问焉者，以适然听之也。惟大勇者，为能以适然处变；不然，则如酒家之本不觉而固适然者也。非此而必不能矣。

呜呼！士不幸而处乱世，不屈于邪，而抑未可以死，缓急固时有矣，而可不慎所依乎！好苛礼而不简者，恤小利而形于色者，多疑而好谋者，貌愿谨而勤小物者，吊死问疾而多为容者，皆不可依者也，可弗慎邪？

十三

处士之征而不受命者多矣：或志过亢而不知时者也；或名高而藏其拙者也；或觊公孤师保之尊而躐级以不屑小官者也；吾于薛包独有取焉。包以至行闻，尽孝友、饬门内之修而已；自尽以求仁，而无矫异惊人之节，初未尝规画天人，谓己有以利天下也。汉征之而拜侍中，非其事也，固非其志也。包曰：吾以尽吾门内之修，天子知我，征我以风示天下，而德不孤矣；吾未尝有匡济之心，而何用仕为！

奚以知其然也？以包之所为，皆循循乎父子兄弟之间，非襄楷、郎颛、樊英窥测天人，舍己而求诸人者比也。而汉之授以侍中，抑非其道。侍中者，出入讽议之臣也。当安帝之世，外羌戎，内盗贼，外戚、阿母、宦寺，交相煽构，此大人抟抣斡运见功之地，而包之志略固不及此。非天下有不可为之时，而非包敦笃修能所堪之任也，则汉任之固不以其道矣。善处包者，使分司徒之教职，而任之庠序，则得矣。不则使治一郡，以兴教化、抚贫弱，敷其洁己爱物之德，治绩懋焉。如之何以侍中任之邪！包之以死乞免，度己量时之道允协矣；岂志亢名高薄小位而觊公孤者类哉？

龙有潜也，有见也，有亢也。孔子知不可而为，圣人之亢也；伊吕之兴，大人之见也；包之终隐，君子之潜也。潜者，非必他日之见也，道在潜，终身潜焉可矣。

十四

安帝之不德，岂至如昌邑王贺之荒悖哉！立十五年矣，邓后宠平原王翼，欲废帝而立之；杜根请帝亲政，而扑杀之；视天位如置棋，任其喜怒，后之恶烈于吕、武矣。伊尹之放太甲，未尝他有援立，示必反之也。昌邑王之不可一日为君，霍光之不幸，而又幸得宣帝之贤也。且昌邑既废，始求宣帝于民间，未尝豫扳宣帝而后废昌邑也。邓后以妇人而辅以碌碌之邓骘，予夺在手，惟意所授，渎大伦，玩神器，君子所必诛勿赦也。邓后死，王圣、李闰乘权而乱政，繇安帝之不君，可谓后之先识而志安社稷乎？

乃抑稽圣、闰之得以蛊帝而逞者，谁使然也？十五载见郊见庙之天子，不能自保，大臣弗能救也，小臣越位孤鸣而置之死也，舍保母宦寺而谁依邪？易位之僇辱，与死接踵，自非上哲反己自强以潜消内衅，则免己于死而固其位，奚暇择阿母宦寺之非，而不以为恩哉！宦寺之终亡汉，李闿、江京始之也，而实邓后之反激以延进之也。

十五

建元中，守相坐赃，禁锢二世。刘恺以谓"恶恶止其身，《春秋》之义，请除其禁"，持平之论也。抑《书》曰："刑乱国、用重典。"从重以挽极重之势，施之乱国，亦讵不可哉？

人之贪墨无厌、罪罟不恤者，岂其性然？抑其习之浸淫者不能自拔也。身为王臣，已离饥寒之苦，而渔猎不已，愚之不瘳，何至于是！斥田庐，藏珠玉，饰第宅，侈婚嫁，润及子孙，姻亚族党艳称弗绝，则相尚以迷，虽身受欧刀而忘之矣。妻妾子女环向以相索，始于献笑，中于垂泣，终则怨谪交加而无一日得安于其室；则自非卓然自立者，且求徽缧丛棘之不加于身，勿宁他日之系项伏锧以偷免于旦夕也。一行为吏，身为子孙之仆隶，驱使死辱而莫能逃，乃伏法以还，彼且握爵衔宪，施施自得，不复忆祖父之惨伤。呜呼！孱柔者内逼于淫威，甚于国宪，亦大可矜也已！

故贪墨者，其人也；所以贪墨者，其子孙也；拔本塞源，施以禁锢之罚，俾得谢入室之遍谪，亦讵不可哉？为子孙者，虽拥肥傲冕立，而士类弗齿；即甚不肖，忘情仕进，然世胄耻与为婚姻，人士羞与为朋侣，守令可持法以相按治，仇怨可抗颜以相报复。则子孙先怃，妻妾内忧，庸谨之夫，亦可借手以寡怨于百姓。则非但弭生民之蟊贼，且以旌别善类，曲全中材，而风俗亦繇之易矣。

恶恶止其身，非此之谓也。三代世禄，士不忧贫，虽贪而无为子孙计者，先世之泽，不可自一人而斩也。

十六

治天下之纲纪，非徒以其名也。其实在，其名虽易，纲纪存焉。其实在，其名存，独争其名，奚益哉！

宰相之任，唐、虞之百揆合于一，周之三公分于三；其致治者，非分合之为之，君正于上，而任得其人也。其合也，位次于天子；其分也，职别于专司。然而虽分，必有统之者以合其分。要因乎上所重，而天下之权归之。天子孚以一心，而躬亲重任，惟待赞襄则一也。自汉以后，名数易而权数移，移之有得有失，论者举而归功过于名；夫岂其名哉？操之者之失其实，则末繇以治也。

西汉置丞相而无实，权移于大将军；故昌邑之废，杨敞委随，而生死莫能自必。东汉立三公而无实，权移于尚书；故陈忠因灾异策免三公，上书力争，言选举诛赏不当一繇尚书。两汉之异，丞相合而三公分，然其权之上移于将军、下移于尚书同也。晋之中书监，犹尚书也。唐之三省，犹三公也。宋以参知分宰相之权，南宋立左右相，而移权于平章。永乐以降，名为分任九卿，而权归内阁。或分或合，或置或罢，互相为监，而互相为因。

若其所以或治或乱者，非此也；人不择则望轻，心不孚则事碍，天子不躬亲，而旁挠之者，非外戚则宦寺也。使大将军而以德选，则任大将军可矣。使尚书中书而以德进，则任两省可矣。丞相三公其名也，唐、虞、殷、周不相师也。惩权奸而分任于参知，下移于内阁，恶在参知内阁之不足以擅权而怀奸也？上移于大将军，而仅以宠外戚；下移于内阁，而实以授宦寺；岂其名之去之哉？实去之耳。天子不躬亲，而日与居者，婢妾之与奄腐；不此之防，徒以虚名争崇卑分合之得失，亦末矣。

为公辅争名不如争实；其争实也，争权不如争道；非励精亲政而慎选有德，皆末也。荧惑守心而翟方进赐死，地震而陈褒策免，其时独无天子乎？

十七

周之进士也，虽云乡举里选，而必贡自诸侯与卿大夫；非诸侯与卿大夫，未有能达于天子者也。已而大夫执政，士之仕也，必于大夫；非大夫，未有能达于诸侯者也。汉之辟召自州郡，公府非州郡，未有能达于三公者也；非三公，未有能达于天子者也。魏、晋之选举，中正司九品之升降；非中正，未有能达于吏部者也。隋设进士科，而唐以下因之，益以明经、学究、童子诸科，与太学上舍之选，学校岁贡之士；逮及任子掾吏，皆特达而登仕籍；士无不可自达于天子。而犹有依附权门、失身匪类、堕其名节者，此尚何所委咎哉！

周末之政在大夫也，圣门之贤，亢志陋巷，颜、闵而已；冉有之失身季氏，子路之失身孔悝，夫岂有康衢之可繇而趋邪径哉！士之仕也，犹农夫之耕也；无畇畇之隰，则坂田虽确，而不能已于蘸菱。故自隋以上，清直端洁之士，限以地，迫以时，失身于荐辟之匪人，而不免于公论之弹射，士之不幸也，古之不今若也。

杨伯起之刚方，而谮之者以邓氏故吏为其罪；邓骘辟震，而震不能辞，时使然也。崔瑗之持正，欲说阎显立济阴王，不能见显，因陈禅以进说，禅不代达，犹以显累，终身被斥；瑗受显之辟召，而不能辞，时使然也。夫二子皆有求、路不可夺之节，而浮云之翳，白日减辉。自非蛰龙屈蠖，学颜、闵而终潜德，遭世末流，亦将如之何哉！

后世贡举法行，举主门生虽有不相忘之雅，而一峰之于南阳，念庵之于江陵，抗疏劾之，而不以为嫌。然且有别托蹊径以呈身邪党者，使当晋、汉以上，其不为郗虑、贾充之躬任弑逆者几何也？览伯起、子玉之始终，为之深悼，而士可以不恤其身哉？

十八

人之至不仁而欲赖以为宠，人之至不祥而欲附以为援，天下之至愚，成天下之大恶，终陷天下之大刑，其能免乎？

人主即至愚且忍，未有不欲其子为天子者也。其或有所废者，必有所立，类皆私嬖妾、宠庶孽，而要亦授于其子。安帝仅一子尔，旁无嬖庶，年甫十岁，性犹婉顺，而惑于宦寺，忍弃之钟下，而不恤己之无苗裔，此诚古今之至不仁者矣。阉人之崇恶也，毒螫善类，攻异己以行私尔。即至伤及元良，如伊戾、赵高之为，亦阴有攀附，仍不舍其君之子，而但逞于一时。王圣、江京、樊丰之琐琐怀忿于王男、丙吉，而怨及国本，吾君仅有一子，而敢摧折以濒于死亡，此诚天下之至不祥者矣。而耿宝无知，丧心失志，徇至不祥之人，行至不仁之事，惑古今至愚至忍之安帝，赖其宠禄，而附险毒之奄妾以为援；帝死未寒，宝先死于阎显之手，与圣、丰而俱烬。呜呼！不可与为父子者，必不可与为君臣。不可与为君臣者，必不可与为朋友。宝也、显也、京也、丰也，歧首之蛇，还自相噬，而阎后亦因以毙。按：顺帝虽纳周举之谏，复朝阎后，而数日后阎后辄崩，其死于见迫可知，史讳言之耳。不仁之尤，不祥之甚，未有能终日者也。刘授、刘熹、冯石之为三公，缄默不言，辱人贱行，身逸铁钺，而耻心荡然矣。

《读通鉴论》卷七终

读通鉴论卷八

顺帝

一

惜天下之不治者，曰有君无臣。诚有不世出之君矣，岂患无臣哉！所谓有君者，君在中材以下，可与为善，而庸谀之臣，无能成其美而遏其恶也，则顺帝是已。帝之废居西钟下也，顺以全生，群奸不忌，非不智也。安帝崩，不得上殿亲临，悲号不食，非不仁也。孙程等拯之危亡之中而登天位，一上殿争功，而免官就封，不使终持国政，非不断也。谅虞诩之谏逐张防，听李固之言出阿母，任左雄之策清吏治，非不明也。樊英、黄琼、郎𫖮公车接轸，纳翟酺之说，广拓学宫，非不知务也。使得丙吉之量，宋璟、张九龄之节，韩琦之忠，姚崇、杜黄裳之才，清本源，振纲纪，以纳之于高明弘远之途，汉其复振矣乎！而桓焉、朱宠、朱伥之流，皆衰病瓦全，无生人之气，涂饰小康，自寡其过，不能取百年治乱之大端谨持其几。而左雄、虞诩因事纳忠之小器，遂为当时之杰。区区一庞参，为时望所归，乃悍妻杀子于室而不能禁，本已先缺，而求物之正，必不能者；盈庭物望，遽尔归之，则其时在位之人才，概可知已。帝德不终，而汉衰不复，良有以也。

夫岂天于季汉之世吝于生才哉！才焉而不适于用，用焉而不尽其才者多矣。而其故有二：摧之，激之，成于女谒、宦竖、金人之持权者则一也。女谒、宦竖、金人互相起伏，此败彼兴，而要不出于其局。其摧焉而不克振者，仰虽忧国，俯抑恤己，清谨自持，苟祈免于清议，天下方倚之为重，而不知其不足有为也，则桓焉、朱伥之流是已。近世叶福清、贺江夏以之。其激焉而为已甚者，又有二焉：一则愤嫉积于中，而抑采草野怨讟之声以求快于愚贱，事本易而难之，祸未至大而张之，有闻则起，有言必诤，授中主以沽直之讥，而小人反挟大体以相难，则李固、陈球之徒是也。近世谏臣大抵如是。一则伤宿蠹之未消，耻新猷之未展，谓中主必不可与有为，季世必不可以复挽，傲岸物表，清孤自奖，而坐失可为之机，则黄宪、徐稚、陈寔、袁闳之徒是也。唐宋以下无其人矣。激而争者，详于小而略于大，怒湍之水，不可以行巨舟。激而去者，决于弃世而忍于忧天，环堵之光，不可以照广野。呜呼！若是者，皆非不可康济之才，而不终其用，繇来久矣，岂一旦一夕之故哉！故虽有可与为善之君，而终无与弘奖而利成之也。

悲夫！大权移于女谒、宦竖、金人，则主虽明，臣虽直，相摧相激以贻宗社生民之祸，不可谓无君，抑不可谓无臣，而终不可谓有臣也。此今古败亡之所以不救也。

二（增补）

左雄限年四十乃举孝廉，论者皆讥其已隘，就孝廉而言之，非隘也。孝廉者，尝为郡国之吏，以资满无过而举，亦中材之表见者尔；至于四十矣，所事非一守相，既无偏好之私，而练习民俗，淹通经律，兢兢焉寡过以无陨其名，超郡职而登王廷，岂患其晚哉！非然者，始试于掾曹，旋登于王国，幸途百启，猎进无厌，官常毁而狂狡者挠风化之原，是恶可不为之制乎！天子能举人而后可拔非常之士，天子能养士而后可登英少之人。孝廉之举，至于顺帝之世而已极乎陋矣，士之欲致贵显者，知有郡县而不知有朝廷也，知有请托扳附而不知有学术事功也，故黄宪之流，耻之如浼焉。塞其幸猎之捷径，尚多得之自好之中人，诸葛孔明、周公瑾英年早见，而知己者得之象外，岂孝廉之谓哉？

三

言有似是而实非者，马融之对策是已。行其说，不足以救弊；而导其说，则足以蛊人心、毁仁义而坏风俗。融忧民之不足，而言曰："嫁娶之礼俭，则婚者以时矣。丧祭之礼约，则终者掩藏矣。"汉之季世，艳后尸政，寺人阿母，穷奢极侈以蠹国；私人墨吏，横行郡国以吮民；民之贫也，岂婚葬之靡之哉？融避不言，而嫁其罪于小民区区未殄灭之孝慈，邪说诬民，充塞仁义，其他日附权门而献颂，拥绛帐而纵欲，皆此念为之也。

婚葬者，人事始终之大，故《记》言曰："先王重用民财，而重用之于礼。"其以奖仁厚、崇廉耻之精意，岂褊夫陋人之所知哉！昔者殷之且亡也，婚姻之礼废，浮僻之行逞，茅束死麕可以诱女，而文王忧之；《关雎》之诗曰："琴瑟友之，钟鼓乐之。"盛礼乐以宜淑女也。肃雍之车，秾如桃李，岂不节而乐以淫乎？崇闺门之廉隅，防野合之滥觞，故虽梅摽盈筐，而不忧其失时。以失时者无损于归妹之愆期，而惩刲羊无血、承筐无实之无攸利也。若夫丧祭，则岂君之忍禁其民，民之忍背死以求财之足者乎？家贫而厚葬，非礼也。喻贤者以俯就，使无以不备物为哀而伤其生也。士之禄入亦薄矣，而《士丧礼》之所记，衣衾绞纹、罂茵抗席、殷奠三虞之盛，不以贫而杀焉。惟夫嬴政之后，穷天下以役骊山，故汉文裁之以俭，以纾生人之急。然天子之俭也，自不至于土亲肤而伤人子之心，若士民则固弗禁也。墨氏无父，而桐棺之制，戕仁寡恩以牖民于利，孟子斥之为禽兽矣。罔极之恩，终天之一日，此而不用吾情，何所用吾情者？融不生于空桑，而欲蔽锢人子之恻隐，吝余财以畜妻子；融也，其能免于枭獍之诛乎？呜呼！此说行，而禽兽食人，人将相食，其伊于胡底也！

婚及时而弃礼，则赘婿不知耻，而年未及期者，且配非其类，以启淫乱。葬欲速而趋简，则旦在堂而夕在野，委骼荒崖，而野火狐狸灼啮其未冷之骨。其极也，竞相索而鬻色以自肥；惑术士之言，而焚割枯骸以邀富贵；利心一逞，何有终极！不知先王斟酌质文而轻财贿，以全天性之至教，为不可及也。融也，固名教之罪魁，无足数于人类者也，其何诛焉！

四

善用天下者，恒畜有余以待天下，而国有余威，民有余情，府有余财，兵有余力，叛者有余畏，顺者有余安。不善用之，小警而大震之，以天下之力，争一隅之胜负，虽其胜也，以天下而仅胜一隅，非武也；疲天下而摇之，民怨其上，非情也；民狎于兵而玩兵，非所以安之也。区怜之乱，九真、交趾之小衅，而在廷者欲发荆、扬、兖、豫四力人赴讨，廷无人矣。微李固之深识，任祝良、张乔以单车而收万里之功，汉其危哉！

惟遣吏循抚而不加之兵，将使九真、交趾之人曰：吾之于中国，犹蚊蚋之嘬也，置我于不足较，而姑使贤二千石以绥我也，不轨不顺，而仅与二单车之使抗，吾其如中国何哉！将使中国之人，坦然亡疑而私相语曰：九真、交趾犹蚊虻之嘬也，一使者单车折之而已款服矣。天下固自定也，无有能摇之者也。使桀骜思逞之人，无所施其技击之勇，无所施其机变之巧，知弄兵而矜智勇，曾不如单车一使之从容而折万里之冲也。将使单车一使之威伸于万里，则浸假大臣弹谋于廷，大将奋扬于外，抑不知其荡涤之功何若；而天子之德威赫赫如是，则即有权奸，亦无敢生其心以尝试。故九真、交趾戢耳以听命，而天下晏然。

呜呼！枭雄之初起，未必即敢小视天下而睥睨之也；殚天下之力与争胜败于一旦，而枭雄之胆乃张，中国之情日茶。天宝之乱，始于云南之丧师；宋尽心力于西夏，而女真测其脆弱。一良吏制之有余者，合天下震惊以不足；以瓦注者以金注，未有不自乱者也。播州之巢穴初空，奢蔺之连兵遽起，朝鲜之救兵甫旋，辽沈之严关早失；廷无人而贪功者挠之，无余威无余祚矣。悲哉！

五

梁商之策匈奴曰："良骑夜合，交锋决胜，夷狄所长，中国所短。乘城固守，以待其衰，中国之长，夷狄之短。"马续从其教令，而右贤王力屈而降，此万世之讦谟也。佛狸之强，而不能拔盱眙；完颜亮之众，而不能渡采石；其衰可待，躁者不能待而自败耳。故杨镐王化贞之罪，死不偿责也。

若夫驱除之于盛极将衰之际，则又有异焉。守位者人也，聚人者财也，金粟足以相赡，而后守可以继。彼虽衰而犹承极盛之余，则彼且倚金粟之余以困我，与之相守而固不敌，则溃败也必矣。主者利于守，客者利于攻，主客无定，在因其时而迁。负荡平天下之大略者，尚其审此哉！

六

张纲单骑诣贼垒，谕张婴而降之，言弭盗者侈为美谈。杨鹤、陈奇瑜、熊文灿遥慕其风，而祸及宗社。呜呼！孰知纲之为此，为梁冀驱之死地，迫于弗获已，而姑以谢一时之责者乎！纲卒未几，而婴复据郡以反，滕抚斩之而后绝，纲何尝能弭东南之盗哉！且婴降而马勉、华孟相继以蜂起，滕抚追剿净尽，而江湖始宁，则抚盗之为盗囮审矣。

胥吾民也，小不忍于守令之不若，称兵以抗君父，又从而抚之，胜则自帝自王而惟其意，败则卑词荐贿而且冒爵赏之加，一胜一败，皆有余地以自居，而不失其尊富，桀猾者何所忌而不盗也！南宋之谚曰："欲得官，杀人放火受招安。"且逆计他日之官爵而冒以逞，劝之盗而孰能弭盗邪？

夫失业之民，随桀猾所诱胁，尽俘杀之也，诚有所不忍；歼其渠魁，而籍其党与，以为边关之戍卒，则矜全其死命，已不伤吾仁矣。而使仍居其故地，则岂徒渠帅哉？失业之民，一染指于潢池，而乡党不齿，田庐不保，欲使之负耒而为戢顺之民，亦终不可得，是宁以抚求其永绥哉？改纪暴政，慎择良吏，而饬之以宽恤，以安未乱之民，而已乱者非可旦夕使顺也，弭盗者慎勿轻言抚哉！

均之抚也，祝良、张乔用之交趾而定，张纲用之广陵而盗益猖，其术同而效异者，则又有说。蛮夷之寇边鄙，进为寇而退自有其田庐之可居，姻亚乡闾之可与处，则敛戢以退，而固不失其所，抚之斯顺矣。生中土为编氓，一行为盗，反而无以自容，使游泳于非逆非顺之交，翱翔而终思矫翮；抑且弭之豢之，宠而荣之，望其悔过自惩而不萌异志，岂能得哉？张纲者，以缓梁冀一时之祸，而不暇为国谋也，何足效哉！

桓帝

一

　　顺帝崩，冲帝殇，质帝弑，李固两欲立清河王蒜而不克，终与蒜而俱毙。夫固而安能必立蒜也！伊尹、周公相汤、武以取天下，位极尊，任极重，而所戴以立者太甲、成王，皆适冢宜立而无容异议者；是以不顺之徒，毁室之党，挠之而不败。若非此而俾天子之立决于一人之意旨，则此一人者，伊尹、周公所不敢任，而李固安能必也！天子之立，决于一人之意旨，以为择贤而戴之。忠者曰：吾所择者贤也。奸者亦曰：吾所择者贤也。贤无定名，随毁誉而移焉。忠奸互角，视权之轻重为凭借，而奸者常胜。固之言曰："以天下与人易，为天下得人难。"惟天子有天下可以与人，而后人惟其所择而授之以天下；身为人臣，而可云为天下得人乎？固之言不顺矣。

　　汉之亡也，母后、外戚、宦竖操立主之权，以持国柄而乱之；其所立者，感立己者之德而捐社稷以徇之；夫其渐积使然，岂一朝一夕之故哉？诸吕诛，惠帝子废，舍齐王而迎立代王者，周勃也。昭帝无后，昌邑废，迎立宣帝于民间者，霍光也。夫二子所择者贤，而二子无奸心，则得矣，然此岂可以为后世法哉？且勃立文帝，而帝目送之曰："鞅鞅非少主臣。"光立宣帝，而骖乘之日，帝若芒刺。则二子危而汉以安。非然者，跋扈之言出诸口，而鸩毒已入其咽。故为人臣而以为天下得人为己任，虽伊尹、周公弗敢任焉，而况李固乎？

　　自禹以后，传子之法定。无子而以次相继，为母后者不敢择也，为大臣者不敢择也。庶支无觊觎之心，外戚阉人无扳援之望，则虽得之不令，而亦惟天所授，非臣子所敢以意为从违。故刘子业之凶淫，而沈庆之有死而不敢废。忠者无所容其忠，奸者无所容其奸，然后权臣不能操天位之取舍以与人主市。宋仁宗之立英宗，高宗之立孝宗，人主自择之，此则可谓为天下得人尔。先君无前定之命，嗣子无豫建之实，则如杨廷和之迎兴邸，顺次而无敢择焉可也。廷和行其所无事，而世宗曰："以门生天子待朕。"亦鞅鞅芒刺之谓矣。然廷和危而天下安。固欲为天下得人，而有择焉，恶足以敌梁冀之结阉人、挟母后、以仇其邪心哉？汉法不善，而固无能自审于人臣之义；固争愈力，则桓帝之感冀愈深，而冀之恶愈稔。卒与蒜而俱毙也，哀哉！

二

读崔寔之政论，而世变可知矣。譬德教除残为粱肉治疾，申韩之绪论，仁义之蟊贼也。其后荀悦、钟繇申言之，而曹孟德、诸葛武侯、刘先主决行之于上，君子之道诎，刑名之术进，激于一时之诡随，而启百年严酷之政，亦烈矣哉！

司马温公曰："慢则纠之以猛，残则施之以宽，宽以济猛，猛以济宽，斯不易之常道。"是言也，出于左氏，疑非夫子之言也。夫严犹可也，未闻猛之可以无伤者。相时而为宽猛，则矫枉过正，行之不利而伤物者多矣。能审时而利用之者，其惟圣人乎！非激于俗而眦于好恶者之所得与也。若夫不易之常道，而岂若此哉！

宽之为失，非民之害，驭吏以宽，而民之残也乃甚。汉之季世，驭委其辔，马骄其衔，四牡横奔，皇路倾险者，岂民之遽敢尔哉？外戚阉人作威福以钳天下，而任贪人于郡邑，使虔刘赤子，而民日在繁霜积雪之下，哀我惮人，而何忍言猛乎！严者，治吏之经也；宽者，养民之纬也；并行不悖，而非以时为进退者也。今欲矫衰世之宽，益之以猛，琐琐之姻亚，怵怵薮薮之富人，且日假威以蹙其贫弱，然而不激为盗贼也不能。犹且追咎之曰：未尝束民以猛也。憔悴之余，摧折无几矣。故严以治吏，宽以养民，无择于时而并行焉，庶得之矣。而犹未也。

以汉季言之，外戚阉人之族党肆行无惮，是信刑罚之所不赦也；乃诛殛以快一时之众志，阳球用之矣，范滂、张俭尝用之矣，卒以激乎大乱而不可止。然则德教不兴，而刑罚过峻，即以施之殃民病国之奸而势且中溃。寔乃曰："德教除残，犹以粱肉治疾。"岂知道者之言乎？上之自为正也无德，其导民也无教；宽则国敝而祸缓，猛则国竞而祸急；言治者不反诸本而治其末，言出而害气中于百年，申、韩与王道争衡而尤胜。鄙哉寔也，其以戕贼天下无穷矣。

且夫治病者而恃药石，为壮而有余、偶中乎外邪者言也。然且中病而止，必资粱肉以继其后。若夫衰老赢弱而病在府藏者，禁其粱肉而攻以药石，未有不死者也。当世之季叶，元气已渗泄而无几，是衰老赢弱之比也。而寇尚欲操砭石、捣五毒以攻其标病乎？智如孟德，贤如武侯，而此之不审，天其欲以此时刘子遗之余民乎！夫崔寔者，殆百草欲衰而鹎鸩为之先鸣乎！

三

张奂却羌豪之金马，而羌人畏服。为将者，能不受贼饵以受毙于贼者，鲜矣。岂特中国之盗贼哉？敌国之相攻，强夷之相逼，而未尝不荐贿以饵边将。故或以孤军悬处危地而磐固自安，朝廷夸其坚悍有制寇之劳，乃不知香火之誓，馈问之往还，日相酬酢，而人莫之觉也。其事甚秘，其文饰甚密，迨其后知受其饵，欲求自拔而莫之能免。夫为将者，类非洁清自好独行之士，其能如奂之卓立以建大功者无几也，而朝廷何以制之哉？中枢不受贿以论功，司农不后时以吝饷，天子不吝赏以酬劳，庶有瘳乎！唐高祖不与突厥通，则师不可兴；石敬瑭不与契丹为缘，则反不能速。即不尔者，鬻国而贪盗贼夷狄之苞苴，为武人相传之衣钵，能无败亡乎？

四

子曰："不可与言而与言，失言。"谓夫疑可与言而固不可者也。故其咎也，失言而已，未足以灾及其身。若夫虎方咥而持其爪，蛇方螫而禁其齿，非至愚者不为。然而崔琦献箴干梁冀之怒，乃曰："将军欲使马鹿易形乎？"其自贻死也，更谁咎哉！

夫冀仰不知有天，上不知有君，旁不知有四海之人，内不知有己，弑君专杀，鸢肩虎视而亡赖，是可箴也，是虎可持之无咥、蛇可禁之无螫也。琦果有忠愤之心，暴扬于庭，而与之俱碎，汉廷犹有人焉。而以责备贤者之微词，施之狂狡，何为者也！冀之为冀，如此而已矣。藉其为王莽与，则延琦而进之，与温言而诱使忠己，琦且为扬雄、刘歆，身全而陷恶益深矣。故若冀辈者，弗能诛之，望望然而去之可尔。以身殉言，而无益于救，且不足以为忠直也，则谓之至愚也奚辞？

五

桓帝之诛梁冀也，一具瑗制之，而如擒鼠于瓮。冀，亡赖子耳，诛之也其易如此；然而举国无人，帝不得已，就唐衡而问中人。李固、杜乔死，君孤立于上，以听狂童之骄横。若胡广之俦，固不足道，乃举国而无深识定力之士，亦至此哉！

呜呼！刘瑾之诛也，非张永不能；魏忠贤之诛也，发其恶者一国子生而已。岂尽其威劫之乎？悬利以熏士大夫之心，而如霜原之草，藉藉佗佗而无生气，国不亡也何恃哉！《易》曰："藏器于身，待时而动。"故乘高墉以射隼，而无不获。诚笃其忠贞乎，奚待单超等之锄冀，而后扬王庭以呼号也！能勿愧焉否也？

六

徐稺、姜肱、袁闳、韦著、李昙、魏桓，征而不至，非忘世也，知乱之未讫也。桓之言曰："后宫千数，其可损乎？厩马万匹，其可减乎？左右权豪，其可去乎？"此知本之论也。

梁冀之横也，人知病冀而已矣，冀诛而天下遂若沉疴之去体。黄琼为太尉，陈蕃为尚书令，范滂按察冀州，无知者想望新政。呜呼！冀之生死，乌足系汉之存亡哉！冀之诛，殆痎疟之得汗而解也。伏邪在桓帝之膏肓，而内竖之以鸩而攻砒也，天下无能知者。琼与蕃且不知，而况蚩蚩之望影以对语者乎！以桓帝为君，而汉无可复为之理势，其本挠，其末乍正而倾愈疾。故权奸之殛，非必国之福也。况乎帝之诛冀，为邓香之妻报其登屋之怒，而非以其贪浊枉杀之凶于而国哉！

然则陈蕃之荐五处士为不知时而妄动乎？曰：此未可以责蕃也。蕃既立乎其位矣，苟可以为焉，则庶几于一当，植正人于君侧，君其有悛心乎！亦臣子不容已之情也。然而固不能也。故五子者，爱道以全身，斯可尚也。

七

乱政不一，至于卖官而未有不亡者也，国纪尽，民之生理亦尽也。古之天子虽极尊也，而与公侯卿大夫士受秩于天者均。故车服礼秩有所增加，而无所殊异。天子之独备者，大裘、玉辂、八佾、宫县而已；其余且下而与大夫士同，昭其为一体也。故贵士大夫以自贵，尊士大夫以自尊，统士大夫而上有同于天子，重大之秩，而国纪以昭。秦、汉以下，卿士大夫车服礼秩绝于天子矣，而犹不使之绝也。举之以行，进之以言，叙之以功，时复有束帛安车之征，访之以道。上下有其大辨，君子小人有其大闲，以为居此位者，非其人而不可觊，抑且使天下侥幸之徒望崖而返。卿大夫士且有巍然不可扳跻之等，临其上以为天子者，其峻如天而莫之敢陵。卖官之令行，则富者探囊而得，狡者称贷以营，且市井而夕庙堂。然则天子者，亦何不可以意计营求于天而幸获之也？而立国之纪，扫地而无余。

古之诏禄，下逮于府史胥徒而皆涘，日以代耕。民耕以养吏，而上制之。上敛民以养吏，而民不怨；吏知己之养一出于民，而不敢复渔猎于民。且士惟其不谋利而贫也，是以贵；而既得所养矣，抑谋其丧祭冠昏之资，而士以安。故以天子而养士，不以士养天子；天子制民之财以养士，而士不求养于民。彼之揭金粟以奉一人之欲，非其义也。且非徒邀其荣也，失之于天子，而得之于民，贾道行而希三倍之利，上弗能禁焉。且贪人之取偿于倍利者，禁之杀之而终不厌。纵千百贾于郡邑，以取偿于贫弱，民之生理不尽者，亡有也。国无纪，民无生，黠者逾垣而冀非望，弱者泣隅而幸灾祸，故曰国未有不亡者也。

祸始于桓、灵，毒溃于献帝，日甚日滋，求如前汉之末，王莽篡而人思汉，不可复得矣。石虎、高洋之国贫而用汰，不屑也；唐僖宗之猥贱，宋徽宗之骄奢，皇甫镈、裴垍之牟利，蔡京、贾似道之斁法，不屑也；孰其继桓、灵而自亡者也！

八

中人监军，自冯绲之请始也。夫绲亦恶知蚁穴之决而泛滥迄于千载乎？绲之请也，以将帅出师，宦官多陷以折耗军资，而诬抵乎罪；使与焉，则以钳其口，而无辞以相倾。然未几而绲竟以军还盗复起，免官。则其为此也，何救于祸。而徒决裂防闲，使内竖操阃外之权，鱼朝恩、童贯、卢受、张彝宪，小以败而大以亡，绲之贻害烈矣哉！

汉至此已无可为矣，无往而非宦官之挟持也。南北军之惟其颐指，所仅存者疆场之军政，皇甫规、张奂几伸几诎于宦官之手，而犹自行其权借于师中，绲更引而受之以利器；蹇硕之为八校尉魁也，熟尝其肯綮，而取必于人主以威中外，循故事以行之而悠然矣。

夫汉事不可为矣，竭其忠贞，继之以死，亦何惧于谤谮。不然，引身而退耳。防之愈密，纵之愈甚，业已假监军之权，而生死成败且惟其意旨，他日者，忠臣元老欲去之而不得。绲胡弗思，而惧祸之情长，以倒行至是乎！推祸原而定罪首，绲不得辞矣。

九

汉之末造，必亡之势也，而兵强天下。张奂、皇甫规、段颎皆奋起自命为虎臣，北虏、西羌斩馘至百万级，穷山搜谷，殄灭几无遗种，强莫尚矣。乃以习于战而人有愤盈之志，不数十年，矢石交集于中原，其几先动于此乎！

桓、灵之世，士大夫而欲有为，不能也。君必不可匡者也；朝廷之法纪，必不可正者也；郡县之贪虐，必不可问者也。士大夫而欲有为，惟拥兵以戮力于边徼；其次则驱芟盗贼于中原；名以振，功以不可掩，人情以归往，暗主权阉抑资之以安居而肆志。故虽或忌之，或谮之，而终不能陷之于重辟。于是天下知惟此为功名之径而祸之所及者鲜也，士大夫乐习之，凡民亦竞尚之，于是而盗日起，兵日兴，究且瓜分鼎峙，以成乎袁、曹、孙、刘之世。故国恒以弱丧，而汉以强亡。

夫羌虏之于汉末，其害已浅矣，驱之迫之，蹙而杀之，而生类几绝。非以纾边疆之急，拯生民之危，扶社稷于不倾，而薙艾之若此其酷。人长乐杀之气，无虏可杀而自相为杀。自相杀，则自相敝矣；自相敝，则仅存之丑类，徐起而乘之；故垂百年，三国兵息，而五胡之祸起。佳兵不祥，遂举旷古以来富强卓立之中夏趋于弱，而日畏犬羊之噬搏。汉末之强，强之婪尾而姑一快焉者，论世者之所深悲也。

十

仇香不致陈元不孝之罚，感而化之，香盖知元之可化而不骤加之罚也；非尽人之不孝者皆可以化元之道化之也。天下有道，生养遂，风俗醇，无不顺之子弟。非其恻隐之性笃而羞恶之心不可泯也，人率其子弟之常，而己独逆焉，则无以自容于乡闾。乃天下而无道矣，羞恶之心不泯以亡者不数数矣。仇香曰："吾过元舍，庐落整顿，耕耘以时，此非恶人。"元不孝，而于此奚取焉？取其欲自铮铮于乡闾，而羞恶之心有存焉者也。

夫孝者，人之性也，仁之所繇发也。舍其不忍之真，而求之于羞恶，亦已末矣。虽然，苟其有羞恶之心，则戢其狂愚，徐俟天良之复，而恻隐亦旋以生。惰四支，昵妻子，侵以自偷，于是而生人之气乃绝。故《易》曰："小人不耻不仁。"仁不仁，岂耻不耻之能辨存亡者哉！茶然而甘于猥贱，愤然而生其悍戾，不见不仁之可耻，而后天性终迷以不复。故人之无良，莫甚于有胸无心而不自摄者也，而后教化之道穷。

仇香知此矣，以其无惰心也，知其有耻；以其有恒度也，知其不迷；急取其羞恶之心而重用之，以徐俟恻隐之生焉，故元终以孝闻。虽有圣人，不能如无耻心者何也。弑父与君，皆介然蹶起，忘乱贼之名为可恶者也。惰四支，昵妻子，势穷而逆施。故先王之德教，非不如香，而设不孝之诛，无如此无耻者何也。杀之而已矣。

十一

巨奸之蠹国殃民而自伏其法，不足以为大快，于国之存亡无当也。左悺自杀，具瑗贬，侯览黜，非桓帝之能诛之，非杨秉之能取必于桓帝而诛之，罪已逾涯，自灭焉耳矣。三凶去而宦官之势益张，党锢之狱且起，曾何救于汉之危亡哉！

外戚灭，宦官兴，大臣无事焉，天子欲行其意以诛僭逼，而大臣不与，宦官除君侧之奸，事已显著，而后摘其罪以请诛，未有倾心而听者。

故曰："人不足与适也,惟大人为能格君心之非。"能之者,有以能之者也。无坚识定力为天子除患,则虽日陈尧、舜之道,而固视之如梦呓。汉之大臣道不足,而与宦竖争存亡,亦晚矣。快一时之人情,去三凶而若拔牛之一毛,不救其亡,固矣。

十二

桓、灵之世,君道渐灭,而臣之谏之也亟,探本以立论者,惟苟爽乎!当其时,荼毒生民而椓杙正气者,无如宦官之甚。乃宦官之于人主,亦何亲而过信之?且其声音笑貌之无可悦者,夫人而知厌恶之矣,而人主昵之,若乳子之依母也,何故?非艳妻哲妇之居间,则宦官之不敌士大夫久矣。内宠盛而后宦官兴,密迩于宫闱,而相倚以重;溺君于晏寝,而视听以衰。付诏令刑赏之权于宦官,而床第之欢始得晏间于娱乐。非然,则声音、采色、肥甘、轻暖,人主自可给其欲,而何借此嚬笑可憎之刑人为邪?爽之对策,直斥而切言之,女谒远,阉权自失矣。故曰探本立论也。

十三

党锢诸贤,或曰忠以忘身,大节也;或曰激以召祸,畸行也。言畸行者,奖容容之福以堕士气。言大节者,较为长矣,而犹非定论也。

人臣捐身以事主,苟有裨于社稷,死之无可辟矣。暗主不庸,谗臣交构,无所裨于社稷,而捐身以犯难,亦自靖之忧也。虽然,太上者,直纠君心之非而拂之以正;其次视大权之所倒持,巨奸之为祸本,而不与之俱生,犹忠臣之效也。然一奸去而一奸兴,莫之胜击也。若夫琐琐之小人,凭借权奸而仇其恶者,不胜诛也,不足诛也。君志移,权奸去,则屏息以潜伏而萧条窜匿,亦恶用多杀以伤和哉!然其流毒于天下,取恶于士大夫,则琐琐者易激其怒而使不平;贤者知之,则以为不胜诛、不足诛者也。乃诸贤之无所择而怒,无所恤而过用其刑杀,但与此曹争胜负,不已细乎!

李膺、杜密,天子之大臣也,匡君之邪而不屈其节也。膺尝输作左校矣,非以击大奸而刑,所击者一无借之羊元群而已。既已诎于时而被罔,则悔向之攻末而忘本，以争皇极之安倾，夫岂无道焉？所与伉直之流搏杀以快斯须者，一野王令张朔耳，富贾张汎耳，小黄门赵津耳，下邳令徐宣耳，妄人张成耳，是何足预社稷之安危，而愤盈以与仇杀者邪！侯览也，张让也，蟠踞于桓帝之肘腋，而无能一言相及也。杀人者死，而诛及全家；大辟有时，而随案即杀；赦自上颁，而杀人赦后；若此之为，倒授巨奸以反噬之名，而卒莫能以片语只词扬王庭以祛祸本。然则诸君子与奸人争兴废，而非为君与社稷捐躯命以争存亡乎？击奸之力弱，而一鼓之气易衰，其不敌凶憝而身与国俱毙，无他，舍本攻末而细已甚也。

直击严嵩，而椒山之死以正；专劾魏阉，而应山之死以光；党锢诸贤，其不得与二君子颉颃焉，无他，岑晊、张俭之流有以累之也与！

灵帝

一

桓帝淫于色，而继嗣不立，汉之大事，孰有切于此者！窦武任社稷之重，陈蕃以番番元老佐之，而不谋及此。桓帝崩，大位未定，乃就刘儵而问宗室之贤者，何其晚也！况天位之重，元后之德，岂区区一刘儵寡昧之识片言可决邪？持建置天子之大权，惟其意以为取舍，得则为霍光，失则为梁冀矣。武以光之不学、冀之不轨者为道，社稷几何而不危，欲自免于赤族之祸，讵将能乎哉！

武也，一城门校尉也，非受托孤之命如霍光之于武帝也。所凭借以惟意而立君者太后耳。宫闱外戚之祸，梁氏之覆车不远，宦官安得不挟以为名哉？夫武也，既不能及桓帝之时谏帝以立储之大义；抑不于帝崩之后，集廷臣于朝堂，辨昭穆、别亲疏、序长幼、审贤否，以与大臣公听上天之命。儵以为贤而贤之，武谓可立而立之，天子之尊，若其分田圃以授亚旅而使治。则立之惟己，废之惟己，朱瑀恶得不大呼曰："武将废帝为大逆。"而灵帝能弗信哉？汉之亡也，亡于置君，而置君者先族，武不早死，吾不保其终也。获诛阉之名，以使天下冤之，犹武之幸也夫！

二

忠直有识之言，亦无难听也；庸主具臣不能听，毁而家亡而国也，谁其哀之？窦武以椒房之亲，任立君之事，踵梁冀之所为，虽心行之无邪与梁冀异，而所为者亦与冀奚别？录定策功，封闻喜侯，灵帝亦按冀之故事而以施之武。卢植说之曰："同宗相后，披图按牒，以次建之，何勋之有？宜辞大赏以全身名。"斯亦皎然如白日之光，昆虫皆喻于昏旦；而武不能用，悲夫，其自取覆亡也！

夫欲秉国均、匡社稷、诛宦竖、肃官常也，岂不侯而不足以立功？即庸臣之私利计之，荣其身、泽其子孙，抑岂今日不侯，而终掩抑其大勋，贻子孙以贫贱哉？则卢植之说，引而上之，可以跻善世不伐之龙德；推而下之，亦计功谋利者之勿迫求于一旦而致倾仆之善术也。而武不能，且欲引陈蕃以受无名之赏。蕃固知其不可受也，惜乎不知武之不足与共为社稷之臣也！

三

窦武、陈蕃杀，而汉之亡必不可支矣。陈蕃老矣，而诛权竖、安社稷、扶进君子之心，不为少衰，惜乎不知择而托于窦氏也！然则窦武其非贤乎？曰：武非必不贤，而所为者抑贤者之道。虽然，武即贤而固不可托，且吾不能保武之以贤终也，故重为蕃惜也。

武之可信为贤者，以其欲抑宦寺以奖王室，且引李膺、杜密、尹勋、刘瑜而登进之。然此岂可决其必贤哉？单超之杀梁冀也，尊黄琼矣，用陈蕃矣，征徐稚、姜肱、袁闳、李昙、韦著矣，天下固尝想望其风采而属望以澄清。然则有所诛逐，有所登进，矫时弊以服人，奸人用之俄顷，而固不可信。蕃已老，窦武方内倚太后、外受定策之赏，而蕃又恶能保其终乎！

汉之将亡也，天子之废立，操于宫闱，外戚宦寺，迭相争胜，孙程废而梁氏兴，梁冀诛而单超起，汉安得有天子哉！而蕃所托者犹然外戚也，则授宦者以梁冀复起之名，既无以正天诛而服受戮者之心，且天下亦疑外戚宦寺之互相起灭而不适有正。故张奂亦为王甫、曹节所惑，欲自被濯而终不免。蕃之托武，非所托也明甚。然且以老成之识，昧焉而不察者，时之所趋，舍是而无能为也。

呜呼！以三族之膏血，争贤奸之兴废、社稷之存亡者，岂易言哉？不幸而无如砥之周道，率繇之以行志，则亦埋怨于江潭山谷之间，赍恨以没焉耳。毫厘之辨不审，而事以大溃，贤人君子骈首以死，社稷旋踵而倾，若以膏沃火，欲灭之而益增其焰。蕃之志可哀，而其所为亦左矣。是以君子重惜之也。

四

夫人情亦惟其不相欺耳，苟其相欺，无往而不欺；法之密也，尤欺之所借也。汉灵之世，以州郡相党，制婚姻之家及两州人士不得对相监临，立三互之禁，选用艰难，而州郡之贪暴益无所忌。司马温公述叔向之言："国将亡，必多制。"若夫开国之始，立密法以防欺，未即亡焉，而天下之害积矣。

今之为制，非教官及仓巡驿递不亲民者，皆有同省之禁，此汉灵之遗法也。司马温公曰："适足为笑。"诚然有可笑者。名为一省，而相去千里者多矣；名为异省，而鸡犬相闻者多矣；同省而声闻不接，异省而婚媾相连，岂天限地绝，一分省而遂不相及哉？此适足为笑者也。或为婚姻，或相对治，情相狎，过相匿，所必虑也，而又奚必婚姻对治之相临乎！展转以请托，更相匿而互相报，夫岂无私语密缄之足任。已非婚姻、已非对治矣，借手以告曰：吾无私也。而交通请属之无所惮，此又适足为笑者也。

夫防之严，而适以长欺，既良然矣。若夫捐禁而乡郡可守，尤有利焉。自贤者而言之，南北之殊风，泽国土国之殊壤，民异利，士异教，遥相治而见为利者或害，教以正者或偏，审土之宜以益民，视习之趋以正士，则利果利而教果教矣。自不肖者而言之，酷以墨者之无忌也，突为其寇仇，而翩然拚飞于千里之外，无能如何也；即罢斥以归休，而身得安、子孙得免，无余虑矣。居其土，与其人俱，当官则吏也，归里则乡曲也，刑罚科敛之加，非以其正，而乡人可报之于数十年之后，则惴惴焉一夫胜予，不肖之情戢焉，害亦有所惩矣。

夫王者合天下以为一家，揭猜疑以求民之莫而行士之志，法愈疏，闲愈正，不可欺者，一王之法，天理之公，人心之良也，而恃区区之禁制也乎？

三代之隆也，士各仕于其国，而民益亲。亡汉之稗政，奈之何其效之！

五

呜呼！世愈移而士趋日异，亦恶知其所归哉！灵帝好文学之士，能为文赋者，待制鸿都门下，乐松等以显，而蔡邕露章谓其"游意篇章，聊代博弈"。甚贱之也。自隋炀帝以迄于宋，千年而以此取士，贵重崇高，若天下之贤者，无逾于文赋之一途。汉所贱而隋、唐、宋所贵，士不得不贵焉；世之趋而日下，亦至此乎！

夫文赋亦非必为道之所贱也，其源始于《楚骚》，忠爱积而悱恻生，以摇荡性情而伸其隐志，君子所乐尚焉。流及于司马相如、扬雄，而讽谏亦行乎其间。六代之衰，操觚者始取青妃白，移宫换羽，而为不实之华；然而雅郑相杂，其不诡于贞者，亦不绝于世。夫蔡邕者，亦尝从事矣，而斥之为优俳，将无过乎！要而论之，乐而不淫，诽而不伤，丽而不荡；则涵泳性情而荡涤志气者，成德成材以后，满于中而豳于外者之所为。而以之取士于始进，导幼学以浮华，内遗德行，外略经术，则以导天下之淫而有余。故邕可自为也，而不乐松等之辄为之，且以戒灵帝之以拔人才于不次也。

繇是言之，士趋亦何尝有异哉？上之用之也别耳。于是而王安石之经义，虽亦末耳，而不伤其本，庶几乎华实兼茂之道也。元祐革新法，而并此革之，过矣。若王鏊、钱福之浅陋，陶望龄、汤宾尹之卑陋，则末流波靡，而非作者之凉。经义者，非徒干禄之器也，士之所研精以极道者也。文赋者，非幼学之习也，志正学充，伤今思古，以待人之微喻者也。而志士崇业以单心，亦可于此而审所从矣。

六

论为子为臣之变，至于赵苞而无可言矣。何也？若苞者，无可为计，虽君子亦不能为之计也，无往而非通天之罪矣。以苞之死战，为能死于官守；苞与手刃其亲者均也，为此论者，无人之心。以苞当求所以生母之方，不得已而降于鲜卑；分符为天子守邑，而北面臣虏，终身陷焉，亦不可谓有人之心也。故至于苞，而求不丧其心之道穷矣。此谁使之然哉？苞自处于穷以必丧其心。故曰无往而非通天之罪也。

为人子者，岂以口腹事亲乎？抑岂敢以己之荣施及其母为愉快乎？故子曰："老者安之。"求所以安之之方，虽劳不辟，虽死不辍，而况于苞之安其母者甚易乎？苞，东武城人也，所守则辽西也。母所居者，中国之乐土，苞所守者，鲜卑凭陵蹂践之郊也；胡为乎甫到官而即迎母以居柳城之绝塞哉？苞于此已不复有人之心矣。以口腹与？禽虫之爱也；以荣宠与？市井之得金钱而借亲以侈华美者之情也。强寇在肘腋之间，孤城处斗绝之地，奉衰老妇人以侥幸于锋镝之下，苞之罪通于天，奚待破贼以致母死之日邪？故曰："正其本，万事理。"一念之不若，而成乎昏昧，母子并命于危城，苞虽死，其可以逭中心之刑辟哉？

或者其愚也，则君子弗获已而姑为之计，当羯贼出母示苞之日，自悔其迎母之咎，早伏剑以死，委战守之事于僚吏，母之存亡城之安危不计也，则犹可无余恶也。虽然，晚矣！苞死而母必不可得生，城必不可得存也。

七

蔡邕意气之士也，始而以危言召祸，终而以党贼逢诛，皆意气之为也。何言之？曰：合刑赏之大权于一人者，天子也；兼进贤退不肖之道，以密赞于坐论者，大臣也；而群工异是。奸人之在君侧，弗容不击矣。击之而吾言用，奸人退，贤者之道自伸焉。吾言不用，奸人且反噬于我，我躬不阅，而无容以累君子，使犹安焉，其犹有人乎君侧也。君子用而不任，弗容不为白其忠矣。白之而吾言用，君子进，奸人之势且沮焉。吾言不用，奸人不得以夺此与彼之名加之于我，而犹有所惮焉。邕苟疾夫张颢、伟璋、赵玹、盖升之为国蠹也，则专其力以击之可耳。若以郭禧、桥玄、刘宠之忠而劝之以延访也，则抑述其德以赞君之敬礼已耳。而一章之中，抑彼伸此，若将取在廷之多士而惟其所更张者。为国谋邪？为君子谋邪？则抑其一往之意气以排异己而伸交好者之言耳，庸有听之者哉！

汉之末造，士论操命讨之权，口笔司荣枯之令，汝南、甘陵太学之风波一起，而成乎大乱。非奸人之陷之，实有以自致焉。同于我者为懿亲，异于我者为仇雠，惟意所持衡而气为之凌轹，则邕他日者幸董卓之杀阉人，而忘其专横，亦此意气为之矣。桥玄、刘宠之不为邕所累，幸也；而君子以相形而永废，朝廷以偏击而一空，汉亦恶得不亡哉！

八

鲜卑持赵苞之母以胁苞，苞不顾而战，以杀其母，无人之心也。贼劫桥玄之幼子登楼求货，玄促令攻贼，以杀其子，亦无人之心也。母之与子若是其均重乎？非也。使苞之子为鲜卑所持以胁苞，苞不顾而击鲜卑，则忠臣之效矣，不以私爱忘君父之托也。而苞则其母也。贼所胁玄以求者货耳，货与子孰亲，而吝货以杀其子乎？

或曰："玄非以货也，贼劫质以胁人，法之所不可容也。"夫一区区登楼之贼，杀之不足为国安，纵之不足为国危。法者，司隶河南尹之法，非玄之法也，而玄何怙法以忘其天性之恩邪？史氏之言曰："玄上言凡有劫质者皆并杀之，不得赎以财货，繇是劫质遂绝。"史之诬也。乐道之以为溢美之言，以覆玄绝恩之咎也。友兄、恭弟、慈父、顺妻，苟有劫其亲以求货者，法虽立，孰忍恝置之而不恤？虽严刑禁之而必不从。则谓劫质永绝者，非果有之，为诬而已矣。充桥玄之操，藉其为赵苞也，又奚不可也哉？

九

封建废而权下移，天子之下至于庶人，无堂陛之差也，于是乎庶人可凌躐乎天子，而盗贼起。嬴政之暴，王莽之逆，盗始横焉，然未尝敢与久安长治之天子抗也。至汉之季，公孙举、张婴、许生始称兵僭号而无所惮，积以成乎张角之乱，盗贼辄起于承平之代者数千年而不息。秦之盗曰悲六国之亡；莽之盗曰思汉室之旧；盗者必有托也，然后可假为之名以耸天下而翕然以从。至于角而无所托矣，宦寺之毒，郡县之虐，未可以为名也，于是而诡托之于道。角曰：吾之道，黄帝、老子之道也。乃至韩山童、徐寿辉曰：吾之道，瞿昙之道也。微二氏之支流，亦未足以惑天下而趋之若流。甚哉二氏之殃民，亦岂其初念哉？而下流必至于此。故孟子曰："率兽食人，人将相食。"岂过计哉？

虽然，二氏之邪淫而终以乱也，非徒二氏倡之也，为儒者之言先之以狂惑，而二氏之徒效之也。君子之言人伦物理也，则人伦物理而已矣；二氏之言虚无寂灭也，则虚无寂灭而已矣；无所为机祥瑞应劫运往来之说也。何休、郑玄之治经术，京房、襄楷、郎顗、张衡之论治道，始以鬼魅妖孽之影响乱《六籍》。而上动天子，下鼓学士，曰此圣人之本天以治人也。于是二氏之徒歆其利，而后曰吾师老子亦言之矣，吾师瞿昙亦言之矣；群然兴为怪诞之语以诱人之信从，而后盗贼借以起。儒者倡之，二氏和之，妖人挟之，罪魁戎首将谁归哉？

齐桓、晋文挟天子以令诸侯，而盗贼挟圣人以惑百姓。天子之权下移于庶人，所挟者亦移焉。而盗贼泛滥乎数千年而不息，祸亦烈矣！端本之治，治佛、老而犹非本也。儒而言灾祥言运会，妖之始也。三代之圣人杀而勿赦者，而后之君子从而尊之，以加一倍之小术测兴亡，使与《通书》《正》《蒙》相杂以立教，辟邪者容勿辩乎？

十（增补）

士可杀不可辱，诃斥之，鞭笞之之为辱矣，未甚也，加以不道之名，而辱乃莫甚焉。子见南子，子路不悦，于圣人何伤焉，而援天以矢之，惧夫以辱名加君子，而天下后世谓君子之无妨于辱也。党人者，君子之徒也。黄巾起，吕强曰："党锢积久，人情怨愤，若不赦宥，将与合谋。"吕强阉人之矫矫者耳，言无足深责，皇甫嵩士大夫而亦为此言也，党人之辱，不如死之久矣！以君子始，以贼终，则向者王甫、曹节谋危社稷之谮，非诬也。呜呼！李膺、杜密、范滂诸君子者死，而党人之能卓然自立于死生者无几，张俭之徒，方将以贼起得赦为幸，而孰知其辱甚于死哉？皇甫嵩之凌蔑善类也，逾于阉人矣。

十一

用兵之道，服而舍之，自三代之王者以迄五霸，皆以此而绥天下。惟其为友邦也，王者以理相治，霸者以威相制，理伸威胜而志得；灭之不义，屠之不仁，舍其服而天下自不敢复竞。封建圮，以庶人而称兵抗天子，岂此谓哉？朱俊曰："秦、项之际，民无定主，赏附以劝来者。"此后世之权术，不可与三代并论。故以曹操之猜，而关羽之降非其诚款，操犹听其来去而不加害。或者乃欲于盗贼败困之余，乞降而受之，其不然审矣。

败而诛之，不可胜诛，而姑予以生，使知惧而感我之不杀，或犹知悔也，且非可施于渠帅者也。歼其魁，赦其余党，自我贷之，固不可予以降之名也。予以降之名，抑将授以降之赏，犹然尊高于众人之上，而人胡不盗？以黄巾之遍天下也，不数年而定，汉虽亡，不亡于黄巾之手，则朱俊之所持者定矣。不可以三代之法处秦、项之际，况可以处逆民之弄兵以抗国而毒民者乎？庸臣懦将酿无穷之祸，有识者勿为所乱也。

十二

孙坚之欲诛董卓也，张廷珪之欲杀安禄山也，论者惜其不果而终以长乱。张让等为蟊贼于中，李林甫、杨国忠相继胶削于国，微卓而汉必亡，微禄山而唐必乱，夫岂二竖之果足以移天而沸海乎？何进不召卓而卓何逞？玄宗不宠禄山而禄山何借？逆未著而以疑杀人，且不胜其杀矣。是故后事之论，惩其末而弗戒其本，智者所弗尚也。

先主劝曹操杀吕布，而为操劲敌者，先主也。孙坚之沉鸷而怀远图，夫岂出卓下哉？张温弗假以威福，而使卓相制，非无意计焉。不幸而卓恶成，未可以咎温之不豫矣。

十三

汉之将亡，有可为社稷臣者乎？朱俊、卢植、王允未足以当之，惟传燮乎！讨黄巾而有功，赵忠欲致之而予以侯封，燮不受也。当其时，有军功而拒宦寺，非直赏不及焉，还以受罪。故卢植辱于槛车，王允几于论死，皇甫嵩夺其印绶。燮拒忠而忠弗能挫，惮其名而弗敢害，燮之德威耆权阉而制之也，大矣。

燮之拒忠也，曰：“遇不遇，命也；有功不论，时也。”守正而不竞，安命而不为已甚之辞，坦夷以任天，而但尽其在己，自以雅量冲怀适然于宠辱之交，而小人莫能窥其际。其在汉阳也，曰：“吾遭世乱，不能养浩然之志，食人之禄，又欲避其难乎？”方且自逊以引身之不早，而不待亢爽之气以自激其必死之心。夫如是，岂小人之所可屈，又岂小人之所可伤哉！若燮者，托以六尺之孤，正色从容而镇危乱，植也、俊也、允也，智勇形而中藏浅，固不足以测燮之涯量矣。故知燮非徒节义之士也，允矣其可为社稷之臣矣。

十四

王芬欲乘灵帝北巡，以兵诛诸常侍，废帝立合肥侯。使其成也，亦董卓也，天下且亟起而诛之，其亡且速于董卓。卓拥强兵专征讨，有何进之召为内主，废辨立协，在大位未定之初，协慧而欲立之者，又灵帝之志也，然且不旋踵而关东兴问罪之师矣。芬以斗筲文史，猝起一旦，劫二十二年安位之天子，废之而立疏族，力弱于卓，名逆于卓，人之问罪也，岂徒如卓而已乎？况其轻躁狂动而必不能成也乎？曹操料其败，以止其废立之妄，非其智之过人也，皎然是非祸福之殊途，有心有目无不能辨也。

夫芬之狂，何以迷而不觉也哉？陈蕃之子逸从臾之，而襄楷以其术惑之也。故有积愤者，不可与图万全之术。挟技术者，不可与谋休咎之常。陈逸有不戴天之恨，身与俱碎而不恤，悯其志可也，而不可从也。若襄楷者，昂首窥天而生觊觎，君子之远之也夙矣。此择交定谋者之不可不知也。

十五

何进辅政，而引袁隗同录尚书事，隗之望重矣，位尊矣，权盛矣。绍及术与进同谋诛宦官，而隗不能任；进召董卓，曹操、陈琳、郑泰、卢植皆知必乱，而隗不能止；董卓废弘农立陈留，以议示隗，而隗报如议；犹然尸位而为大臣，廉耻之心荡然矣。然且终死于卓之手而灭其家。故夫有耻者，非以智也，而智莫智于知耻。知耻而后知有己；知有己而后知物之轻；知物之轻，而后知人之不可与居，而事之不可以不断。故利有所不专，位有所不受，功有所不分，祸有所不避。不知耻而避祸，是夜行见水而谓之石，不濡其足不止也。以疲老荏弱之情，内不能知子弟之桀骜，外不知奸贼之雄猜，自倚族望之隆，优游而图免，而可谓有生人之气乎？东汉之有袁氏与有杨氏也，皆德望之巨室，世为公辅，而隗与彪终以贪位而捐其耻心。叔孙豹曰："世禄也，非不朽也。"信夫！不朽有三，惟有耻者能之；隗与彪，其朽久矣。

十六

轻重之势，若不可返，返之几正在是也，而人弗能知也。宦寺之祸，弥延于东汉，至于灵帝而蔑以加矣。党人力抗之而死，窦武欲诛之而死，阳球力击之而死，后孰敢以身蹈水火而姑为尝试者！然天下之盗蜂起，指数之而挟以为名。四海穷民，受其子弟宾党滥大官大邑以朘削无余者，皆诅咒而望其速亡。诛杀禁锢之子孙宗族，不与共戴天日而愿与并命者，日含愤以求一旦之报。士大夫苟非其党，不获已而俯出其下者，畜恶怒以俟天诛之期。桀、纣、幽、厉以圣帝明王之冢裔，正位为天下君，而卒至陨灭，况此无赖之刑人，其能长此而无患乎？故极重而必返，夫人而可与知也。

夫既夫人而可与知，则一旦扑之，如烈风吹将尽之灯，甚速而易，必矣。陈琳曰："此犹鼓洪炉燎毛发。"曹操曰："诛其元恶，一狱吏足矣。"而何进若持方寸之刃以拟猛虎，其呼将助也不择人，其挠败也无决志。袁绍以豪杰自命，为进谋主，且忧危辗转而无能为计；而遣鲍信募泰山之甲，丁原举孟津之火，甚且召董卓以犯宫阙。进之心胆失据，而绍无能辅也。曹操笑而袁绍忧，其智计之优劣，于斯见矣。

所以然者，进以外戚攻宦官，人惩窦氏之祸，无为倾心，一也。进之所恃者何后，举动待后而后敢行，以妇人而敌宦官，智计不及，而多为之蛊，二也。袁隗身为大臣，而疲庸尸位，无能以社稷自任，三也。郑泰、卢植初起于田间，任浅望轻，弗能为益，杨彪、黄琬，无以大殊于袁隗，四也。袁绍兄弟，包藏祸心，乘时构乱，而无戮力王室之诚，五也。曹操识之明、持之定，而志怀叵测，听王室之乱，居静以待动，视何进之迷，而但以一笑当之，六也。皇甫嵩、盖勋顾名义而不欲狂逞，进躁迫而不倚以为腹心，七也。具此七败之形势以诛宦者，而固非其所堪，虽欲祸之不中于宗社，其将能乎？

夫内怀夺柄之心，外无正人之助，若何进者，不足论已。已往之覆辙，为将来鉴。凡皇天之所弗予，志士仁人之所弗予，天下之民受制于威，受饵于利，人心所不戴以为尊亲，而苛暴淫虐，日削月靡，孤人子，寡人妻，积以岁月而淫逞不收，若此者，其灭其亡皆旦夕之间，河决鱼烂而不劳余力。智者静以俟天，勇者决以自任，勿为张皇迫遽而惊为回天转日之难也，存乎其人而已矣。彼曹操者，固亦尝晏坐而笑之矣，况其秉道以匡夫不为操者乎！□□□□□□□□□□□□□□□□□□□□□□□

十七

史纪董卓之辟蔡邕，邕称疾不就，卓怒曰："我能族人。"邕惧而应命。此殆惜邕之才，为之辞以文其过，非果然也。

卓之始执国柄，亟于名而借贤者以动天下，盖汲汲焉。除公卿子弟为郎，以代宦官，吊祭陈、窦，复党人爵位，征申屠蟠，推进黄琬、杨彪、荀爽为三公，分任韩馥、刘岱、孔伷、张邈为州郡，力返桓、灵宦竖之政，窃誉以动天下。蔡邕首被征，岂其礼辞不就而遽欲族之哉？故以知卓之未必有此言也。且使卓而言此矣，亦其粗犷不择一时嚣发之词，而亦何足惧哉！申屠蟠不至，晏然而以寿终矣。袁绍横刀揖出，挂节上东门，而弗能迫杀之矣。卢植力沮弘农王之废，而止于免官，遒然以去矣。郑泰沮用兵之议，巽辞而解矣。朱俊、黄琬不欲迁都，而皆全身以退矣。邕以疾辞，未至如数子之决裂，而何为其族邪？狂夫之言，一怒而无余，卓之暴，市井亡赖之谰言也，而何足惧邪？

邕之始为议郎也，程璜之毒，阳球之酷，可以指顾杀人，而邕不惧；累及叔质，几同骈首以死，而不惧；何其壮矣！至是而馁矣。亡命江海者十二年，固贞人志士义命自居之安土也。宦官之怨愤积，而快志于一朝；髡钳之危辱深，而图安于晚岁；非惧祸也，诚以卓能矫宦官之恶，而庶几于知己也。于是而其气馁矣。以身殉卓，贻玷千古，气一馁而即于死亡，复谁与恤其当年之壮志哉？

君子之立身，期于洁己；其出而事君也，期于靖国；恩怨去就，非有定也。祸在宫闱，则宫闱吾所亟违也；祸在阉宦，则阉宦吾所亟违也，祸在权奸，则权奸吾所亟违也。推而至于僭窃之盗贼、攘夺之夷狄，皆冰炭之乍投而沸、薰莸之逆风而辨也。所疾恶者在此，而又在彼矣。气运移而贞邪忽易，违之于此，而即之于彼，是逃虎而抱蛇、舍砒而含鸩也。能终始数易而不染者，其惟执志如一而大明于义之无方者乎！而邕不能也。始终之怨毒，宦竖而已，此外而篡弑之巨憝不辨矣。非不辨也，己私未忘，而宠辱之情移于衰老也。则一往之劲直，乌足以定人之生平哉？《易》曰："介于石，不终日。"介于石，贞之至也；不终日，见几而无执一之从违，乃以保其贞也。邕勿论矣。欲养浩然之气，日新其义而研之以几，其尚以邕为戒乎！

十八

申屠蟠征而不至，论者谓之知几。几者，事之征，吉凶之先见者也。汉之亡，天下之乱，董卓之不可与一日居，有目者皆见，有耳者皆闻，自非蔡邕之衰老惛迷，孰不知者，而何谓之几邪？乃若蟠之不可及也，则持志定而安土之仁不失也。卓之征名贤也，蔡邕畏之矣，荀爽畏之矣。人劝蟠以行，蟠笑而不答，人不可与语也，志不自白。夷然坦然而险阻消，蟠岂中无主而能然哉？故知其志定而安土之仁不失也。

士苟贞志砥行以自尚，于物无徇焉，于物无侮焉，则虎狼失其暴，蝮蛇失其毒。天下之穰穰而计祸福者，皆足付一笑而已。故庄子曰："大浸稽天而不溺，大旱金石流而不热。"岂有神变不测者存乎？贫而安，犯而不校，子孙不累其心，避就不容其巧；当世之安危，生民之疾苦，心念之而不尝试与谋；文章誉望，听之后世而不亟于自旌；其止如山，其涵如水，通古今、参万变以自纯，则物所不得而辱矣。此安土之仁，所谓即体以为用者也，蟠庶几矣。何以知之？以其笑而不答知之也。而浅人犹谓之曰知几，若邕与爽，其仅谓之不知几也与？

《读通鉴论》卷八终

读通鉴论卷九

献帝

一

有诡谲鸷悍之才，在下位而速觊非望者，其灭亡必速。故王莽、董卓、李密、朱泚俱不旋踵而殄。又其下者，则为张角、黄巢、方腊之妄，以自歼而已矣。其得大位，虽夺虽僭，而犹可以为数十年人民之君长，传之子孙，无道而后亡，则必其始起也，未尝有窥窃神器之心，而奋志戮力以天下之祸乱为己任；至于功立威震，上无驾驭之主，然后萌不轨之心，以不终其臣节而猎大宝，得天下而不可以一日居，未有或爽者也。

关东之起兵以诛董卓也，自袁绍始。绍之抗卓也，曰："天下健者，岂惟董公？"其志可知已。及其集山东之兵，声震天下，董卓畏缩而劫帝西迁以避之，使乘其播迁易溃之势，速进而扑之，卓其能稽天讨乎？乃诸州郡之长，连屯于河内、酸枣，踌躇而不进。其巽懦无略者勿论也；袁绍与术，始志锐不可当，而犹然栖迟若此，无他，早怀觊觎之志，内顾卓而外疑群公，且幸汉之亡于卓而己得以逞也。

于斯时也，蹶起以与卓争死生，曹操、孙坚而已。操曰："董卓未亡之时，一战而天下定。"使一战而天下定，操其能独有天下乎？既败于荥阳，且劝张邈等勿得迟疑不进，失天下望，而邈等不用，操乃还军。当斯时，操固未有擅天下之心可知也。以操为早有擅天下之心者，因后事而归恶焉尔。孙坚之始起，斩许生而功已著，参张温之军事，讨边章而名已立，非不可杰立而称雄也；奋起诛卓，先群帅而进屯阳人，卓惮之而与和亲，乃曰："不夷汝三族悬示四海，吾死不瞑目。"独以孤军进至洛阳，扫除宗庙，修塞诸陵，不自居功，而还军鲁阳。当斯时也，可不谓皎然于青天白日之下而无惭乎？故天下皆举兵向卓，而能以躯命与卓争生死者，坚而已矣。其次则操而已矣。岂袁绍等之力不逮操与坚哉？操与坚知有讨贼而不知有他，非绍、术挟奸心以养寇，而冀收刺虎持蚌之情者所可匹也。故他日者，三分天下，而操得其一，坚得其一，坚之子孙且后操而亡；坚之正，犹愈于操之速易其心者多矣。

故天下非可以一念兴而疾思弋获者也。汉高之入关中，思亡秦而王关中耳，项羽弑义帝，而后有一天下之心。创业之永，天所佑也。董卓死，李、郭乱，袁绍擅河北而忘帝室，袁术窃，刘表僭，献帝莫能驭，而后曹操之篡志生。曹操挟天子，夷袁绍，降刘琮，而后孙权之割据定。是操之攘汉，袁绍贻之；坚之子孙僭号于江南，曹操贻之也。谓操与坚怀代汉之心于起兵诛卓之日，论者已甚之说；岂谅人情、揆天理、知兴废成败之定数者乎？以诡谲之智、鸷悍之勇，乘间抵巇，崛起一朝而即思天位，妄人之尤者尔，而何足以临臣民、贻子孙邪？

孟子曰："五霸，假之也。"假之云者，非己所诚有，假借古人之名义、信以为道之谓，非心不然而故窃其迹也。无其学，无其德，则假矣。名与义生于乍然之心者，固非伪也。王莽之于周公，张角之于老聃，不可谓之假也。当曹操不受骁骑校尉之职，东归合众，进战荥阳，而孙坚起兵长沙，进屯鲁阳，拒卓和亲之日，而坐以窥窃神器之罪，则张角、黄巢、方腊可以创业贻子孙，而安禄山、朱泚、苗傅、刘正彦尤优为之矣。诛非其罪而徒以长奸，深文之害世教，烈矣哉！

二

蔡邕之愚，不亡身而不止。愚而寡所言动者，困穷而止；愚而欲与人家国神人之大，则人怒神恫而必杀其躯。邕之应董卓召而历三台，此何时也？帝后弑，天子废，大臣诛夷，劫帝而迁，宗庙烧，陵寝发，人民骈死于原野，邕乃建议夺孝和以后四帝之庙号，举三代兴革之典礼于国危如线之日，从容而自炫其学术，何其愚也！

而不但愚也。汉之宗社岌岌矣，诸庙之血食将斩矣。夫苟痛其血食之将斩，讳先祖之恶而扬其美，以昭积功累仁之允为元后也，犹恐虚名之无补。乃亟取和帝之凉德不足称宗者而播扬之，是使奸雄得据名以追咎曰：是皆不可以君天下者，而汉亡宜矣。此则人怒神恫，陷大恶而不遑者也。

以情理推之，邕岂但愚而已哉？邕之髡钳而亡命，灵帝使之然也。四帝可宗，则灵帝亦可宗矣。邕盖欲修怨于灵帝，而豫塞其称宗之路，邕于是而无君之心均于董卓，王允诛之，不亦宜乎？董卓曰："为当且尔，刘氏种不足复遗。"邕固曰"刘氏之祖考不足复尊"。其情一也。故曰：邕非但愚也。虽然，神其可欺、神其可恫乎？则亦愚而已矣。

三

韩馥、袁绍奉刘虞为主，是项羽立怀王心、唐高祖立越王侑之术也；虞秉正而明于计，岂徇之哉？王芬欲立合肥侯而废灵帝，合肥侯愚而曹操拒之，合肥以免。刘虞之贤必不受，操知之矣。故但自伸西向之志，而不待为虞计。于是而知操之视绍，其优劣相去之远也。操非果忠于主者，而名义所在，昭然系天下之从违，固不敢犯也。未有犯天下之公义，而可以屈群雄动众庶者也。

或曰：馥、绍之议，亦恶乎非义哉？《春秋》之法，君弑而为弑君者所立，则正其为篡。梁冀弑质帝而桓立，董卓弑弘农王而献立，献不正乎其为君，则关东诸将欲不奉献为主而立虞，恶乎不可？

曰：执《春秋》之法以议桓帝之不正其始，得矣。帝方以列侯求婚于梁氏，趋国门而承其隙，未尝无觊觎之心焉，则与与闻乎弑者同乎贼；使有仗大义以诛冀者，桓帝服罪而废焉，宜也。且顺、桓之际，汉方无事，而不亟于求君也。若献帝之立，年方九岁，何进之难，徒步郊野，汉不可一日而无君，帝自以明了动卓之钦仰，弘农废，扳己以立，未能誓死以固辞，幼而不审，无大臣以匡之，而卓之凶焰，且固曰："刘氏种不复留。"则舍己以延一线之祀，是亦义也，而况其在幼冲乎！袁绍迁董卓之怨以怒帝，其为悖逆也明甚。操知之审，而曰："我自西向。"知帝之可以系人心，刘虞虽贤，无能遥起而夺之也。桓帝之诛冀，以嬖宠之怨，而不忌其弑主之逆；董卓之诛，则已正名之为贼矣，以贼讨卓，则弘农之大仇已复，献帝可无惭于践阼矣。视晋景、鲁定而尤正焉，而何容苛责之也。

四

所谓雄桀者，虽怀不测之情，而固可以名义驭也。明主起而驭之，功业立，而其人之大节亦终赖以全。惟贪利乐祸不恤名义者为不可驭之使调良，明主兴，为彭越、卢芳以自罹于诛而已。不然，则乱天下以为人先驱，身殪家亡而国与俱敝。曹操可驭者也，袁绍不可驭者也。

起兵诛卓之时，操与孙坚戮力以与卓争生死，而绍晏坐于河内；孙坚收复洛阳，乘胜以攻卓，在旦晚之间也，而绍若罔闻；关东诸将连屯以偕处，未有衅也，而绍首祸而夺韩馥之冀州；先诸将而内讧者，无赖之公孙瓒也，而绍诱之以首难；然则昔之从何进以诛宦官，知进之无能为而欲乘之以逼汉尔，进不死，绍固不容之，而陈留又岂得终有天下乎？鲍信曰："袁绍自生乱，是复有一卓也。"孙坚曰："同举义兵，将救社稷，逆贼垂破而各若此，吾将谁与戮力？"虽有汉高、光武，欲收绍而使效奔走，必不得也。李密之所以终死于叛贼也。

自其后事而观之，则曹操之篡成，罪烈于绍，而操岂绍比哉？诸将方争据地以相噬，操所用力以攻者，黑山白绕也，兖州黄巾也，未尝一矢加于同事之诸侯。其据兖州自称刺史，虽无殊于绍，而得州于黄巾，非得州于刘岱也；击走金尚者，王允之赏罚无经有以召之也；然则献帝而能中兴，操固可以北面受赏，而不获罪于朝廷，而不轨之志戢矣。

绍拥兵河北以与操争天下，而操乃据兖州以成争天下之势。绍导之，操乃应之；绍先之，操乃乘之；微绍之逆，操不先动。虽操之雄桀智计长于绍哉！抑操犹知名义之不可自我而干，而绍不知也。然则虽遇高、光之主，绍亦为彭越、卢芳而终不可驭，身死家灭而徒为人先驱。贪利乐祸，习与性成，非一朝一夕之故矣。

五

孙坚之因袁术也，犹先主之因公孙瓒也，固未可深责者也。汉高帝尝因项梁矣，唐高祖下李密而推之矣，以项氏世为楚将，而密以蒲山公之后，为天下所矜也。天下之初乱也，人犹重虚名以为所归，故种师道衰老无能为，而金人犹惮之。袁氏四世五公之名，烜赫宇内，孙坚崛起，不能不借焉。彼公孙瓒之区区，徒拥众枭张耳，昭烈且为之下，而况术乎？

夫坚岂有术于心中者哉？贼未讨，功未成，以长沙疏远之守，为客将于中原，始籍术以立大勋，而速背之，则术必怀慝毒以挠坚之为；进与卓为敌，而退受术之掣，刘虞怀忠义而死于公孙瓒，职此籍也。使坚不死，得自达于长安，肯从术以逆终而为乱贼之爪牙乎？刘表之收荆州也，卓之命也，众皆讨卓而表不从，表有可讨之罪焉；因袁术之隙而为之讨表，实自讨也。若坚者，虽不保其终之戴汉，而固未有瑕也，与术比而姑从之，恶足以病坚哉！

六

管宁在辽东，专讲诗书、习俎豆，非学者勿见，或以宁为全身之善术，岂知宁者哉？王烈为商贾以自秽，而逃公孙度长史之辟命，斯则全身之术，而宁不为也。天下不可一日废者，道也；天下废之，而存之者在我。故君子一日不可废者，学也；舜、禹不以三苗为忧，而急于传精一；周公不以商、奄为忧，而慎于践笾豆。见之功业者，虽广而短；存之人心风俗者，虽狭而长。一日行之习之，而天地之心，昭垂于一日；一人闻之信之，而人禽之辨，立达于一人。其用之也隐，而抟挽清刚粹美之气于两间，阴以为功于造化。君子自竭其才以尽人道之极致者，惟此为务焉。有明王起，而因之敷其大用。即其不然，而天下分崩、人心晦否之日，独握天枢以争剥复，功亦大矣。

籍此言之，则汉末三国之天下，非刘、孙、曹氏之所能持，亦非荀悦、诸葛孔明之所能持，而宁持之也。宁之自命大矣，岂仅以此为祸福所不及而利用乎！邴原持清议，而宁戒之曰："潜龙以不见成德。"不见而德成，有密用也；区区当世之得失，其所矜而不忍责，略而不足论者也。白日之耀，非灯烛之光也。宁诚潜而有龙德矣，岂仅曰全身而已乎？

七

王允诛董卓，而无以处关东诸将，虽微李傕、郭汜，汉其能存乎？首谋诛卓者袁绍，是固有异志焉，而不可任者也。曹操独进荥阳，虽败而志可旌；孙坚首破卓而复东都，粪除宗庙，修治陵园，虽死而其子策可用也；急召而录其功以相辅于内，傕、汜失主而气夺，安敢侧目以视允乎？区区一宋翼、王弘，傕、汜且惮之，而不敢加害于允，而况操与策也。允之倚翼与弘，皆其所私者也，操与策非其所能用者也，而又以骄气乘之，不亡何待焉！

或曰：操非可倚以安者，允而召操，则与何进之召卓也何以异？此又非也。进不能诛宦官而倚卓，进客而卓主矣。允之诛卓，无假于操，而威大振；操虽奸，赏之以功，旌之以能，绥之以德，束之以法，操且熟计天下而思自处。故王芬之谋，刘虞之议，必规避之，而不敢以身为逆。当此之时，众未盛，威未张，允以谈笑灭贼之功临其上而驾驭之，操抑岂敢蹈卓之覆轨乎？策方少，英锐之气，诱掖之以建忠勋也尤易，而奚患召之为后害哉？允非其人也，智尽于密谋，而量不足以包英雄而驯扰之，加以骄逸，而忘无穷之隐祸，其周章失纪而死于逆臣，不能免矣。

东召孙、曹而西属凉州之兵于皇甫嵩，则二袁、刘表、公孙瓒不足以逼；二袁、刘表、公孙瓒不逼，而曹操亦无借以启跋扈之心。天下可定也，况李傕、郭汜之区区者乎？

八

马日磾、赵岐之和解关东也谁遣之？于时李傕、郭汜引兵向阙，种拂战死，天子步出宣平门，王允、宋翼、王弘骈死阙下，宫门之外皆仇敌也，而暇念及于袁、刘、公孙不辑于千里之外邪？故知非献帝遣之，催、氾遣之也。关东诸将之起，以诛卓起。催、氾，卓之部曲也，其引兵犯阙，以报卓之仇为辞，吕布东走，而催、氾安能不忧诛卓之师浸加于己哉？欲求款于关东而恐其见拒，则姑以天子之诏为和解之迁说，亦其虽为卓报仇，而于关东则均为王臣，无异志也，此不款和而妙为款和者也。刘表则自刺史而牧矣，曹操上书而优而使之归矣，征朱俊为太仆矣，皆催、氾以求免于关东之善术也。呜呼！日磾、岐为汉之大臣，而受贼之羁络以听其颐指，其顽鄙而不知耻，亦至是哉！

夫与贼同立于朝，所难者不能自拔耳。二子者，幸而得衔命以出，是温峤假手以图王敦之机会也。绍、术、瓒、表虽怀异志，而朱俊、曹操、刘虞、孙策，夫岂不可激厉入援以解天子之困厄。而命之曰和解，则以和解毕事，曾不知有问及中朝者，二子将何辞以答也？故遣日磾、岐者，催、氾也；奔走于诸将之间，觍颜以嚅嗫者，为催、氾效也；为天下贱，不亦宜乎！

九

曹操父见杀而兴兵报之，是也；阬杀男女数十万人于泗水，遍屠城邑，则惨毒不仁，恶滔天矣。虽然，陶谦实有以致之也。谦别将掩袭曹嵩而杀之，谦可谢过曰不知，然使执杀嵩者归之于操，使脔割而甘心焉，则操亦无名以逞。乃视嵩之死，若猎人之射麝麚，分食其肉而不问所从来，亦何以已暴人之怒哉？

且操之击谦也，以报私仇，而未尝无可托之公义也。李催、郭氾称兵向阙，杀大臣，胁天子，人得而诛者也。谦首唱诛逆之谋，奉朱俊以伐逆而戴主，催、氾以太仆饵俊，以牧饵谦，其力弱而畏我也可见矣。知其弱，惧其饵，俊虽志义不终，而谦自可奋兴以致讨；乃听王朗之谋，邀宠于贼臣，而受州牧之命，则欲辞党逆之诛而无所逭；操执此以告天下，而天下孰为谦援者乎？盖谦之为谦也，贪利赖宠，规眉睫而迷祸福者也。然则曹嵩之辎重，谦固垂涎而假手于别将耳。吮锋端之蜜，祸及生灵者数十万人，贪人之毒，可畏也夫！

十

国家积败亡之道以底于乱，狡焉怀不轨之志，思猎得之者众矣，而尚有所忌也。天子不成乎其为君，大臣不成乎其为臣，授天下以必不可支之形，而后不轨者公然轧夺而无所忌。

关东起兵以诛卓，而无效死以卫社稷之心，然固未敢逞其攘夺也。至于卓既伏诛，王允有专功之心，而不与关东共功名，可收以为用者勿能用，可制之不为贼者弗能制，而关东之心解矣。允以无辅而亡，李傕、郭汜以无惮而讧，允死，而天下之心遂为之裂尽。李、郭杀大臣，胁人主，关东疾视而不问，马日磾、赵岐之庸鄙，受二凶之意旨以和解行，而实为逆贼结连衡之好，然后关东始坚信汉之必亡。于是而曹操上书之情，非复荥阳之志矣。孙坚即不死，而不保其终，策以孤立之少年，走刘繇，逐王朗，杀许贡，跳踉于江东矣。张邈、陶谦、吕布、刘备互相攻而不戢矣。二袁之思移汉鼎以归己，又显著其迹矣。环视一献帝而置之若存若亡之间，以无难绐其臂而夺之。呜呼！迟之十余年，而分崩之势始成。天下何尝亡汉，而汉自亡，尚孰与怜之，而兴下泉苞稂之思者乎？

王允非定乱之人也，马日磾、赵岐，则手授天下于群雄者也，汉之终亡，终于此也。

十一

乱天下者，托于名以逞其志；故君子立诚以居正，而不竞以名，则托于名者之伪露以败，而君子伸。乱天下者，并其名而去之不忌，则能顾名以立事者，虽非其诚而志欲伸，无可为名者，莫能胜也。管、蔡内挟孺子、外挟武庚以为名，非无名也，自不可敌周公之诚也。项羽立义帝而弑之，并其名而去之矣；汉高为帝发丧，名而已矣，而天下戴之以诛羽之不义。使义帝而存，汉高之能终事之也，吾不敢信，然而以讨项羽则有余。故胡氏曰："与其名存而实亡，愈于名实之俱亡。"此三代以下之天下，名为之维持也大矣。

袁绍不用沮授之策，听淳于琼而不迎天子于危困之中，授曰："必有先之者。"而曹操果听荀彧迎帝以制诸侯。夫无君之心，操非殊于绍也，而名在操，故操可以制绍，而绍不能胜操；操之胜也，名而已矣。

虽然，名未易言也。名而可以徒假与，则绍亦何惮而不假？淳于琼曰："今迎天子，动则表闻，从之则权轻，违之则拒命。"故曹操迁许以后，外而袁绍耻太尉之命，内而孔融陈王畿之制，董承、刘备、伏完、金祎交起而思诛夷之；入见殿中，汗流浃背，以几幸于免；与绍之恣睢河北惟意欲为而莫制者，难易之势相悬绝也。苟不恤其名，而惟利是图，则淳于琼之言，安知其不长于荀彧哉？假令衣带诏行，曹操授首于董承、伏完、金祎之手，则授、彧之谋，岂不适为琼笑？而非然也，出天子于棘篱饥困之中，犹得奉宗庙者二十余年，不但以折群雄之僭，即忠义之士，怀愤欲起，而人情之去就，尚且疑且信而不决于从也。琼之情惟利是图，受天下之恶名而不恤，绍是之从，欲不亡也，得乎？

名与利，相违者也；实与名，末相违而始相合也。举世骛于名，而忠孝之诚薄；举世趋于利以舍名，而君臣父子之秩叙，遂永绝于人心。故名者，延夫人未绝之秉彝于三代之下者也。夫子于卫辄父子之际，他务未遑，而必先正名，盖有不得已焉耳。

十二

刘先主之刺豫州，因陶谦也；其兼领徐州，亦因陶谦也。二袁、曹操，皆受命于灵帝之末，吕布、刘表，亦拜爵王廷而出者，惟先主未受命也，而不得不因人以兴。始因公孙瓒，继因陶谦，周旋于两不足有为者之左右，而名不登于天府，是以屡出而屡败。孔北海知之已夙，而何为不飏于王廷？北海之疏也。败于吕布而归许，然后受命而作牧，望乃著于天下。以义揆之，则受陶谦之命兼领二州，其始不正，故终不足以动天下而兴汉，亦始谋之不臧哉！

及其为左将军，受诏诛操而出奔，乃北奔于袁绍，托非其人矣，而非过也。何也？既已受命诛操，则许都之命制自操者，义不得而受也。结孙权而分荆，夺刘璋以收益，可以不受命矣；可不受命而制自己，故虽不足以兴汉，而终奄有益州，以成鼎足之形。

使其于陶谦授徐之日，早归命宗邦，诛傕、氾以安献帝，绍与操其孰能御之？而计不及此，孔北海亦莫之赞焉，徒与袁术、吕布一彼一此，争衡于徐、豫之间，惜哉！

十三

张巡守睢阳，食尽而食人，为天子守以抗逆贼，卒全江、淮千里之命，君子犹或非之。臧洪怨袁绍之不救张超，困守孤城，杀爱妾以食将士，陷其民男女相枕而死者七八千人，何为者哉？张邈兄弟党吕布以夺曹操之兖州，于其时，天子方蒙尘而寄命于贼手，超无能恤，彼其于袁、曹均耳。洪以私恩为一曲之义，奋不顾身，而一郡之生齿为之并命，殆所谓任侠者与！于义未也，而食人之罪不可逭矣。

天下至不仁之事，其始为之者，未必不托于义以生其安忍之心。洪为之巡效之而保其忠，于是而朱粲之徒相因以起。浸及末世，凶岁之顽民，至父子、兄弟、夫妻相噬而心不戚，而人之视蛇蛙也无以异，又何有于君臣之分义哉？

若巡者，知不可守，自刎以殉城可也。若洪，则姑降绍焉，而未至丧其大节；愤兴而憯毒，至不仁而何义之足云？孟子曰："仁义充塞，人将相食。"夫杨、墨固皆于道有所执者，孟子虑其将食人而亟拒之，臧洪之义，不足与于杨、墨，而祸烈焉。君子正其罪而诛之，岂或贷哉！

十四

董承潜召曹操入朝，操至而廷奏韩暹、杨奉之罪，诛罪赏功，矜褒死节，而汉粗安。惜哉，承之行此也晚，而王允失之于先也。

当斯时也，汉之大臣，死亡已殆尽矣；天子徒步以奔，而威已殚矣；从官采椹饿死，而士大夫之气已夺矣；故董昭谋迁帝于许，尚惧众心之不厌，而卒无有一言相抗者。若当董卓初诛之日，廷犹有老成之臣，人犹坚戴汉之心，刘虞怀忠于北陲，孙坚立功于洛阳，相制相持，而允之忠勋非董承从乱之比，操亦何敢遽睥睨神器、效董卓之狂愚乎？

王允坐失之，董承不得已而试为之；为之已晚，而无救于汉之亡，然而天下亦自此而粗定。观于此而益为允惜，诚可惜而已矣。

十五

范增之欲杀沛公，孙坚之欲杀董卓，为曹操谋者之欲杀刘豫州，王衍之欲杀石勒，张九龄之欲杀安禄山，自事后而观之，其言验矣。乃更始杀伯升而国终亡；司马氏杀牛金而家终易。故郭嘉之说曹操，勿徒受害贤之名，而曹操笑曰："君得之矣。"有识者之言，非凡情可测也。

人之欲大有为也，在己而已矣，未有幸天下之不肖，而己可攘贤而自大者也。苟可以大有为，则虽有英雄，无能为我难也；苟未可以有为，则何知天之生豪杰者不再生也？待獭以驱鱼，待鹯以驱雀，此封建之天下为然尔。起于纷乱之世而欲成大业，非能屈天下之英雄，不足以建非常之业。忌英雄而杀之，偷胜天下之庸流以为之雄长，则气先荼；而忽有间起之英豪乘之意外，则神沮志乱而无以自持。若此者，曹操之所不屑为，而况明主之以道胜而容保无疆者乎！尽己而不忧天下之我胜，君子之道，而英雄缘之；不能仿佛于君子之道而足为英雄者，未之有也。

十六

刘表无戡乱之才，所固然也，然谓曹操方挟天子、擅威福，将夺汉室，而表不能兴勤王问罪之师，徒立学校、修礼乐，为不急之务，则又非可以责表也。

表虽有荆州，而隔冥厄之塞，未能北向以争权，其约之以共灭曹氏者，袁绍也，绍亦何愈于操哉？绍与操自灵帝以来，皆有兵戎之任，而表出自党锢，固雍容讽议之士尔。荆土虽安，人不习战，绍之倚表而表不能为绍用，表非戡乱之才，何待杜袭而知之？表亦自知之矣。踌躇四顾于袁、曹之间，义无适从也，势无适胜也，以诗书礼乐之虚文，示闲暇无争而消人之忌，表之为表，如此而已矣。中人以下自全之策也。不为祸先而仅保其境，无袁、曹显著之逆，无公孙瓒乐杀之愚，故天下纷纭，而荆州自若。迨乎身死，而子孙举土以降操，表非不虑此，而亦无如之何者也。

杜袭之语繁钦曰："全身以待时。"袭所待者曹操耳，钦与王粲则邀官爵燕乐之欢于曹丕者也，夫岂能鄙表而不屑与居者哉？诸葛公侨居其土，而云"此中足士大夫遨游"。亦惟表之足以安之也。天下无主，而徒以责之表乎！

十七

吕布不死，天下无可定乱之机，昭烈劝曹操速杀之，此操所以心折于昭烈也。

当时之竞起者众矣。孙坚，以戡乱为志者也；刘焉妄人也，而偷以自容；刘表，文士也，而无能自立；袁绍，虽疏而有略，其规恢较大矣；狂愚而逞者袁术，而犹饰伪以自尊；顽悍而乐杀者公孙瓒，而犹据土以自全；若夫倏彼倏此，惟其意之可矞发，旦暮狂驰而不能自信，惟吕布独也。而有骁劲之力以助其恶，嗾之斯前矣，激之斯起矣，触之斯哄矣，蹂躏于中夏而靡所底止，天下未宁而布先殪，其自取之必然也。吕布殪，而天下之乱始有乍息之时，乱人不亡，乱靡有定，必矣。

呜呼！布之恶无他，无恒而已。人至于无恒而止矣。不自信而人孰信之？不自度而安能度人？不思自全，则视天下之糜烂皆无足恤也。故君子于无恒之人，远之惟恐不速，绝之惟恐不早，可诛之，则勿恤其小惠、小勇、小信、小忠之区区而必诛之，而后可以名不辱而身不危。与无恒者处，有家而家毁，有身而身危，乃至父子、兄弟、夫妇之不能相保。论交者通此义以知择，三人行，亦必慎之哉！

十八

汉武、昭之世，盐铁论兴，文学贤良竞欲割盐利以归民为宽大之政，言有似是而非仁义之实者，此类是也。夫割利以与民，为穷民言也；即在濒海濒池之民，苟其贫弱，亦恶能食利于盐以自润，所利者豪民大贾而已。未闻割利以授之豪民大贾而可云仁义也。盐犹粟也，人不可一日无者，而有异。粟则遍海内而生，勤者获之，惰者匮之；盐则或悬绝于千里之外，而必待命于商贾。上司其轻重，则虽苛而犹有制；一听之豪民大贾，居赢乘虚，其以厚取于民者无制，而民不得不偿，故割利以与豪民大贾而民益困。王者官山府海以利天下之用而有制，以不重困于民，上下交利之善术也，而奚为徇宽大之名以交困国民邪？与其重征于力农之民，何如取给于天地之产。盐政移于下，农民困于郊，国计虚于上，财不理，民非不禁，动浮言以谈仁义者，亦可废然返矣。

卫觊曰："盐，国之大宝也。"置盐官卖盐，以其直市犁牛给民，勤耕积粟，行之关中而民以缓，强敌以折。施及后世，司马懿拒守于秦、蜀之交，诸葛屡匮而懿常裕，皆此为之本也。觊之为功于曹氏，与枣祗均，而觊尤大矣。

十九

韩嵩，智而狡者也。刘表旧与袁绍通，而曹操方挟天子以为雄长，绍之不敌操也，人皆知之，故杜袭、繁钦、王粲之徒，日夕思归操以取功名。嵩亦犹是而已矣。嵩之劝表以归操，明言袁、曹之胜败，而论者谓其奉戴汉室，过矣。

嵩之欲诣许也迫，而固持之以缓，其与表约曰："守天子之命，义不得为将军死。"先为自免之计，以玩弄表于股掌之上，坚辞不行，而待表之相强，得志以归，面折表而表不能杀，亦陈珪之故智，而嵩持之也尤坚。表愚而人去之，操巧而人归之，以中二千石广陵守遂珪之志，以侍中零陵守遂嵩之志，珪与嵩之计得，而吕布、刘表之危亡系之矣。二子者，险人之尤也，岂得以归汉为忠而予之！

二十

董承受衣带诏，与先主谋诛曹操，乘操屯官渡拒袁绍之日，先主起兵徐州，势孤而连和于袁绍。勿论待人者不足以兴，即令乘间而诛操，绍方进而夺汉之权，先主、董承其能制绍使无效操之尤而弥甚乎？不能也。然则此举也，亦轻发而不思其反矣。董承者，与乱相终始，无定虑而好逞其意计者也。前之召操，与今之连绍，出一轨而不惩，弗责矣；先主亦虑不及此，而轻为去就，何以为英雄哉？

夫先主之于此，则固有其情矣。其初起也，因公孙瓒，因陶谦，虽为州牧，而权借已微，固不能与袁、曹之典兵于灵帝之世，与于诛贼之举者齿；故旋起旋踬，而姑托于操。及其受左将军之命，躬膺天子之宠任，而又承密诏以首事，先主于是乎始得乘权而正告天下以兴师。曹操之必篡，心知之矣；袁绍之为逆，亦心知之矣。脱于操之股掌，东临徐、豫，孤倡义问以鼓人心，乘机而兴，不能更待，绍不可连而连之，姑使与操相持，己因得以收兵略地为东向之举，而有余以制群雄，先主之志，如此而已。初末尝倚绍以破操，而幸绍之能戴汉以复兴也。董承、种辑亦恶足以知其怀来哉？

故许先主以纯臣，而先主不受也。其于献帝，特不如光武之于更始，而岂信其可终辅之以荡群凶乎？故连和于绍而不终，未尝恃绍也。操即灭，绍即胜，先主亦且出于事外而不屑为绍用。先主之东，操心悔之而不惧，绍遥应之而不坚，亦已知之矣。他日称尊于益州，此为权舆；特其待操之篡而后自立焉，故不得罪于名教，而后世以正统加之，亦可勿愧焉。

二十一

曹操东攻先主，田丰说绍乘间举兵以袭其后，绍以子疾辞丰而不行，绍虽年老智衰，禽犊爱重，岂至以婴儿病失大计者？且身即不行，命大将统重兵以蹴之，亦讵不可？而绍不尔者，绍之情非丰所知也。操东与先主相距而绍乘之，操军必惊骇溃归，而先主追蹴之，操且授首；先主诛操入许而拥帝，绍之逆不足以逞，而遽与先主争权；故今日弗进，亦犹昔者拥兵冀州，视王允之诛卓而不为之援，其谋一也。

岂徒绍哉！先主亦固有此情矣。绍之兴兵而南，众未集，兵未进，虽承密诏与董承约，抑可姑藏少待也；待绍之进黎阳、围白马，操战屡北，军粮且匮，土山地道交攻而不容退，乃徐起徐、豫之兵，亟向许以拒曹之归，操且必为绍禽。而先主遽发以先绍者，亦虑操为绍禽，而己拥天子之空质，则绍且枭张于外而逼我，孤危将为王允之续矣。惟先绍而举，则大功自己以建，而绍之威不张。绍以此制先主，先主亦以此制绍，其机一也。

夫先主岂徒思诛操而纵绍以横者乎？两相制，两相持，而曹操之计得矣。急攻先主而缓应绍，知其阳相用而阴相忌，可无俟其合而迫应其分。先主恶得而不败？绍恶得而不亡？此其机，与绍缄之于心，非董承之所察，而田丰欲以口舌争之，不亦愚乎！

二十二

张鲁妖矣，而卒以免于死亡，非其德之堪也；听阎圃之谏，拒群下之请，不称汉宁王，卫身之智，足以保身，宜矣。呜呼！乱世之王公，轻于平世之守令；乱世之将相，贱于平世之尉丞；顾影而自笑，梦觉而自惊，人指之而嗤其项背，鬼瞰之而夺其精魂，然而汲汲焉上下相蒙以相尊，愚矣哉！

陈婴、周市之所弗为，张鲁能弗为，张鲁之所不为，而吕光、杜伏威、刘豫、明玉珍汲汲焉相尊以益其骄，骈首就戮而悔之无及，以死亡易一日之虚尊，且自矜也，人之愚未有如是之甚者也。

二十三

袁绍之自言曰："吾南据河，北阻燕、代，兼戎狄之众，南向以争天下。"起兵之初，其志早定，是以董卓死，长安大乱，中州鼎沸，而席冀州也自若，绍之亡决于此矣。

夫欲有事于天下者，莫患乎其有恃也。己恃之矣，谋臣将帅恃之矣，兵卒亦恃之矣，所恃者险也，而离乎险，则丧其恃而智力穷。《坎》之象曰："王公设险以守其国。"险不可久据，而上六出乎险矣。智非所施，力非所便，徽缠之系，丛棘之置，非人困之矣。山国之人，出乎山而穷于原；泽国之人，离乎泽而穷于陆；失所恃而非所习，则如蜗牛之失其庐而死于蚁。故袁绍终其身未尝敢跬步而涉河，非徒绍之不敢，其将帅士卒睨平原广野川陆相错，而目眩心荧，莫知所措也。

曹操曰："任天下之智力，以道御之，无所不可。"在山而用山之智力，在泽而用泽之智力，己无固恃，人亦且无恃心，而无不可恃，此争天下者之善术，而操犹未能也。西至于赤壁，东至于濡须，临长江之浩漾而气夺矣。则犹山陆之材，而非无不可者也。何也？操之所以任天下之智力，术也，非道也。术者，有所可，有所不可；可者契合，而不可者弗能纳，则天下之智力，其不为所用者多矣。其终强而夺汉者，居四战之地，恃智恃力，而无河山之可恃以生其骄怠也。

然则诸葛劝先主据益州天府之国，亦恃险矣，而得以存，又何也？先主之时，豫、兖、雍、徐已全为操之所有，而荆、扬又孙氏三世之所绥定，舍益州而无托焉，非果以夔门、剑阁之险，肥沃盐米之薮，为可恃而恃之也。李特睨剑阁而叹曰："刘禅有此而不知自存。"夫特亦介晋之乱耳，使其非然，则亦赵廞、李顺而已。董璋、王建皆乘乱也，岂三巴岩险之足以偷安两世哉！

二十四

荀悦、仲长统立言于纷乱之世，以测治理，皆矫末汉之失也，而统为愈。悦之言专以绳下，而操之已呕，申、韩之术也，曹操终用之以成乎严迫之政，而国随亡。统则专责之上，而戒慆淫以清政教之原，故曰统为愈也。

悦之言曰："教化之废，推中人而坠于小人之域，教化之行，引中人而纳于君子之途。"是也。顾其所云正俗者，听言责事，举名察实，则固防天下之胥为小人而督之也。故曰申、韩之术也。统切切焉以犇私嗜、骋邪欲、宣淫同恶为戒，诚戒此矣，越轨改制之俗，上无与倡，而下恶淫荡哉？汉之亡也，积顺、桓、灵帝三君之不道，而天下相效以相怨，非法制督责之所可救，而悦何仅责之于末也！

虽然，统知惩当时之弊而归责于君，亦不待深识而知其然者也；而推论存亡迭代，治乱周复，举而归之天道，则将使曹氏思篡之情，亦援天以自信而长其逆。故当纷乱之世，未易立言也。愤前事之失，矫之易偏；避当时之忌，徇之不觉；非超然自拔于危乱之廷，其言未有不失者也。悦为侍中矣，统为尚书郎矣，而且得有言乎哉？

二十五

诸葛公之始告先主也，曰："天下有变，命一上将将荆州之军以向宛、洛，将军身率益州之众出于秦川。"其后先主命关羽出襄、樊而自入蜀，先主没，公自出祁山以图关中，其略定于此矣。是其所为谋者，皆资形势以为制胜之略也。蜀汉之保有宗社者数十年在此，而卒不能与曹氏争中原者亦在此矣。

以形势言，出宛、洛者正兵也，出秦川者奇兵也，欲昭烈自率大众出秦川，而命将向宛、洛，失轻重矣。关羽之覆于吕蒙，固意外之变也；然使无吕蒙之中挠，羽即前而与操相当，羽其制操之死命乎？以制曹仁而有余，以敌操而固不足矣。宛、洛之师挫，则秦川之气枵，而恶能应天下之变乎？

乃公之言此也，以宛、洛为疑兵，使彼拒于宛、洛，而乘间以取关中，此又用兵者偶然制胜之一策，声东击西，摇惑之以相牵制，乘仓猝相当之顷，一用之而得志耳。未可守此以为长策，规之于数年之前，而恃以行之于数年之后者也。敌一测之而事败矣。谋天下之大，而仅恃一奇以求必得，其容可哉？善取天下者，规模定乎大全，而奇正因乎时势。故曹操曰："任天下之智力，以道驭之，无所不可。"操之所以自许为英雄，而公乃执一可以求必可，非操之敌矣。

且形势者，不可恃者也。荆州之兵利于水，一逾楚塞出宛、洛而气馁于平陆；益州之兵利于山，一逾剑阁出秦川而情摇于广野。恃形势，而形势之外无恃焉，得则仅保其疆域，失则只成乎坐困。以有恃而应无方，姜维之败，所必然也。当先主飘零屡挫、托足无地之日，据益州以为资，可也；从此而画宛、洛、秦川之两策，不可也。陈寿曰："将略非其所长。"岂尽诬乎？

二十六

身任天下之重，舍惇信而趋事会，君子之所贱，抑英雄之所耻也，功隳名辱而身以死亡，必矣。欲合孙氏于昭烈以共图中原者，鲁肃也；欲合昭烈于孙氏以共拒曹操者，诸葛孔明也；二子者守之终身而不易。子敬以借荆资先主，被仲谋之责而不辞；诸葛欲谏先主之东伐，难于尽谏，而叹法正之死。盖吴则周瑜、吕蒙乱子敬之谋，蜀则关羽、张飞破诸葛之策，使相信之主未免相疑。然二子者，终守西吊刘表东乞援兵之片言，以为金石之固于心而不能自白，变故繁兴之日，微二子而人道圮矣。

且以大计言之，周瑜、关羽竞一时之利，或得或丧，而要适以益曹操之凶；鲁、葛之谋，长虑远顾，非瑜与羽微利之浅图所可测，久矣。兵之初起也，群雄互角，而操挟天子四面应之而皆碎。此无异故，吕布倏彼倏此而为众所同嫉，袁术则与袁绍离矣，袁绍则与公孙瓒竞矣，袁谭、袁尚则兄弟相仇杀矣，韩遂则与马超相疑矣，刘表虽通袁绍，视绍之败而不恤矣，皆自相灭以授曹氏之灭之也。今所仅存者孙、刘，而又相寻于干戈，其不内溃以折入于曹操也不能。则鲁、葛定交合力以与操争存亡，一时之大计无有出于此者。晋文合宋、齐以败楚，乐毅结赵、魏以破齐，汉高连韩、彭、英布而摧项，已事之师，二子者筹之熟而执之固。瑜与羽交起而乱之，不亦悲乎！

二十七

仲谋之听子敬，不如其信瑜、蒙，先主之任孔明，而终不违关、张之客气，天下之终归于曹氏也，谁使之然也？

或曰：操汉贼也，权亦汉贼也，拒操而睦权，非义也。夫苟充类至尽以言义，则纷争之世，无一人之不可诛矣。权逆未成，视操之握死献帝于其掌中，则有间矣。韩信请王齐之日，窦融操迟疑之志，亦奚必其皎皎忠贞如张睢阳、文信国而后可与共事。使核其隐微以求冰霜之操，则昭烈不与孔北海同死，而北奔袁绍，抑岂以纯忠至孝立大节者乎？

故孙、刘之不可不合，二子之见义为已审也。其信也，近于义而可终身守者也。先主没，诸葛遽修好于吴，所惜者，肃先亡耳，不然，尚其有济也。乃其无济矣，二子之惇信，固以存人道于变故繁兴之世者也。

二十八

赤壁之战，操之必败，瑜之必胜，非一端也。舍骑而舟，既弃长而争短矣。操之兵众，众则骄；瑜之兵寡，寡则奋；故韩信以能多将自诧，而谓汉高之不己若也，此其一也。操乘破袁绍之势以下荆、吴，操之破绍，非战而胜也，固守以老绍之师而乘其敝也，以此施之于吴则左矣；吴凭江而守，矢石不及，举全吴以馈一军，而粮运于无虑之地，愈守则兵愈增、粮愈足，而人气愈壮，欲老吴而先自老，又其一也。北来之军二十万，刘表新降之众几半之，而恃之以为水军之用，新附之志不坚，而怀土思散以各归其故地者近而易，表之众又素未有远征之志者也，重以戴先主之德，怀刘琦之恩，故黄盖之火一爇而人皆骇散，荆土思归之士先之矣，此又其一也。积此数败，而瑜之明足以见之；即微火攻，持之数月，而操亦为官渡之绍矣。知此，而兵之所忌，与敌之足畏与否也，皆可预料而定也。

二十九

黄权、王累、严颜、刘巴之欲拒先主也，智在一曲而不可谓智，忠在一曲而不可谓忠。奚以明其然也？

张松曰："曹公兵无敌于天下，因张鲁以取蜀，谁能御之？"诸欲拒先主者，曾有能保蜀而不为操所夺乎？亡有术也。钟繇之兵已向张鲁，危在旦夕，而璋以柔懦待之，夺于曹必矣。与其夺于曹，无如夺于先主，则四子者，料先主之必见夺以为智，知其一曲而不知其大全也，非智也。

四子之于刘焉，豢属耳，非君臣也。焉虽受命作牧，而汉之危亡，风波百沸，焉勿问焉。割土自擅，志士之所不屑事者也。先主虽不保为汉室之忠辅，而犹勤勤于定乱，视焉而愈也多矣。戴非其主而怙之，相依为逆而失名义之大，非忠也。

然则张松、法正其贤乎？而愈非也。璋初迎昭烈，二子者遽欲于会袭之，忍矣哉！君子于此，劝璋以州授先主而保全之，则得矣，其他皆不忠不智之徒也。

三十

论治者言得言失，古今所共也；而得不言其所自得，失不言其所自失，故牍满册府，而听之者无能以取益。张纮将死，遗笺吴主曰："人情惮难而趋易，好同而恶异，故与治道相反。"斯言抉得失之机于居心用情之际，闻之者而能悟焉，反求之寸心，而听言用人立政之失焉者鲜矣。

夫人之情，不耽逸豫，天下无不可进之善；不喜谀悦，天下无不可纳之忠。然而中人之于此，恒讳之也。乐逸豫矣，而曰图难者之迂远而无益也；喜谀悦矣，而曰责善者之失理而非法也；反诸其心而果然乎哉？偷安喜谀，一妇人孺子之愚，而远大之猷去之。讳其偷安喜谀之情，则利害迫于身而不知避。其迹刚愎者，其情荏苒；急取其柔情而砭之于隐，然后振起其生人之气。而图治有本，非泛言得失者，令人迷其受病之源，而听之若忘也。奋耻自强，而矫其情之所流，虽圣王之修身立政，又何以加焉！

三十一

荀彧拒董昭九锡之议，为曹操所恨，饮药而卒，司马温公许之以忠，过矣。乃论者讥其为操谋篡，而以正论自诡，又岂持平之论哉？彧之智，算无遗策，而其知操也，尤习之已熟而深悉之；违其九锡之议，必为操所不容矣，姑托于正论以自解，冒虚名，蹈实祸，智者不为，愚者亦不为也，而彧何若是？夫九锡之议兴，而刘氏之宗社已沦。当斯时也，苟非良心之牿亡已尽者，未有不恻然者也。彧亦天良之未泯，发之不禁耳，故虽知死亡之在眉睫，而不能自已。于此亦可以征人性之善，虽牿亡而不丧，如之何深求而重抑之！

彧之失，在委身于操而多为之谋耳。虽然，初起而即委身于操，与华歆、王朗之为汉臣而改面戴操者，抑有异矣。杨彪世为公辅，而不能亡身以忧国；邴原以名节自命，而不能辞召以洁身。蜀汉之臣，惟武侯不可苟求焉，其他则皆幸先主为刘氏之胤，而非其果能与汉存亡者也。然则彧所愧者管宁耳。当纷纭之世，舍宁而无以自全，乃彧固以才智见，而非宁之流亚久矣。季路、冉有，聚敛则从，伐颛臾则为之谋，旅泰山则不救，而子曰："弑父与君，亦不从也。"至于大恶当前，而后天良之存者不昧，祸未成而荏苒以为之谋，圣人且信其不与于篡弑，善恶固有不相掩矣。

且彧之为操谋也，莫著于灭袁绍。绍之为汉贼也，不下于操，为操谋绍，犹为绍而谋操也。汉之贼，灭其一而未尝不快，则或为操谋，功与罪正相埒矣。若其称霸王之图以欲操，则怀才亟见，恐非是而不为操所用也，则或之为操谋也，亦未可深罪也。试平情以论之，则或者，操之谋臣也，操之谋臣，至于篡逆而心怵焉其不宁，左掣右曳以亡其身，其天良之不昧者也。并此而以为诡焉，则诬矣。

三十二

《春秋》之法，诸侯失国则名之，贱之也；失国而又降焉，贱甚矣。此三代封建之侯国则然，受之先王，传之先祖，天子且不得而轻灭焉，为臣子者，有死而无降，义存焉耳。刘焉之牧益州，汉命之；命之以牧，未尝命之以世。焉死，璋偷立乎其位，益州岂焉所可传子，而璋有宗社之责哉？

先主围成都，璋曰："父子在州二十余年，无恩德以加百姓，攻战三年，肌膏草野，以璋故也，何心能安。"犹长者之言也。论者曰："刘璋暗弱。"弱者弱于强争，暗者暗于变诈，而岂果昏屡之甚乎？其不断者，不能早授州于先主，而多此战争耳。韩馥之于袁绍，璋之于先主，自知不逮而引退以避之，皆可谓保身之智矣。其属吏悻悻以争气矜之雄，以毒天下，何足尚哉！

三十三

吴、蜀之好不终，关羽以死，荆州以失，曹操以乘二国之离，无忌而急于篡，关羽安能逃其责哉！羽守江陵，数与鲁肃生疑贰，于是而诸葛之志不宣，而肃亦苦矣。肃以欢好抚羽，岂私羽而畏昭烈乎？其欲并力以抗操，匪舌是出，而羽不谅，故以知肃心之独苦也。

羽争三郡，贪忿之兵也，肃犹与相见，而秉义以正告之，羽无辞以答，而婞婞不忘，岂尽不知肃之志气与其苦心乎？昭烈之败于长坂，羽军独全，曹操临江，不能以一矢相加遗。而诸葛公东使，鲁肃西结，遂定两国之交，资孙氏以破曹，羽不能有功，而功出于亮。刘琦曰："朝廷养兵三十年，而大功出一儒生。"羽于是以忌诸葛者忌肃，因之忌吴；而葛、鲁之成谋，遂为之灭裂而不可复收。

然而肃之心未遽忿羽而堕其始志也，以义折羽，以从容平孙权之怒，尚冀吴、蜀之可合，而与诸葛相孚以制操耳。身遽死而授之吕蒙，权之忮无与平之，羽之忿无与制之，诸葛不能力争之隐，无与体之，而成谋尽毁矣。肃之死也，羽之败也。操之幸，先主之孤也。悲夫！

三十四

金祎、耿纪、韦晃欲挟天子伐魏，使其克焉，足以存汉乎？不能也。幸而不败，又幸而杀操，尔朱兆之死，拓跋氏乃以奔窜而见夺于宇文，非但如董卓之诛，献帝一日不能安于长安已也。故董承之计非计，而伏完为甚，至于金祎而尤甚矣。虽然，至于金祎、耿纪、韦晃之时，更无可以全汉之策，而忠臣志士捐三族以与国俱碎，虽必不成，义愤之不容已，亦烈矣哉！

于是而孙权之罪不容诛也，怀愤嫉于先主，而请降于操，操无忌矣。关羽出襄、邓，向宛、洛，而怀忿以与孙氏争，操知之而坐待其败。普天之下，为汉臣者，惟三子之不恤死而誓与献帝俱殉社稷耳，其他皆贪忿以逞者。忠臣志士无可俟之机，而又何择焉？

三十五

关羽，可用之材也，失其可用而卒至于败亡，昭烈之骄之也，私之也，非将将之道也。故韩信之称高帝曰："陛下能将将。"能将将而取天下有余矣。先主之入蜀也，率武侯、张、赵以行，而留羽守江陵，以羽之可信而有勇。夫与吴在离合之间，而恃笃信乎我以矜勇者，可使居二国之间乎？定孙、刘之交者武侯也，有事于曹，而不得复开衅于吴。为先主计，莫如留武侯率云与飞以守江陵，而北攻襄、邓；取蜀之事，先主以自任有余，而不必武侯也。然而终用羽者，以同起之恩私，矜其勇而见可任，而不知其忮吴怒吴，激孙权之降操，而鲁肃之计不伸也。

然则先主岂特不能将羽哉？且信武侯而终无能用也。疑武侯之交固于吴，而不足以快己之志也。故高帝自言能用子房者，以曹参之故旧百战之功，而帷幄之筹，惟子房得与焉。不私其旧，不骄其勇，韩、彭且折，况参辈乎？先主之信武侯也，不如其信羽，明矣。诸葛子瑜奉使而不敢尽兄弟之私，临崩而有"君自取之"之言，是有武侯而不能用，徒以信羽者骄羽，而遂绝问罪曹氏之津，失岂在羽哉？先主自贻之矣。

《读通鉴论》卷九终

读通鉴论卷十

三国

一

　　国之亡，有自以亡也，至于亡，而所自亡之失昭然众见之矣。后起者，因鉴之、惩之，而立法以弭之；然所戒在此，而所失在彼，前之覆辙虽不复蹈，要不足以自存。汉亡于宦官外戚之交横，曹氏初立，即制宦者官不得过诸署令，黄初三年，又制后家不得辅政，皆鉴汉所自亡而惩之也。然不再世，而国又夺于权臣。立国无深仁厚泽之基，而豫教不修，子孙昏暴，扑火于原，而焰发于煨灶，虽厚戒之无救也。

　　自其亡而言之，汉之亡也，中绝复兴，暴君相继，久而后失之；魏之亡也不五世，无桀、纣之主而速灭；以国祚计之，汉为永矣。乃自顺帝以后，数十年间，毒流天下，贤士骈首以就死，穷民空国以胥溺，盗贼接迹而蔓延；魏之亡也，祸不加于士，毒不流于民，盗不骋于郊；以民生计之，魏之民为幸矣。故严椒房之禁，削埽除之权，国即亡而害及士民者浅，仁人之泽，不易之良法也。

　　乃昏主则曰：外戚宦官，内侍禁闼，未尝与民相接，恶从而朘削之？且其侈靡不节，间行小惠，以下施于贫乏，何至激而为盗？其剥民以致盗者，士大夫之贪暴为之也。夫恶知监司守令之毒民有所自哉？纨绔之子，刑余之人，知谀而已，知贿而已；非谀弗官也，非贿弗谀也，非剥民之肤弗贿也，则毒流四海，填委沟壑，而困穷之民无所控告。犹栩栩然曰：吾未尝有损于民，士大夫吮之以为利，而嫁祸于我以为名。相激相诋，挟上以诛逐清流，而天下钳口结舌，视其败而无敢言。汉、唐、宋之浸败而浸亡，皆此繇也。其能禁此矣，则虽有夺攘之祸，而民不被其灾。故司马篡曹，潜移于上而天下不知。勿曰防之于此，失之于彼，魏之立法无裨于败亡也。

二

魏从陈群之议，置州郡中正，以九品进退人才，行之百年，至隋而始易，其于选举之道，所失亦多矣。人之得以其姓名与于中正之品藻者鲜也，非名誉弗闻也，非华族弗与延誉也。故晋、宋以后，虽有英才勤劳于国，而非华族之有名誉者，谓之寒人，不得与于荐绅之选。其于公天爵于天下，而奖斯人以同善之道，殊相背戾，而帝王公天下之心泯矣。

然且行之六代而未尝不收人才之用，则抑有道焉。人之皆可为善者，性也；其有必不可使为善者，习也。习之于人大矣，耳限于所闻，则夺其天聪；目限于所见，则夺其天明；父兄熏之于能言能动之始，乡党姻亚导之于知好知恶之年，一移其耳目心思，而泰山不见，雷霆不闻；非不欲见与闻也，投以所未见未闻，则惊为不可至，而忽为不足容心也。故曰："习与性成。"成性而严师益友不能劝勉，浓赏重罚不能匡正矣。

是以古之为法，士之子恒为士，农之子恒为农，非绝农人之子于天性之外也，虽欲引之于善，而曀霾久蔽，不信上之有日，且必以白昼秉烛为取明之具，圣人亦无如此习焉何也。故曰："民可使繇之，不可使知之。"不可使知矣，欲涤除而拂拭之，违人之习，殆于拂人之性，而恶能哉？则靳取之华胄之子、清流之士、以品隲而进退之，亦未甚为过也。父母者，乾坤也，即以命人之性者也；师友交游者，臭味也，即以发人之情者也；见闻行习者，造化也，即以移人之气体者也。知此，则于是以求材焉，有所溢，有所漏，然而鲜矣。

唐之举进士也，不以一日之诗赋，而以名望之吹嘘，虽改九品中正之制，犹其遗意焉。宋以后，糊名易书，以求之于声寂影绝之内，而此意殆绝。然而学校之造士也夙，而倡优隶卒之子弟必禁锢之，则固天之所限，而人莫能或乱者。伊尹之耕，傅说之筑，胶鬲之贾，托以隐耳。岂草野倨侮、市井锥刀之中，德色父而诟谇母者，有令人哉！

三

以先主绍汉而系之正统者，为汉惜也；存高帝诛暴秦、光武讨逆莽之功德，君临已久，而不忍其亡也。若先主，则恶足以当此哉？

光武之始起也，即正讨莽之义，而誓死以挫王邑、王寻百万之众于昆阳，及更始之必不可为君而后自立，正大而无惭于祖考也。而先主异是。其始起也，依公孙瓒、依陶谦，以与人争战，既不与于诛卓之谋；抑未尝念袁绍、曹操之且篡，而思扑之以存刘氏；董承受衣带之诏，奉之起兵，乃分荆得益而忘之矣。曹操王魏，己亦王汉中矣；曹丕称帝，己亦帝矣；献帝未死而发其丧，盖亦利曹丕之弑而己可为名矣；费诗陈大义以谏而左迁矣；是岂誓不与贼俱生而力为高帝争血食者哉？

承统以后，为人子孙，则亡吾国者，吾不共戴天之仇也。以苻登之孤弱，犹足以一逞，而先主无一矢之加于曹氏。即位三月，急举伐吴之师，孙权一骠骑将军荆州牧耳，未敢代汉以王，而急修关羽之怨，淫兵以逞，岂祖宗百世之仇，不敌一将之私忿乎？先主之志见矣，乘时以自王而已矣。

故为汉而存先主者，史氏之厚也。若先主，则固不可以当此也。羿篡四十载而夏复兴，莽篡十五年而汉复续，先主而能枕戈寝块以与曹丕争生死，统虽中绝，其又何伤？尸大号于一隅，既殂而后诸葛有祁山之举，非先主之能急此也。司马温公曰："不能纪其世数。"非也。世数虽足以纪，先主其能为汉帝之子孙乎？

四

谈君臣之交者，竞曰先主之于诸葛。伐吴之举，诸葛公曰："孝直若在，必能制主上东行。"公之志能尽行于先主乎？悲哉！公之大节苦心，不见谅于当时，而徒以志决身歼遗恨终古，宗泽咏杜甫之诗而悲愤以死，有以也夫！

公之心，必欲存汉者也，必欲灭曹者也。不交吴，则内掣于吴而北伐不振。此心也，独子敬知之耳。孙权尚可相谅，而先主之志异也。夫先主亦始欲自强，终欲自王，雄心不戢，与关羽相得耳。故其信公也，不如信羽，而且不如孙权之信子瑜也。疑公交吴之深，而并疑其与子瑜之合；使公果与子瑜合而有裨于汉之社稷，固可勿疑也，而况其用吴之深心，勿容妄揣也哉！先主不死，吴祸不息，祁山之军不得而出也。迨猇亭败矣，先主殂矣，国之精锐尽于夷陵，老将如赵云与公志合者亡矣；公收疲敝之余民，承愚暗之冲主，以向北方，而事无可为矣。公故曰："鞠躬尽瘁，死而后已。"惟忘身以遂志，而成败固不能自必也。

向令先主以笃信羽者信公，听赵云之言，辍东征之驾，乘曹丕初篡、人心未固之时，连吴好以问中原，力尚全，气尚锐，虽汉运已衰，何至使英雄之血不洒于许、洛，而徒流于猇亭乎？公曰："汉、贼不两立。"悲哉其言之也！若先主，则固非有宗社存亡之戚也，强之哭者不涕，公其如先主何哉！

张良遇高帝而志伸，宗泽遇高宗而志沮；公也，子房也，汝霖也，怀深情而不易以告人，一也，而成败异。公怀心而不能言，诚千秋之遗憾与！

五

杨颙之谏诸葛公曰："为治有体，上下不可相侵。"大哉言矣！公谢之，其没也哀之，而不能从，亦必有故矣。公之言曰："宁静可以致远。"则非好为烦苛以竞长而自敝者也。

先主之初微矣，虽有英雄之姿，而无袁、曹之权藉，屡挫屡奔，而客处于荆州，望不隆而士之归之也寡。及其分荆据益，曹氏之势已盛，曹操又能用人而尽其才，人争归之，蜀所得收罗以为己用者，江、湘、巴、蜀之士耳。楚之士轻，蜀之士躁，虽若费祎、蒋琬之誉动当时，而能如钟繇、杜畿、崔琰、陈群、高柔、贾逵、陈矫者，亡有也。军不治而惟公治之，民不理而惟公理之，政不平而惟公平之，财不足而惟公足之；任李严而严乱其纪，任马谡而谡败其功；公不得已，而察察于纤微，以为讦谟大猷之累，岂得已乎？

夫大有为于天下者，必下有人而上有君。而公之托身先主也，非信先主之可为少康、光武也，耻与荀彧、郭嘉见役于曹氏，以先主方授衣带之诏，义所可从而依之也。上非再造之君，下无分猷之士，孤行其志焉耳。向令庞统、法正不即于沦亡，徐庶、崔州平未成乖散，先主推心置腹，使关羽之傲、李严之险，无得间焉，领袖群才，各效其用，公亦何用此营营为也？公之泣杨颙也，盖自悼也。

六

汉、魏、吴之各自帝也，在三年之中，盖天下之称兵者已尽，而三国相争之气已衰也。曹操知其子之不能混一天下，丕亦自知一篡汉而父子之锋铓尽矣。先主固念曹氏之不可摇，而退息乎岩险。孙权观望曹、刘之胜败，既知其情之各自帝，而息相吞之心，交不足惧，则亦何弗拥江东以自帝邪？权所难者，先主之扼其肘腋耳。先主殂于永安，权乃拒魏而自尊，乐得邓芝通好以安处于江东。繇此观之，此三君者，皆非有好战乐杀之情，而所求未得，所处未安，弗获已而相为扞格也。

曹氏之战亟矣，处中原而挟共主，其敌多，其安危之势迫，故孙氏之降，知其非诚而受之。敌且尽，势且安，甘苦自知，而杀戮为惨，亦深念之矣。孙氏则赤壁之外无大战也。先主则收蜀争荆而姑且息也。是以三君者，犹可传之后裔，而不与公孙、袁、吕同殄其血胤。上天之大命集于有德，虽无其德，而抑无乐杀之心，则亦予之以安全。天地之心，以仁为复，岂不信哉？

丕之逆也，权之狡也，先主之愎也，皆保固尔后而不降天罚，以其知止而能息民也。逆与狡，违道甚矣，而惟愎尤甚。先主甫即位而兴伐吴之师，毒民以逞，伤天地之心，故以汉之宗支而不敌篡逆之二国。先主殂，武侯秉政，务农殖谷，释吴怨以息民，然后天下粗安。蜀汉之祚，武侯延之也，非先主之所克胜也。

七

蜀汉之义正，魏之势强，吴介其间，皆不敌也，而角立不相下，吴有人焉，足与诸葛颉颃，魏得士虽多，无有及之者也。立国之始，宰相为安危之大司，而吴之舍张昭而用顾雍，雍者，允为天子之大臣者也，屈于时而相偏安之国尔。

曹氏始用崔琰、毛玠，以操切治臣民，而法粗立。王道息，申、韩进，人心不固，而国祚不长，有自来也。诸葛之相先主也，淡泊宁静，尚矣。而与先主皆染申、韩之习，则且与曹氏德齐而莫能相尚。三代以下之材，求有如顾雍者鲜矣。寡言慎动，用人惟其能而无适莫；恤民之利病，密言于上而不炫其恩威；黜小利小功，罢边将便宜之策，以图其远大。有曹参之简靖而不弛其度，有宋璟之静正而不耀其廉。求其德之相若者，旷世而下，惟李沆为近之，而雍以处兵争之世，事雄猜之主，雍为愈矣。故曰：允为天子之大臣也。

雍既秉国，陆逊益济之以宽仁，自汉末以来，数十年无屠掠之惨，抑无苛繁之政，生养休息，惟江东也。独惜乎吴无汉之正、魏之强，而终于一隅耳。不然，以平定天下而有余矣。

八

魏之亡，自曹丕遗诏命司马懿辅政始。懿之初起为文学掾，岂夙有夺魏之心哉？魏无人，延懿而授之耳。懿之视操，弗能若也。操之威力，割二袁、俘吕布、下刘表、北扫乌桓，而懿无其功；操迎天子于危乱之中，复立汉之社稷，而懿无其名。魏有人，懿不能夺也。

魏之无人，曹丕自失之也。而非但丕之失也，丕之诏曹真、陈群与懿同辅政者，甚无谓也。子睿已长，群下想望其风采，大臣各守其职司，而何用辅政者为？其命群与懿也，以防曹真而相禁制也。然则虽非曹爽之狂愚，真亦不能为魏藩卫久矣。以群、懿防真，合真与懿、群而防者，曹植兄弟也。故魏之亡，亡于孟德偏爱植而植思夺适之日。兄弟相猜，拱手以授之他人，非一旦一夕之故矣。

汉高意移于赵王，唐高情贰于建成，宋祖受母命而乱与子之法，开国之初所恒有也。而曹氏独以贻覆宗之祸。天不佑僭人，而使并峙于时以生猜制，天之道也。藉其不然，衅虽开于骨肉，必不假秉政握兵之异姓，持权以钳束懿亲。汉、唐、宋争于室而奸邪不兴于外，岂有患哉？魏之自取灭亡，天邪？人邪？人之不臧者，天也。

九

两敌相持，而有起兵于腹里者以遥相应，见为可恃，恃以夹攻内应者必败；勿问其为义也、为贼也，皆不可恃以冒进者也。其为义也，忠臣志士，孤愤蹶起，而成败非其所谋，且其果怀忠愤者，一二人耳，其他皆徼利无恒，相聚而不相摄者也。若其为贼也，则妄人非分之图，假我以惑众而亡实者耳，如之何其恃邪？

彭绮，乱人也，借为魏讨吴以为名，而实贼也。其心恃我之援而已。欻然而兴，虐民罔利，而欲恃以为应援，彼败而我之锋亦挫矣。彼可恃也，奚用我为？彼不可恃矣，而抑安能为我之恃乎？侯景不足以难魏，适以亡梁，拥大众、扼争地者且然，况乌合之一旅哉！岳侯恃两河忠义以伐金，使无金牌之撤，亦莫保其不与俱溃也。孙资谏曹睿之应彭绮，明于料敌矣。

十

诸葛公出师北伐，表上后主，以亲贤远小人为戒，一篇之中，三致意焉。后主失国之繇，早见于数十年之前，公于此无可如何，而惟以死谢寸心耳。

贤臣之进，大臣之责也，非徒以言，而必有进之之实。公于郭攸之、费祎、董允、向宠亦既进之无遗力矣。然能进而不能必庸主之亲之。庸主见贤而目欲垂，犹贤主见小人而喉欲哕也，无可如何也。虽然，尚可使之在列也。至于小人之亲，而愈无可如何矣。卑其秩，削其权，不得有为焉止矣。愈抑之，庸主愈狎之；愈禁之，庸主愈私之；敛迹于礼法之下，而噂沓于帷帟之中；庸主曰：此不容于执政，而固可哀矜者也。绸缪不舍，信其无疵可摘，而蛊毒潜中于肸蚃之微。呜呼！其将如之何哉！

故贤臣不能使亲而犹可进，小人可使弗进而不能使弗亲。非有伊尹放桐非常之举，周公且困于流言，况当篡夺相仍之世，而先主抑有"君自取之"之乱命，形格势禁，公其如小人何哉！历举兴亡之繇，著其大端而已。何者为小人，不能如郭、费、董、向之历指其人而无讳也。指其名而不得，而况能制之使勿亲哉？以一死谢寸心于未死之间，姑无决裂焉足矣。公之遗憾，岂徒在汉、贼之两立也乎？

十一

曹孟德推心以待智谋之士，而士之长于略者，相踵而兴。孟德智有所穷，则荀彧、郭嘉、荀攸、高柔之徒左右之，以算无遗策。迨于子桓之世，贾诩、辛毗、刘晔、孙资皆坐照千里之外，而持之也定。故以子桓之鄙、睿之汰，抗仲谋、孔明之智勇，而克保其磐固。

孔明之北伐也，屡出而无功，以为司马懿之力能拒之，而早决大计于一言者，则孙资也。汉兵初出，三辅震惊，大发兵以迎击于汉中，庸讵非应敌之道；乃使其果然，而魏事去矣。汉以初出之全力，求敌以战，其气锐；魏空关中之守，即险以争，其势危。皆败道也。一败溃而汉乘之，长安不守，汉且出关以捣宛、洛，是高帝破项之故辙也，魏恶得而不危？资筹之审矣，即见兵据要害，敌即盛而险不可逾，据秦川沃野之粟，坐食而制之，虽孔明之志锐而谋深，无如此漠然不应者何也。资片言定之于前，而拒诸葛，挫姜维，收效于数十年之后，司马懿终始所守者此谋也。

魏足智谋之士，昏主用之而不危。故能用人者，可以无敌于天下。

十二

魏延请从子午谷直捣长安，正兵也；诸葛绕山而西出祁山，趋秦、陇，奇兵也。高帝舍栈道而出陈仓，以奇取三秦，三秦之势散，拊其背而震惊之，而魏异是。非堂堂之阵直前而攻其坚，则虽得秦、陇，而长安之守自有余。魏所必守者长安耳，长安不拔，汉固无如魏何。而迂回西出，攻之于散地，魏且以为是乘间攻瑕，有畏而不敢直前，则敌气愈壮，而我且疲于屡战矣。夏侯楙可乘矣，魏见汉兵累岁不出而志懈，卒然相临，救援未及，小得志焉；弥旬淹月，援益集，守益固，即欲拔一名都也且不可得，而况魏之全势哉？故陈寿谓应变将略非武侯所长，诚有谓已。

而公谋之数年，奋起一朝，岂其不审于此哉？果畏其危也，则何如无出而免于疲民邪？夫公固有全局于胸中，知魏之不可旦夕亡，而后主之不可起一隅以光复也。其出师以北伐，攻也，特以为守焉耳。以攻为守，而不可示其意于人，故无以服魏延之心而贻之怨怒。

秦、陇者，非长安之要地，乃西蜀之门户也。天水、南安、安定，地险而民强，诚收之以为外蔽，则武都、阴平在怀抱之中，魏不能越剑阁以收蜀之北，复不能绕阶、文以捣蜀之西，则蜀可巩固以存，而待时以进，公之定算在此矣。公没蜀衰，魏果繇阴平以袭汉，夫乃知公之定算，名为攻而实为守计也。

公之始为先主谋曰："天下有变，命将出宛、洛，自向秦川。"惟直指长安，则与宛、洛之师相应；若西出陇右，则与宛、洛相去千里之外，首尾断绝而不相知。以是知祁山之师，非公初意，主暗而敌强，改图以为保蜀之计耳。公盖有不得已焉者，特未可一一与魏延辈语也。

十三

武侯之任人，一失于马谡，再失于李严，诚哉知人之难也。暗者不足以知，而明察者即以明察为所蔽；妄者不足以知，而端方者即以端方为所蔽。明察则有短而必见，端方则有瑕而必容。士之智略果毅者，短长相间，瑕瑜相杂，多不能纯。察之密，待之严，则无以自全而或见弃，即加意收录，而固不任之矣。于是而饰其行以无过、饰其言以无尤者，周旋委曲以免摘；言果辨，行果坚，而孰知其不可大任者，正在于此。似密似慎，外饰而中枵，恶足任哉？

故先主过实之论，不能远马谡，而任以三军；陈震鳞甲之言，不能退李严，而倚以大计；则惟武侯端严精密，二子即乘之以蔽而受其蔽也。于是而曹孟德之能用人见矣，以治天下则不足，以争天下则有余。蔽于道而不蔽于才，不能烛司马懿之奸，而荀彧、郭嘉、钟繇、贾诩，惟所任而无不称矣。

十四

城濮之战，晋文不恃齐、秦也。恃齐、秦，则必令齐掠陈、蔡而南以牵之于东，秦出武关，下鄢、郢以挠之。荥阳之战，高帝不恃彭、黥也。恃黥布，则当令布率九江之兵，沿淮而袭之；恃彭越，则越胜而进，越败而退也。善用人者不恃人，此之谓大略。

吴人败曹休于石亭，诸葛出陈仓之师，上言曰："贼疲于西，又务于东，兵法乘劳，此进趋之时也。"其无功宜矣。恃吴胜而乘之，吴且退矣，失所恃而心先沮、气先折也。蜀定吴交以制魏，此诸葛之成谋，计之善者也。虽然，吴交之必定，亦惟东顾无忧，可决于进尔。及进，而所恃者终在己也。我果奋勇以大挫魏于秦川而举长安，吴且恃我以疾趋淮、汝，不恃吴而吴固可恃也。己未有必胜之形，而恃人以逞，交相恃，交相误，六国之合纵，所以不能动秦之毫末，其左验已。

石亭之役，贾逵以虚声怖吴而吴退，吴望蜀之乘之，蜀不能应也。陈仓之役，张郃以偏师拒蜀而蜀沮，蜀望吴之牵之，吴不能应也。两国异心，谋臣异计，东西相距，声响之利钝不相及，闻风而驰，风定而止。恃人者，不败足矣，未有能成者也。德必有邻，修德者不恃邻；学必会友，为学者不恃友；得道多助，创业者不恃助。不恃也，乃可恃也。故曰："一人行则得其友。"言致一也。

十五

魏制：诸侯入继大统者，不得谓考为皇、称妣为后，是也。帝后之尊，天之所秩，非天子所得擅以加诸其亲，则大统正而天位定也。其曰："纂正统而奉公义，何得复顾私亲。"则袭义而戕仁矣。

所后者以承统而致其尊，因以致其亲，义也；所生者以嗣统而屈其尊，不能屈其亲，仁也；亲者，与心生以生其心，性之不可掩者也。故古之制服，为人后者，为所生父母期，不问与所生相去亲疏，即与所后者，在六世祖免之外而必期，且必正名之曰"所生父母"，未尝概置诸伯叔之列也。抑此犹为为人后者言之。若宋英宗之后仁宗，孝宗之后高宗，固以为子而子之，则所后所生父母之名各正，而所生者并屈其亲。若夫前君之生也，未尝告宗庙，诏臣民，而正其为后；嗣子之嗣也，未尝修寝门视膳之仪，立国储君副之位，臣民推戴而大位归焉。则亦如光武之于南顿，位号不可僭，而天伦不可忘，何得遽谓之私亲而族人视之也哉？

天下所重者，统也；人子所不可背者，亲也。为天下而不敢干其统，则天下之义重，而己之恩轻。虽有天下，而不可没其生我之恩，则天下敝屣，而亲为重。导谀者，献追尊之僭；矫异者，没父母之名；折中以顺天理之固然，岂一偏之说所可乱哉！

十六

国政之因革，一张一弛而已。风俗之变迁，一质一文而已。上欲改政而下争之，争之而固不胜；下欲改俗而上抑之，抑之而愈激以流；故节宣而得其平者，未易易也。

东汉之中叶，士以名节相尚，而交游品题，互相持以成乎党论，天下奔走如骛，而莫之能止。桓、灵侧听阉竖，极致其罪罟以摧折之，而天下固慕其风而不以为忌。曹孟德心知摧折者之固为乱政，而标榜者之亦非善俗也，于是进崔琰、毛玠、陈群、钟繇之徒，任法课能，矫之以趋于刑名，而汉末之风暂息者数十年。琰、玠杀，孟德殁，持之之力穷，而前之激者适以扬矣。太和之世，诸葛诞、邓飏浸起而矫孟德综实之习，结纳互相题表，未尝师汉末之为，而若或师之；且刑方向圆，崇虚堕实，尤不能如李、杜、范、张之崇名节以励俗矣。乃遂以终魏之世，迄于晋而不为衰止。然则孟德之综核名实也，适以壅已决之水于须臾，而助其流溢已耳。故曰抑之而愈以流也。

名之不胜实、文之不胜质也，久矣。然古先圣人，两俱不废以平天下之情。奖之以名者，以劝其实也。导之以文者，以全其质也。人之有情不一矣，既与物交，则乐与物而相取，名所不至，虽为之而不乐于终。此慈父不能得之于子，严师不能得之于徒，明君不能得之于臣民者也。故因名以劝实，因文以全质，而天下欢欣鼓舞于敦实崇质之中，以不荡其心。此而可杜塞之以域民于矩矱也，则古先圣人何弗圉天下之跃冶飞扬于钳网之中也？以为拂民之情而固不可也。情者，性之依也，拂其情，拂其性矣；性者，天之安也，拂其性，拂其天矣。志郁而勃然以欲兴，则气亦蕴蕴屯结而待隙以外泄。迨其一激一反，再反而尽弃其质以浮荡于虚名。利者争托焉，伪者争托焉，激之已极，无所择而惟其所泛滥。夏侯玄、何晏以之亡魏，王衍、王戎以之亡晋，五胡起，江东仅存，且蔓引以迄于陈、隋而不息，非崇质尚实者之激而岂至此哉！

桓、灵激之矣，阉竖激之矣，死亡接踵而激犹未甚，桓、灵、阉竖不能掩其名也。孟德、琰、玠并其名而掩之，而后诡出于玄虚，横流于奔竞，莫能禁也。以傅咸、卞壶、陶侃之公忠端亮，折之而不胜，董昭欲以区区之辩论，使曹睿持法以禁之，其将能乎？圣王不作，礼崩乐坏，政暴法烦，只以增风俗之浮荡而已矣。

十七

魏伐辽东，蜀征南中，一也，皆用兵谋国之一道也；与隋炀之伐高丽、唐玄之伐云南，异矣。隋、唐当天下之方宁，贪功而图远，涉万里以侥幸，败亡之衅，不得而辞焉。诸葛公之慎，司马懿之智，舍大敌而勤远略，其所用心者未易测矣。

两敌相持，势相若而不相下，固未得晏然处也。而既不相为下矣，先动而躁，则受其伤，弗容不静以俟也。静以俟，则封疆之吏习于固守，六军之士习于休息，会计之臣习于因循。需之需之，时不可徼而兵先弛；技击奔命、忘生趋死之情，日以翔翔作好而堕其气；则静退之祸，必伏于不觉。一旦有事，张皇失措，惊忧朒缩，而国固不足以存，况望其起而制人，收长驱越险之功哉？魏之东征，蜀之南伐，皆所以习将士于战而养其勇也。先主殂，蜀未可以图中原，孟德父子继亡，魏未可以并吴、蜀，兵不欲其久安而忘致死之心，诸葛之略，司马之智，其密用也，非人之所能测也。

或曰：习士于战，有训练之法，而奚以远伐为？呜呼！此坐而谈兵，误人家国之言耳。步伐也，击刺也，束伍也，部分也，训练而习熟者也。两军相当，飞矢雨集，白刃拂项，趋于死以争必胜，气也，非徒法也。有其法不作其气，无轻生之情，而日试于旌旗金鼓之间，雍容以进退，戏而已矣。习之愈久而士愈无致死之心，不亡何待焉？训练者，战余而教之也，非数十年之中，目不见敌，徒修其文具之谓也。

十八

武侯遗令魏延断后，为蒋琬、费祎地也。李福来请，公已授蜀于琬、祎。而必不可使任蜀者，魏延也。延权亚于公，而雄猜难御，琬未尝与军旅之任，而威望不隆，延先入而挟孱主，琬固不能与争，延居然持蜀于掌腕矣。惟大军退而延不得孤立于外，杨仪先入而延不得为主于中，虽愤激而成乎乱，一夫之制耳。

延之乱也，不北降魏而南攻仪，论者谓其无叛心。虽然，岂可保哉？延以偏将孤军，主帅死而乞活于魏，则亦司马懿之属吏而已矣，南辕而不北驾，不欲为懿下也。使其操全蜀之兵，制朝权而惟其意，成则攘臂以夺汉，不成将举三巴以附魏，司马懿不得折箠而驭之，其降其否，亦恶可谅哉？

杨仪褊小之器耳，其曰"吾若举军就魏，宁当落度如此"，是则即为懿屈而不惭者。令先归而延与姜维持其后，蒋琬谈笑而废之，非延匹也。于是而武侯之计周矣。故二将讦而于国无损。不然，将争于内，敌必乘之，司马懿之智，岂不能间二乱人以卷蜀，而何为敛兵以退也？

十九

武侯之言曰："淡泊可以明志。"诚淡泊矣，可以质鬼神，可以信君父，可以对僚友，可以示百姓，无待建鼓以巫鸣矣。且夫持大权、建大功，为物望所归，而怀不轨之志者，未有不封殖以厚储于家者也。以示豆区之恩，以收百金之士，以饵腹心之蠹，以结藩镇之欢，胥于财而取给。季氏富于周公，而鲁昭莫能制焉，曹、马、刘、萧，皆祖此术也。诚淡泊矣，竞利名者之所不趋，而子孙亦习于儒素，不问其威望之重轻，而固知其白水盟心、衡门归老之凤图矣。

乃武侯且表于后主曰："成都有桑八君株，薄田十五顷，死之日，不使内有余帛、外有赢粟，以负陛下。"一若志晦不章、忧谗畏讥之疏远小臣，屑屑而自明者。呜呼！于是而知公之志苦而事难矣。后主者，未有知者也，所犹能持守以信公者，先主之遗命而已。先主曰："子不可辅，君自取之。"斯言而入愚昧之心，公非剖心出血以示之，岂能无疑哉？身在汉，兄弟分在魏、吴，三国之重望，集于一门，关、张不审，挟故旧以妒其登庸，先主之疑，盖终身而不释。施及嗣子之童婚，内而百揆，外而六军，不避嫌疑而持之固，含情不吐，谁与谅其志者？然则后主之决于任公，屈于势而不能相信以道，明矣。公乃谆谆然取桑田粟帛、竭底蕴以告无求于当世，其孤幽之忠贞，危疑若此，而欲北定中原、复已亡之社稷也，不亦难乎？

于是而知先主之知人而能任，不及仲谋远矣。仲谋之于子瑜也、陆逊也、顾雍也、张昭也，委任之不如先主之于公，而信之也笃，岂不贤哉？先主习于申、韩而以教子，其操术也，与曹操同，其宅心也，亦仿佛焉。自非司马懿之深奸，则必被掣曳而不能尽展其志略。故曰公志苦而事难也。不然，公志自明，而奚假以言明邪？

二十

得直谏之士易，得忧国之臣难。识所不及，诚所不逮，无死卫社稷之心，不足与于忧国之任久矣。若夫直谏者，主德之失，章章见矣。古之为言也，仁慈恭俭之得，奢纵苛暴之失，亦章章见矣。习古之说而以证今之得失，不必深思熟虑，殷忧郁勃，引休戚于躬受，而斟酌以求宁，亦可奋起有言而直声动天下矣。

魏主叡之后，一传而齐王芳废，再传而高贵乡公死，三传而常道乡公夺。青龙、景初之际，祸胎已伏，盖岌岌焉，无有虑此为叡言者，岂魏之无直臣哉？叡之营土木、多内宠、求神仙、察细务、滥刑赏也，旧臣则有陈群、辛毗、蒋济，大僚则有高堂隆、高柔、杨阜、杜恕、陈矫、卫觊、王肃、孙礼、卫臻，小臣则有董寻、张茂，极言无讳，不避丧亡之谤诅，至于叩棺待死以求伸；睿虽包容勿罪，而诸臣之触威以抒忠也，果有身首不恤之忧。汉武、唐宗不能多得于群臣者，而魏主之廷，森森林立以相绳纠。然而阽危不救，旋踵国亡。繇是观之，直谏之臣易得，而忧国之臣未易有也。

高堂隆因鹊巢之变，陈他姓制御之说；问陈矫以司马公为社稷之臣，而矫答以未知。然则魏之且移于司马氏，祸在旦夕，魏廷之士或不知也，知而或不言也。隆与矫知之而不深也，言之而不力也。当其时，懿未有植根深固之党，未有荣人、辱人、生人、杀人之威福，而无能尽底蕴以为魏主告。无他，心不存乎社稷，浮沉之识因之不定，未能剖心刻骨为曹氏徘徊四顾而求奠其宗祐也。逮乎魏主殂，刘放、孙资延大奸于肘掖之后，虽灼见魏之必亡而已无及矣。

以社稷为忧者，如操舟于洪涛巨浪，脉察其碛岸狌涡之险易，目不旁瞬而心喻之；则折旋于数十里之外而避危以就安也，适其所泊而止。岂舟工之智若神禹哉？心壹于是而生死守之尔。若夫洛阳、崇华铜人土山之纵欲劳民，与夫暴怒刑杀、听小臣毁大臣、躬亲细务而陵下不君，此皆见之闻之，古有明训，而依道义以长言之，则不必有体国之忠，而但有敢言之气，固可无所畏避而惟其敷陈者也。抑岂足恃为宗社生民之托哉？

二十一

陈群上封事谏魏主，辄削其草；杨阜触人主之威以直谏，与人言未尝不道；袁宏赞群之忠，而讥阜之播扬君恶。夫阜激而太过，诚然矣；以群之削草为忠臣之极致，又奚得哉？宏曰："仁者爱人，施之君谓之忠，施之亲谓之孝。"非知道之言也。

君父均也，而事之之道异。《礼》曰："事亲有隐无犯，事君有犯无隐。"隐者，知其恶而讳之也。有隐以全恩，无隐以明义，道之准也。君之有过也，谏之而速改，改过之美莫大焉。称其前之过以表其后之改，固以扬其美之大者也。谏而不听，君过成矣；即不言，而臣民固已知之矣。导谀之臣，方且为之饰非为是，弭在廷之口；而谏者更为之掩覆，于是而导谀之臣益无所忌，而惟其欲为。且己谏而不听，庶几人之继进也。小臣疏远，望近臣之从违以为语默。近臣养君之慝而蔽下之知，则疏远欲言之士，且徘徊疑沮，而以柔巽揄扬为风尚。劝忠之道，丧于惟诺之习，孤鸣无和，虽造膝而为痛哭，亦无如怙过之主何矣！

韩愈氏非知道者，拟文王之诗曰："臣罪当诛兮，天王圣明。"文王而为此言也，则飞廉、恶来且援为口实以惑纣，而信比干之死为当其辜矣。亦何惮而不殚其斫胫炮烙之惨乎？若群者，以全身于暴主之侧，孔光温树之故智也，谓之曰忠，而同君父于一致，袁宏恶知忠臣之极致哉！

二十二

魏主叡之诏曰："汉承秦乱，废无禘礼，曹氏世系，出自有虞，以舜配天，以舜妃配地。"其亢地于天，离妣于祖，乱乾坤高卑之位，固不足道矣。妄自祖虞而以废禘讥汉，尤不知禘者也。

自汉以下，禘之必废也无疑也。三代而上，君天下者，数姓而已，天子之支庶，分封为侯，各受命而有社稷。其后一族衰微，则一族之裔孙以德而复陟帝位，无有不縣诸侯祖天子而崛起者也。推创业之主而上之，始受命而有社稷者，其始祖也，商之契、周之稷是也。又推而上之，则固有天下者也，而高辛是也，是为始祖所自出之帝也。世有社稷而为君，代相承而谱牒具存，虽历数十世而云仍不绝，则所自出之帝虽远，亦犹父子之相授，渊源不昧，而后此之有天下者，仍还其前此有天下之故业，以示帝位之尊，不越神明之胄，非是者不得而干焉。此封建未坠之天下，道固然也。

秦虽无德，而犹柏翳之裔，受封西土，可以继三代而王，使追所自出之帝而禘焉，得矣。至于汉兴，虽曰帝尧之苗裔，而不可考也。陶唐之子孙受侯封者，国久灭而宗社皆亡，帝尧之不祀，久已忽诸。高帝起田间为亭长，自以灭秦夷项之功而有天下，征冢世于若存若亡之余，悬拟一古帝为祖，将谁欺？欺天乎？自汉以下之不禘，岂不允哉！

汉曰祖尧也，王莽、曹氏曰祖舜也，唐曰祖皋陶也、老聃也，攀援不可致诘之圣贤以自张大者也。泽所已斩，道所不嗣，诚所不至，以名属之，以文修之，漠乎其不相及久矣。当其侧微，不知其有所祖也，序其谱系，不知其必为祖也，且远引而祖之，仁人孝子之事其先，如是而已哉？郭崇韬垂涕汾阳之墓，梁师成追讼眉山之诬，为姗笑而已。魏主叡其何以异于是！

二十三

　　任人任法，皆言治也，而言治者曰：任法不如任人。虽然，任人而废法，则下以合离为毁誉，上以好恶为取舍，废职业，徇虚名，逞私意，皆其弊也。于是任法者起而摘之曰：是治道之蠹也，非法而何以齐之？故申、韩之说，与王道而争胜。乃以法言之，《周官》之法亦密矣，然皆使服其官者习其事，未尝悬黜陟以拟其后。盖择人而授以法，使之遵焉，非立法以课人，必使与科条相应，非是者罚也。

　　法诚立矣，服其官，任其事，不容废矣。而有过于法之所期者焉，有适如其法之所期者焉，有不及乎法之所期者焉。才之有偏胜也，时之有盈诎也，事之有缓急也，九州之风土各有利病也。等天下而理之，均难易而责之，齐险易丰凶而限之，可为也而惮于为，不可为也而强为涂饰以应上之所求，天下之不乱也几何矣！上之所求于公卿百执郡邑之长者，有其纲也。安民也，裕国也，兴贤而远恶也，固本而待变也，此大纲也。大纲圮而民怨于下，事废于官，虚誉虽腾，莫能掩也。苟有法以授之，人不得以玩而政自举矣。故曰择人而授以法，非立法以课人也。

　　论官常者曰：清也，慎也，勤也。而清其本矣。弗慎弗勤而能清也，诎于繁而可以居要，充其至可以为社稷臣矣。弗清而不慎不勤，其罪易见，而为恶也浅。弗清矣，而慎以勤焉，察察孳孳以规利而避害，夫乃为天下之巨奸。考课以黜陟之，即其得而多得之于勤慎以堕其清，况其所谓勤者非勤，而慎者非慎乎？是所谓孳孳为利，蹠之徒矣。清议者，似无益于人国者也，而国无是不足以立。恐其亡实而后以法饬之，《周官》《周礼》《关雎》《麟趾》之精意所持也。京房术数之小人，何足以知此哉？卢毓、刘邵师之以惑魏主，不能行焉必也。虽不能行，而后世功利刑名之徒，犹师其说。张居正之毒，所以延及百年而不息也。

二十四

　　魏主叡授司马懿以辅政，而懿终篡也，宜哉！法纪立，人心固，大臣各得其人，则卧赤子于天下之上而可不乱，何庸当危病昏瞀之时，委一二人，锡以辅政之名，倒魁柄而授之邪？

周公之辅成王也，王幼而未有知识，且公之至德，旷古一人，而武王之信公也，以两圣而相知也。然使无辅政之名，则二叔亦无衅以构难，而冲人晏然矣。汉武之任霍、金、上官也，上官逆，霍氏不终矣；辅政之名，繇此而立，而抑安足师乎？先主之任诸葛，而诸葛受命，当分争之世，而后主不足有为也，两俱弗获已而各尽其心耳。先主不能舍后主而别有所立，则不能不一委之诸葛以壹后主之心。

若夫魏主叡，无子而非有适长之不可易也，宗室之子，惟其所择以为后。当其养芳与询为子之日，岂无贤而可嗣者，慎简而豫教之？迨其将殂，芳之为子已三岁矣，可否熟知，而教训可夙，何弗择之于先，教之于后，令可君国而勿坠，而使刘放、孙资得乘其笃疾以晋奸雄于负扆哉？为天下得人者，得一人尔。得其人而宰辅百执无不得焉。己既无子，惟其意而使一人以为君，不审其胜任与否，而又别委人以辅之，则胡不竟授以天下而免于篡弑乎？汉之自旁支入继者，皆昏庸之器，母后权奸之为之也，非若叡之自择而养之也。彼愦愦以死，无意于宗社而委之妇人者，无责耳矣，而魏主叡何为者也！

宋仁宗之授英宗，高宗之授孝宗，一旦嗣立而太阿在握；有二君之慎，岂至忍死以待巨奸而付以童昏也哉？故宋二宗之立嗣，允为后世法也。辅政者危亡之本，恶得托周公之义以召祸于永世哉！

二十五

史称何晏依势用事，附会者升进，违忤者罢退，傅嘏讥晏外静内躁，皆司马氏之徒，党邪丑正，加之不令之名耳。晏之逐异己而树援也，所以解散私门之党，而厚植人才于曹氏也。卢毓、傅嘏怀宠禄，虑子孙，岂可引为社稷臣者乎？藉令曹爽不用晏言，父事司马懿，而惟言莫违，爽可不死，且为戴莽之刘歆。若逮其篡谋之已成，而后与立异，刘毅、司马休之之所以或死或亡，而不亦晚乎！爽之不足与有为也，魏主叡之不知人而轻托之也。乃业以宗臣受顾命矣，晏与毕轨、邓飏、李胜不与爽为徒而将谁与哉？

或曰：图存社稷者，智深勇沉而谋之以渐。晏一旦蹶起而与相持，激懿以不相下之势，而魏因以亡。

夫曹芳以暗弱之冲人孤立于上，睿且有"忍死待君相见无憾"之语，举国望风而集者，无敢逾司马氏之阃阈，救焚拯溺而可从容以待乎？懿之不可托也，且勿论其中怀之叵测也；握通国之兵，为功于阃外，下新城，平辽东，却诸葛，抚关中，将吏士民争趋以效尺寸，既赫然矣。恶有举社稷之重，付孺子于大将之手，而能保其终者哉？王敦无边徼之功，故温峤得制之于衰病；桓温有枋头之败，故王、谢得持之以从容。夺孤豚于猛虎之口，雅士无所容其静镇，智者无所用其机谋，力与相争而不胜，天也，非人之所能为也。

当是时，同姓猜疏而无权，一二直谅之臣如高堂隆、辛毗者，又皆丧亡，曹氏一线之存亡，仅一何晏，而犹责之已甚，抑将责刘越石之不早附刘渊，文宋瑞之不亟降蒙古乎？呜呼！惜名节者谓之浮华，怀远虑者谓之铦巧，《三国志》成于晋代，固司马氏之书也。后人因之掩抑孤忠，而以持禄容身、望风依附之逆党为良图。公论没，人心蛊矣。

二十六

蒋琬改诸葛之图，欲以舟师乘汉、沔东下，袭魏兴、上庸，愈非策矣。魏兴、上庸，非魏所恃为岩险，而其赘余之地也。纵克之矣，能东下襄、樊；北收宛、洛乎？不能也。何也？魏兴、上庸，汉中东迤之余险，士卒所凭以阻突骑之冲突，而依险自固，则出险而魂神已慑，固不能逾阃限以与人相搏也。且舟师之顺流而下也，逸矣；无与遏之而戒心弛，一离乎水而衰气不足以生，必败之道也。先主与吴共争于水而且溃，况欲以水为势，而与车骑争于原陆乎？魏且履实地、资宿饱，坐而制之于丹、淯之湄，如蛾赴焰，十扑而九亡矣。

刘裕之溯河、渭以入关中，王镇恶等以步骑驰击，而舟师为其继，非恃舟师以争人于陆也。姚泓恃拓跋氏为之守，拓跋氏不为泓守，而泓弛其防，故获利焉，非独倚舟师之利攻人于千里之外也。诸葛之出祁山，以守为攻，即以攻为守，知习于险者之不利于夷，且自固以待时变，特不欲显言之以怠众志耳。琬移屯而东西防遂弛，邓艾阴平之祸，自琬始矣。琬疾动而不能行，司马懿方谋篡而未暇，故蜀犹以全。不然，此一举而蜀亡不旋踵矣。

二十七

曹孟德始屯田许昌，而北制袁绍，南折刘表；邓艾再屯田陈、项、寿春，而终以吞吴；此魏、晋平定天下之本图也。屯田之利有六，而广储刍粮不与焉。战不废耕，则耕不废守，守不废战，一也；屯田之吏士，据所屯以为己之乐土，探伺密而死守之心固，二也；兵无室家，则情不固，有室家，则为行伍之累，以屯安其室家，出而战，归而息，三也；兵从事于耕，则乐与民亲，而残民之心息，即境外之民，亦不欲凌轹而噬齕之，敌境之民，且亲附而为我用，四也；兵可久屯，聚于边徼，束伍部分，不离其素，甲胄器仗，以暇而修，卒有调发，符旦下而夕就道，敌莫能测其动静之机，五也；胜则进，不胜则退有所止，不至骇散而内讧，六也。有此六利者，而粟米刍槁之取给，以不重困编氓之输运，屯田之利溥矣哉！诸葛公之于祁山也，亦是道也；姜维不能踵之，是以亡焉。

虽然，有其地，有其时矣。许昌之屯，乘黄巾之乱，民皆流亡，野多旷士也；两淮之屯，魏、吴交争之地，弃为瓯脱，田皆芜废也；五丈原之屯，秦、陇、阶、文之间，地广人稀，羌胡据山泽而弃平土，数百里而皆草莱也。非是者，可屯之地，畸零散布于民田之间，而分兵以屯之，则一散而不可猝收矣。夺民熟壤以聚屯，民怨而败速矣。此屯之必以其地也。

屯之于战争之时，压敌境而营疆场，以守为本，以战为心，而以耕为余力，则释耒耜、援戈矛，两不相妨以相废。若在四海荡平之后，分散士卒，杂处民间，使食利于耕，而以战守为役，则虽有训练钳束之法，日渐月靡于全躯保室、朴钝偷安之习，而天下于是乎无兵。故惟枣祗、邓艾、诸葛可以行焉，而后此之祖以安插天下之兵，是弭兵养懦之术也，故陵夷衰微而无与卫国。此屯之必以其时也。

法有名同而实异，事同而效异，如此者多矣。谋国者不可不审也。

二十八

史称管宁高洁而熙熙和易，因事而导人以善。善于传君子之心矣。

世之乱也，权诈兴于上，偷薄染于下，君不可事，民不能使，而君子仁天下之道几穷。穷于时，因穷于心，则将视天下无一可为善之人，而拒绝惟恐不夙，此焦先、孙登、朱桃椎之类，所以道穷而仁亦穷也。夫君子之视天下，人犹是人也，性犹是性也，知其恶之所自熏，知其善之所自隐，其熏也非其固然，其隐也则如宿草霜凋而根荄自润也。无事不可因，无因不可导，无导不可善，喻其习气之横流，即乘其天良之未丧，何不可与以同善哉？此则盎然之仁，充满于中，时雨灌注而宿草荣矣。惜乎时无可事之君，而宁仅以此终；非然，将与伊、傅而比隆矣。

呜呼！不得之于君，可得之于友，而又不可得矣；不得之荐绅，可得之于乡党，而又不可得矣；不得之父老，可得之童蒙，而又不可得矣；此则君子之抱志以没身，而深其悲悯者也。友之不得，君锢之；乡党之不得，荐绅荧之；童蒙之不得，父老蔽之；故宁之仁，终不能善魏之俗。君也，荐绅也，父老也，君子之无可如何者也。吾尽吾仁焉，而道穷于时，不穷于己，亦奚忍为焦先、孙登、朱桃椎之孤傲哉？

二十九

形可以征神乎？曰：未尝不可也。神者，天德之函于地者也；形者，地德之成乎天者也；相函相成而不相舍。神之灵，形受之；形之灵，神傅之；非神孤荡其灵于虚而形顽处也。譬之笙竽然，器洪而声洪，器纤而声纤矣；譬之盂水然，器方而水方，器圜而水圜矣。造化者以其神之灵抟造形质，而气以舒敛焉。荣，随气而华，随气而黯；卫，随气而理，随气而乱；内而藏府之精粗，外而筋骸之劲脆，动静语默各如其量，而因以发用；则明于察形者，可以征神，固矣。管辂之评邓飏、何晏而言皆屡中，知此而已矣。

然则神可以化形乎？曰：奚为其不可也？其始也天化之，天之道也；其后也人化之，人之道也。天之道，亭之毒之，用其偶然，故美恶偏全、参差而不齐；人之道，熏之陶之，用其能然，则恶可使美，偏可使全，变化而反淳。人莫难于御其神，而形其易焉者。昧者不知，曰："一受其成型，而与之终古。"其不知道也久矣。孟子曰："居移气，养移体。"荣卫随养以移，而内而藏府、外而筋骸，随之以移；况动止语默，因心而纵敛，因习而率循者哉！

邓飏之躁，征于形之躁也，不可骤息，而息之以静者，飏可得而主也；何晏之幽，征于形之幽也，不可骤张，而张之以明者，晏可得而主也。岂有他哉？一旦而知躁与幽之为不善，操之纵之，惩艾于俄顷；习之制之，熏成于渐次；则二子者，金锡圭璧之章，再见而惊非其故，辂又安能测之哉？乃若二子者，终成乎幽躁，而使辂言之终验，其蔽一也。一者何也？曰：骄也。老、庄者，骄天下而有余者也，绝学以无忧，与天而为徒，而后形之不善，一受其成型，而废人道之能然，故祸至而不知其所自召也。地承天而受化，形顺神而数移，故管辂之术，君子节取焉，而不怙之以为固然。人之有道也，风雨可使从欲，元气可使受治，况在躬之荣卫藏府筋骸，与从心之动止语默哉！

三十

王凌可以为魏之忠臣乎？盖欲为司马懿而不得者也。为懿不得，而懿愈张矣。齐王芳，魏主叡之所立也，懿杀曹爽而制芳于股掌，其恶在懿，其失在睿，而芳何尤焉！使霍光而有操、懿之心，汉昭亦无如之何，而可责之芳乎？凌诚忠于魏而思存其社稷，正懿闭门拒主、专杀宗臣、觊觎九锡之罪，抗表而入讨，事虽不成，犹足以鼓忠义之气，而懿不能驾祸于楚王以锢曹氏之宗支，使敛迹而坐听其篡夺。而凌欲废无过之主以别立君，此其故智，梁、隋之季多效之者，而终以盗铃。则使凌得志，楚王彪特其掩耳之资，操此心也，恶足以惑人心而使效顺哉？

名义者，邪正存亡之大司也，无义不可以为名，无名不可以为义，忠臣效死以争之，奸雄依附而抑必挟之。以曹操之不轨也，王芬欲立合肥侯以诛宦官，而操审其必败，勿从也；袁绍欲立刘虞以诛董卓，而操恶其徒乱，勿从也；名正而义因以立，岂特操之智远过于凌乎？天下未解体于弱主，而己先首祸，心之所不安，灾之所必逮也。刘虞贤矣，袁绍弗能惑也；合肥侯听曹操而安，楚王彪听王凌而死，非独自杀，且以启祸于宗室，胥入司马之阱中，亦烈矣哉！呜呼！乱人假义而授人以名，义乃永堕而祸生愈速，如是而许之以忠也，则沈攸之、陈霸先皆忠矣。王凌之心，路人知之，无以异于司马氏，而益以愚者也。

三十一

曹操之篡也，迎天子于危亡之中而措之安土；二袁、吕布、刘表、刘焉群起以思移汉祚，献帝弗能制，而操以力胜而得之。刘裕之篡，戡桓玄，夷卢循，东灭慕容超，西俘姚泓，收复中国五十余年已覆之土宇，而修晋已墟之陵庙，安帝愚暗，不能自存也。若夫二萧、陈霸先，功不逮操、裕而篡焉，则不成乎其为君而不延其世。繇此言之，虽篡有天下，而岂易易哉？

司马懿之于魏，掾佐而已，拒诸葛于秦川，仅以不败，未尝有尺寸之功于天下也；受魏主叡登床之托，横篡曹爽，遂制孱君、胁群臣，猎相国九锡之命，终使其子孙继世而登天位，成一统之业。其兴也不可遏，而抑必有道焉，非天下之可妄求而得也。曹氏之驱兆民、延人而授之也久矣。

汉之延祀四百，绍三代之久长，而天下戴之不衰者，高帝之宽，光武之柔，得民而合天也。汉衰而法弛，人皆恣肆以自得。曹操以刻薄寡恩之姿，惩汉失而以申、韩之法钳网天下；崔琰、毛玠、钟繇、陈群争附之，以峻削严迫相尚。士困于廷，而衣冠不能自安；民困于野，而寝处不能自容。故终魏之世，兵旅亟兴，而无敢为萑苇之寇，乃蕴怒于心，思得一解网罗以优游卒岁也，其情亟矣。司马懿执政，而用贤恤民，务从宽大，以结天下之心。于是而自缙绅以迄编氓，乃知有生人之乐。处空谷者，闻人声而辗然，栾盈之汰，人且歌泣以愿为之死，况懿父子之谋险而小惠已周也乎！王凌之子广曰："懿情虽难量，事未有逆。"可谓知言矣。故曰："得乎邱民为天子。"

逆若司马，解法网以媚天下，天且假之以息民。则乘苛急伤民之后，大有为之君起而苏之，其为天佑人助，有不永享福祚者乎？三国鼎立，曹、刘先亡，吴乃继之。孙氏不师申、韩之报也；曹操不足道，诸葛公有道者也，而学于申、韩，不知其失，何也？

三十二

蒋琬死，费祎刺，蜀汉之亡必也，无人故也。图王业者，必得其地。得其地，非得其险要财赋之谓也，得其人也；得其人，非得其兵卒之谓也，得其贤也。巴蜀、汉中之地隘矣，其人寡，则其贤亦仅矣。故蒋琬死，费祎刺，而蜀汉无人。

虽然，尝读常璩《华阳国志》，其人之彬彬可称者不乏。张鲁妖盗而有阎圃，刘焉骄怠而有黄权，王累、刘巴，皆国士也。先主所用，类皆东州之产，耄老丧亡，而固不能继。蜀非乏才，无有为主效尺寸者，于是知先主君臣之图此也疏矣。勤于耕战，察于名法，而于长养人才、涵育熏陶之道，未之讲也。蒋、费亡而仅一姜维，维亦北士也，舍维而国无与托。败亡之日，诸葛氏仅以族殉，蜀士之登朝参谋议者，仅一奸佞卖国之谯周，国尚孰与立哉？

管仲用于齐，桓公死而齐无人；商鞅用于秦，始皇死而秦无人。无以养之也。宽柔温厚之德衰，人皆踽踽以循吏之矩矱，虽有英特之士，摧其生气以即于瓦合，尚奚恃哉？诸葛公之志操伟矣，而学则申、韩也。文王守百里之西土，作人以贻百年之用，鸢飞鱼跃，各适其性以尽其能，夫岂申、韩之陋所与知哉！

三十三

何晏、夏侯玄、李丰之死，皆司马氏欲篡而杀之也。而史敍时论之讥非，以文致其可杀之罪，千秋安得有定论哉？当时人士所推而后世称道弗绝者，傅嘏也、王昶也、王祥也、郑小同也。数子者，以全身保家为智，以随时委顺为贤，以静言处锉为道，役于乱臣而不怍，视国之亡、君之死，漠然而不动于心，将孔子所谓贼德之乡原，殆是乎！风尚既然，祸福亦异，天下之图安而思利者，固必褰裳而从之，禄位以全，家世以盛，而立人之道几于息矣。呜呼！此无道之世，所以崩风坏俗而不可挽也。

虽然，有未可以过责数子者存焉。魏之得天下也不以道，其守天下也不以仁，其进天下之士也不以礼；利唊之，法制之，奴虏使之，士生其时，不能秉耒而食，葛屦而履霜也。无管宁之操，则抑与之波流，保其家世已耳。故昶与祥皆垂裔百年而享其名位，兢兢门内之行，自求无过，不求有益于当时；士之不幸，天所弗求全也。狂狷挂于网罗，容容获其厚福，是或一道也；不可以汉、唐、宋数百年戴天履地栽培长育之人才，忘躯捐妻子以扶纲常者责之也。施及宋、齐以降，君屡易而士大夫之族望自若也，皆此焉耳。欧阳永叔伤五代无死节之臣，而不念所事之何君也，亦过矣。王彦章之忠，匹夫之谅而已矣，况余阙乎？

三十四

诸葛诞之起兵讨司马昭也，疑贤于王凌、毋邱俭，而实未见其愈也。俭与诞，皆以夏侯玄之死不自安，而侥幸以争权，使其克捷，其不为刘裕之诛桓玄，不能保也。且诞之讨昭，何为也哉？无抑不欲魏社之移于司马氏矣乎？魏而亡，亡于司马，亡于吴，无以异也，吴岂为魏惜君臣之义，诛权奸以安其宗社者哉？诞遣其子靓称臣于吴以起兵，则昭未篡而己先叛；以叛临篡，篡者未形而叛者已著；其志悖，其名逆，授司马昭以讨叛之名，而恶得不败邪？使其成也，司马昭之族甫糜，曹氏之社早屋矣。悲夫！借敌兵以讨贼者之亡人家国也，快一朝之忿而流祸无穷，诞实作俑，司马楚之、刘昶、萧宝寅相继以逞，而可许之为忠乎？

三十五

人知冯道之恶，而不知谯周之为尤恶也。道，鄙夫也，国已破，君已易，贪生惜利禄，弗获已而数易其心。而周异是，国尚可存，君尚立乎其位，为异说以解散人心，而后终之以降，处心积虑，惟恐刘宗之不灭，憯矣哉！读周《仇国论》而不恨焉者，非人臣也。

姜维之力战，屡败而不止，民胥怨之，然其志苦矣。民惮于劳，而不知君父之危，所赖以启其惰心而振其生气者，士大夫之公论耳。其论曰："既非秦末鼎沸之时，实有六国并据之势。"显然以秦予魏，以韩、燕视蜀，坐待其吞噬，惟面缚舆榇之一途耳。夫汉之不可复兴，天也；蜀之不可敌魏，势也；无可如何者也。故诸葛身歼而志决，臣子之道，食其禄，终其事，志不可夺，烈于三军之帅。且使人心不靡于邪说，兵力不销于荒惰，延之一日，而忠臣志士之气永于千秋。周而无人之心哉！无亦括囊以听，委之天而弗助其虐之为咎尚浅乎？夫民之不息，诚不容已于悯恤矣，譬之父母积疲，仆妾劳于将养，则亦酒食以劳之，和煦以拊之，使鼓舞而忘怨已耳。若恤仆妾之疲，废药食而听其酣寝，有人之心者，以是为恻隐哉？

当周之时，黄皓、陈祗蛊庸主而不顾百姓之疾苦；诚念民也，则亦斥奸佞，劝节俭，饬守令以宽廉，使民进而战饫，退而休息，可也。周塞目钳口，未闻一谠言之献，徒过责姜维，以饵愚民、媚阉宦，为司马昭先驱以下蜀，国亡主辱，己乃全其利禄；非取悦于民也，取悦于魏也，周之罪通于天矣。服上刑者惟周，而冯道末减矣。

三十六

王沈刺豫州，下教："陈长吏得失者，给谷五百斛；言刺史宽猛者，给谷千斛。"规己宽猛之宜，而赐之谷，犹之可尔。陈长吏之得失而赐之谷，险士猾民，竞起而诬讦其守令，祸可胜言哉？盖沈者，司马氏之私人也，司马氏以好士恤民之虚名，收辨士而要民誉，每下不情之令，行溢赏以诱天下，而沈为之役，故其教令如是之滥，未容深责也。陈廞、褚契入白沈曰："拘介之士，惮赏而不言；贪昧之人，慕利而妄举。"韪哉言乎！可推以尽明主用人听言之道矣。

拒谏者，古今之所谓大恶也；亟取人言，而贪广听之名，其恶隐而难知。乃公孙强因之以亡曹，主父偃因之以乱汉。宋之中叶，上书言因革者，牍满公府，而政令数易，朋党争衡，熙、丰、元、绍之间，棼如乱丝，而国随以敝。近者民本轻达，贱士乘以希荣，奸相资之肆恶，一夫遽登省披，而天下亟亡。呜呼！以赏劝言之害，较拒谏而尤烈，抑如此哉！

然则瑱纩之塞，与明聪之达，圣人兼用以应天下，抑何道也？曰：善听言者，必其善于择人者也。人而善与，言虽未得，有善者存矣。人而不善与，言虽得，有不善者存矣。唐、虞之廷，或吁或咈，交相弼违者，惟其为禹、皋、稷、契也。夫禹皋、稷、契，视君之失，若疢疾之攻于心；视民之病，若水火之迫于肌；而视言入而受禄也，若秽恶之加于鼻也，何俟于赏以劝之邪？故君子之听言，先举其人而后采其言，必不以利禄辱贤者之操，而导不肖者以猖狂无忌也。

察吏有常法，劾吏有常职，不获已而登斥奸讼枉之言，然非害切于国民而痛切其肌肤，则告讦之宵人耳，诛之可矣。一兴一废，一张一弛，进臣民而酌其可否，既已无疑矣；而犹为异说焉，斥之可矣。言虽甚当，不授以官；其效虽登，必进以礼。大臣坐论，日侍于燕间；谏诤有官，各责以言职。非是者，虽或兼容并包，而必厚防其生事启衅之伤。自匪金人，恶有舍闺门子弟之职，置四民耕读之恒，弃官守慎修之纪，且揣夕摩，作为皎皎炎炎之论，以动人主，而侥幸显名之与厚实哉！舜之耕稼陶渔而取人为善，人无所利于耕稼陶渔之夫，而言之不善者鲜矣。其为帝也，以耕稼陶渔之听听天下之言，则惟禹、皋、稷、契无私利之心，如深山之野人，而后决于从也。故其戒禹曰："无稽之言勿听。"而岂以利禄诱哓哓之士，使以讦为直乎？

鬻口舌以希利赖者，小人也，塾师也，祸福惟其妄测，文义惟其割裂，得利焉而情尽矣。此求治者所必远，为学者所必拒也。人君正己以莅下，节嗜欲、远宦寺、勤学问、公好恶，则小人之利病、国事之得失，触之而自知。非不待言也，抑非恃人言而遂足以治也。赏之而政刑乱、朋党兴、廉耻丧、风俗靡，自非奸雄之媚众以窃国，几何事此而不亡？此治乱之枢机，不可不审也。

三十七

后主失德而亡，非失险也，恃险也，恃则未有不失者也。君恃之而弃德，将恃之而弃谋，士卒恃之而弃勇。伏弩飞石，恃以却敌；危石丛薄，恃以全身；无致死之心，一失其恃，则匍伏奔窜之恐后；扼以于蹊径，而凌峭壁以下攻，则首尾不相顾而溃。故谓后主信巫言而失阴平之守以亡国，非也。阴平守，而亘数百里之山崖溪谷，皆可度越，阴平一旅，亦赘疣而已。李特过剑阁而叹刘禅之不能守，草窃之智，乘晋乱以苟延尔。谯纵、王建、孟知祥、明玉珍蹶然而起，熠然而灭，恃险愈甚，其亡愈速矣。

然则诸葛公曰："益州天府之国。"其言非乎？彼一时也，先主拥寡弱之资而无尺土，舍益州而无自立之地。乃其规画之全局，则西出秦川，东向宛、洛，皆与魏争于平原，而非倚险以固存也。迨乎关羽启衅于吴，先主忿争而败，吴交不固，仲谋已老，宛、洛之师不能复出，公乃率孤旅以向秦川，事难而心苦矣。况蒋琬据涪城，姜维据汉乐，颠当守户，而天日莫窥，不亡奚待焉？

汉高起自汉中，旋下三秦，急出成皋，是以濒危而终胜。光武定都洛阳，曹操中据兖州，皆以无险为险也。周公营洛，至计存焉，而或为之说曰："无德易以亡。"圣人既无私天下之心，抑岂欲其子孙之速亡乎？周迁洛，而不绝之系，其亡尤难于夏、殷。亡之难易，不在险之有无，明矣。

三十八

司马昭进爵为王，荀颛欲相率而拜，王祥曰："王、公相去一阶尔，安有天子三公可拜人者？"骤闻其言，未有不以为岳立屹屹，可以为社稷臣者。冯道之劳郭威曰："侍中此行不易。"亦犹是也。炎篡而祥为太保于晋，威篡而道为中书令于周，则其亢矫以立名，而取合于新主，大略可知矣。昭谓祥曰："今日然后知君见顾之深。"祥所逆揣而知其必然也。矜大臣之节，则太保之重任，终授之己也无疑。历数姓而终受瀛王之爵，道固远承衣钵于祥也。不吝于篡，而吝于一拜；不难于北面为臣，而难折节于未篡之先；天下后世不得以助逆之名相加，万一篡夺不成如桓玄，可以避责全身，免于佐命之讨，计亦狡矣。

以此推之，汲黯揖卫青，而曰："使大将军有揖客，岂不重乎？"黯之情亦见矣。欲以此求重于权臣，而可谓之社稷臣乎？司马昭、郭威虽逆，而固非朱温之暴，可以理夺者也。使汲黯而遇梁冀，王祥、冯道而遇朱温，抑岂能尔哉？若夫社稷臣者，以死卫主，而从容以处，期不自丧其臣节，如谢安之于桓温，狄仁杰之于武氏，亦岂矫矫自矜以要权奸之知遇乎？

《读通鉴论》卷十终

读通鉴论卷十一

晋武帝　泰始元年起

一

魏削宗室而权臣篡，晋封同姓而骨肉残，故法者非所以守天下也；而怀、愍陷没，琅邪复立国于江东者几百年，则晋为愈矣。天下者，非一姓之私也，兴亡之修短有恒数，苟易姓而无原野流血之惨，则轻授他人而民不病。魏之授晋，上虽逆而下固安，无乃不可乎！然而三代王者建亲贤之辅，必欲享国长久而无能夺，岂私计哉？

人之所以异于禽兽者，非其利病生死之知择也。则君子之为天下君以别人于禽兽者，亦非但恤其病而使之利，全其生而使无死也。原于天之仁，则不可无父子；原于天之义，则不可无君臣。均是人而戴之为君，尊亲于父，则旦易一主，夕易一主，稽首匍伏，以势为从违而不知耻，生人之道蔑矣。以是而利，不如其病之；以是而生，不如其死之也。先王重不忍于斯民，非姑息之仁，以全躯保妻子、导天下于鱼虫之聚者，虑此深矣！然则晋保社稷于百年，而魏速沦亡于三世，其于君天下之道，得失较然矣。

晋武之不终也，惠帝之不慧也，怀、愍之不足以图存，元帝之不可大有为也；然其后王敦、苏峻、桓温相踵以谋逆，桓玄且移天步以自踞，然而迟之又久，非安帝之不知饥饱，而刘裕功勋赫奕，莫能夺也。谓非大封同姓之有以维系之乎？宋文帝宠任诸弟，使理国政、牧方州，虑亦及此；而明帝诛夷之以无遗，萧道成乃乘虚而攘之。嗣是而掇天位者如拾坠叶，臣不以易主为惭，民不以改姓为异。垂及唐、宋，虽权臣不作，而盗贼夷狄进矣。然则以八王之祸咎晋氏之非，抑将以射肩请隧咎文昭武穆之不当裂土而封乎？法不可以守天下，而贤于无法。亦规诸至仁大义之原而已。

二

谏必有专官乎？古之明王，工瞽、庶人皆可进言于天子，故《周官》无谏职，以广听也。谏之有官，自汉设谏议大夫始。晋初立国，以傅玄、皇甫陶为之，唐之补阙拾遗，宋之司谏，皆放此而立也。谏有专官，而人臣之得进言于君仅矣。虽然，古今之时异，而广听之与慎听也，不得不殊；进言之迹同，而受益之与防邪也，亦各有道。未可以一概论也。

古之民朴矣，农、工、商、贾各世其业；士之游于庠序者，亦各有常学，不能侈闻见、饰文词以动当世。迨及战国，教衰而人自为学，揣摩当世之务者，竞尚其说，纵之以言，则偏私逞而是非乱；则必择其忠直而达治理者任之，而后无稽之言，不敢破圣道、紊纲纪，以荧主听。则专官之任，亦未可谓尽非，时使然也。

谏官专立，职专谏矣。然非专谏于其官，而禁外此者之谏也。不淫听于辨言，而不塞聪于偏听；苟得忠直知治者司其是非之正，则怀忠乐进者相感以兴。乃若听之之道，群言竞奏，而忠佞相殽，存乎君之辨之，不徒在言者也。谏者以谏君也。迩声色，殖货利，狎宦戚，通女谒，怠政事，废学问，崇佛老，侈宫室，私行游，媟威仪，若此者谏官任之。大小群臣下逮于庶人，苟有言焉，则固天子所宜侧席而听者也。即言之过，而固可无尤也。外此，人与政其亟矣。然而人之贤不肖，铨衡任之；政之因革，所司任之；虽君道之所必详，而清诸其源，则是非著而议论一；争于其流，则议论繁而朋党兴。贞邪利害，各从其私意，辨言邪说，将自此以起，固不可不慎防之。而广听适以召奸，尤明主所深惧也。

以要言之，言而讥非乎我者，虽激虽迂，而不可忽也；言而褒贬于人、辨说乎事者，辨虽详，辞虽切，而未可信也。士之受规于朋友者且然，而况君天下者乎！然则选忠直知治者任谏职于上，而主意昭宣，风尚端直，则群言博采，而终弗使主父偃、息夫躬之流，矜文采以仇其奸邪。慎之也，即所以广之也。又何必执《周官》之不设谏臣以下访刍荛哉？

近者分谏职于台省，听亦广矣。而六科司抄发之任，十三道司督察之权，纠劾移于下，而君德非所独任，故诡随忿戾，迭相进退，而国是大乱，则广之适以废。党人交争，劳臣掣肘，将谏官之设，以谏下而非谏君乎？拂其立谏之经，而予以谮言之径，乃至金人游士献邪说以为用人行政之蟊贼。不专不慎，覆轨已昭，后世尚知鉴哉！

三

晋始建国，立七世之庙，除五帝之座，罢圜丘方泽之祀，合之于郊，皆宗王肃而废郑玄也。于是而知王肃之学，醇正于郑玄远矣。后世经学传郑氏，肃之正义，没而不传，则贾公彦、孔颖达之怙专师而晦道也。

周之祀典，组绅以上不废也；而限天子之庙于五世，合两世室而始为七，玄之托于义而贼仁也。《周礼》合乐于圜丘方泽者，非祭也，所以顺阴阳、合律吕而正乐也；而谓郊之外有圜丘方泽之大祀，玄之淫于乐以乱礼也。其尤妖诬而不经者，为上帝之名曰耀宝魄，又立灵威仰、赤熛怒、白招矩、叶光纪之名，为四方之帝，有若父名而宾字之者，适足以资通人之一哂。而以之释经，以之议礼，诬神媟天，黩祀惑民，玄之罪不容贷矣。托之于星术，而实传之于谶纬，夫且诬为孔氏之书；正肃氏起而辨之，晋武因而绌之，于是禁星气谶纬之学，以严邪说之防，肃之功大矣哉！惜乎世远俗流，师承道圮，而肃学不传也。如其传，则程、朱兴起，尚有所资以辟郑氏之淫辞与！

四

三代以下，用兵以道，而从容以收大功者，其惟羊叔子乎！祖逖之在雍邱，宗泽之在东京，屹立一方以图远略，与叔子等。乃逖卒而其弟称兵以犯顺，泽卒而部众瓦解以为盗，皆求功已急而不图其安，未尝学于叔子之道以弭三军之骄气，骄则未有能成而不乱者也。

或曰：叔子之时，晋盛而吴衰，拥盛势以镇之，则敌亡可以坐待；而逖与泽抗方张之虏，未可以理折，则时异而不可相师矣。

曰：叔子之可以理服，而逖、泽不能者，遇陆抗耳。若夫敌国之氓，信其仁厚而愿归附之，则逖与泽之邻壤，犹晋、宋之遗黎；而叔子则晋、吴异主，义不相下者也。使逖与泽以此临之，不愈效乎！夫陆抗亦智深谋远不与叔子争一日之利耳，使其狂逞如石勒、女真之为，则其亡愈速；是遇陆抗者，两棋逢敌之难，而非易制于石勒、女真也。石勒虽骁，而志不及于江、淮，且未几而国内大乱，甚于孙皓之犹安处也。女真虽竞，而斡离不、挞懒、兀术各怀猜忌，豕突鹿奔，无有能如陆抗之持重以相制者。使二子以道御兵，以信抚民，以缓制敌，垂之数十年，赵有冉闵之乱，金有完颜亮之变，以顺临逆，以静待动，易于反掌矣。叔子之功，亦收之身后者也，何至于子弟为枭獍以伏诛，部曲窜雚苇而偾起哉！故曰逖与泽求之已急而未图其安也。逖有雍邱之可据，而郭默、邵续之流，皆相倚以戴晋；泽有东京之可恃，而两河忠义，皆相待以效功；与为愤兴，而不与为固结，二子之志义尚矣，惜乎其不讲于叔子之道也。

五

用人与行政，两者相扶以治，举一废一，而害必生焉，魏、晋其验已。虽无佞人，而亟行苛政以钳束天下，而使乱不起；然而人心早离，乐于易主，而国速亡。政不苛而用佞人，其政之近道，足以羁縻天下使不叛，然而国是乱，朋党交争，而国速以乱。

曹孟德惩汉末之缓弛，而以申、韩为法，臣民皆重足以立；司马氏乘之以宽惠收人心，君弑国亡，无有起卫之者。然而魏氏所任之人，自谋臣而外，如崔琰、毛玠、辛毗、陈群、陈矫、高堂隆之流，虽未闻君子之道，而鲠直清严，不屑为招权纳贿、骄奢柔谄猥鄙之行，故纲纪粗立，垂及于篡，而女谒宵小不得流毒于朝廷，则其效也。

晋武之初立，正郊庙，行通丧，封宗室，罢禁锢，立谏官，征废逸，禁谶纬，增吏俸，崇宽弘雅正之治术，故民借以安；内乱外逼，国已糜烂，而人心犹系之。然其所用者，贾充、任恺、冯紞、荀勖、何曾、石苞、王恺、石崇、潘岳之流，皆寡廉鲜耻贪冒骄奢之鄙夫；即以张华、陆机铮铮自见，而与邪波流，陷于乱贼而愍不畏死；虽有二傅、和峤之亢直，而不敌群小之禽訾；是以强宗妒后互乱，而氐、羯乘之以猖狂。小人浊乱，国无与立，非但王衍辈清谈误之也。

是用人行政，交相扶以图治，失其一，则一之仅存者不足以救；古今乱亡之轨，所以相寻而不舍也。

以要言之，用人其尤亟乎！人而苟为治人也，则治法因之以建，而苛刻纵弛之患两亡矣。魏之用人，抑苟免于邪佞尔，无有能立久长之本，建弘远之规者也。孟德之智，所知者有涯；能别于忠佞之分，而不能虚衷以致高朗宏通之士；争乱之余，智术兴，道德坠，名世之风邈矣。仅一管宁，而德不足以相致也。晋承魏之安处，时非无贤，而奖之不以其道，进之不以其诚，天下颓靡，而以老、庄为藏身之固，其法虽立，文具而已。使二代之君，德修而勤于求治，天下群趋于正，而岂患法之不立乎？宋太祖、太宗之所以垂统久长，而天下怀其德于既亡之余，庶几尚已！

六

杜预欲短太子之丧，而曰："君子之于礼，存诸内而已。"安得此野人之言而称之哉！今有人焉，心不忘乎敬父，而坐则倨以待；情不忍乎爱兄，而怒则绐其臂；亦将曰存诸内而已乎？内外交相维、交相养者也，既饰其外，必求其内，所以求君子之尽其诚；欲动其内，必饬其外，所以导天下而生其心也。今使衰麻其衣，疏粝其食，倚庐其寝处，然而驰情于淫佚以忘其哀慕者，鲜矣；耳目制之，心不得而动也。藉令锦其衣，肉其食，藻井绮疏金枢玉户其寝处，虽有哀慕之诚，不荡而忘者，鲜矣；耳目移而心为之荡也。故先王之制丧礼，达贤者之内于外，以安其内，而制中材之外，以感其内。故曰：直情径行，戎狄之道也。夫鸟兽之啾唧以念死，内非不哀，而外无所饰，则未几而忘之矣；野人之内存而外不著见者，亦如是而已矣。

杜预之于学也亦博矣，以其博文其不仁，《六经》之旨，且以之乱。谅暗者，梁庵也，有梁无柱，茅苫垂地之庐也，而诬之曰心丧。叔向之讥景王曰："有三年之丧二。"谓之有丧矣，非谓存诸内者之徒戚也，而诬之曰不讥除丧，而讥其燕乐之已早。预之存诸内者，诬圣欺天，绝人而禽之，犹曰君子之于礼，存诸内而已乎？故曰："以礼制心。"心有不存，而礼制之。其外无别，则内之存与不存，又奚以辨哉？邪说逞，人道息。凡今之人，皆曰：臣忠、子孝、兄友、弟恭，求其心而已。而心之不可问者多矣。不仁哉杜预之言，以贼天下有余也！

七

嵇绍可以仕晋乎？曰：不可。仕晋而可为之死乎？曰：仕而恶可弗死也！仕则必死之，故必不可仕也。父受诛，子仇焉，非法也；父不受诛，子不仇焉，非心也。此犹为一王之下，君臣分定，天子制法，有司奉行，而有受诛不受诛者言也。嵇康之在魏，与司马昭俱比肩而事主，康非昭之所得杀而杀之，亦平人之相贼杀而已。且康之死也，以非汤、武而见惮于昭，是晋之终篡，康且遗恨于泉下，而绍戴之以为君，然则昭其汤、武而康其飞廉、恶来矣乎！绍于是不孝之罪通于天矣。

沈充以逆伏诛，而子劲为晋效死。蔡仲之命曰："尔尚盖前人之愆。"沈劲克当之矣。绍盖前人之美，而以父母之身，糜烂而殉怨不共天之乱贼，愚哉其不仁也！汤阴之血，何不洒于魏社为屋之日，何不洒于叔夜赴市之琴，而洒于司马氏之衣也？

八

魏、晋之际，有贞士曰范粲，较管宁、陶潜而尤烈，而称道绝于后世。士之湮没而志不章者，古今不知凡几也！宁以行谊著，潜以文采传，粲无他表见，而孤心隐矣。乃其亢志坚忍，则二子者未之逮焉。送魏主芳而哀动左右，三十六年佯狂不言，卒于车中，子乔侍疾，足不出邑里，父子之志行，诚末世之砥柱矣。文采行谊无所表见，志不存焉耳。宁之不若此也，宁未仕汉，而粲已受禄于魏也。潜之不若此也，知晋之将亡而去之，不亲见篡夺之惨也。故二子无妨以文行表见，而粲独不可。难哉其子之贤也！晋赐禄以养疾，赐帛以治丧，而不受。嵇绍闻之，尚为仇雠之子孙捐父母之身，人之贤愚相去有若此哉！粲之所为，难能也；非但难能也，其仁矣乎！

九

晋诏诸王大国置三军，次国二军，小国一军，其所依仿之名曰周制也。古之诸侯，皆自有兵，周弗能夺，而非予之也。其自周始建之国，各使有兵，彼有而此不得独无也。郡县之天下，兵皆统于天子，州郡不能自有其人民，独假王侯以兵，授以相竞之资，何为也哉？夫晋岂果循周制以追三代之久安长治也乎？惩魏之亏替宗室，而使权臣乘之耳。乃魏之削诸侯者，疑同姓也；晋之授兵宗室以制天下者，疑天下也。疑同姓而天下乘之，疑天下而同姓乘之，力防其所疑，而祸发于所不疑，其得祸也异，而受祸于疑则同也。

呜呼！以疑而能不召乱亡之祸者无有。天下皆以为疑己矣，而孰亲之？其假以防疑者，且幸己之不见疑而窥其疏以乘之；无可亲而但相乘，于是而庸人之疑，终古而不释。道不足于己，则先自疑于心；心不自保，而天下举无可信，兄弟也，臣僚也，编氓也，皆可疑者也。以一人之疑敌天下，而谓智计之可恃以防，其愚不可瘳，其祸不可救矣。亲亲而以疑，则亲非其亲；尊贤而以疑，则贤非其贤；爱众而以疑，则众非其众；夫何疑哉？君子乐得其道，小人乐得其欲而已矣。交君子以道，给小人之欲，孤游于六合，而荆棘不生，无有圣贤而无豪杰之度者也。

十

天下恶有无故杀人而可以已乱者哉！齐王攸欲杀刘渊，王浑曰："奈何以无形之疑杀人。"其说是也。舍杀而无以驭之也，渊之所以终乱晋而残之也。不杀渊而渊反，则咎王浑；杀渊而胡叛，则抑且咎齐王；舍本徇末，两俱有咎，而孰能任之？曹魏之居匈奴于内地，使若渊者得以窃中国文事武备之绪余，济其奸而启雄心，其祸久矣。渊即死，若聪、若曜、若猛、若宣，挟怨以求逞，能旦杀一人、夕杀一人、皆无罪而夷之乎？契丹之所以深女真之怨而激之起，岂有幸哉！

夫晋承魏失，固未可急驱除之矣。王济欲任渊以平吴，纵虎自卫之术也。李憙欲发匈奴五部，假渊将军之号征树机能，此策之善者，而孔恂谏止之，何也？恂诚忧渊之叵测，抑必有术以制之，而但色变于谈虎哉？凉者，中国之赘余也，河、湟之间，夷狄之所便也，渊西征而荡平树机能之墟，即割其地以安之，而渊之心戢矣。渊即不戢，五部之心亦戢矣。驭得其道，则且不敢窃河西以据之。即其不然，我据萧关以距之，其极逞也，亦但如元昊而止耳。孰如近在汾、晋之间，使我不轨之士民，教猱伥虎，河决鱼烂于腹心乎？故知李憙之谋，非但以平树机能也，实以斥渊而远之也，此弭祸于将然之善术也。一疑之，一畏之，无可如何而姑置之；渊且自危、且自矜、尤且自信也。是召之以必反之道。呜呼！晋之失政，贿赂已耳，交游已耳。王浑父子得贿而保渊，孔恂、杨珧不得贿而慭渊，故李憙之深识不庸。非渊之能亡晋也，晋自亡耳。

十一

传咸之忠，苟勖之佞，判然别矣。而其议省官也，则勖之说为长。故听言者，不惟其人，惟其言而已矣。咸刚直而疾恶已甚，见闲曹之吏，或怠傲而废功，或舞文以牟利，愤然曰："焉用此为，而以费农夫之粟，空国家之帑哉！"其言非不快于一时之心，而褊衷以宰天下，天下又恶能宰哉！

古者方五十里之国，卿大夫士府史胥徒具，群聚以上食于公、下食于民，而不忧其乏。天下之大，庶官仅供其职，而曰"公私不足"，此翁姁之智，不出箪豆之间。故曰：褊衷以宰天下，天下弗能宰也。

古之建官以治事治民，固也；而君子野人，天秩之以其才，叙之以其类，率野人以养君子，帖然奉之而不靳，岂人为哉？王者以公天下为心，以扶进人才于君子之途为道。故一事而分任之，十姓百家而即立之长以牧之，农人力耕而食之无愧，君不孤贵而养之必周；乃使一艺、一经、一能、一力者，皆与于君子之列，而相奖以廉耻。虽有莠稗，不尽田而芟刈，使扶良苗以长，但勿令夺苗之滋可矣。

官省而人之能与于选者其途隘，力不任耕、志不安贱之士，末繇分天之禄以自表异，则且淫而为奸富，激而为盗贼。君子之途穷，而小人之歧路百出，风俗泛滥于下，国尚孰与立哉！惟用人之途广，而登进之数多，则虽有诡遇于幸门者，而惜廉隅、慎出处之士，亦自优游以俟，而自不困穷以没世。如其省官而员数减，则入仕也难；入仕难，则持选举之权者益重。数十人而争一轨，苟有捷径之可趋，虽自好者，不能定情以坚忍。而秉铨苟非其人，则自尊如帝，操吉凶也如鬼，托澄汰以为垄断，而所裁抑者类修洁之士，所汲引者皆躁佞之夫。士气萎，官邪兴，流沔而无所立，即使傅咸任之，且不能挽颓波以从纲纪，况莫保司铨之得尽如咸乎！故君子甚患夫刚直者之婞婞以忿疾当世，而欲以刻核重抑天下之心也。

况其言曰："公私不足，并官以务农。"则尤悖甚。为吏者几何人，而废天下几何之顷亩！有天下而汲汲忧贫，夺天所贵重之君子，使为农圃之小人，以充府库；非商鞅之徒，孰忍为此哉？治天下有道，非但足食而遂足以立也。荀勖曰："清心省事。"庶几经国之弘猷，讵可以其人而废之！

十二

贾充之力阻伐吴也，不知其何心，或受吴赂而为之间，或忌羊、杜、二王之有功而夺其宠，皆未可知；抑以充之积奸之情度之，不但然也。曹操讨董卓、剿黄巾、平袁绍，战功赫然，而因以篡汉。司马懿拒诸葛、平辽东，司马昭灭蜀汉，兵权在握，而因以篡魏。充知吴之必亡，而欲留之以为己功，其蓄不轨之志已久，特畏难而未敢发耳。乃平吴之谋始于羊祜，祜卒，举杜预以终其事，充既弗能先焉，承其后以分功而不足以逞，惟阻其行以俟武帝之没，己秉国权，而后曰吴今日乃可图矣，则诸将之功皆归于己，而己为操、懿也无难。此其情杜预、张华固已知之，惮武帝之宠充而未敢言尔。观其纳女于太子，知惠帝之愚而以甥舅畜之；曹操之妻献帝，杨坚之妻周主，皆此术也。其谋秘，其奸伏，时无有摘发之者，而史亦略之。千载之下，有心有目，灼见其情，夫岂无故以挠大猷也哉？

呜呼！晋感充之弑君以戴己，而不早为之防，求其免于乱也难矣。所幸充死七年而武帝始崩，贾谧庸才，且非血胤，不足以为司马昭耳。不然，高贵乡公之刃，岂有惮而不施之司马氏乎？一女子犹足以亡晋，充而在，当何如也？项羽非侯生之君也，汉高以其诳羽而远之若蛇虺；石守信、高怀德之流，未尝任弑君之恶也，宋太祖以其戴己而防之若仇敌；变诈凶很不知有名义者，君不可以为臣，士不可以为友。孙秀洒南向之涕，诸葛靓怀漆身之忠，晋弗能用焉，其不再传而大乱，有以也夫！

十三

秦灭六国而销兵，晋平吴而罢州郡兵，未几而大乱以亡。《泰誓》称武王克殷，放牛归马，衅甲囊弓，示天下弗用，秦、晋与周将无同道，而成败迥异，何也？

纣之无道，虐加于民，而诸侯或西向归周，或东留事纣，未尝日寻干戈，竞起为乱也。天下之志相胥以静，而弄兵乐祸之民不兴。及乎纣虐革，周政行，而皆仍故服，无与炀之，不待扑之也。战国之争，逮乎秦、项，凡数百年，至汉初而始定。三国之争，逮乎隋末，凡数百年，至唐初而始定。安、史之乱，延乎五代，凡百余年，至太平兴国而始定。靖康之祸，延乎蒙古，凡二百余年，至洪武而始定。其间非无暂息之日若可以定者，然而枝蔓不绝，旋踵复兴。非但上有暴君，国有奸雄；抑亦人心风俗一动而不可猝静，虔矫习成，杀机易发，上欲扑之而不可扑也。夫秦与晋恶能摄天下之心与气而敛之一朝哉？故陈胜有辍耕之叹，石勒有东门之啸，争乘虚而思起。此兵之不可急弭者，机在下也。

且夫周之兴也，文王受铁钺而专征，方有事于密、阮、崇、黎，而早已勤修文德，勤圣学，演《周易》，造髦士，养国老，采南国之风，革其淫乱，儿童嬉游而掇苤苢，女子修事以采苹蘩，未尝投戈而始论道，息马而始讲艺也。优而柔之，以调天地和平之气，而于兵戎之事，特不得已而姑试之，上弗之贵，而下且贱之，圣人之所以潜移人心而陶冶其性者，如此其至也。而后戎衣甫著，而弓矢旋毵，天下以为实获我心，可澡雪以见荣于文治。秦之并六国、灭宗周，晋之篡魏而吞吴也，谋惟恐其不险，力惟恐其不竞，日进阴鸷残忍之夫，皇皇以图弋获，而又崇侈奔欲，以败人伦之捡柙；其与于成功共富贵者，抑奢淫以启天下之忌，无以涤天下之淫邪，而畜其强狡于草泽；幸而兵解难夷，遂欲使之屈首以奉长吏之法，未有能降心抑志以顺从者也。上无豫教，而欲饰治安于旦夕，召侮而已矣。此兵之不可急弭，教在上也。

陶璜、山涛力排罢兵之议，从事后而言之，验矣。然抑岂于天下甫离水火之日，寻兵不已，而日取其民纳之驰骤击刺之中乎？盍亦求诸其本矣。故圣人作而乱不难已，商、周是也，道之驯也；圣人不作，待其敝之已极，人皆厌苦而思偃武，帝王乃因而抚之，则汉、唐以后之一统是也，几之复也。庶几商、周之治者，其惟光武乎？寇盗方横，而奖道敦礼，任贤爱民，以潜消民气之戾于扰攘之中，兵不待弭而自戢。然而黎阳之屯，固不敢借口于放牛归马以自拟于周也。

十四

子曰："不在其位，不谋其政。"夫士苟有当世之略，一言而可弭无穷之祸，虽非在位，庶几见用而天下蒙其休，何为其秘之哉？而孰知其固不可也。言之不切，而人习以为迂远之谈而不听；言之切而见用矣，天下测其所以然，而且以其智力与上相扞格；如其不用也，则适以启奸邪而导之以极其凶忒矣。

汉、魏之际，羌、胡、鲜卑杂居塞内，渐为民患，徙之出塞，万世之利也。虽不在秉国大臣之位，固且忧愤积中而不容已于切言之。即不用矣，后世且服其早识，而谓晋有人焉，此郭钦、江统所以慷慨言之，无所隐而论之详也。故传之史策，而后世诵之不衰。乃钦之言曰："有风尘之警，胡骑自平阳、上党不三日而至孟津，北地、西河、太原、冯翊、安定、上郡尽为夷狄之庭。"其后刘渊父子、石勒皆践其言，而晋遂亡。呜呼！岂非郭钦之言教猱升木乎？刘宣、张宾之谋，皆师钦之智，而灼见晋之可袭取者，非一日也。言之不用，而徒导人以乱矣。藉晋用之，因而下徙戎之令，群胡知其畏己，而己有可乘之势，于方徙之际溃烂以逞，又将奚以制之使弭耳以听邪?

故使钦而在座论之列,与君若相密谋之内庭,则极言之而不嫌。言即不用,犹不致启戎心以增益其恶。恶有忘属垣之耳,扬于大庭曰:人将若何以加我,将若何以使我莫敌,我其终无如何哉?非其位也,谋不得而尽也,姑缄默以俟其变可也。虽义激于中,而不敢快于一发,诚慎之也。孔子曰:"吾其为东周乎!"所以为者不言也。圣人且慎于未可有为之日,况偶有所知者乎?

十五

西晋之亡,亡于齐王攸之见疑而废以死也。攸而存,杨氏不得以擅国,贾氏不得以逞奸,八王不得以生乱。故举朝争之,争晋存亡之介也。虽然,盈廷而争者,未得所以存晋之道也。

攸之不安于国,武帝初无猜忌之心,荀勖、冯紞间之耳。勖与紞,贾充之私人,非但佞以容身,怀鬻国异姓之心久矣。忌攸者,非徒忌攸,实忌晋也。攸之贤,固足以托国,然岂果有周公之德哉?即微攸而晋固可存。汉、唐、宋之延祚数百年,亦未尝有亲贤总己以制天下于一人,而卒不可乱,无他,无奸臣之在侧而已。刘放、孙资在魏主之奥窔,而司马氏援之以攘臂。勖与紞之于贾谧、杨骏,未知其谁属,而要其市司马氏之宗社于人,则早作夜思以谋逞志者也。攸即废,晋不必亡;勖、紞不除,晋无存理。修贾充之余怨,则阴摈张华;排博士之忠言,而显斥曹志;苟有图存晋室者,小不惜官爵,大不惜躯命,扬于王廷,揭勖、紞之奸,迸之裔夷,则不待交章讼攸,而攸固以安,抑不待措攸于磐石之安,而晋固以存。今乃举尊卑疏戚之口合讼攸,而强帝持天下以任攸。荀勖固曰:"陛下试诏齐王之国,必举朝以为不可。"堕其术中而犹竞以争,尚口乃穷,攸之困,晋社之危,诸臣致之矣。

夫一时徇名依附之众,不足言也。李憙、刘毅、傅咸忠直为当时之领袖,而不能取前谗后贼为宗社效驱除,晋之廷,不可谓有人矣。植君子则小人自远,则以进贤为本,斥奸为末,此自奸邪未逞之日言也。不逐小人则君子不安,则以斥奸为本,进贤为末,此为奸邪已盘踞于内之日言也。

二者互相为本末，而君子知择焉，乃以明于人臣之义，而为社稷所赖。非然，则相激以益其乱而已矣。

《读通鉴论》卷十一终

读通鉴论卷十二

惠帝

一

惠帝之愚，古今无匹，国因以亡。乃唐顺宗之喑而无知，宋光宗之制于悍妻而不知有父，其愈于惠帝无几，而唐、宋不亡，有人焉耳。四顾晋廷之士，有可托以天下者乎？齐王攸之得物情也，其能为慕容恪与否，不敢信也。傅咸、刘毅谏诤之士，可任以耳目，而未可任以心膂，非能持大体者也。张华谋略之士，可与立功，而未可与守正，非能秉大节者也。托国于数子之手，不能救惠帝之危，况荀勖、冯𬘭、贾谧、杨骏之骄佞，挟戈矛以互竞者乎！傅咸、刘毅能危言以规武帝之失矣，贾充之奸，与同朝而不能发其恶。张华秉国，朝野差能安静，而杨后之废，且请以赵飞燕之罪罪之，依贾谧浮慕之推重，而弗能止其邪，华不能辞亡晋之辜矣。

或曰：狄仁杰厕身淫后奸贼之间，与周旋而不耻，论者以存唐之功归之，恶知华之非有密用，特不幸而未成耳。曰：仁杰骤贵于武后之朝，当高宗之世，未尝位大臣、秉国政，权固轻矣，故不能不假权于武后以济大难。华被武帝之深知，与平吴之大计，以开国元老，出典方州，入管机要，为天下所倾仰，仅托淫邪之党，涂饰治迹，而可称大臣之职哉？体先隳，望先失，志先夺，求有为于后，斡旋于已乱之余，其将能乎？谓盈晋之廷无一人焉，非已甚之辞也。

夫晋之人士，荡检逾闲，骄淫惯靡，而名教毁裂者，非一日之故也。魏政之综核，苛求于事功，而略于节义，天下已不知有名义；晋承之以宽弛，而廉隅益以荡然。孔融死而士气灰，嵇康死而清议绝，名教为天下所讳言，同流合污而固不以为耻。其以世事为心者，则毛举庶务以博忠贞干理之誉，张华、傅咸、刘毅之类是已。不然，则崇尚虚浮，逃于得失之外以免害，则阮籍、王衍、乐广之流是已。两者交竞，而立国之大体、植身之大节，置之若遗；国之存亡，亦孰与深维而豫防之哉？故与贾充偕而不惭，与杨骏比而不忌。如是，则虽得中主，难持以永世，况惠帝之愚无与匹者乎！董养升太学之堂而叹曰："天人之理既绝，大乱将作。"诚哉其言之也！

二

惠帝之七年，索头猗㐌西略诸夷三十余国，拓跋氏入主中国之始基也。夷狄居塞内，乘中国之虚，窃为主于中国，而边远之地虚，于是更有夷狄乘之，而为主于所虚之地。夫夷狄所恃以胜中国者，朔漠荒远之乡，耐饥寒、勤畜牧、习射猎，以与禽兽争生死，故粗犷悍厉足以夺中国膏粱豢养之气。而既入中国，沉迷于膏粱豢养以弃其故，则乘其虚以居其地者，又且粗犷悍厉而夺之。故刘、石、慕容、姚、苻、赫连迭相乘而迭相袭，猗㐌之裔，乃养其锐于西北，徐起而收之，奄有群胡之所有，而享国以长，必然之势也。契丹人燕、云，而金人乘之于东；金人有河北，而蒙古乘之于北；知夺人而不知见夺之即在此矣。

呜呼！其养锐也久，则其得势也盛；其得势也盛，则其所窃也深。自拓跋氏之兴，假中国之礼乐文章而冒其族姓，隋、唐以降，胥为中国之民，且进而为士大夫以自旌其阀阅矣。高门大姓，十五而非五帝三王之支庶，婚宦相杂，无与辨之矣。汉、魏徙戎于塞内，空朔漠以延新起之夷，相踵相仍，如蟹之登陆，陵陵藉藉以继进，天地之纪，乱而不可复理，乾坤其将毁乎！谋之不臧，莫知其祸之所极，将孰尤而可哉！

三

流民之名，自晋李特始。《春秋》所书戎狄，皆非塞外荒远控弦食肉之族也，其所据横亘交午于中国之溪山林谷，迁徙无恒，后世为流民、为山寇，皆是也。泽、潞以东，井陉以南，夹乎太行、王屋，赤白狄也；夹淮之薮，淮夷也；商、洛、淅、邓、房、均，戎蛮陆浑也；夔、巫、施、黔，濮人也；汉、川、秦、巩，姜戎也；潜、霍、英、六、光、黄、随、均，群舒也；宣、歙、严、处，岛夷也；其后以郡县围绕，羁縻而附之版图之余。而人余于地，无以居之；地余于人，因而不治；遂以不务耕桑、无有定业而为流民，相沿数千年而不息。

缅惟禹之奠下土也，刊山通道，敷其文命，声教讫乎四海，尽九州之山椒水曲而胥为大夏。延及三代，纳之政教之中，而制其贡赋，盖以治之者缓之也。殷、周斥之为戎狄，简其礼，薄其贡，而侵陵始作。后世附之郡县版图之余，略其顷亩，蠲其征役，而为流民、为寇盗，乃益猖狂而逞。所以然者，非但骄之而使狠也。其属系于郡县者，率数百里而为不征、不繇、不教、不治之乡。其土广，其壤肥，鲁莽以耕，灭裂以耘，而可以获。有溪泉而不为之陂池，有泽薮而土旷人稀，为虎兕蛇虺所盘踞。于是乎苟幸丰年之多获，而一遇凶岁，则无以自食；一有征调，则若责己以不堪，而怨咨离散。其钝者不以行乞为耻，其黠者则以荡佚为奸。遵义、平越建，而播州之夷祸平；天柱、嘉禾、新田建，而武、靖、郴、桂之寇贼消。然则阶、文、秦、徽、英、六、随、黄、汉、洛、淮浦、夔、郧之可郡可县者，移人之余，就地之旷，分画其田畴，收教其子弟，定其情，达其志，使农有恒产，士有恒心，国有恒赋，劳费于一时，而利兴于千载，大有为之君相，裁成天地以左右民，用夏变夷，迪民安土，非经世之大猷乎！而何弗之讲？明王作，名世兴，其尚此之图哉！

四

知事几、察物情者，可与谋国乎？未可也，抑不可以谋身。故张华终死而晋以大乱。华之决策平吴，何其明也；执政于淫昏之廷，而庶务粗举，民犹安之，何其审也；拒刘卞之说，不欲为陈蕃之为，以冀免于祸，抑不可不谓工于全身。然而身卒殒、国卒危者，何也？智有余而义不足也。

华之言曰："权戚满朝，威柄不一。"知此矣，而受侍中之位以管机要，何为乎？又曰："吾无阿衡之任。"夫既任不在己矣，而与贾氏周旋终始，何心乎？华尝为贾充所忌而置之外，如其欲全身而免于罪戾，则及此而引去可也。贾模，贾氏之党也，知贾氏之亡晋，而以忧死，华且从容晏处，托翰墨记问以自娱，固自信其智足以游羿彀中而恃之以无惧。不清不浊之间，天下有余地焉以听巧者之优游乎？天下有自谋其身处于无余之地，而可与谋国者乎？故晋之亡，非贾谧能亡之，华亡之也。何也？君昏后虐，谗言高张，寇贼伏莽，天下所县望者，惟一华耳。刘卞进扶立太子之说，非不知人而妄投，亦舍华而更无可与言者。华无能为矣，然后志士灰心而狂夫乘衅。栋折榱崩，则瓦解而室倾，岂更有望哉！

且华之居势，非陈蕃比也，蕃依窦武以图社稷，武不得宦官之腹心为之内应；华则贾模、裴颀以贾氏之姻族为内援以相辅，其成也可八九得。然而不能者，华于贾氏废姑杀其母之日，委顺其间，则气不可复振；气已荼而能有为者，未之有也。盖华者，离义为智，而不知不义者之未有能智者也。是非之外无祸福焉，义利之外无昏明焉，怀禄不舍，浮沉于其间，则更不如小人之倾倒于邪而皆可偷以全身。是以孔光、胡广得以瓦全，而华不免，若其能败人之国家则一也。是以君子于其死也不悯之。

五

士有词翰之美，而乐以之自见，遂以累其生平而丧之，陆机其左鉴已。

机之身名两陨，濒死而悔，发为华亭鹤唳之悲，惟其陷身于司马颖，不能自拔，而势不容中止也。其受颖之羁绁而不能自拔，惟受颖辩理得免之恩而不忍负也。机之为司马伦撰禅诏也，无可贳其死。人免之于铁钺之下，肉其白骨，而遽料其败，速去之以避未然之祸，此亦殆无人理矣。故机之死，不死于为颖将兵之日，而死于为伦撰诏之时。其死已晚矣！

虽然，机岂愚悖而甘为贼鹄乎？谢朝华，披夕秀，以词翰之美乐见于当世，则伦且资其谀颂以为荣，盖有求免而不得者。其不能坚拒之而仗节以死，固也。虽然，不死则贼，不贼则死，以琐琐之文名，迫之于必死必贼之地，词翰之美为累也若斯！"虎豹之文来藉"，遂将托于不材之樗，而后以终天年乎！而抑奚必其然邪？

君子之有文，以言道也，以言志也。道者，天之道；志者，己之志也。上以奉天而不违，下以尽己而不失，则其视文也莫有重焉；乐以之自见，则轻矣。乐以自见，而轻以酬人之求，则人不择而借之以为美。为人借而以美乎人，是翡翠珠玑以饰妇人也；倚门者得借，岂徒象服是宜之子哉！

呜呼！苟有文焉，人思借之矣，遑恤其道之所宜与志之所守乎？班固之《典引》，幸也；扬雄之《美新》，不幸也；汉明之欲借固，与王莽之欲借扬雄，一也。李白永王东巡之歌，永王借之也，陆游平原园林之记，韩侂胄借之也，不幸也；蔡邕之于郭有道，苏轼之于司马温公，幸也；然苟借焉，幸不幸存乎人，而焉能自必哉！君子之有文，以言道也，以言志也，以承天尽己而匡天下之邪淫者也。守己严，待物以正，勿以谀人、勿以悦人、为天下侮，奚足为累，而效不才之樗为？

六

有必不可仕之时，则保身尚矣。外患已深，国危如线，亟得君而事之，身非所恤也。权臣擅于下，孤主立于上，扶弱图存，功虽不立，而志不可忘，苟非因权臣而进，身非所恤也，皆可仕也。必不可仕而以保身为尚者，其惟无天子之世乎！

所谓无天子者，非人逐失鹿、天位未定之谓也。择主而奉之以已乱，而定君臣之分，故张良归高帝，邓禹追光武，允矣。即不然，而为范增之从项羽，郭嘉、荀攸之依曹操，犹足以自见焉。惟至于晋惠帝之时，有天子而无之，人欲为天子而不相下，群不知有天子，而若可以无天子者。于斯时也，顺逆无常理，成败无定势，强臣林立，怙愚以逞，逆者逆，顺者亦逆也，败者败，成者亦败也。欲因之以事孤危之天子而不能，即欲掖之以为天子，而亦必不得。生人杀人而皆操天子之权。夫然后纳身于狂荡凶狡之中，寄命于转盼不保之地，果矣其为大惑，而自贻以死亡也。王戎之免，幸也；王衍、陆机、潘岳之死，自贼者也。顾荣、张翰、戴渊、贺循褰裳而急去之，非过高绝人之智也，未有无天子而可仕者也。

七

晋有天下，初并蜀、吴，二方之民，习于割据之余，未有以绥之也；而中朝内乱，故赵廞、李特、张昌、石冰乘之以兴。乃特之子孙窃蜀者数十年，而江南早定，刘弘之功茂矣哉！故以知国有干城，虽乱而弗难定也。虽然，岂独弘之功哉？其地有人，而后可以相资而理。李特之乱，蜀土风靡而从之，尽三巴之士，仅一诡僻之范长生而已。吴则贺循、华谭、周玘、顾荣皆洁身退处而为州郡所倚重，民乱而士不与俱，则民且茶然而自废，张昌、石冰之首不难馘已，而陶侃得以行其志于不疑。呜呼！此非晋能得之，其所繇来者旧矣。

孙氏之不足与言治理也，而未尝立一权谋名法之标准，则江介之士民，犹且优游而养其志。诸葛公贤于孙氏远矣，乃尚名法以钳束其下，人皆自困于名法之中，而急于事功以为贤，则涵泳从容之意不复存于风俗，安所得高视远览以曙于贞邪逆顺之大者哉！诸葛之张也，不如孙氏之弛也。孙氏不知道而道未亡，诸葛道其所道而道遂丧。自其隆中养志之日，以管、乐自比，则亦管、乐而已矣！齐之所以速乱而燕旋敝也。管、乐者，自其功而言；申、商者，自其学而言也。申、商法行而民有贼心，君子所以重为诸葛惜也。

八

刘渊虽挟桀骜不逞之材，然其始志亦岂遽尔哉？观其讥随、陆之无武，绛、灌之无文，则亦自期于随、陆、绛、灌之中而已矣。其既归五部，闻司马颖之败，尚欲为之击鲜卑、乌桓，则犹未必遽背晋而思灭之也。司马颖延而挑之，刘宣等推而嗾之，始以流毒天下，而覆晋室。乃匈奴自款塞以来，蕃育于西河有年矣，渊匪茹而逞，不再世而子孙宗族及其种类骈死于靳准，无孑遗焉，则渊毒天下还以自毒，渊亦何利有颖之挑、宣之嗾，以縻烂冒顿以来数十传之苗裔部落于崇朝也？司马颖一溃其防，而河决鱼烂，灭其宗而赤渊之族，亦憯矣哉！

而推祸原所启，则王浚之结务勿尘先之也。司马氏自讧于室，固未尝假外援而召之乱也。浚狡有余而力不足，乃始结鲜卑而开千余年之衅；颖惧鲜卑，乃晋渊以敌之；交相用夷，颖不救死，而浚伏其诛。流毒天下者，殃必及身。及身者，殃之券也；祸延百世者，殃之余也。石敬瑭之妻子歼于契丹而无遗种，岂或爽哉！故王浚者，千古凶人之魁也，而效之者何相踵以自灭也！

九

死而不得其所者，谓之刑戮之民，其嵇绍之谓与！绍之不可死而死，非但逆先人之志节以殉仇贼之子孙也。惠帝北征，征绍诣行在，岂惠帝之暗能知绍而任之乎？司马越召之耳。冏也、乂也、颖也、颙也、越也，安忍无亲，而为至不仁，一也。偶然而假托于正，奉土木偶人之孱主以逞，君子逆风，犹将避其腥焉。绍曰："臣子扈卫乘舆，死生以之。"妄言耳。乐为司马越之厮役而忘其死也。不知有父者，恶知有君。名之可假，势之可依，奉要领以从之，非刑戮之民而谁邪？秦准谓绍曰："卿有佳马乎？"导之以免于刑戮而不悟，妄人之妄，以自毙而已矣。

十

宋高宗免于北行，而延祀于杭州，幸也；琅邪王免于刘、石之祸，而延祀于建康，非幸也。当颖、颙、腾、越交讧之日，引身而去，归国以图存，卓矣哉！王之归，王导劝之也。导之察几也审，王之从谏也决，王与导之相得自此始，要其所以能然者有本矣。八王舋争之日，晋室纷纭轇轕，人困于其中而无术以自免。乃王未归国之先，一若无所短长浮沉于去就者；导以望族薄仕东海，而邪正顺逆之交，一无所表见。呜呼！斯所以不可及也。

老子曰："静为躁君。"非至论也。乃所谓静者，于天下妄动之日，端凝以观物变，潜与经纶，而属意于可发之几，彼躁动者，固不知我静中之动，而我自悠然有余地矣。天地亦广矣，物变有所始，必有所终矣。事之可为者，无有禁我以弗为；所难者，身处于葛藟虺蜪之中，而酒食相縻，赤绂相系，于是而戈矛相寻不觉矣。静者日悠然天宇之内，用吾才成吾事者无涯焉，安能役役与人争潆洄于漩澓之中乎！澄神定志于须臾，而几自审，言之有当者，从之自决矣。此王与导之得意忘言而莫逆于心者也。是术也，老、庄以之处乱世而思济者也。得则驰骋天下之至刚；不得，抑可以缘督而不近于刑。琅邪之全宗社于江东，而导昌其家世，宜矣。

虽然，此以处争乱云扰之日而姑试可也；既安既定而犹用之，则不足以有为而成德业。王与导终始以之，斯又晋之所以绝望于中原也。孔子思小子之简，而必有以裁之，非精研乎动静之几、与时偕行者，不足以与于斯。

十一

晋保江东以存中国之统，刘弘之力也。弘任陶侃、诛张昌、平陈敏，而江东复为完土。侃长以其才，而弘大以其量，惟弘能用侃，侃固在弘骈檽之中也。夫弘又岂徒以其量胜哉！弘无往而不持以正者也。司马越之讨颙，颙假诏使弘攻越，弘不为颙攻越，亦不为越攻颙，而但移书以责其罢兵，正也，颙逆而越亦不顺也；恶张方之凶悖，不得已择于二者之间而受越节度，亦正也；受越节度，终不北向以犯阙诛颙，亦正也；张光者，颙之私人，讨陈敏有功，不以颙故而抑之，亦正也；天下方乱，而一之以正，行乎其所当行，止乎其所当止，不为慷慨任事之容，不操偏倚委重之心，千载而下，如见其岳立海涵之气象焉。使晋能举国而任之，虽乱而可以不亡；惜乎其不能独任，而弘亦早世以终也！

微弘，则周玘、顾荣、贺循无所惮而保其贞；微弘，则陶侃无所托以尽其才；微弘，则琅邪南迁，王导亦无资以立国。晋不能用弘，而弘能用晋。呜呼！当危乱之世，镇之以静，虑之以密，守之以大正，而后可以为社稷之臣。挟才而急于去就者，益其亡尔。有土可凭，有人可用，而褊心诡亿以召乱，曰：吾以行权。权其可与未可与立者道乎？

十二

　　恶有天子中毒以死，而不能推其行弑之人者哉？惠帝之为司马越鸩也，无疑。越弑君，而当时天下不能穷其奸，因以传疑于后世，而主名不立。当其时，司马模、司马腾皆惟恐无隙而不足以逞者，然而胥中外为讳之，而模与腾不能借以为名，史臣于百世之后，因无所据以正越弑逆之罪，何也？天下胥幸惠帝之死也。惠帝死，而乱犹甚，国犹亡；惠帝不死，则琅邪虽欲存一线于江东也，不可得矣。

　　惠帝，必不可为天子者也；武帝护之而不易储，武帝病矣；然司马氏之子孙，特不如惠帝之甚耳，无一而不可以亡天下者，则将孰易而可哉？惠帝之必亡也，使晋有社稷之臣，行伊、霍之事，而庶其定乎！司马越固亦有此心矣，然而不能者，司马伦已尝试焉，而为天下僇；司马颖、司马颙皆将为之，而先伏其辜；越而行伊、霍之事，则颙与颖所不敢为者而身任其咎，以召天下之兵，越虑之熟矣。无如此土木之暗主何！不得已而听人之毙之，越之情亦苦矣。

　　贵戚之卿，有易位之责，而越不能；养昏汶之主以速即于亡，而抑不可；顾怀帝之尚可有为，而非惠帝之死弗能立也。快出于倒行之一计，而扳怀帝以立，已无私焉，故天下且如释重负而想望图存之机。故一时人心翕然，胥为隐讳，以免越宫官之辟；后世亦存为疑案，而不推行鸩之人。夫人苟处不得已之势而志非逆者，则天讨不加，而清议不相摘发。弗能事也，弗能废也，社稷且岌岌焉，为天下任恶，天下所矜而容之者也。怀帝立五年，而越无篡心，其专杀而畏寇，则司马氏骄昏之习也，不足深责也。

十三

　　孟子言保国之道，急世臣，重巨室，盖恶游士之徒乱人国也。夫游士者，即不乱人国，而抑不足以系国之重轻，民望所不归也。主其地，习其教，然后人心翕然而附之。陈敏之乱，甘卓反正，而告敏军曰："所以戮力陈公者，正以顾丹阳、周安丰耳，今皆异矣，汝等何为？"顾荣羽扇一麾，而数万人溃散。琅邪王镇建业，荣与纪瞻拜于道左，而江东之业遂定。夫此数子者，皆孙氏有国以来所培植之世族也，率江东而定八王已乱之天下，抗五胡窥吞之雄心，立国百年而允定，孟子之言，于斯为烈矣。

呜呼！地皆有人也，民皆有望也，用人者迫求之骤起喜事之人，而略老成物望之士，求民之归也难矣。光武所与兴者，南阳崛起之流辈，而其收河北以为根本，则惟得耿弇、寇恂、吴汉而大业定。刘焉倚东州兵为腹心，以凌驾蜀人而内乱；驯至于先主，所与者皆平原初起之爪牙，故两世而不收蜀一士之用，其亡也，民且去之若遗也。刘弘、王导知此，而以树建业百年之基，就其地，得其人，定天下之大略也，允矣。

怀帝

一

晋武分诸王使典兵，晋不竞矣。彼皆膏粱纨绔之子也，教练不亲，束伍不禁，瓦合而徒炫其军容，足以乱尔，而不足以竞。乂、颖、颙、越之交相残杀，哄然而前，颓然而熸，未尝有经旬之战守，而横尸万计，其以民命为戏久矣。不足以竞而欲相竞，于是乎不得不借夷狄以为强。刘渊之起，司马颖召之也；石勒之起，苟晞用之也；拓跋氏之起，刘琨资之也。皆不足以竞，不获已而借之以竞，而晋遂亡。中国之祸，遂千余年而不息。使竞在中国而无待于彼，不示以弱而绝其相陵之萌，则七国之反，赤眉、黄巾之乱，袁、曹、公孙、韩、马之争，中国亦尝鼎沸矣，既折既摧而还归于定，亦恶乎此哉！

武帝无百年之算，授兵于孺子，司马颖之顽愚，延异类以逞，不足诛也。若夫刘琨者，怀忠愤以志匡中国，而亦何为尔邪？琨进索虏，将以讨刘渊也。拒一夷而进一夷，事卒不成，徒延拓跋猗卢于陉北，不亦愆乎！夫琨不能驱市人以敌大寇也，诚难；然君子之自靖以忠于所事，亦为其所可为而已矣。智索力穷，则归命朝廷，如魏胜、辛弃疾斯亦可矣，未有急一时而忘无穷之祸者也。盖琨亦功名之士耳，志在功名而不闻君子之道，则功不遂、名不贞，而为后世僇，自贻之矣。前有不虑之君，后有不虑之臣，相仍以乱天下；国速亡，夷、夏之防永裂。呜呼！将谁咎哉！

二

司马越出屯于项，非无策也；其败，则越非济险之人，外为苟晞所乘，而内任王衍以偾事耳。刘聪、石勒绕洛阳而南侵襄、邓，使晋君臣兵庶食绝援孤，画洛而困，其必蹙以待尽也无疑。重兵屯于外，则聪、勒进而越拟其后，必不敢凭陵而遽通三川。故苟晞内讧，越死，众无主，王衍不敢任事，而后聪始决起以犯王都。越之出屯，不足以为越罪，明矣。洛阳之孤危，越不能辞其责；其失也，在秉国之日，不能推诚任贤、辑和东南、以互相夹辅，一出而无有可倚者。山简纵酒自恣而忘君父，苟晞挟私争权而内相攻夺，张骏所遣北宫纯之一旅，且屡战而疲矣；怀帝又恶越，必欲灭越而不恤，自龁之，还以自毙；越之处势如此，亦安得不郁郁以死而以溃哉！

夫越非无心者，而特昧于从违耳。一秉政而惟王衍、庾敳、谢鲲、郭象、胡母辅之虚浮之徒进，以是为可靖兵戎之气乎？一旦而欲建非常之功，跳出孤危，反兵内援，必不可得者。然其曰："臣出，幸而破贼，国威可振，犹愈于坐待困穷。"亦何遽非死地求生之长算哉？向令刘弘不死，使任山简之任，刘琨不北掣于王浚，张轨不远绝于凉州，东连琅邪，视聪、勒所向而自外击之，晋且可以不亡。其不能者，越非其人，非策之不善者。

若夫越之不奉怀帝以出而置之危地，则罪也。玄宗往蜀，太子在灵武，而安、史不能安于长安。诚使怀帝亲将以御狄于外，苟晞虽骄，山简虽慢，自不敢亢铁钺而坐视。琅邪输江东之粟，饱士马以急攻，聪、勒其能入据空城以受四方之敌乎？越出而帝留，惴惴以居，藉藉以毙，越之罪大矣。虽然，或亦国君死社稷之说误之也。若君臣同死孤城，而置天下于膜外，虽猎卫主之名，亦将焉用此哉？

三

民愚无知，席安饱以为势，陵蔑孤弱，士大夫弗能止焉，与之俱流而致其仁恕之心，忘出反之报，自贻死亡以为国病，祸发不可御矣。

夷狄，非我族类者也，蟊贼我而捕诛之，则多杀而不伤吾仁；如其困穷而依我，远之防之，犹必矜而全其生；非可乘约肆淫、役之残之、而规为利也。汉纵兵吏残蹂西羌，而羌祸不解，夷狄且然，况中国之流民乎？夫其阑人吾土，不耕而食，以病吾民，编人视之，其忿忮也必深。上无能养也，无能安也，弃坟墓，离亲戚，仰面于人以求免于冻馁，又岂其情之得已哉？役则役焉矣，驱则驱焉矣，不敌我十姓百家之相为朋比矣。愚民于是而以侮之为得计，士大夫于是而以制之为得势，有司于是以钳束驱除之为保我士民之功。一王之天下无分土，天地之生非异类，而摧残之若仇雠，伤和气，乖人理，激怨怒，则害于而家、凶于而国，皆自取之焉耳。

西晋之末，蜀已覆于前矣。刘弘薨，山简暗，荆湘之士民虐苦流民；而若冯素者，且持保固乡里之邪说，惑狂愚残忍之苟眺，欲尽诛之；四五万家一时俱起，杜弢挟之以作乱，天道之必然，人情之必致也。呜呼！眺欲尽诛之，独非人乎，事即成而何忍？况其只以自贼也！迨其已反，则又或咎之曰：杀之之不速也。不仁者不可与言，有如是夫！

四

刘聪陷洛阳，执怀帝，百官无一死者。呜呼！若此之流而可责以仗节死义之道乎？洛阳之困危也，周馥请幸寿春而不听，苟晞请幸仓垣而不果，迨其后欲出而不能，悲哉！帝将迁而公卿止之，为之辞曰：效死以守社稷也。乃若其情，则有二焉：弗能固守，而依于所迁，则迁寿春而周馥为公辅矣，迁仓垣则苟晞为公辅矣，从迁之臣，弗能据尊荣也，此一情也。久宦于洛，而治室庐、置田园、具器服、联姻戚，将欲往而徘徊四顾，弗能捐割，此又一情也。故盘庚曰："无总于货宝，生生自庸。"总其心于田庐器服之中，仰不知有君，俯不知有躯命，故曰若此之流，恶可责以仗节死义乎？

十金之产，卒逢寇乱，不忍捐其鸡豚瓮缶，而肝脑涂地，妻子为俘，汴京士庶拥李纲以欢呼者，此情而已矣。玄宗将奔蜀，杨国忠列炬请焚府库，帝曰："留此以与贼，勿使掠夺百姓。"其轻视货贝之情，度越寻常远矣。是以唐终不亡也。

五

刘琨送石勒之母以招勒，而勒不服；高齐送宇文护之母，而护旋攻之；不拘以为质，而欲以仁义动狡悍之寇，不已愚乎！曰：此未足以诮琨也。执人之父母，胁之以降，不降，则杀之以快意，此夷狄盗贼之行，有心者其忍效之乎？送之归，虽不足以怀之，而彼亦无辞以决于致死。曹嵩死而徐州屠，陶谦愚矣。琨非愚也，琨所以不能制勒者，怀、愍弱，琅邪孤，王浚挠之，其势不振；琨虽慷慨，而旧为贾谧、司马越所污染，威望不足以动人；抑且沉毅不如刘弘，精敏不如陶侃，勒是以睥睨之，知非己敌，而孰其听之？使琨而能如郭子仪也，则香火之誓，动回纥而有余。回纥岂果畏鬼神、恤信义哉？有以制之，而又持名义以临之，蔑不胜焉。仁义有素，而声灵无拂，则此一举也，足以折勒之狡而制其死命，故曰："仁者无敌。"琨未全乎仁也，非仁过而愚也。若拘人之父母以胁其子，非人之所为也，固琨之所不忍而不屑者也。

六

王导秉江东之政，陈頵劝其改西晋之制，明赏信罚，综名责实，以举大义，论者韪之，而惜导之不从。然使导亟从頵言，大反前轨，任名法以惩创久弛之人心，江东之存亡未可知也。语曰："琴瑟之不调，必改而更张之。"非知治之言也。弦之不调，因其故而为节其缓急耳，非责之弦而亟易其故也。不调之弦，失之缓矣，病其缓而急张之，大弦急，小弦绝，而况可调乎？

晋代吏民之相尚以虚浮而乐于弛也久矣，一旦操之已蹙，下将何以堪之？且当其时，所可资以其理者，周顗、庾亮、顾荣、贺循之流，皆洛中旧用之士，习于通脱玄虚之风，未尝惯习羁络者；骤使奔走于章程，不能只承，而固皆引去。于是虔矫束湿之人，拔自寒流以各逞其竞躁，吏不习，民不安，士心瓦解，乱生于内而不可遏矣。夫卞壸、陶侃，固端严劲愸之士也，导固引壸于朝端，任侃于方岳矣，潜移默化，岂在一旦一夕哉？宋尝病其纪纲之宽、政事之窳矣，王安石迫于改更而人心始怨；元祐、绍圣、建中靖国屡惩屡改，而宋乃亡。锻铁者，急于反则折。褊人憾前图之不令，矫枉而又之于枉，不可以治无事之天下，而况国步方蹙、人心未固之时乎？

且不但此也，汉末尚声誉，而曹操矫之以严；魏氏急名实，而司马矫之以宽；彼皆乐翘前人之过，形君人之非，以快人心而使乐附于己。当导之世，王敦尝用此术矣；其后桓温又用此术矣。所以进趋利徼功之人而与为逆也。导惟无此不轨之志，故即因为革，从容调御而不自暴其能，夫导岂无颎之心哉？桓彝品藻之曰管夷吾，则其不袭王衍诸人之荡泆以靡天下，可知也。又恶知其不服膺陈頵之谏而特不露其锋铓尔。有当世之略者，好恶不激，张弛不迫；褊人不知，求快一时，而怪其弗能为也，愚者何足与深言邪！

七

王弥劝刘曜都洛，曜不从，弥以是轻曜而背之。弥，盗魁之智耳，恶足以测狡夷之长算哉？石勒视刘曜而尤狡，张宾之慧，非弥所能测也。勒在葛陂，孔苌请夜攻寿春，据之以困江东，勒笑之，而从张宾北归据邺。勒横行天下，岂惴惴于纪瞻者，然而知瞻可胜，而江、淮之终不可据以为安，勒之智也。

江、淮之春有霖雨，常也；纪瞻与相持，不以雨为困而勒困，于此可以知地气、可以知天情矣。三代以上，淑气聚于北，而南为蛮夷。汉高帝起于丰、沛，因楚以定天下，而天气移于南。郡县封建易于人，而南北移于天，天人合符之几也。天气南徙，而匈奴始强，渐与幽、并、冀、雍之地气相得。故三代以上，华、夷之分在燕山，三代以后在大河，非其地而拦入之，地之所不宜，天之所不佑，人之所不服也。是故拓跋氏迁于洛，而六镇据其穴以残之，延及于齐、周，而元氏之族赤。守绪迁于蔡，而完颜氏之族歼。耶律亡，而其支庶犹全于漠北。蒙古亡，而其苗裔种姓君长塞外者且数百年。舍其地之所可安，以犯天纪，则未有能延者。枳橘貉鸐之性，黠者自喻之，昧者弗知也。王弥、孔苌之所以愚而徒资曜、勒之笑也。

夫江、淮以南，米粟、鱼盐、金锡、卉木、蔬果、丝枲之资，彼岂不知其利；而欲存余地以自全其类也，则去之若惊。然则天固珍惜此土以延衣冠礼乐之慧命，明矣。天固惜之，夷且知之，而人弗能自保也，悲夫！中华之败类，罪通于天矣。虽然，夷而有曜、勒之识也，则自知此非其土，而勿固贪之为利以自殄其世也。

八

刘聪之臣有刘殷者，论史者或称以为贤。殷饰女以进于聪而固其宠，不足比数于人类者也。故其言曰："事君当几谏，凡人尚不可面斥其过，况万乘乎？"论者以为贤，则且为谄佞者排摘忠直之口实，殷虽不足比数于人类，而不可以不辨。

事父母而几谏者，既以不忍伤恩为重矣；且子日侍父母之侧，谏虽不切，而娓娓以继进，父母虽愎，亦无如其旦夕不相舍者何，而终必从之；非君之进见有时，言不伸而君且置之者也。父母之过，无安危存亡决于俄顷之大机，且过而夕改，无过矣。君操宗社生民之大命，言出而天下震惊，行出而臣工披靡，一失而贻九州亿万姓百年死亡之祸，待之宛转徐图，虽他日听之而悔无及矣。父母之过，即有导谀之者，淫朋而已矣，奴妾而已矣，其势不张，其徒不盛，其饰非惶惑之智，不能凌我而出其上；微言而告父母以所未觉，彼未能结党强辩以折我。君而不善，则聚天下之僻而辩、巧而悍者，称天人、假理势以抗我；而孤忠固忧其不胜，微言如呐，夺之者喧豗，而气且为夺矣。凡此数者，谏父母易，而谏君难。处其难，而柔颜抑气、操瓦全之心，以若吐若茹而伺君之颜色，此怀禄固宠之便计，其为小人之道也无疑。况乎君臣义合，非有不可离之去就哉！

刘聪凶暴嗜杀，殷以是为保其富贵之计则得矣。以献女媚人之禽心，而姑取誉于天下，其术巧矣。本不足与深论，而邪说一倡，若苏轼谏臣论之类，师其说以为诡遇之术，君臣之义废，忠佞之防裂矣。

愍帝

一

　　愍帝之西入长安，必亡之势也。刘聪虽去洛阳，石勒虽去江、淮，而聪在平阳，勒在邺，洛阳已毁，襄、邓已残，勒一逾河而即至洛，聪一逾河而即犯关中；长安孤悬于一隅，亘南北而中绝，二虏夹之，旋发而旋至。张轨远在河西，孤军无辅；李特又割据巴、蜀，而西南之臂断；天下所仅全者江东耳，而汝、洛荒残，则声势不足以相及；贾疋、索綝、麹允崛起乍合之旅，不足以系九鼎明矣。周颛等之中道而遁，非葸怯而背义也，知其亡在旦夕，而江东之犹可为后图也。

　　长安自汉以来，芜旷而不可为奥区久矣。聪、勒之不急犯而据之也，以其地之不足恃也。名之为天子之都，而后刘聪欲固获之矣。帝不入关，长安未即亡也。当其时，石勒已舍淮、襄而北矣，洛阳虽生蔓草，而陈、汝、蔡、邓犹凭楚塞以为固，东则连寿、泗而与江东通其津梁，西则连关、陕而与雍、凉、系其络脉，此率然之势，首尾交应之形也。使愍帝不舍中州，而权定都于陈、许、宛、汝之间，二虏之不敢即犯辇毂明矣。疋、綝怀土而挟之以西，人无能与争，而但思逋散，则不亡何待焉？故嗣兴于丧乱之余者，非果英武之姿，不可亟处危地以侥幸，非怯也，所系者重，一危而天下遂倾也。

　　夫夷狄亦何尝不畏中国哉？人所胥戴之共主，一再为其所获，而后知中夏之无人，不足惮也。苻坚自将以趋淝水，高纬亲行以救晋阳，皆以自速其亡，况素不知兵、徒以名义推奉之愍帝乎？智者知此而已；而愚以躁者，乃挟天子为孤注，而消人畏沮，不量力，不度势，徒败人国家，岂有救哉！

　　然则肃宗拥朔方一隅之地，与天下相隔绝，何为而成收复之功邪？曰：禄山悍而愚，已据长安，意得而无远志，轻去幽、燕而丧其根本，是朝露将晞者也，故一隅攻之而已足。聪与勒各据狡兔之窟以相凌压，方兴而未戢，岂孤立之势所可敌哉？势因乎时，理因乎势，智者知此，非可一概以言成败也。

二

职官贱而士去其廷，封赏滥而兵逃其汛，天子之权轻，物无与劝，而忠贞干理者羞与匪人为伍，其情中涣，此成败之枢机，持之不谨，则瓦解而莫能止。陈頵谏琅邪以金紫饰士卒，符策委仆隶，非所以正纲纪。其言得矣。虽然，天下方乱，人心愈竞，死亡相枕，益不厌其荣宠之情，天子蒙尘，夷盗充斥，乃躁人得志以求名位之时也。重抑之，力裁之，项羽刓印，而韩信、陈平间行逝去；张元、吴昊斥于韩、范，而导西夏以猖狂；即才不如韩、陈，狡不如张、吴，乃以效于我而不足，以附夷狄盗贼而有余；守頵之说，抑无以敛躁动之人心而使顺于己。

然则术其穷乎？曰：此非立法于宽严之两途所可定也。天子者，化之原也；大臣者，物之所效也。天子大臣急于功，则人以功为尚矣；急于位，则人以位为荣矣。俭者，先自俭也，让者，先自让也，非可绳人而卑约之者也。其为崛起而图王，则缓称王、缓称帝，而众志不争。其为承乱以兴复，则缓于监国、缓于继统，而人心不竞。汉高之战成皋也，项羽一日未平，则一日犹与韩、彭、张、吴齿，故韩信请王，终夺之而不敢怨。光武听耿弇而早自立，故赤眉已降，而天下之乱方兴。帷幕翼戴之臣，骤起而膺三公之位，己愈踞其上而益尊，其上益尊，其下愈扳援而上以竞贵；更始之廷，人衔王爵，则关内侯、骑都尉之充盈，不可禁也。

呜呼！得而成，失而败，成而生，败而死，宗族悬于刀俎，乌鸢睨其肉骨，奋志以与天争成败，与人争生死，此志皎然与天下见之，则必有尘视轩冕、铢视金玉之心，而后可鼓舞天下于功名之路。诸葛公曰："惟淡泊可以明志。"君与大臣之志明，则天下臣民之志定，岂恃综核裁抑以立纲纪哉！倚于宽，倚于严，其失均，其败均矣。

三

愍帝诏琅邪王睿为左丞相，南阳王保为右丞相，分督陕东西诸军，令保帅西兵诣长安，睿发江东造洛阳，此危急存亡相须以济之时也。琅邪方定江东，不从北伐，视君父之危若罔闻，姑置之而自保其境，信有罪矣。

虽然，以纯忠盛德之事责琅邪，而琅邪无辞；若其不能，则愍帝此诏，戏而已矣。

帝之于二王也，名不足以相统，义不足以相长，道不足以相君。其为皇太子，非天下之必归心，而贾乱等之所奉也；其为天子也，非诸王之所共戴，麹允、索綝之所扳也。琅邪承八王之后，幸不为伦、颖、颙、越之争，繇王导诸人有观时自靖之智，而琅邪之度量弘远也。曾是一纸之诏，丞相分陕之虚名，遂足以鼓舞而折篲使之者哉？名为愍帝之诏，实则索綝、麹允之令而已。以琅邪为君，以王导诸人为辅，而恬然惟綝与允之令以奔走恐后乎！

綝红与允有效忠之心，而不知道也。度德、量力、相时者，道也。使二子拥愍帝于长安，而不舍秦王之号，与二王齿，且虚大位以俟有功而论定；则犹可弗使孤危以免帝于俘虏，二子亦自救其死以立勋名。而二子方施施然贪佐命之功而不自度也，是以其亡无与救也。元帝闻长安之破，司马氏已无余矣，南阳王僻处而日就于危，不足赖也，然后徐即王位以嗣大统。读刘琨劝进之表，上下哀吁，求君之心切矣，然周嵩犹劝其勿亟急。得人心者，徐俟天命，非浅人所可与知也。

四

好谀者，大恶在躬而犹以为善，大辱加身而犹以为荣，大祸临前而犹以为福；君子以之丧德，小人以之速亡，可不戒哉！

石勒之横行天下，杀王弥如圈豚，背刘聪如反掌，天下闻其名，犹为心慑；而一为卑谄之辞以媚王浚，浚遂信之而不疑。唐高祖之起晋阳，疾下西京，坐收汾、晋而安辑之，岂为人下者；一为屈巽之辞以诱李密，密遂信之而不疑。浚死于勒，密擒于唐，在指顾之间，不知避也。浚之凶悖，迷此也宜矣。密起兵败窜，艰难辛苦已备尝矣，而一闻谀言，如狂醉而不觉。天下之足以丧德亡身者，耽酒嗜色不与焉，而好谀为最。元祐诸君子，且为蔡京所惑，勿仅以责之骄悖黯奸之浚与密也。

五

建大业者，必有所与俱起之人，未可忘也；乃厚信而专任之，则乱自此起。元帝之得延祚于江东，王氏赞之也，而卒致王敦之祸，则使王敦都督江、湘军事，其祸源矣。

王氏虽有翼戴之功，而北拒石勒于寿春者，纪瞻以江东之众捍之于淮右，相从渡江之人，未有尺寸之效也。若夫辑宁江、湘，奠上流以固建业者，则刘弘矣；弘之所任以有功，则陶侃矣；平陈敏，除杜弢，皆侃也，侃功甫奏，而急遣王敦夺其权而踞其上，左迁侃于广州，以快敦之志，使侃欲效忠京邑，而敦已扼其吭而不得前，何其悖也！侃之得成功于荆、湘者，刘弘推诚不疑，有以大服其心尔。至是而侃不可保矣。迨其后有登天之梦，而苏峻之乱，踌躇不进，固将曰专任侃而侃且为敦，而不知其不然也。敦杀其兄而不恤，侃则输忱刘弘而不贰，其贞邪亦既较然矣。侃之不得为纯忠，帝启之，敦又首乱以倡之，而侃终不忍为敦之为；疑之制之，王氏之私，岂晋之利哉！

俱起之臣，虽无大权，而固相亲昵；新附者，虽权借盛，而要领非其所操，腹心非其所测。故萧、曹与高帝俱兴，而参帷幄、定危疑，则授之张良、陈平；握重兵、镇重地，则授之韩信、彭越；新附者喜于见信，而俱起者安焉。韩信曰："陛下善于将将。"此之谓也。元帝怀翼戴之恩，疑才臣而疏远之，幸王导之犹有忌，而敦之凶顽不足以饵人心使归己，不然，司马氏其能与王氏分天下乎？有陶侃而不知任，帝之不足有为，内乱作而外侮终不能御也，不亦宜乎！

六

受谏之难也，非徒受之之难，而致人使谏之尤难也。位尊矣，人将附之而恐逆之，然附尊位者，非知谏者也；权重矣，人将畏之而早已惮之，然畏重权者，非能谏者也；位尊而能屈以待下，权重而能逊以容人，可以致谏矣，而固未可也。所尤患者，才智有余，而勤于干理，于是乎怀忠欲抒者，夙夜有欲谏之心，而当前以沮，遂以杜天下之忠直，而日但见人之不我若，则危亡且至而不知。

　　夫人之有才，或与吾等，而有所长则有所短矣。且人之有才，而或出吾下，见吾之长，则自有长焉而疑其短矣。夫言之得，计之善，固有其理显著，人各与知，而才智有余者，或顾不察者矣。且有才不逮，智不若，偶然一得而允合于善者矣。抑有谋之协，虑之深，而辞不足以达意者矣。尤有彼亦一善，此亦一善，在我者挥斥而见长，在彼者迟回而见绌者矣。然而君子所乐闻者，非必待贤智多闻之能为我师者也；正此才智出己之下，而专思一理、顺人情而得事之中者也。彼且闻我之恢恢有余，献其所长，而恐摘以所短，则悃愊自好之士，不欲受迂阔浅鄙之讥，以资我之笑玩，而抑虑我之搜幽摘微，以穷己于所未逮，则夙夜之怀忠，必不能胜当前之恶缩。我即受之，而彼犹欿焉恐其不当。此教人使谏之难，君子之所虑，而隐恶扬善、乐取于人之所以圣与！

　　隗瑾之告张宴曰："明公为政，事无巨细，皆自决之，群下受成而已；宜少损聪明以延访，则嘉言自至，何必赏也？"允矣其知道之言乎！

　　《读通鉴论》卷十二终

读通鉴论卷十三

东晋元帝　自此至陈，凡僭伪诸国事俱附六代编年下论之。

一

扶危定倾，以得人心为本务。国破君亡，天下喁喁然愿得主而事之，人心为易得矣，而未易也；非但其慰安之者非其道也，天下方喁喁然而愿得主，抑必天下之固喁喁矣；如其遽自信曰天下固喁喁然愿得我而为主，则天下之情解矣。非其情之所迫求而后应者，则贤者且不能伸其忠孝之愿；下此者，拥戴之勋名不归焉。于是乎解散踌躇曰：彼且自立乎其位，而责我之效功以相保。则虽名分正、威望立，而天下之奔走也不迫。乃始下奖劝联络之诏以縻天下之归己，而天下不应。我以奖劝联络之情辞縻天下，而天下恶得不骄？故当国破君亡之余，不待天下之迫而迫自立者，非外逼以亡，则内争以叛。此岂挟机伪让之足以动天下哉？无宗国之痛而乘乱以兴，则欲为谦让也不能；其情疑，其气嚣，则其事躁而不以礼，必矣。

愍帝之立，贾疋等扳之以立而遂自立，则琅邪之在江东，南阳之在秦、陇，虽不与争，而坐视其亡而不救。匪直二王也，刘琨、慕容廆之在北，张寔之在西，陶侃之在南，皆坐视其亡而不恤。长安破，愍帝俘，司马子孙几于尽矣，琅邪拥众而居江左，削平内寇，安靖东土，未有舍琅邪而可别为君者。然而闻长安之变，官属上尊号而不许，固请而不从，流涕而权即晋王之位。已而刘琨屡表陈痛哭之辞，慕容廆、段匹磾且合辞以劝进，豫州荀组、冀州邵续、青州曹嶷、宁州王逊，合南北以协请，江东人望纪瞻之流皆敦迫焉，然后践阼而改元，于是而元帝之位定矣。无求于天下，而天下求之，则人不容有异志而允安。东晋之基，成乎一年之需待，此人情天理之极致。其让也，即国之所以立也。

然且有未及待者，张寔也。寔之戴晋也坚，而择主也审，南阳王保无待而立，寔舍之而属望乎江东，寔表至，帝已先立，而寔之志反为之贰，称建兴年号，而不举太兴之正朔，寔岂不愿得君而事之哉？亦恶其不待己求而迫自君也。即此而人心向背之几可知矣。为人臣子，抑奉君亲之痛而有浮慕弋获之心，天下测其隐而鄙之，是天理之在秉彝者，不容纤芥之差乎！彼且不自知，而合离之情理自迥别也。因是而推戴无功者生其忮忌，翼赞有力者挟以骄陵，皆末流之必然矣。远人擅命以自尊，权奸怀逆而思逞，国欲存也，其可得乎！

二

元帝之立也，王氏逼王室而与亢尊，非但王敦之凶悍也，王导之志亦僭矣。帝乃树刁协、刘隗于左右，以分其权而自固。然而卒以取祸者，非帝之不宜树人以自辅，隗、协之不宜离党以翼主也；其所以尊主而抑强宗者，非其道也。

承倾危以立国，倚众志以图存，则为势已孤。或外有挟尊亲之宗藩，或内有挟功名之将相，日陵日夷，而伏篡弑之机，此正君子独立以靖宗社之时，而糜躯非其所恤。然君之所急与吾之所以事君者在是，则专心致志以弥缝之而恐不逮。即有刑赏之失，政教之弛，风俗之敝，且置之以待主权既尊、国纪既立之后，而必不可迫为张弛，改易前政，以解臣民之心，使权奸得挟以为辞，而诱天下以归己。协与隗未足以知此，气矜而已矣。恃其刚决之才，标名义以为名，而钳束天下，一言之非，一事之失，张皇而摘之，于是乎盈廷之怨起，而王氏之党益坚。非臣民之叛上而即彼也，乍拂其情者激之也。

孟子曰："不得罪于巨室。"非谓惟巨室之是听也，不得罪于臣民，巨室弗能加之罪也。沈静以收人心，而起衰救敝之人作，且从容以俟人心之定，则权臣自戢，而外侮以消。况名法综核为物情所骇者，其可迫求之以拂众怒也乎！方正学未之逮也，隗与协又何足以及此！

三

宗国沦亡，孤臣远处，而求自靖之道，岂有他哉？直致之而已矣。可为者为之，为之而成，天成之也；为之而败，吾之志初不避败也。如行鸟道者，前无所畏，后无所却，傍无可迤，惟遵路以往而已尔。旁睨焉而欲假一径以行吾志，甚则祸及天下，不甚则丧其身，为无名之死而已。刘琨之托于段匹磾是也。

非我类者，心不可得而知，迹不可得而寻，顷刻之变不可得而测，与处一日，而万端之诡诈伏于谈笑，而孰其知之？琨乃以孤立之身，游于豺狼之窟，欲志之伸也，必不可得；即欲以颈血溅刘聪、石勒，报晋之宗社也，抑必不能。是以君子深惜其愚也。以琨之忠，身死族夷，抱志长埋于荒远，且如此矣；下此者，陷于逆而为天下僇，亦终以不保其血胤。功则无功也，死则必死也，何乐乎其为此也！故曰直致之而已矣。

四

忌裨将之有功，恶人之奖之，恐为人用，背己以去，且将轧己而上之，此武人之恒态也。陈川之将李头，力战有功，祖逖厚遇之，头感逖，愿为之属，川疑忌而杀头以降石勒，于是而汴、晋之间大乱而不能定。鸣呼！此将将者之所以难也。

知武人之情，而不逆其所忌者，则知权矣。非但畏彼之怨怒而曲徇之也，道固存焉，权即正矣。三军之士，智者、勇者、勤敏而效死者多矣。智勇以效死而逾于主帅者有矣；而既已隶于人而受命，则纲纪存焉。纲纪者，人君之以统天下，元戎之以统群帅，群帅之以统偏裨者也。夫既已使之统，而又以不测之恩威，惟一时之功罪以行赏罚，则虽得其宜，而纲纪先乱。纲纪乱，则将帅无以统偏裨，元戎无以统将帅；失其因仍络贯之条理，而天子且无以统元戎。故韩信下燕、赵，平三齐，岂一手一足之烈哉！其智勇效死以成信之功者多矣。然而汉高知信而止，以李左车之贤智，信方北面受教，而高帝未尝拔之以受一邑之封。信曰："陛下不能将兵，而善将将。"此之谓与！

既已为其偏裨，则名义存焉；其智勇效死而或为主将之所抑，因之以徐惩其主将可也，非能率吾意而亟行之也。好恶虽当，而有所不可任；刑赏虽公，而不敢轻；鸠合数十万人而为之长，一一察其能否以用其恩威，力穷而争以起。遨之使头愿为之用以背陈川者，任情以行好恶，自谓至公，而不知纲纪为维系人心之枢纽也。夫遨慷慨英多，而未达大体，即不陨折，吾不敢信其匡复之功可成。称周公者，曰"欣欣休休，见善不喜，见恶不怒"。英君哲相，规模弘远，岂易及哉！

五

忠臣志士善保其忠贞者，尤不可以无识；苟无其识，则易动而不谋其终。谓荀彧之党曹操以篡汉者，已甚之辞也。不揣其终，而相沿以往，变故日深，而弗能自拔，彧以是死，而不能避不韪之名，急于行志而识不远也。当汉帝困于群凶之日，惟曹操能迎而安之，悠悠天下，舍操其何适焉？操之不可终任，人具知之，而转念之图，惟昏于初念；其为智也，不能决两端于俄顷，迎刃以解，而姑为尝试，且自谓他日之可有变计，乃不知其终不能也。是以能早决以洁其身者之谓大智，高瞻其当之矣。

慕容廆之始戴晋也，既定辽东，欲以瞻为将军，抚心而告之曰："孤欲与君共清世难，翼戴王室。"廆慷慨而言之，瞻漠然而应之，郁郁以死，终不为屈，疑为已甚矣。夫瞻秉戴主之忠，而廆有可因以效忠之牖，姑听而观其后也未晚，然而瞻固知其不可恃也。廆之不可恃以终戴晋也，岂难知哉？抱忠而欲亟试之，则一念迟回，忘廆之能用己而己不能用廆也，则且如荀彧之不决以败其名节矣。处空谷而闻足音，则跃然而喜，恶知夫是音之非熊罴貑彪之相扰也！怀忠而愤宗国之倾没，闻有义声者欣然而就之，其不为乱贼所陷者鲜矣。高瞻之智，决于俄顷，粲然若黑白之不相淆，迎刃而解，捷于桴鼓；死于不屈之前，而不死于自拔末繇、力穷志沮之日。呜呼！可不谓贤哉！刘琨所不逮也，况荀或乎！

六

祖逖立威河南，石勒求与通好，逖不报书，而听其互市，可谓善谋矣。

两军相距而绝其市，非能果绝之也；岂徒兵民之没于利而趋者虽杀之而不止哉？吾且有时而需彼境之物用而阴购之矣。绝市者，能绝吾之不往，而不能绝彼之不来也。吾之往市者，非一日而即能致于彼，畜之牧之，舟车数百里而输之，未至于疆场而早已泄，故虽不能必绝，而多所绝。若彼之来也，授受于疆场，一夕而竟千金之易，而自我以逮吏士编氓，无不仰给焉，恶可绝也！于是而吾之金钱与其轻赍之货贿、尽萃以归敌，而但得其日就消亡之物，则敌日富而我日贫，金钱暗耗而不知，欲三军之无匮也不能，而民贫怨起矣。

且绝市者曰：忧间谍也。间谍之往来，恒于歧径，乃名为绝市，而必不能禁下之私通，则歧径四辟，而间谍之往来无忌。互市通，而关津有吏焉，以讥其出入；交易有期焉，以限其往复；军民之志欲得而私径芜，则间谍之出入阻矣。且间谍者，非必畜不轨之志以走险者也，私市通，歧径四出，人知官禁之疏，而渐与敌狎，则因而玩死以售奸者多矣。一之于互市，市之外，无相狎之门，自非深奸臣慝忘死以侥幸者，孰敢尝试焉？以通之者绝之，逖之虑此密矣。此两军相距，赡财用、杜奸人之善术，用兵者不可不知也。

七

王导之不得为纯臣也，杀周顗而不可掩，论者摘之，允矣。然谓王敦篡而导北面为佐命之臣，以导生平揆之，抑必其所不忍。且王敦之凶忍，贼杀其兄而不忌，借其篡立，导德望素出其上，必不能终保其死，导即愚，岂曾此之不察哉？

乃导之湤涩两端，不足以为晋之纯臣也，则有繇矣。盖导者，以庇其宗族为重，而累其名节者也。王氏之族，自导而外，未有贤者，而骄横不轨之徒则多有之。乃其合族以随帝渡江，患难相依而不离，于此而无协比之心焉，固非人之情矣。然而忠臣之卫主，君子之保家，则有道焉。爱之以其情也，亲之以其道也，因其贤不肖而用舍之以其才也，尽己所可为，而国家之刑赏，非己所得而私也。当其时，纪瞻、卞壸、陶侃、郗鉴之俦，林立于江左，而以上流兵柄授之于王敦，导岂有不逞之谋哉？恤其宗族，而不欲抑之焉耳。

将谓管叔之逆，周公且不忍防之于早乎？乃管叔者，非但周公之兄也，周公非但以己兄之故而使之监殷也。管叔者，固文王之子，武王之弟，成王之叔父也。俱为天子之懿亲，而以己之贤，疑彼之不肖而早制之，于是乎不可。而导岂其然哉？天下者，司马氏之天下，非王氏之天下也。惜其阀阅之素盛，念其辛苦之共尝，以人之天下而慰己之情，未有不陷于恶者。而其究也，乃至亲统六师，名为贼而推之刃，又何足以救名义而全天性哉？

呜呼！岂徒如导者，系国家安危之大故，人臣贞邪之大辨哉！凡人之亲爱其宗族也，亦各有道矣。己所得为，无不可推也；上而君，降而友，又降而凡今之人与凡天下之物，非吾所得私者，不得以自私，则抑不得以私其诸父昆弟。妄欲者何厌之有哉？教以正，迪以自立之方，士习为士，农习为农，黠者戢之，弱者振之，非徒无伤于天下，而抑可以保跃冶之子弟而予之安，则可以上告祖考而无憾矣。徇族党好恶之私，己虽正而必陷于邪，辱身不孝之罪，又奚逭哉！

明帝

一

明帝不夭，中原其复矣乎！天假五胡以乱中夏，气数之穷也，帝乃早世！王敦之横，元帝惴惴而崩，帝以幼冲当多难，举动伟然，出人意表，可不谓神武哉？

王敦谋篡，而讽朝廷征己，使帝疑畏忧戚不欲征、而待其党之相迫，则敦之横逞矣。帝坦然手诏征之，若人主征大臣之故事，无所疑畏，而敦固心折不敢入也。敦欲以王导为司徒，听之也，导本可为司徒，无所疑也；抑以此奖导为君子，使浣濯其同逆之耻以乃心王室，而解散群臣阿比王氏之戾气。于是而导之志移，敦之党孤，奄奄且死而以篡为下计；区区为难者，钱凤辈亡赖之徒而已，殄灭之如摧枯矣。导贻王含之书曰："昔年佞臣乱朝，人怀不宁，如导之徒，心思外济。今则不然，圣主聪明，德洽朝野，凡在人臣，谁不愤叹。"导之情可见，从王氏者之情可见，天下之大势，明帝之大略，从可知矣。

折大疑者，处之以信；奠大危者，予之以安。天假明帝以年，以之收北方离合不定之人心，而乘冉闵之乱，吹枯折槁，以复衣冠礼乐之中夏，知其无难也。帝早没而不可为矣，悲夫！

二

君子之过，不害其为君子，惟异于小人之文过而已。王敦称兵犯阙，王导茌苒而无所匡正，周颢、戴渊之死，导实与闻，其获疚于名教也，无可饰也。故自言曰："如导之徒，心思外济。"盖刘隗、刁协不择逆顺，逞其私志，欲族诛王氏，而导势迫于家门之陨获，不容已于诡随，此亦情之可原而弗容隐饰以欺天下者也。及敦死而其党伏诛，谯王丞、戴渊、周颢以死事褒赠，岂非导悔过自反以谢周、戴于地下之日乎？而导犹且狃开门延寇之周札，违卞壶、郗鉴之说议，而曰："札与谯王、周、戴见有异同，皆人臣之节。"导若曰札可尽人臣之节，则吾之于节亦未失也。假札以文己之过，而导乃终绝于君子之途矣。

郗公爱子死而不哭，卞令力疾战而丧元，二君子者，无诸己非诸人，危言以定褒贬，非导之所能也。而引咎知非，以无异说于论定之后，夫岂不可？怙慝而欲盖弥章，不学于君子之道，虽智弗庸也。

成帝

一

少主立，而大臣尸辅政之名，虽周公之圣，不能已二叔之乱，况其下焉者乎？庾亮不专于己，而引西阳王羕、王导、卞壶、郗鉴、温峤与俱受托孤之遗诏，避汉季窦、梁之显责，亮其愈矣。虽然，恶有俱为人臣，徒崇此数人者，持百尹之进退，而可以服天下哉？陶侃之贰，祖约、苏峻之逆，所必然矣。

夫主少则国政亦必有所裁，大臣不居辅政之任而恶乎可？而有道于此，则固无事立辅政之名，授之以独驭之权，而疑天下。无他，惟官常数定，官联相属，法纪豫立，而行其所无事焉耳。三公论道，而使莅庶事，则下侵六卿；百执不相越，而不守其官，则交争。故六卿百执之可否，三公酌之；而三公惟参可否，不制六卿百执以行其意。则盈廷多士，若出一人，州牧军帅，适如其恒。天子虽幼，中外自辑以协于治，而恶用辅政者代天子而制命邪？

夫古之天子，未尝任独断也，虚静以慎守前王之法，虽聪明神武，若无有焉，此之谓无为而治。守典章以使百工各钦其职，非不为而固无为也。诚无为矣，则有天子而若无；有天子而若无，则无天子而若有；主虽幼，百尹皆赞治之人，而恶用标辅政之名以疑天下哉？

是以三代之圣王，定家法朝章于天下初定之日，而行之百世，主少国疑之变，皆已豫持之矣。故三代千八百年，非无冲人践阼，而大臣无独揽之威福。若夫周公之辅政，则在六官未建、宗礼未定之日，武王末受命而不遑，不得已而使公独任之也。虽然，读《鸱鸮》之诗，而周之危、公之难，亦可见矣。有圣主兴，虑后世不能必长君令嗣之承统也，豫定奕世之规，置天子于有无之外，以虚静而统天下，则不恃有贵戚旧臣以夹辅。既无窦、梁擅国之祸，而亦不如庾亮之避其名而启群争。不然，主幼而国无所受裁，虽欲无辅政者，不可得也。

二

溃于内者，必决于外。苏峻反历阳而入建业，祖约据寿春以通石勒，然而勒不乘之以入犯者，非勒无狡焉之志也；刘曜破石虎于蒲坂，进围金墉，勒方急曜而不暇及也。咸和三年九月斩苏峻，十二月勒执曜于洛阳，使迟之一年，峻、约始破，则约迫而导勒以东，晋其糜矣。故夷狄之相攻，或为中国之利，利以一时耳；而据之以为利，相攻久而相灭，灭而并于一，害乃不救，何利之有乎？

"池之竭矣，不云自濒"，外迫而内难起也。"泉之竭矣，不云自中"，内乱而外患乘也。昧者乃曰："外宁必有内忧。"谓以外患警内，而内忧可弭；则抑有内忧而可弭外之侵陵邪？向令曜、勒不逼，江东不孤，若峻、约之流，又何敢辄生其心。勒、曜之相攻而未相并，幸也，谋国者不敢恃也。

三

东晋之臣，可胜大臣之任者，其惟郗公乎！卞令忠贞之士，朝廷之望也，以收人心、易风俗、而安社稷，则未之敢许。晋之败，败于上下纵弛，名黄、老而宾惟贪冒淫逸之是崇。王衍、谢鲲固无辞其责矣。乃江左初立，胡寇外逼，叛臣内讧，人士之心，习于放佚而惮于拘维，未易一旦革也。卞令执法纪以纠之，使人心震慑而知有名教，诚不可无此中流之砥柱。然充其所为，以惩创而无已，则乍强以所不习，而人思解散，便给之小人日饰以进，抑不保人心之永固而国势之能安也。

王敦之反，刁协、刘隗之操切激之；苏峻之反，庾亮之任法激之；障狂澜而堙之，鲧绩之所以弗成也。故先王忧人心之易弛而流也，劳来之以德教，而不切核之以事功；移易之以礼乐，而不督责之以刑名。《临》之象曰："咸临，吉，无不利。"非其感也，不可以临。殷末之俗淫，而《二南》之化，游之于《苤苢》，安之于《摽梅》。大弛者反之以大张，大张必穷，而终之以大弛，名为王道，而实为申、商，不覆人之家国者，无几也。故卞令厉色立朝以警群臣之荡佚，不可无也。而任之以统驭六宇，厝社稷之安，定百官之志，则固未可也。"夬，扬于王廷。"暮夜之戒，可勿恤乎！

四

刘曜围洛阳，撤金墉之围，陈于洛西，一战而被禽以亡。其败也，饮博而不恤士卒，轻撤围以西，狂醉以自陷也，非不听谏者以厄勒于成皋之失计也。使曜深沟高垒，断勒入洛之路，内外不相应，勒一往之锐气且折，而弗能解金墉之围，旷日持久，上下有惰归之气，求归不得，亦窦建德之见禽于东京而已。假令曜分兵以扼成皋，御人于百里之外，所遣拒勒之将，固非勒敌，必先挫而溃，则围洛之军心尽解，其败决矣。勒曰："盛兵成皋，上策也；阻洛水，次也；坐守洛阳，成禽耳。"此勒畏曜坚壁以老己，姑为此言以安众耳，非果然也。曜撤围而陈于洛西，望蒲坂以为退步，勒曰："可贺我矣。"此则勒之果所欣幸耳。

千里悬军，攻人于围城之下，兵之大忌也。撤围分军以拒人于险，险非我有，而军心不固。陈友谅解南昌之围，而死于鄱湖。军一分而不可合，一动而不可止，勒之智足以测此，姑为反语以安众心，或遂信其实然，勒且笑人于地下矣。

五

苏峻之乱，建业残敝，廷议迁都，王导独持不可，江左百年之基，导一言以定之，审乎难易之数也。梁元帝惮建业之凋残，据江陵之富庶，而速以亡。然则曹操弃洛阳，迁献帝于许，其一时之奸谋，以许为兖州之域，而挟天子为己私，非果厌洛阳之敝也。乃缘此而不能终一天下，亦有繇矣。

所谓难易之数者，宫阙毁败，邑里萧条，人民离散，粟货罄乏，乍然见之以为至难而未可收摄者也。乃夫人惊惧之情，移时而定矣，定则复思安其居而赡其生，不待上之赡之也。故《鸿雁》之诗曰："虽则劬劳，其究安宅。"莫之扰也。莫之扰，则民各有心，岂必劳来安集之殷勤？而加以劳来安集，则益劝矣。此似难而实易者也。

若夫固然其难者，则已动而不可复静之人心是已。人莫不歆于一时之利用而竞趋之，丝粟盐酪、酒浆鸡豚、庐舍帷帟之便利，妇人稚子之所歆，而人情之莫能夺者也。此凋敝而移之彼，虽徙如归焉，彼凋敝而又移之他。君民朝野，日惟延颈四望，睨乐土而苟安，穷年累岁，志在游移而无定情，其不愈穷愈蹙以之于绝地也无几矣。

楚迁陈而困，迁寿而危，迁吴而亡，非徒地形之不利也，趋利偷安之情，如回河而西之，必不可得也。导之言曰："镇之以静，群情自安。"知人情物理消长往复之几，而防众心之流以止之于早，规之已大，持之已定，岂有难知之数哉？庸人未之察耳。

六

庾亮征苏峻而激之反，天下怨之，固不能辞其咎矣。虽然，其志有可原者也。亮受辅政之命而不自擅也，尊王导于己上，而引郗鉴、卞壶、温峤以共济艰难，窦武之所不逮，非直异于梁冀、杨骏已也。晋之东迁，王氏执国而敦倡为逆，执兵柄者，皆有侵上之志而不可信。陶侃登天之梦，天下疑焉。祖约之悖，苏峻之奸，尤其不可揖盗以入室者也。以是为侃所怨，以激约、峻之速逆。特其识量不充，未足以乘高墉而解群悖耳。如必委曲以延不轨之奸宄于冲人之侧，则祸迟而大。亮免于激成之责，而孔光延王莽、褚渊推道成之罪，其可逃乎？

亮以卫国无术而任罪，司马温公乃欲明正典刑以穷其罪，则何以处夫延王敦杀周、戴以逼天子之王导乎？温峤，人杰也，亮败窜，而峤敬之不衰，必有以矣。峻虽反，主虽危，而终平大难者，郗鉴、温峤也；以死殉国者，卞壶也，皆亮所引与同卫社稷者也。抑权臣，扶幼主，亮与诸君子有同心，特谋大而智小，志正而术疏耳。原其情，酌其罚，何遽以典刑加之？温公曰："晋室无政，任是责者，非王导乎？"导岂能劾功罪以伸求全之法者？卞敦观望逆党，拥兵不赴，导且不能加诛，有诸己，不能非诸人，况庾亮哉！

七

天下所极重而不可窃者二：天子之位也，是谓治统；圣人之教也，是谓道统。治统之乱，小人窃之，盗贼窃之，夷狄窃之，不可以永世而全身；其幸而数传者，则必有日月失轨、五星逆行、冬雷夏雪、山崩地坼、雹飞水溢、草木为妖、禽虫为蠥之异，天地不能保其清宁，人民不能全其寿命，以应之不爽。道统之窃，沐猴而冠，教猱而升木，尸名以徼利，为夷狄盗贼之羽翼，以文致之为圣贤，而恣为妖妄，方且施施然谓守先王之道以化成天下；而受罚于天，不旋踵而亡。

呜呼！至于窃圣人之教以宠匪类，而祸乱极矣！论者不察，犹侈言之，谓盗贼为君子之事，君子不得不予之。此浮屠之徒，但崇敬土木、念诵梵语者，即许以佛种，而无所择于淫坊酒肆以护门墙贪利养者；猥贱之术，而为君子者效之，不亦慎乎？石勒起明堂、辟雍、灵台，拓跋宏修礼乐、立明堂，皆是也。败类之儒，鬻道统以教之窃，而君臣皆自绝于天。故勒之子姓，骈戮于冉闵；元氏之苗裔，至高齐而无噍类；天之不可欺也，如是其赫赫哉！

虽然，败类之儒，鬻道统于夷狄盗贼而使窃者，岂其能窃先王之至教乎？昧其精意，遗其大纲，但于宫室器物登降进止之容，造作纤曲之法，以为先王治定功成之大美在是，私心穿凿，矜异而不成章，财可用，民可劳，则拟之一旦而为已成。故夷狄盗贼易于窃而乐窃之以自大，则明堂、辟雍、灵台是已。明堂之说，见于《孟子》；辟雍灵台，咏于周诗。以实考之，则明堂者，天子肆觐诸侯于太庙，即庙前当宁之堂也；辟雍者，雍水之侧，水所环绕之别宫，为习乐之所也；灵台，则游观之台，与囿沼相间者也。皆无当于王者之治教明矣。汉儒师公玉带之邪说而张皇之，以为王者法天范地，布月令、造俊髦、必于此而明王道，乃为歆零四出、曲径崇台、怪异不经之制以神之。此固与夷狄盗贼妖妄之情合，而升猱冠猴者鬻之以希荣利，固其宜矣。

夫使先王之果于此三宫而兴教化也，然亦偶有便于此也，一学宫，而庠、序、校异矣；一大乐，而《夏》《濩》《武》异矣；一大礼，而忠、质、文异矣。若夫百王不易、千圣同原者，其大纲，则明伦也，察物也；其实政，则敷教也，施仁也；其精意，则祗台也，跻敬也，不显之临、无射之保也。此则圣人之道统，非可窃者也。败类之儒，恶能以此媚夷狄盗贼而使自拟先王哉？劳民力，殚国帑，以黩圣而嚣然自大，则获罪于天；天灾之，人夺之，圣人之教，明明赫赫，岂有爽乎？论者犹曰君子予之，不亦违天而毁人极也哉！

八

公山泄导吴枉道，使鲁有备，慕容翰止段兰之追慕容皝，而恐亡其国，皆良心发见于牿亡之余不容泯者；然其视纣兄之臂而姑徐徐也何别哉？

夫人欲自免于不忠不孝也，惟初心之足恃而已矣。狄仁杰之事逆后而可善其终，未尝与于篡唐之谋，抑未与李勣诸人同受宗社之托也。宋齐愈手书张邦昌之名，而无痛哭不宁之色，则斩于市而非李纲之过。君父之大，顺逆之分，如黑白之昭著于前。道二，仁与不仁而已矣。已移足于不仁之泥淖，畏其陷染而姑自蹢躅，终不可得而哂然。故极仁道之精微，有所未逮，虽有过焉，而君子谅之，未尝不可改也。设仁不仁之显途而去顺即逆，虽有乍见之恻隐，君子弗听；所从者不仁，终不可与于仁也。

若翰者，身为叛人，已自立于不仁之中矣，虽欲自拔，徒不信于段氏而危其身，抑必终为皝所忌而死，百悔丛心，又何补哉！

九

成帝以幼冲嗣立，委政王导，拜导及其妻曹氏，魏、晋君臣之际，陵夷至此，石勒曰："曹孟德、司马仲达狐媚以取天下。"诚有谓也。

古礼之见于今者，燕射之礼，君皆答拜，为诸侯于大夫言也。诸侯于大夫，不得视天子于诸侯；犹大夫于陪臣，不得视诸侯于大夫。等杀之差，天秩之矣。天子于诸侯，礼不概见，仅存者《觐礼》一篇，侯氏肉袒稽首，天子不答，分至严矣。天子之不骄倨以临臣下者，惟当宁立而不坐，天揖同姓，时揖异姓，土揖庶姓，而不听其趋跄，此三代之以礼待臣，而异于暴秦之已亢者也。恶有屈一人之至尊拜其下而及其妇人哉！

礼者，过不及之准也；抑之极，则矫而为扬之甚，势之必反也。垂及于女真、蒙古之世，鞭笞之，桎梏之，奴虏斥诟之；于是而有"者厮可恶"之恶声施于诏令，廷杖锁拿之酷政行于殿廷；三纲裂，人道毁，相反相激，害亦孔烈哉！三代之后，必欲取法焉，舍赵宋待臣之礼，其谁与归？

十

张骏能抚其众，威服西域，有兼秦、雍之志，疏请北伐，莫必其无自利之心也。而其言曰："先老消落，后生不识，慕恋之心，日远日忘。"则悲哉其言之矣！

婴儿之失其母也，使婢妾饲之，受其狎侮，未尝不泣也；已而听之矣，已而安之矣，已而语之以母而不信矣，过墓而若有若无，且归而亟依婢妾矣。夫人至忘其母而不知悲，则仅留之家老，垂死而有余哀，亦将谁与言之而谁听之乎？于是而人心之迷终不可复，复者，其惟天地之心乎！

宇文氏、鲜卑之运已穷，天乃默移之而授之杨氏，以进李氏而主中国。故杨氏之篡，君子不得谓之贼，于宇文氏则逆，于中国则顺；非杨氏之能以中国为心，而天下之戴杨氏以一天下也，天地之心默移之也。消落之故老，弗及见焉，而如之何弗悲？

十一

《困》之象曰："君子以致命遂志。"致命矣，而志不得遂，吊古者所为深悲不已也。然有致命者，志亦奚不可遂哉！文王安天下之志困矣，而武王周公遂之，犹文王也；"上帝临汝，勿贰尔心"，致命之谓也。巴西龚氏兄弟，不屈于李特，为特所杀，其子龚壮，积年不除丧，思以报特，特死，因李寿杀李期与其腹心，灭李雄之裔，而仇以复，劝寿称藩于晋，事虽不成，而父叔之志以白于天下。寿既僭位，征壮为太师，壮终不就，赠遗一无所受，寿亦弗能忌焉。壹其心，执其义，守其恒，虽困而亨，金绂岂能乱，葛藟岂能萦哉？

夫志者，执持而不迁之心也，生于此，死于此，身没而子孙之精气相承以不间。壮之志，即父叔之志也，死而无不可遂也。所可悲者，嵇康之有嵇绍耳。然而天之以亨困而不亨其不困者，未尝假也。壮怀报仇之心以说寿，而寿不疑借己以快其私；说寿以归晋，寿虽不从，而寿不以为侮；却寿之爵禄金帛，而寿不以为亢；抗章责寿之负约而不称藩，而寿不以为恨；志无往不伸，而龚氏两世之忠孝与蜀山而并峙。若绍也，溅血汤阴，徒为仇雠之篡主死，则朱绂酒食，为其葛藟，而恶望其亨哉？有志而不遂，有先人之志而不遂之，非所据而据焉，身之不保，而人贱之矣。此则可为抱志以先亡者悲也！

十二

　　颜含可谓知道之士矣。郭璞欲为之筮，含曰："修己而天不与者命也。"此犹人之所易知也。又曰："守道而人不知者性也。"渊乎哉其言之！非知性而能存者，不足以与于斯矣。

　　夫人能知其所知，而不知其所不知，必矣。欲人之知吾之性也实难，非吾之性异于人，彼不能知也；彼不自知其性，抑将知何者为性，而知吾性之然哉！不知仁，以为从井救人而已；不知义，以为长彼之长而已；性固人所不知，而急于求人之知，性则非性也。

　　夫郭璞有所测知于理数之化迹，而迫于求人知之，是以死于其术。苟其知性为人所不可知，则怀道以居贞，何至浮沉凶人之侧，弗能止其狂悖，而只以自戕？无他，有所测知而亟欲白之，揣摩天命而忘其性之中含者也。

　　庸人之所欲知而亟问之鬼神象数者，贫富、穷通、寿夭已耳，皆化迹也。仁之恻隐痛痒喻于心，义之羞恶喜怒藏于志，动以俄顷，辨于针芥，而其发也，横天塞地不能自已，君子以信己者信之，尚弗能尽知也，而况凡今之人乎？子曰："知我者，其天乎！"谓以心尽性，皎然于虚灵之无迹，非夫人耳目闻见之逮也。含庶乎其与闻此矣，出处以时，守礼以不屈，宜乎其为君子矣。

十三

　　鲸鲵不脱于渊，豺虎不脱于林，失其所据，力殚而无所归。石虎据邺，慕容皝据卢龙，于是而东自濊貊，西及破落，南距阴山，北尽沙漠，皆为什翼犍之所有；拓跋氏之兴，延及百年，此基之矣。何也？虎与皝以其深渊丛林授之什翼犍，而自处于非据之地也。

　　天以洪钧一气生长万族，而地限之以其域，天气亦随之而变，天命亦随之而殊。中国之形如箕，坤维其膺也，山两分而两迤，北自贺兰，东垂于碣石，南自岷山，东垂于五岭，而中为奥区、为神皋焉。故裔夷者，如衣之裔垂于边幅，而因山阻漠以自立，地形之异，即天气之分；为其性情之所便，即其生理之所存。滥而进宅乎神皋焉，非不歆其美利也，地之所不宜，天之所不佑，性之所不顺，命之所不安。是故拓跋氏迁洛而败，完颜氏迁蔡而亡，游鳞于沙渚，啸狐于平原，将安归哉？待尽而已矣。

延之入者，中夏之人也，不足以保彼之命而徒自溃乱也。聪明神武者，知其得据而只以失据也，无足惧也。筌之蹄之，不能有余种矣。

十四

取东晋之势与南宋絜论，东晋愈矣。江东立国，以荆、湘为根本，西晋之乱，刘弘、陶侃勤敏慎密，生聚之者数十年，民安、食足、兵精、刍粮、舟车、器仗，旦求之而夕给，而南宋无此也。东晋所用以保国而御敌者，纪瞻、祖逖、温峤所鼓舞之士勇，王敦、苏峻虽逆，而其部曲犹是晋之爪牙也，以视韩、岳收乌合之降贼，见利而动、见害而沮者，不相若也。王导历相四君，国事如其家事，而深沈静定，规恢远大，非若李伯纪、赵惟重、张德远之乍进乍退，志乱谋疏，而汪、黄、秦、吕结群小以间之也。则东晋之内备，裕于南宋远矣。刘、石之凶悍，虽不减于阿骨打，而互相忌以相禁且相吞也，固无全力以与晋争；慕容、苻、姚、段氏皆依晋为名，以与刘、石竞；李特虽窃，李寿折于龚壮，不敢以一矢加于晋之边陲；张氏虽无固志，而称藩不改；仇池杨氏亦视势以为从违，为刘、石之内患；非若金源氏之专力以吞宋无所掣也。则东晋之外逼，轻于南宋远矣。

然而宋之南渡，自汪、黄、秦、汤诸奸而外，无不以报仇为言；而进畏懦之说者，皆为公论之所不容。若晋则蔡谟、孙绰、王羲之皆当代名流，非有怀奸误国之心也；乃其侈敌之威，量己之弱，创胸缩退阻之说以坐困江东，而当时服为定论，史氏侈为讦谟，是非之舛错亦至此哉！读蔡谟驳止庾亮经略中原之议，苟有生人之气者，未有不愤者也，谟等何以免汪、黄、秦、汤之诛于天下后世邪？

夫彼亦有所为而言矣！庾亮之北略，形王导之不振也，而左祖导者，诎亮以伸导；桓温之北伐，志存乎篡也，而恶温之逆者，忌其成而抑之；于是而中挠之情深于外御，为宰相保其勋名，为天子防其篡夺，情系于此，则天下胥以为当然，而后世因之以无异议。呜呼！天下之大防，人禽之大辨，五帝、三王之大统，即令桓温功成而篡，犹贤于戴异类以为中国主，况仅王导之与庾亮争权势而分水火哉！则晋之所谓贤，宋之所谓奸，不必深察其情，而绳以古今之大义，则一也。蔡谟、孙绰、王羲之恶得不与汪、黄、秦、汤同受名教之诛乎？

十五

慕容皝求封燕王，晋廷迟回不予，诸葛恢抗疏拒之，义正而于计亦得矣。

慕容氏父子之戴晋，其名顺矣，则以韩信王齐之例，权王之而奚不可？曰：皝与皝非信之比，而其时亦非刘、项之时也。六国初亡，封建之废未久，分土各王，其习未泯，而汉高固未正位为天下君，且信者汉所拜之将，为汉讨项，虽王，固其臣也。慕容氏则与刘、石等为异类，蓄自帝之心久矣。晋业已一统，而特承其乱，非与刘、石交争而竞得者也。若慕容氏之奉晋也，则与石虎角立而势不敌，因其国土民与赵、魏之遗黎眷怀故主，故欲假晋以收之，使去虎而归己。晋割燕以封之矣，乃建鼓以号于众曰：吾晋之王也。则虎之党孤，而己得助矣。归己已定，则业入其笼中而不能去，又奚复须晋之王而不自帝哉！诸葛恢曰："借使能除石虎，是复得一石虎。"灼见其心矣。刘翔虽辩，亦恶能折此乎？当是时，石虎恶极而向于衰，皝谋深而日以盛，除虎得皝，且不如存虎以制皝。观其后冉闵之乱，慕容遂有河北而为晋劲敌，恢之说，验于未事之前矣。

或曰：晋不王皝，皝且自王自帝而奚不可？曰：我不授以名而资之锢，众发其奸以折之于早，国尚有人焉，知晋之所以御虎者不恃皝也，则皝之气夺矣，奚必禁其自王自帝哉！呜呼！王导、郗鉴、庾亮相继而亡，何充、庾冰、蔡谟皆庸材也，皝乃敢以此言试中国之从违；诸具臣者，畏其暴己罪状而徇之，诸葛恢不能固持其说，而晋事去矣。皝不死，慕容氏不乱，苻坚不起，吾未见晋之不折入于鲜卑也。

十六

刘翔北归，谓晋公卿曰："石虎、李寿志相吞噬，王师当从事巴、蜀，一旦石虎并寿，据形便以临东南，智者所不能善其后。"非为晋计深远也，恐虎并寿而益强，慕容氏不能敌也。虽然，又岂非晋人保固江东之要策哉？

陈轸说秦以灭蜀而临夷陵，楚乃失鄢、郢，东徙以亡。司马昭灭汉而临西陵，吴乃受王濬顺流之兵，而中绝以亡。梁失成都于宇文氏，而江陵困、湘东死，陈氏终以灭。盖江东据江、淮以北拒，而巴、蜀既失，横江而中溃，方卫首而中折其腰膂，未有不殒者也。李昪之得割据，王建为之蔽也；南宋之得仅延，吴玠、吴璘捍之也；孟昶灭而李煜坐毙，合州失而阳逻之渡不可防，皆明验也。故据全蜀以出秦、巩，而欲定关中则不得；扼秦、巩以保全蜀，而遥卫江南则有余；何充、庾冰闻言不警，待桓温而后兴伐蜀之师；翔言之，温为之，虽非忠于晋者，而大造于江东，不可诬也。听其言，纪其功，亦奚必深求其心哉！

康帝

一

风会之所趋，贤者不能越也，君子酌其贞淫以立身，而不可执以论人。孟子之游，后车数十乘，从者数百人，多所辨以折异端，曲为说以动人主，使前乎此而为西周，后乎此而为两汉，必不然矣。然而有以异于田骈、慎到、苏秦、张仪者，即时所尚，而邪正之分自存也。

刘向、贡禹，经术同也；诸葛、司马，方略同也；二程、三苏，议论同也；不可以与贤者同而奖匪人，不可以与庸人同而疑君子。殷深源、谢安石风流相似，名望相匹，而殷虚枵以致败，谢宁静以立功，或以江左风流为乱阶，而谓此中之无人，亦皮相而已矣。

自西晋以来，风会之趋固然矣，其失也，浮诞而不适于用；其得也，则孔子之所谓狂简也。狂者不屑为乡原之暧姝，简固可以南面者也。当时之士，得焉失焉，贞焉邪焉，皆托迹而弗容自异，故陶侃、卞壶、郗鉴、庾翼力欲矫之而不可挽。夫三四君子者，自卓立于风会之外，以不诡于正，则愈矣；若必以此而定人之品骘，则殷浩之短暴，而谢傅不足以庸矣。知人者，别有独鉴存焉，而不问风会之同异。故曰："知人则哲，惟帝其难之。"

二

慕容翰不安于国而出奔，则固以所寓者为所托矣。始依段氏，沮段氏之追慕容皝，而贻其害，犹曰惧宗国之亡也。段氏灭，宇文氏逸豆归恤而安之，乃既归于燕，即说皝以灭宇文，输其上下之情形、地形之险阻，以决于必得；然则翰在宇文之日，鹰目侧注，虿尾潜钩，窥伺其举动而指画其山川，用心久矣。逸豆归走死，宇文氏散亡，翰得全功以归，而皝急杀之，非徒皝之忍也，翰之挟诈阴密而示人以叵测，天下未有能容之者也。

身之所托，心之所依，不与谋倾覆宗国之事可矣；身依之，心早去之，且伏不测之机以窥之，非人之不能容也，心自不容其身也。翰之将死，曰："欲为国家荡一区夏。"岂果然哉？皝有可图，祸先及之矣，而恶得以免于死？关羽之解白马围也，身依焉而不能不为之效，是以先主委诚焉。虽然，胡不若徐庶之置身事外而不与共功名也？

穆帝

一

王导且卒而荐何充，所以制庾氏也；庾翼卒，充授桓温以荆、梁军事，所以夺庾氏也；亮之疏也，翼、冰之隘也，皆不足以托社稷，而抑为后族，非可世委以国柄，固矣。然亮之责导，词正而理得。导荐充而亮不疑，充面折冰之废子立弟，而冰不怨。则庾氏之不为晋患，明矣。导修私怨而充怙之，以贻桓温之逆，而终成桓玄之篡。谋国而恩怨惟心，未有不贻国以忧者也。刘恢恶温而沮之，深识也；充持之，会稽王昱持之，以为惟温之英略，可以钳束庾氏不能与争耳。斯心也，温已见之。曰：区区一白面少年之庾爱之，且如猛虎之在侧，而惴惴以需我之控制。君相若此，何惮而不逞哉？

疑其所不必疑，则可疑者进矣；疑其所不必疑，则奸雄知我之徒疑而无能制矣。故畜疑者，召祸之门也，而况乎其加之以忌也！王氏既衰，庾氏又替，王彪之、谢安方在下位而不足以持权，何充不谋固其国，惟庾氏之是竞，晋之亡肇于此矣。故惟无疑者可以当大任而不倾。

二

蜀之宜伐久矣，刘翔为晋言之，谢广亦知之夙矣。至李寿死，李势立，骄淫虐杀，此天亡李氏之日，不待再计而宜兴师者也。桓温西讨，晋廷惴惴然忧其不克，温目笑而心鄙之，拜表即行，知晋之无人也。刘惔曰：“但恐克蜀之后，专制朝廷。”其言验矣。

乃其遂无以处此哉？温表至，朝廷信之而不疑，下诏奖之以行，而命重臣率大师以继其后，则温军之孤可无虑，而专制之邪心抑不敢萌。惴惴忧之，漠然听之，败则国受之，克则温专其功，惔诚虑及，而胡不为此谋也？盖惔者，会稽王昱之客，非能主持国计者也。昱与殷浩皆虚诞亡实而茶然不振者，惔即为此谋而固不听，徒为太息而无可如何。晋非无人，有人而志不能行也。

三

冉闵尽灭羯胡，而曰：“吾属故晋人，请各称牧守，奉迎天子。”虽非果有效顺之诚，然虑赵人之不忘中国而不戴己，未敢遽僭也。有胡睦者，称闵功德，谓晋人远窜江左而不足戴，然后闵无所复忌而僭以成。呜呼！睦固晋之遗民也，而其逆如此，肉虫自生而自食，岂自外至哉！

睦之丧心失志至此极也，夫亦有其故矣。自刘渊起，中国人士诎于势而事之，始亦有不得已之心焉。已而食其余以有富贵，假其威福以陵孤寡而啗齕之，改易礼法以狎其俗，口甘其味、身便其服者数十年矣，故心尽亡而习之也安。藉使归故版而奉正朔，则江东人士羞与为伍，而无以自容。于是闻中国衣冠之名而恧然沮矣。自绝归正之路，而偷安于崔苻以自雄，盖遥想王、谢、何、庾之风流而汗流浃背，则何如侈拥戴之功以矜于其穴哉！

斯心也，亦耻心之不容泯者也，而怙无耻以为耻，且贪权借以自荣焉，于是而迷复之凶终不可反矣。《诗》云："无纵诡随，以谨无良。"无纵者，非必以法绳之也，制于其早，而全其仅存之初心也。宥佚之，使习而安之，将奚及乎？

四

辛谧可谓得死所矣。历刘、石之世，征辟不就，然而害不及焉，则可以不死，而死为激。冉闵，中国之人也，其尽诛羯胡而有归正之言，虽非果可与言者，而言亦不辱矣。其说闵曰："因兹大捷，归身晋朝，必有繇、夷之廉，享松、乔之寿。"非徒效忠于晋，其为闵计，亦忠之至、识之远者也。似可与言而与言，怀数十年之积悃，表见于一时，而非以辱吾言于犬羊之耳，可言也，斯可死也。龚壮宛曲以明心，辛谧直言以旌志，各以其所遇而自靖，君子之酌时宜以屈伸，道固然也。

或曰：谧言之矣，闵未必杀之，而何以死？曰：谧固知其不听也，不听而生，是为闵所容也。言出而志伸，志伸而生事毕，生事毕，不死奚俟乎？士怀孤志，不遇可死之时，而奄奄以存，可哀也夫！

五

蔡谟之谏北伐，为庾亮言也；王羲之之谏北伐，为殷浩言也。亮与王导不协，而欲立功以抑导于内；浩与桓温不协，而欲立功以折温于外；内不协而欲制胜千里也，必不可得。故二子之言，当其时而中于事会。虽然，君子之为言，计及当时，计及后世，时有不可明言者，则微言以动之，密谋以正之，而不因一时之急，伤久长之计。亮之正不足以服导，浩之才不足以制温，迫于立功，反致溃败，徒以沮挠人心而贻奸雄之笑，一时之事会也。王业之不可偏安，羯胡之不可纵佚，忘自强之术，而益召其侮，偷寡弱之安，而日蹙其亡，百世之大防也。羲之言曰："区区江左，天下寒心，固已久矣。"业已成乎区区之势，为天下寒心，而更以陵庙丘墟臣民左衽为分外之求，昌言于廷，曾无疚愧，何弗自投南海速死，以延羯胡而进之乎？宋人削地称臣，面缚乞活，皆师此意，以为不竞之上术；闭户塞牖，幸盗贼之不我窥，未有得免者也。谯周仇国之论成，而刘禅之降旗旋竖，邪说之诬人亦酷矣哉！

若夫浩之欲折温也，亦非谋之不忠也；而折温之术，莫善于收温而用之。北伐之举，温先请之，而浩沮之；既乃自行而置温于局外，不资其一旅之援，温亦安坐上流而若罔闻；固温之乐祸以乘权，抑浩摈之而使成乎坐视。向令东西并进，而吾拥中枢之制，温固吾之爪牙，抑又恶足以逞？浩非其人，而羲之等不能以此说之，疑温忌温，而温之逆乃有所资以自雄。此所谓微言之，密谋之，制勍敌强臣于尊俎者，浅人不足以及此也。

六

苻健请命，而殷浩不能控，姚襄来归，而殷浩激之以叛，浩之咎也。然使浩开关纳之，而倚以收复中原，则亦梁之进侯景也。夫健与襄而可收以为用也哉？健之请命，杀麻秋而惧；弋仲之使襄归晋，胜冉闵而惧也。健孤而畏冉闵之勇，弋仲死，襄孤而畏慕容之强，中立而无宁居，睨晋之弱而可诱以为后图，受其饵则为侯景，觉其机则引去而无伤，若此者，亦恶能抚之使为吾效用乎？何怪乎浩之不抚健而欲袭襄也。

浩力不足、智不逮耳，其谋未甚失也。拒之袭之，祸速而轻；纳之任之，祸迟而大。弋仲将终，忠顺之言孰闻之，襄述之耳；其辞愈逊，其情愈诡。议者乃以拒健激襄为浩罪，何古今乐进豺虎以自卫者之多也！夫不见健一入关而即自王，浩北伐而襄伏甲于山桑以邀之乎？使当健、襄纳款之日，闭关而却之，曰吾无所用尔为也，则二夷之气折矣。虽然，徒为大言无裨也，必自立之有本也。非若光武，亦安能骄语盆子曰"待汝以不死"哉！

七

桓温能用殷浩，殷浩不能用桓温。温曰："浩有德有言，为令仆，足以仪刑百辟，朝廷用违其才耳。"此温之能用浩也。温请北伐，而浩沮之，浩之不能用温也。能用之而后能制之，能制之，则予之、夺之、生之、杀之而惟吾意。不能用矣，而欲制之，必败之道也。

温之逆也，刘惔料之矣，非必温之逆为不可制也，惔知何充、殷浩之不足以制温也。夫温之始，岂有必不可制之情形哉？嫌隙已成，王彪之说会稽王，驰一纸书而即敛迹以退；其终于逆也，浩贻之也。惴惴然相恐于廷，若猛虎之且哇，温乃见人之疑我之篡，退必无以相容，乃疑我而不能制我，将与我竞功；而一败于许昌，再败于山桑，能事见矣，于是而技痒情兴，篡逆之志始嫛发而不戢；微谢安、王彪之之夷犹淡漠，视猛虎如麋鹿，温必篡矣。

虎不撄则不攫，不走则不追；蜂不扑则不螫，不避则不触。岂徒温哉！董承不奉衣带之诏，曹操不敢犯及宫闱；曹爽不争顾命之权，司马氏不敢擅为废立。制之有道，用之有方，则温峤以新附之臣，而义旗回指之言，折久任方州、上流倚重之陶侃而有余。浩任将相之重，物望所归，夫岂难于用温者，而徒尔惴惴也！谋愈深，祸愈成矣。

八

晋之失久矣！殷浩废，桓温受征讨之命，败苻苌于蓝田，进军灞上，败姚襄于伊水，收复洛阳，亦壮矣哉！当是时，石、冉初亡，苻、姚乍兴，健虽鸷而立国未固，襄甫飚去，乍集平旷之壤，势益飘摇，故挫之也易。善攻者攻其瑕，乘瑕以收功，而积衰之气以振。温可谓知所攻矣。其入关也，粮匮而还，其复洛也，置戍而返。说者曰：温有逆心，舍外而图内。此以刘裕例之，而逆其诈也。温之归镇，未尝内逼朝廷，如裕之为也。浩既废，会稽才弱而不足相难，王、谢得政新而望浅，非温内顾之忧也。温何汲汲焉？乃其所以不能进图全功而亟撤以还者，孤军乘锐气，快于一击，而无以继其后也。

晋偏安于江左，而又分焉，建业拥天子以为尊而力弱，荆、襄挟重兵以为强而权轻，且相离以相猜，而分为二。温以荆、襄之全力为孤注，其进其退，一委之温，而朝廷置之若忘，温即有忠诚，亦莫能自遂，而况乎其怀二心哉？臣与主相离也，相与将相离也，东与西相离也，以此而欲悬军深入，争胜于蜂起之寇，万不可得之数矣。

尤可嗟异者，温方有事于关、洛，而荀羡东出山茌以伐燕，欲与温竞功，而忘其力之不逮。且燕非苻、姚新造之比也，慕容俊三世雄桀，而植根深固，撄势重难摇之虏以自取败衄，曾不知以一旅翼温，乘胜以复故都，岂不慎乎？秦寇平，燕之气夺；两都复，晋之势成；合天下之力以向燕，则燕不能孤立以相抗；协于温以成将就之功，则温之心折而不足以骋。乃彼方西向，我且东指，徒为立异而生其欺怨，谢万之愚，荀羡之妄，会稽之暗，怀忮以居中，欲温之成功于外，其可得乎？谋国若此，不亡为幸耳。其不亡也，犹温两捷之威有以起茸茶之气，奢凶狡之心也。

九

五胡旋起旋灭，而中原之死于兵刃者不可殚计。殚中原之民于兵刃，而其旋起者亦必旋灭。其能有人之心而因以自全者，惟慕容恪乎！故中国之君，一姓不再兴，而慕容氏既灭而复起。恪围段龛于广固，诸将请亟攻之，恪曰："龛兵尚众，未有离心，尽锐攻之，杀吾士卒必多矣，自有事中原，兵不暂息，吾每念之，夜而忘寐，要在取之，不必求功之速。"呜呼！恻怛之言，自其中发，功成而人免于死，恪可不谓夷中之铮铮者乎！

古之用兵者，于敌无欲多杀也，两军相击，追奔俘馘者无几也，于敌且有靳焉，而况其人乎！战国交争，驱步卒以并命，杀敌以万计，而兵乃为天下毒，然犹自爱其民，而不以其死尝试也。尉缭之徒至不仁，而始为自杀其人之说，于是杨素之流，力行其说以驱民于死而取胜。突围陷阵者有赏，肉薄攻城者前殒而后进，则嗜杀者，非嗜杀敌，而实嗜杀其人矣。晨与行，夕与息，环拱听命于牙旌之下，方且呴呴然相聚以相保，而威之诱之，激之迫之，惟恐其不自投于死。呜呼！均是人也，而忍至此哉！用兵之杀人也，其途非一，而驱人为无益之死者，莫甚于攻城；投鸿毛于烈焰，而亟称其勇以奖之，有人之心，尚于此焉变哉！

《读通鉴论》卷十三终

读通鉴论卷十四

哀帝

一

　　桓温请迁都洛阳，诚收复之大计也。然温岂果有迁都之情哉？慕容恪方遣吕护攻洛，温所遣援者，舟师三千人而止。温果有经略中原之志，固当自帅大师以镇洛，然后请迁未晚。惴惴然自保荆、楚，而欲天子渡江以进图天下，夫谁信之？为此言也，特以试朝廷所以答之者。而举国惊忧，孙绰陈百姓震骇之说，贻温以笑。温固曰：吾一言而人皆震恐，吾何求而不得哉！王述曰："但从之，自无所至。"温说折矣。而周章议论之情形，已早入温之目中。其云"致意兴公，何不寻《遂初赋》，而知人家国事"，非惮绰也，笑晋人之不足与人家国也。

　　夫温以虚声动朝廷，朝廷亦岂可以虚声应之？王述之议，亦虚声也。使果能率三吴、两淮之众渡江而向寿、谯，诏温移屯于洛，缮城郭、修坞戍，为战守计，而车驾以次迁焉，温且不能中止；外可以捍燕、秦，而内亦可以折温之逆志，乘其机而用吾制胜之策，诚百年一日之会，而晋不能也。燕、秦测之，温谅之，晋不亡者幸耳！

　　内宁而外可无忧，一道也；处治安之世以建威销萌之道也。外无忧而内可宁，一道也；处纷乱之日以强干弱枝之道也。夫桓温者，何足虑哉？

慕容恪之沈鸷，苻坚之恢豁，东西交逼以相吞，而惟与温相禁制于虚声，曾不念强夷之心驰于江介也，是足悲也！晋不成乎其为君臣，而温亦不固为操、懿者也。

二

为人后者，为所生父母服期，亦天下之通丧也，仅见于《士丧礼》，而以情理推之，固可通于天子。天子丧礼无传文，后世执期丧达乎大夫之说，以屈厌而议短丧，非也。哀帝欲为所生周太妃服三年，则过；既而欲服期，是已。江霦执服缌之说，抑帝而从之，邪说也；天子绝期，而又何缌乎？为人后而继大宗，承正统，上严祖考，而不得厚其私亲，此以君臣之义裁之也。故欧阳修、张孚敬称考、称皇、称帝之说，紊大纲而违公义，固不若汉光武称府君之为允矣。

位号者，天下之公尊，非人子所得以己之尊加于其亲，义也。若夫死而哀从中发，哭踊服饰之节，达其中心之不忍忘，则仁也。降而为期，止矣；过此而又降焉，是以位为重而轻恩，戕性之仁矣。哀死者，情也；情之所自生者，性也。称尊者，名也；名之所依者，分也。秩然不可干者，分以定名；怆然不容已者，情以尽性。舜视天下犹草芥，而不得于亲，不可以为人，霦独非人之子与？必欲等之于疏属而薄之，则何如辞天子之位而可尽一日之哀也！王子母死，请数月之丧，而孟子曰："虽加一日，愈于已。"生而为庶子，莫如之何也。哀帝不立乎天子之位，而可致其哀，非生而诎者也。然则天子之位，其为帝之桎梏乎！《周礼》残缺，而往圣之精义不传，保残之儒，徒纷纭以贼道，奚足取乎！

三

苻坚之世，富商赵掇等车服僭侈，诸公竞引以为卿，坚恶而禁之。天下之大防二：中国、夷狄也，君子、小人也。非本末有别，而先王强为之防也。夷狄之与华夏，所生异地，其地异，其气异矣；气异而习异，习异而所知所行蔑不异焉。乃于其中亦自有其贵贱焉，特地界分、天气殊，而不可乱；乱则人极毁，华夏之生民亦受其吞噬而憔悴。防之于早，所以定人极而保人之生，因乎天也。君子之与小人，所生异种，异种者，其质异也；质异而习异，习异而所知所行蔑不异焉。乃于其中亦自有其巧拙焉，特所产殊类、所尚殊方，而不可乱；乱则人理悖，贫弱之民亦受其吞噬而憔悴。防之于滥，所以存人理而裕人之生，因乎天也。呜呼！小人之乱君子，无殊于夷狄之乱华夏，或且玩焉，而孰知其害之烈也！

小人之巧拙自以类分，拙者安拙而以自困，巧者炫巧而以贼人。拙者，农圃也，自困而害未及人者也。然夫子未尝轻以小人斥人，而特斥樊迟，恶之甚、辨之严矣。汉等力田于孝弟以取士，而礼教凌迟，故曰三代以下无盛治。夫以农圃乱君子，而弊且如此，况商贾乎？商贾者，于小人之类为巧，而蔑人之性、贼人之生为已亟者也。乃其气恒与夷狄而相取，其质恒与夷狄而相得，故夷狄兴而商贾贵。许衡者，窃附于君子者也，且曰："士大夫居官而为商，可以养廉。"呜呼！日狎于金帛货贿盈虚子母之筹量，则耳为之聤，目为之荧，心为之奔，气为之荡。衡之于小人也，尤其巧而贼者也，而能溷厕君子之林乎？

以要言之，天下之大防二，而其归一也。一者，何也？义、利之分也。生于利之乡，长于利之途，父兄之所熏，肌肤筋骸之所便，心旌所指，志动气随，魂交神往，沈没于利之中，终不可移而之于华夏君子之津涘。故均是人也，而夷、夏分以其疆，君子、小人殊以其类，防之不可不严也。夫夷之乱华久矣，狎而召之、利而安之者，嗜利之小人也，而商贾为其最。夷狄资商贾而利，商贾恃夷狄而骄，而人道几于永灭。无磁则铁不动，无珀则芥不黏也。

帝奕

一

慕容皝罢荫户至二十万。以东北一隅而二十万户为权贵所荫，不受公家之役，民户减少，则赋役偏重，而民之疲瘵甚矣。盖夷狄之初起也，上下无章，资部族之强力以割据而瓜分之，狎为己有旧矣。故暐从悦绾之请，纠摘还郡县，而举国怨怒。然暐之亡，自以疑慕容垂使外叛而致败，既非罢荫户之所致，国无纪而民困，积弊虽去而害已深，故苻坚假仁义以动众而席卷之。则悦绾之言，亦憾其不夙尔。

呜呼！岂独夷狄之不纲者为然哉？四海之民力，自足以给天下之用而卫宗社。乃上不在国，下不在民，居间而为蟊贼者，中涓也、戚畹也、债帅也、勋旧也，皆顽民窳卒之所依以耗国而堕重于民者也。刘忠宣一搜隐占之禁旅而怨谤已腾，卒致挠败，君明臣忠，卒不能施厘正者，亲疏远迩之势殊而轻重已移也。其如此之浮言胥动者何哉！夫此琐琐者之恩怨，何足以系国家之安危，人主不审，曾不如慕容暐之能断矣。制之有法而慎于始，且不能持其后，祖宗之法，未可恃也。中叶之主能不惑者，未见其人也，天下所以鲜有道之长也。

二

桓温伐燕，大败于枋头，申胤料之验矣。胤曰："晋之廷臣，必将乖阻，以败其事。"史不著乖阻之实，而以孙盛阳秋直书其败观之，则温之败，晋臣所深喜而乐道之者也。会稽王昱不能自强，而徒畏人之轧己，王彪之弗能正焉。呜呼！人之琐尾而偷也，亦至是哉！

秦桧之称臣纳赂而忘仇也，畏岳飞之胜而夺宋也。飞亦未决其能灭金耳。飞而灭金，因以伐宋，其视囚父俘兄之怨奚若？而视皋亭潮落、硼门飔发、块肉无依者，又奚若也？温亦未能举燕之为忧耳。温而举燕，其篡不篡亦未可知也。为君相者，居重以不失人望之归，尽道以得民，推诚以得士，以礼待温，以道驭温，静正而不惊，建威以自固，温抑恶能逞志以逆而不恤天下之公讨？不然，则王莽、萧道成固无毫发之勋庸，而窃大宝如拾芥矣。庸主陋臣，如婴儿之护饵，而徒忌其姊娣，尚能安于位以有为乎？处堂以嬉，授兵柄于温，而又幸其败，温之怨且深，其轻朝廷也益甚。故会稽立而愤盈以逞，非其死之速也，晋必移社于桓氏矣。舍夷、夏之大防，置君父之大怨，徒为疑忌以沮丧成功，庸主具臣之为天下僇，晋、宋如合一辙，亦古今之通憾已！《春秋》予桓、文之功，讳召王请隧之逆，圣人之情见矣。若孙盛之流，徇流俗而矜直笔，幸灾乐祸，亦恶足道哉！

三

王猛请慕容垂之佩刀，绐其子使叛逃，期以杀垂，司马温公讥其非雅德君子所为，何望猛之厚而责之薄也！猛者，乱人之雄者耳，恶知德哉！

猛以桓温为不足有为而不归晋，将谓苻坚之可与定天下乎？乃坚亡而晋固存，果孰短而孰长邪？使猛随温而东也，归晋也，非归温也。猛而果有定天下之略，则因温以归晋，而因可用晋以制温。然则其不随温而东，乃智量出乎温之下，而欲择易与者以获富贵耳。慕容垂奔秦，慕容评以鬻薪卖水之猥贱而握重兵，猛灭之，非智勇之绝人，摧枯折朽之易也。苻坚之不欲杀垂，猛岂能间之，而徒为挠乱，忌其宠而已矣。其誓三军曰："王景略受国厚恩，任兼内外，受爵明君之廷，称觞父母之室，不亦美乎？"猛之涯量尽于此矣。绐无知之稚子而陷其死，商鞅、张仪之术也。朱子曰："三秦豪杰之士，非猛而谁？"伏戈矛于谈笑，激叛乱以杀人，妾妇耳，奚豪杰之云！

简文帝

简文为琅邪王，相晋五年，桓温外拒燕、秦，内攻袁瑾，而漠然不相为援，盖其恶温而忌之夙也。既恶温矣，抑不能树贤能、修备御以制温，温视之如视肉，徒有目而无手足，故基之而犹拥立之，以为是可谈笑而坐攘之者也。盖至于听温之扳己以立而遂立焉，则生人之心，生人之气，无有存焉者矣。

帝奕未有失德，温诬其过而废之，于斯时也，简文既不能折之以卫奕，则以死拒温而必不立，奉名义之正，涕泣以矢之，温亦岂能遽杀己者？如其不择而推刃于己，则温之逆，受众恶而不足以容，即令己杀而温篡，亦可无咎于天下。乃虽觍然南面，而旋陨天年，位与寿皆朝露耳。等死也，为晋恭、齐顺之饮鸩，何如誓死不立，以颈血报宗社哉！

温，贼也；简文相其君而篡之，亦贼也；贼与贼以智力为胜负，而不敌者受吞，必然之势也。病而一日一夜四发诏召温入辅，遗诏且云"君自取之"，乃语王坦之曰："天下傀来之运，卿何所嫌。"非但暗弱如谢安所云似惠帝者耳，得一日焉服衮冕正南面而心已惬，易其忌温之心而戴温不忘，乐以祖宗之天下奉之而酬其惠也。洵哉！简文之为贼也。

孝武帝

一

简文以懿亲任辅相而与贼同逆，尸天子之位，名器在其手而惟其所与，虽有王彪之、谢安、王坦之忠贤，而无可如何也。天不祚逆，使之速殒，而诸贤之志伸矣。坦之裂居摄之诏，惟简文笃疾不能与之争也。太子之立，廷臣欲待温处分，太子既立，太后犹有居摄之命，彪之抗议不从，温入朝，谢安谈笑而视之若无，惟简文之已死也。孝武方十岁，抑非英武之姿，诸贤之志可伸，而于简文也则不能。但责简文以暗弱，岂其出于十岁婴儿之下乎？故谓简文与人同逆而私相授受，非苛论也。

简文篡而彪之不能止者，温与之协谋，内外之权交失也。简文死，温虽有淫威，而内无为之主者，于是彪之乃得慷慨以正之，谢安乃得从容以潜消之，不足为深忧矣。简文居中以掣曳，诸贤之困，不在觊觎，而在葛藟。晋祚未终，天夺匪人之速，亦快矣！若桓温者，无简文，则虽十岁婴儿而不能夺，固在诸贤局量之中，而弗能跃冶；虽决裂而成乎篡，亦必有以处之矣。

二

呜呼！人苟移情于富贵而沉溺以流焉，何所不至哉！天子之尊，四海之富，亦富贵也；簿尉之秩，百金之获，亦富贵也；垂至于死而苟一日得焉，犹埋心引吭以几幸之。不知其何所为也，不知其何所利也，垂至于死而不已；人而不仁，将如之何哉！《易》曰："不鼓缶而歌，则大耋之嗟，凶。"大耋矣，何嗟乎？名之未得、利之未遂焉，俄而嗟矣；俄而并忘其嗟，而埋未冷之心，引将绝之吭，以思弋获矣。有涯之日月，废鼓缶之欢，营营汲汲，笑骂集于厥躬而不恤。簿尉一天子，百金一四海也，人尽如驰，途穷焉而后止。呜呼！亦何所不至哉！

王敦、桓温皆于老病奄奄、旦暮且死之日而谋篡不已，以为将贻其子孙，则王含、王应奴隶之才，敦已知之；桓熙弱劣，玄方五岁，温亦知之矣。王导知敦之将死，起而讨敦；王、谢诸贤知温之将死，而坐待其毙；敦与温亦何尝不自知也。其心曰：吾一日而居天子之位，虽死犹生。呜呼！天下之不以敦、温之心为心者，吾见亦罕矣哉！

孟子曰："万钟于我何加焉，宫室之美，妻妾之奉，穷乏之得我，失其本心。"虽然，犹人生之有事也。至于奄奄垂死而三者皆不任受，然且鼓余息以蹶起而图之，是何心哉？一念移于不仁，内忘其心，外忘其名，沉湎淫溺自不能已，而不复问欲此之何为也。谋天下者曰：簿尉之秩，百金之获，何足以死求之也；谋簿尉百金者曰：天子之尊，四海之奉，何易求焉，吾所求者，旦暮未死而可得也；而不知其情同矣，易地则皆然也。幼而忘身以贪果饵，长而忘身以贪温饱，相习相流，愈引愈伸而不可中止；自非立志于早，以名义养其心而生恻悱，未有老死而能忘者也。苟不志于仁，勿怪乱臣贼子之怙恶以没身也。

三

汉儒反经合道，程子非之，谓权者审经之所在，而经必不可反也。于道固然，而以应无道之世，则又有不尽然者。母后之不宜临朝，岂非万世不易之大经乎？谢安以天子幼冲，请崇德皇后临朝摄政，灼然其为反经矣。王彪之欲已之，而安不从。彪之之所执者经也，安之所行者权也，是又反经之得为权也。

桓温虽死，扬、豫、江三州之军事，桓冲督之。冲不终逆而克保臣节，世遂以忠顺归之。夫冲特不为王含耳。含之逆，于未败之前已有显迹。温死，人心乍变，郗超之流折伏沮丧，恶知冲非姑顺巽以縻系人心而徐图之邪？且冲果有怀忠效顺之情，当温存日，冲固与相得而为所付托者，何不可以规温而使守臣节？则冲之无以大异于温，审矣。若温既亡而或说以诛逐时望，冲不听者，不能也，非不为也。王、谢诸贤，非刘隗、刁协之伦匹，温且不敢决于诛逐，冲亦量力而止耳。外人遽信其无他，谢安固察见之，而不早有以制之哉？奉太后为名，以引大权归己，而冲受裁焉，安盖沉思熟虑，执之坚固，而彪之不能夺也。

或曰：安为大臣，任国之安危，则任之耳，何假于太后？曰：晋之任世臣而轻新进也，成乎习矣。王导之能秉政也，始建江东者也；庾亮，后族也；何充则王导所引重而授以政者也。至穆帝之世，权归桓氏，非一日矣。谢安社稷之功未著，而不受托孤之顾命，其兄万又以虚名取败；安之始进，抑受桓温之辟，虽为望族，无异于孤寒；时望虽隆，而蔡谟、殷浩皆以虚声贻笑，固群情之所不信；而乍秉大权，桓冲之党且加以专国自用之名而无以相折，则奉母后以示有所承，亦一时不获已之大计也。

或曰：安胡不引宗室之贤者与己共事，而授大政于妇人邪？曰：前而简文之辅政，其削国权以柔靡，已如此矣。后而道子之为相，其僭帝制以浊乱，又如彼矣。司马氏无可托之人，所任者适足以相挠，固不如妇人之易制也。此之谓反经而合道，又何伤哉？

虽然，王彪之之议，不可废也。安虽不从，而每叹曰："朝廷大事，王公无不立决。"服其正也。审经以为权，权之常；反经以行权，权之变；当无道之天下，积习深而事势违，不获已而用之，一用而不可再者也。故君子慎言权也。

四

太元元年，谢安录尚书事，除度田收租之制。度田收租者，晋之稗政，鲁宣公税亩之遗弊也，安罢之，可谓体天经以定民制矣。

王者能臣天下之人，不能擅天下之土。人者，以时生者也。生当王者之世，而生之厚、用之利、德之正，待王者之治而生乃遂；则率其力以事王者，而王者受之以不疑。若夫土，则天地之固有矣。王者代兴代废，而山川原隰不改其旧；其生百谷卉木金石以养人，王者亦待养焉，无所待于王者也，而王者固不得而擅之。故井田之法，私家八而公一，君与卿大夫士共食之，而君不敢私。惟役民以助耕，而民所治之地，君弗得而侵焉。民之力，上所得而用，民之田，非上所得而有也。

助、彻者，殷、周之法也，夏则贡矣。贡者，非贡其地之产，贡其人力之所获也。一夫而所贡五亩之粟，为之制耳。曰五十而贡者，五十为一夫而贡其五也。若夫一夫之耕，或溢于五十亩之外，或俭于五十亩之中，为之一易、再易、莱田之名以宽其征。田则自有五谷以来民所服之先畴，王者恶得有之，而抑恶得税之。地之不可擅为一人有，犹天也。天无可分，地无可割，王者虽为天之子，天地岂得而私之，而敢贪天地固然之博厚以割裂为己土乎？知此，则度而征之者，人之妄也；不可度而征之者，天之体也。此之谓体天经矣。

以治民之制言之，民之生也，莫重于粟；故劝相其民以务本而遂其生者，莫重于农。商贾者，王者之所必抑；游惰者，王者之所必禁也。然而抑之而且张，禁之而且偷，王者亦无如民何。而惟度民以收租，而不度其田。一户之租若干，一口之租若干，有余力而耕地广、有余勤而获粟多者，无所取盈；窳废而弃地者，无所蠲减；民乃益珍其土而竞于农。其在强豪兼并之世尤便也，田已去而租不除，谁敢以其先畴为有力者之兼并乎？人各保其口分之业，人各劝于稼穑之事，强豪者又恶从而夺之？则度人而不度田，劝农以均贫富之善术，利在久长而民皆自得，此之谓定民制也。

太元之制，口收税米三斛，不问其田也。不禁兼并，而兼并自息，举末世之制而除之。安之宰天下，思深而道尽，复古以型今，岂一切苟简之术所可与议短长哉！

五

荆、湘、江、广据江东之上流，地富兵强，东晋之立国倚此也。而权奸内逼，边防外匮，交受制焉，亦在于此。居轻而御重，枝强而干弱，是以权臣窥天而思窃，庸人席富以忘危，其不殆也鲜矣。上流之势，以趋建业也则易，王敦、桓温之所以莫能御也；以度楚塞争淮表也则难，舟楫之利困于平陆，守险之长诎于广野，庾亮、桓温之所以出而即溃也。谢安任桓冲于荆、江，而别使谢玄监江北军事，晋于是而有北府之兵，以重朝权，以图中原，一举而两得矣。安咏《诗》而取"讦谟远猷"之句，是役也，可不谓谟猷之讦记远者与？

江北、河南之众，纪瞻尝用之以拒石勒，而石勒奔；祖逖尝用之以向汝、洛，而汝、洛复；所以不永其功者，王导之弗能任也。导之弗能任者，专任王敦于上流，而不欲权之分也。纪瞻一出而不继，祖逖始成而终乱，王敦、桓温乃挟荆、湘以与晋争。内乱而外荒，积之数十年矣，安起而收之。虽使桓冲牧江、荆，而自督扬、豫。北府兵强，而扬、豫强于江、荆，势之所趋，威之所建，权归重于朝廷，本根固矣。况乎中原南徙之众，尤多磊落英多之士，重用之，以较楚人之僄而可荡者相什百也。《书》曰："迪惟有夏，乃有室大竞。"竞以室，非竞以户庭也。安于是而知立国之弘规矣。故淝水之役，桓冲遣兵入援而安却之，示以荆、江之不足为轻重，而可无借于彼，冲其能不终乎臣节哉？

宋高、秦桧之愚也，忧诸帅之强而不知自强，杀之削之而国以终敝。桧死，张浚任恢复，而败溃于符离，无可用之兵也。此殷浩之覆轨也。谢玄监军江北，择将简兵，六年而后用之，以破苻坚于淝水，非一旦一夕之效矣。

六

先王之教、觌文匿武，非徒以静民气而崇文治也。文可觌，武不可觌。不可觌者，不可以教，教之而武黩，黩则衰。苻坚作教武堂，命太学生明阴阳兵法者教诸将，狄道也，而适足以亡。其为狄道者，奖武以荡人心而深其害气，言治者或知其不可矣，而妄人犹以迂疏诮之；其适足以亡也，则人未有能信其必然者。善哉岳武穆之言曰："运用之妙，存乎一心。"武而可以教教者哉？教之习之，其志玩，其气枵，其取败亡必矣。

兵之所尚者勇，勇非可教而能者也；所重者谋，谋非可豫设而为教者也。若其束伍之严，训练之勤，甘苦与共之以得士心，则取之《六经》而已足。其他诡诞不经而适以偾军杀将者，则阴阳时日壬遁星气之喷喷多言，非可进而进，可乘而不乘，以鬼道败人之谋者也。至于骑射技击之法，虽可习焉，而精于态者不给于用；口授而目营之，规行矩止，观天画地，疑鬼疑神，以沮其气而荡其心，不败何待焉？自非狂狡虚妄之士，孰敢任为之师。自非市井亡赖窬身干进之徒，孰乐为之弟子。官为之制，妄人尝试焉，只以乱天下，而武备日以玩而衰。苻坚之好虚名而无实用，若此类者众矣，国破身死，而后人犹效之，愚不可瘳，一至此乎！

七

桓冲死，谢安分荆、豫、江三州以授诸桓，桓玄之祸始于此矣。安之虑桓氏已熟矣，折桓冲而令其无功愧死，其势可以尽削桓氏之权，以奖晋室；然而为此者，自以父子名位太重，贻桓氏以口实，不得已而平其怨忌也。夫桓氏亦岂以私怨怨安而危安者乎？忧不在桓氏，而在司马道子、王国宝也。二奸伏于萧墙，蛊孝武以忌安，而不足以相胜，则必假手桓氏以启衅。主昏相妒，以周公之圣，且不能塞不利孺子之口，而况安乎？故以知安之于此，有大不获已者在也。所任者，石虔也、石民也、伊也，以为差愈于玄而可免于乱；然而终不能免，则安穷矣。

虽然，安岂遂无道处此以保身而靖国乎？安秉国政于此十年矣，太后归政而己录尚书八年矣。夫岂晋廷之士举无可大受之人才，使及早而造就之以储为国之柱石者？冲死之后，内不私之于子弟，外不复假于诸桓，君无可疑，相无可谤，而桓氏亦无所倚以争权。安之识早弗及此也，则临事周章，亦其必然之势矣。量不弘而虑不周，有靖国之忠，而惘于大臣之道，安不能免于责矣。

《鸱鸮》之诗曰："既取我子，勿毁我室。"周公长育人才之心，至于疑谤居东而哀鸣益切。人才者，大臣之以固国之根本者也，时未有贤，则教育之不夙也。不此之务，惴惴然求以弭谤，而贻国家之患，可深惜也夫！

八

问，次于学者也；问之道，尤重于学也。三代以下，于学也博，于问也寡；三代以上，于学也略，于问也详；故称舜之大知，好问其至矣。虽然，学者，自为学也；问待人，而其途有二：有自问者，有问人者。自问者，恐其心之所信，非其身之所宜；身之所行，非其心之所得；处事外者，公理之衡也，不问而不我告，问而犹恐其不我告焉，孜孜以求之，舜之所以为大知也，圣之津梁也。问人者，舍其是非而求人之是非，舍天下之好恶，而求一人之好恶，察焉而愈昏，详焉而愈诐，君子之喜怒有偏者矣，小人之爱憎，未有不私者也，急于求短以疑其长，乱国暗主猜忌之臣所以惑焉而自夺其鉴也，愚者之狂药也。

夫人之心行，有小略而大详者，有名污而实洁者，有迹诡而心贞者；君子于此，鉴之真，信之笃，不忍求人于隐曲，抑不屑也。而流俗之口，好掎举以矜其慧辨，奸邪之丑正者勿论焉。不择人而问之，则善恶互乱；有所偏任，则谗间行。问之君子，则且对以不知；问之小人，则尽言而若可倚。于是而贤才之心，疑畏而不为用；奸伪之士，涂饰以掩其恶；则有谗不见，有贼不知，皆好问者之所必致矣。居官而败其官，有天下而败天下，必也。故曰愚者之狂药也。舍其躬之得失，不考镜于公非，日取人之贞邪，待左右以为耳目，其亡速于桀、纣，不亦伤乎！

范宁为豫章太守，遣十五议曹下属城采求风政，吏假还，讯问官长得失；是道也，不自问己过而问人，以聋为聪之道也。徐邈责之曰："欲为左右耳目，无非小人，善恶倒置，谗谄并进，可不戒哉！"治道学术，斯言尽之矣。

九

有才皆可用也，用之皆可正也，存乎树人者而已矣。操树人之权者，君也。君能树人，大臣赞之；君弗能树人，责在大臣矣。君弗能树人，而掣大臣以弗能有为，大臣有辞也。君不令，而社稷之安危身任之，康济之功已著见，而为天下所倚重，乃及身而止，不能树人以持数世之危，俾免于亡，大臣无可辞矣。

王导、谢安，皆晋社稷之臣也。导庇其族而不能公之天下，故庾亮得而间之；然其没也，犹有郗鉴、王彪之、谢安以持晋室之危，虽非导之所托，而树之者犹导也。安以族盛而远嫌，不私其子弟可矣，当其身而道子以乱，迨其后而桓玄以篡，廷无端方严正之士，居端揆以镇奸邪，不于安责，将谁责而可哉？

老氏曰："功成身退，天之道。"安，学于老氏者也，故能以力建大勋之子弟，使远引以全名，而宗族虽有贤者，皆无列于朝右，以是为顺天兴废之理与？夫君子之进也，有先之者；其退也，有后之者。退而无以后之，则已成之绪，与身俱没，而宗社生民不被其泽。既已为公辅，建不世之勋，则宗社生民，即厥躬之休戚矣。全身而避名，知衰而听命，抑岂所谓善退者哉？退之难于进也久矣。未退之日而早为退之地，非树人其何以退乎？

或曰：时未有人也。夫王雅、王恭、殷仲堪、王珣之徒，躁而败者，望不重也，养不纯也。养其刚烈之气，檃括以正之，崇其位望，以止其浮夸，此诸人者固皆可用，用而皆可正者也。安弗能养以戢其骄，授之昏涵之主以导于诐，于是乎轻儇以从主之私，而激成上下相争之势。安存而政已乱，安没而国已倾，则举生平之志操勋名与庙社河山而消陨，安之退，一退而无余矣。天之道，功成而退，春授之夏，冬授之春，元气相嬗于无垠，豫养其稚而后息其老，故四序循环而相与终古。老氏不足以见此，而安是之学也。史鱼不能进蘧伯玉，死以为惭，此则老氏所谓死而不亡者也。

十

慕容宝定士族旧籍，分清浊，阅户口，罢军营封荫之户，而士民嗟怨。夷狄而效先王之法，未有不亡者也。以德仁兴者，以德仁继其业；以威力兴者，以威力延其命。沐猴冠而为时大妖，先王之道不可窃，亦严矣哉！以威力起者，始终尚乎威力，犹一致也。绌其威力，则威力既替矣，窃其德仁，固未足以为德仁也。父驴母马，其生为骡，骡则生绝矣，相杂而类不延，天之道、物之理也。自苻坚之败，北方瓜分而云扰，各恃其部曲以弹压士民而用之，无非浊也。纯乎浊而清之，清者非清，浊者失据，人民不靖，部曲离心，不亡何待焉？

虽然，天下之浊极矣，威力横行而贫弱无告，固不可以永也。慕容氏以亡，而拓跋氏承之以稍息，噉喁污秽之气，相延相俟以待隋、唐，则宝取亡之道，又未必非天下之生机也。士民怨之，彼士民者，又恶足与计恩怨哉？

十一

君子之泽五世而斩，小人之泽五世而斩，或且不及五世而无余，君子深悲其后也。

永嘉之乱，中原沦陷，刘琨不能保其躯命，张骏不能世其忠贞，而汾阴薛氏，聚族阻河自保，不仕刘、石、苻氏者数十年；姚兴称帝于关中，礼征薛强，授以将军之号，遂降兴而导之以取蒲坂。悲夫！志士以九族殉中夏，经营于锋刃之下，贻子孙以磐石之安、衣冠之泽，而子孙陨落之也。虚名小利动不肖之心魂，而忘其祖父，彼先世英拔峻毅之气，怨恫于幽，而子孙或且以为荣焉，有如是夫！

姚兴之盛也不如苻氏，其暴也不如刘、石，迟之数年而兴死矣、泓灭矣，拓跋氏尤能容我而无殄灭之忧者，俟之俟之，隋兴而以清白子孙为禹甸之士民，岂遽不可？然而终不及待也。一失其身，而历世之流风以坠。前之人亦自靖而已矣，遑恤我后哉？溧阳史氏以建文旧臣，三世不入庠序，而史鉴之名凌王鏊而上之，何史氏之多幸也！

安帝

一

国之亡，类亡于淫昏暴虐之主，而晋独不然；前有惠帝，后有安帝，皆行尸视肉，口不知味、耳不知声者也。与子之法，定于立适，二君者，皆适长而豫建为太子，宜有天下者也。藉废之而更立支庶之贤者，则抑凌越而为彝伦之致。虽然，为君父者，苟非宠孽嬖以丧元良，念宗社之安危，亦奚恤哉？抑非徒前君之责也，大臣有社稷之任，固知不可，而选贤以更立焉，自靖而忧国如家者所宜然也。

乃惠帝之嗣也，卫瓘争之矣，和峤争之矣，贾氏饰伪以欺武帝，而武帝姑息以不决。若安帝则上下无异辞，而坐听此不知寒暑饥饱者之为神人主。夫孝武之淫昏，诚无百年之虑矣，而何大臣之漠然不念也！

司马道子利其无知而擅之，固已。王恭犹皎皎者，而抑缄默以处此也，何哉？恭方与道子为难，恐道子执废适以为名而行其诛逐，天下不知安帝之果不胜任，而被恭以逆名，恭所不敢任也。道子争权，而人皆怀贰，岂徒恭哉？谢安且不敢任而抱东山之志。举国昏昏，授天下于聋瞽，而晋以亡；天也，抑人任其咎矣。

夫安功在社稷，言即不庸，而必无覆宗之祸，何恤而不为君父任知罪之权？若恭也，与其称兵而死于刘牢之之手也，则何如危言国本以身殉宗社乎？见义不为，而周章失措，则不勇者不可与托国，信夫！

二

公论者，朝廷之柄也。小人在位，天下未闻其恶，外臣未受其伤，而台谏争之，大臣主之，斥其奸而屏逐之，则臣民安于下而忘言，即其击之不胜，而四方犹静处以听，知朝廷之终有人而弗难澄汰也。如是，则不保国之无奸邪，而四海无争衡之祸。公论之废于上也，台谏缄唇，大臣塞耳，恶已闻于天下，而倒授公论之柄于外臣，于是而清君侧之师起，而祸及宗社。

刘隗、刁协以苛刻失人心而王敦反，庾亮以轻躁损物望而苏峻反，晋廷之臣，未有持片辞以与隗、协、亮争者；贻强臣以犯顺，宗社几亡，固有以召之也。然犹曰隗、协之持论非不正也，庾亮之秉心非不忠也。若夫司马道子、王国宝，荒淫贪秽，灼然为晋之蟊贼，孝武虽与同昏，既而疑忌之、疏远之矣，乃在廷之士，持禄取容，无或以片言摘发而正名其为奸邪者。于是而外臣测国之无人，以激其不平之气，王恭、殷仲堪建鼓以鸣，而不轨之桓玄借之以逞。公论操于下，而朝廷为养奸之渊薮，天下靡然效顺于逆臣，谁使之然邪？

或曰：道子帝之母弟，国宝居奥窔以交茭，未易除也。夫苟怀忠自靖，则以颈血溅奸邪，而何惮于强御？道子者，尤昏庸而弗难控制者也。孝武崩，国宝扣宫门求入，王爽拒之则止矣；王恭反，车胤以危言动之，国宝即解职待罪，而道子弗难杀之矣，是可鞭箠使而衔勒驭者也。孝武疑道子之专，而徐邈进汉文、淮南之邪说；国宝就王珣与谋，而珣犹有卿非曹爽之游词；在廷之臣胥若此矣。远迹愤盈之气，决发以逞，非特恭与仲堪，即桓玄之蓄逆不可掩，而天下从之以风靡，势之所必至也。谢安没而晋无大臣；谢安为门户计以退处，而晋早无亲臣矣。谏净之职久废，士相习于迂缓，相尚以苟容，晋更不得谓有群臣矣。

方州重于朝廷，是非操于牧督，相寻而乱，终六代之世，假赵鞅晋阳之名以行篡弑，至唐而后定。故言路者，国之命也，言路芜绝而能不乱者，未之有也。

三

割地以封功臣，三代之制也，施之后世，则危亡之始祸矣；而割边徼之区以与有功之酋，害尤烈焉。古诸侯之有国，自其先世而已然，安于侯服旧矣。易姓革命而有所灭，以有所建，授之于功臣而大小相错，同姓异姓庶姓相间，互相制而不相下，抑制其贡享觐问之礼，纳之于轨物，而厚用其材，则封殖自大、以窥伺神器之心无从而作。然而荆、吴、徐、越抗颜以乱中夏，高宗急于三年，宣王劳于南伐，迄春秋之季，愈无宁日矣。

自秦罢侯置守，而天下皆天子之土矣。天子受土于天而宰制之于己，亦非私也；割以与人，则是私有而私授之也。边徼之有闲地，提封不得而宙之，疑为委余而不足惜；然而在我为委余者，在彼为奥区，经理其物产，生聚其人民，未有不为我有者也。拓跋氏以秀容川酋长尔朱羽健攻燕有功，割地三百里以封之，其后尔朱氏卒为拓跋氏之忧，而国因以亡，非千秋之明鉴也乎？建州之弃二百余年，而祸发不救，胡未之考也？

或曰："荒远之土，委诸其人，若蜀、滇、黔、粤之土官，虽有叛者而旋灭，其何伤？"非也。蜀、滇、黔、粤土夷之地，本非吾有也，羁縻之而已。世其土，服其官，彼亦有保宗全世之情而不敢妄以逞；一逞而固有反顾之心，恋其栈豆，则迫而攻之也易。若土已入我职贡，而以骁悍为我立功矣，取非其所世有者裨益之而长其雄心，其始也，侥幸而无所恤，其继也，屡进而无所止，一有怨隙，乘事会以狂起，其尚有所顾忌乎？拓跋氏虚六镇不为郡县，自秀容川始也，祸之所必生也。弃地者弃其国，宁有爽与？

四

天下多故，言兵者竞起，兵不可以言言者也。孙、吴之言，切于情势，近于事理矣，而当时用之，偶一胜而不足以兴。读其书者，未有能制胜者也，况其滥而下者乎？道不足则倚谋，谋不足则倚勇，勇不足则倚地，地不足则倚天，天不足则倚鬼。倚鬼，则敌知其举无可倚矣。倚鬼，则将吏士卒交释其忧勤，智者知其无成而心先乱，愚者幸其有成而妄自骄，兵败身死，以殉术士巫觋之妖，未有免者。然而术士巫觋之说，终淫于言兵者之口，其说炙毂，其书汗牛，天下多故，乘之以兴，无乱人非乱世也。

王凝之奉天师道，请鬼兵御贼，而死于孙恩；殷仲堪奉天师道，不吝财贿以请祷，而死于桓玄；段业信卜筮巫觋，而死于沮渠蒙逊。鬼者，死之徒也，与鬼为徒，而早近于死。况以封疆人民倚于恍惚无实之妖邪，而贻国以亡，陷民于死；若是者，见绝于天，未有不丧其身首者也。段业，窃也；仲堪，叛也；天夺其魄，以迷于鬼，而死也固宜。王凝之清族雅士，分符治郡，以此戕身而误国，不亦愚乎？凝之之奉妖也，曰其世奉也，则王羲之不能辞其咎矣。

妖邪繁兴，附于兵家之言，世所号为贤者且惑焉。郭京以陷城，申甫以丧师，金御史声秉大节以不贰于生死，而亦惑焉，白圭之玷也。丁甲也，壬遁奇禽也，《火珠林》也，乞灵于关壮缪及玄武之神也，皆言兵者之所倚也。其书不焚，其祀不毁，惑世诬民，乱人不可戢矣。

五

论史者之奖权谋、堕信义，自苏洵氏而淫辞逞。近有李贽者，益鼓其狂澜而惑民倍烈。谏则滑稽也，治则朝四暮三也，谋则阳与阴取也。幸而成，遂以诮君子之诚悫，曰未可与权。其反覆变诈之不仇，以祸于国、凶于家、戮及其身，则讳之而不言。故温峤之阳亲王敦而阴背之，非无功于晋矣，然非其早卒，君子不能保其终为晋社稷之臣也，何也？向背无恒，而忠孝必薄也。前有吕布，后有刘牢之，勇足以戡乱，而还为乱人。呜呼！岂有数月之间，俄而为元显用，而即叛元显，俄而为桓玄用，而即图桓玄，能不祸于国、凶于家、戮及其身也乎？刘袭曰："一人三反，何以自立。"使牢之幸仇其诈，而桓玄受戮，论者将许之以能权；乃牢之杀玄，而牢之祸晋益深，君子岂受其欺哉？

夫君子之道，成则利及天下，不成而不自失。其谏也，用则居其位，不用则去之。又不然，则延颈以受暴君之刃而已，无可谲也。其定乱也，可为则为，直词正色以卫社稷，不济，则以身殉而已。死者，义也；死不死，命也；有命自天，而俟之以义，人之所助，天之所佑。故曰："履信思乎顺，自天佑之，吉无不利。"大易岂不可与权者哉？秉信非以全身，而身或以保；非以图功，而功或以成。托身失所，而为郗超；欲自免焉，则为温峤；加之以反覆之无恒，则为牢之。峤成而牢之败，牢之死而超生。天之所以祸福者，尤在信与不信哉！论人者以是为准而已矣。奖谲诈以徼功，所谓刑戮之民也。

六

萧道成、萧衍、杨坚、朱温、石敬瑭、郭威之篡也，皆石勒所谓狐媚以取天下者也，刘裕其愈矣。裕之为功于天下也不一，而自力战以讨孙恩始，破之于海潊，破之于丹徒，破之于郁洲，蹙之穷而赴海以死。当其时，桓玄操逆志于上流，道子、元显乱国政于中朝，王凝之、谢琰以庸劣当巨寇，若鸿毛之试于烈焰。微刘裕，晋不亡于桓玄而亡于妖寇；即不亡，而三吴全盛之势，士民所集，死亡且无遗也。裕全力以破贼，而不恤其他，可不谓大功乎？

天子者，天所命也，非一有功而可只承者也。虽然，人相沈溺而无与为功，则天地生物之心，亦困于气数而不遂，则立大功于天下者，为天之所不弃，必矣。故道成、衍、坚、温、敬瑭、威皆不永其世，而刘宋之祚长，至于今，彭城之族尤盛。若夫谢安却苻坚而怀沧海之心，郭子仪平安、史而终汾阳之节，岂可概望之斯人乎？裕，不学者也；裕之时，僭窃相乘之时也；裕之所事者，无信之刘牢之，事裕者，怀逆徼功之刘穆之、傅亮、谢晦也；是以终于篡而几与道成等伍。当其奋不顾身以与逆贼争生死之日，岂尝早畜觊觎之情，谓晋祚之终归己哉？于争乱之世而有取焉，舍裕其谁也？

七

成败之数，亦晓然易见矣，而苟非间世之英杰，无能见者，气焰之相取相轧有以荡人之心神，使之回惑也。天下不可易者，理也；因乎时而为一动一静之势者，几也。桓玄竖子而干天步，讨之必克，理无可疑矣。然君非君，相非相，则理抑不能为之伸；以力相敌，而力尤不可恃；恶容不察其几哉？

玄犯历阳，司马休之走矣，尚之溃矣，玄所畏者，刘牢之拥北府之兵尔。牢之固曰："吾取玄如反手。"牢之即有不轨之心，何必不诛玄而挟功以轧元显，忽怀异志以附玄，甚矣牢之之诈而愚也。惟刘裕见之也审，故与何无忌、刘敬宣极谏牢之，以决于讨玄。斯时也，刚决而无容待也，几也。玄已入建业，总百揆，督中外，布置腹心于荆、江、徐、兖、丹阳以为巩固，而玄抑矫饰以改道子昏乱之政，人情冀得少安。牢之乃于斯时欲起而夺之，不克而为玄所削，众心瓦解，尚思渡江以就高雅之于广陵，其败必也。敬宣且昏焉，又惟刘裕见之也审，直告牢之以不能，而自还京口，结何无忌以思徐图。斯时也，持重而无患其晚也，几也。

夫几亦易审矣，事后而反观之，粲然无可疑者。而迂疏之士，执一理以忘众理，则失之；狂狡之徒，见其几而别挟一机，则尤失之；无他，气焰之相取相轧，信乱而不信有已乱之几也。裕告无忌曰："玄若守臣节，则与卿事之。"非伪说也，乱有可已之几，不可逆也。又曰："不然，当与卿图之。"则玄已在裕目中矣。所谓间世之英杰能见几者，如此而已矣，岂有不可测之神智乎！

八

三吴之苦饥，自昔已然。晋元兴中，承桓玄闭籴、孙恩阻乱之余，遂至填沟委壑，几空城邑，富室衣罗纨、怀金玉而坐毙。或曰"俗奢亡度以使然"，固也，而不尽然也。三吴之命，悬于荆、江，上流有变，遏抑而无与哺之，则立槁耳。自晋之南迁也，建业拥大江而制其外，三吴其腹里也。人怀其安，而土著者不移，侨寓者争托，于是而士民之殷庶，甲乎天下。地有限而人余于地，地不足于养人，历千余年而一轨。乃三吴者，岂徒东晋之腹里，建业所恃以立国哉？财赋之盈，历六代、唐、宋而于今未替，则休养之以固天下之根本，保全千余年之生齿，而使无凋耗，为元后父母者，恶容不汲汲焉。

夫人聚则营作之务繁兴，财恒有余而粟恒不足；犹荆、湘土广人稀，力尽于耕，而它务不遑，粟恒余而财恒不足。以此筹之，则王者因土作贡，求粟于荆、湘，而薄责以财；需财于吴、会，而俭取其粟；是之谓损益盈虚之大经，因地因人而不达其理。而念此者鲜矣。

夫既厚责粟于三吴矣，无已，则严遏籴之禁以互相灌注，有粟者得货贿焉，有货贿者得粟焉，一王之土，合以成一家之盈缩，亦两利之术也。是故恶莫大于遏籴，桓玄之恶烈于孙恩矣。夫玄据上流，馁三吴以弱朝廷，自以为得计矣，又恶知己既窃晋而有之，则三吴者又已他日之根本也。使玄能抚之以乘京口之后，何至一败而无余哉？故殃人者，未有不自殃者也。

九

桓玄将篡，杀北府旧将之异己者，司马休之、刘敬宣、高雅之相率奔燕，弃故国而远即于异类，为刘昶、萧宝寅之先驱。夫诸子亦各有其志行，岂其豫谋此污下之计为藏身之固哉？迫于死而不暇择尔。虽然，其为弃人于两间，固自取之也。桓玄之逆，非徒祸在所必避也，祸即不及，而岂忍为之屈。诸子据山阳以讨玄，虽不必其忠于晋，而固丈夫之节也，何至周章失措而逃死于鲜卑邪？

夫刘裕亦北府之杰，刘牢之之部曲也，坦然自立于京口而无所惧，玄岂与裕无猜乎？裕自有以为裕，而玄不足以为裕忧也。裕之还京口也，以徐图玄也；乃置玄不较，急击卢循于东阳而破走之，旋击徐道覆而大挫之，追卢循至晋安而又败之，未尝一日弛其军旅之事也。为晋用而若为玄用，为玄用而实为晋用；威伸于贼，兵习于战，若不知玄之将篡者，而玄亦无以测其从违；非徒莫测也，虽测之而亦无如之何也。故玄妻刘氏劝玄除裕，而玄曰："吾方平荡中原，非裕莫可用者。"既思用裕，亦固知裕威已建，非己所得而除也。玄知裕之不可除，故隐忍而厚待之以俟其隙；裕亦知玄之不能除己，故公然入朝而不疑。惟浃岁之间，三破妖贼，所行者正，所守者坚，人不得而疑，虽疑亦无名以制之也。裕居不可胜之地，而制玄有余矣。

呜呼！士当逆乱垂亡忧危沓至之日，诡随则陷于恶，躁竞则迷于所向，亦惟为其所可为，为其所得为；而定大谋、成大事者在此，全身保节以不颠沛而逆行者亦在此。休之、敬宣、雅之舍己所必为，则虽怀讨逆之心，而终入于幽谷矣。英雄之略，君子有取焉，安其身而后动，定其交而后求，正用之，可以独立于天纲裂、地维坼之日而无疚愧矣。

十

廉耻之丧也，与人比肩事主，而歆于佐命之荣赏，手取人之社稷以奉奸贼而北面之，始于西汉刘歆、公孙禄之徒，其后华歆、郗虑相踵焉。然天下犹知指数之也；幸而不遇光复之主，及身为戮，而犹无奖之者。上有奖之者，天下乃不知有廉耻，而后廉耻永亡。

王谧世为晋臣，居公辅之位，手解安帝玺绶以授桓玄，为玄佐命元臣，位司徒，此亦华歆、郗虑之流耳。义兵起，桓玄走，晋社以复，谧以玄司徒复率百官而奉迎安帝，此诚豺虎不食、有北不受之匪类矣。刘毅诘之，逃奔曲阿，正王法以诛之，当无俟安帝之复辟。而刘裕念畴昔之私好，追还复位，公然鹄立于百僚之上，则其崇奖奸顽以堕天下之廉耻也，惟恐不夙。苟非志士，其孰不相率以即于禽兽哉？俄而事此以为主，而吾之富贵也无损；俄而事彼以为主，而吾之富贵也无损；夺人之大位以与人，见夺者即复得焉，而其富贵也抑无损。奖之以败闲丧检，而席荣宠为故物，则何怪谢晦、褚渊、沈约之无惮无惭，惟其所欲易之君而易之邪？

呜呼！忠与孝，非可劝而可惩者也。其为忠臣孝子矣，则诱之以不忠不孝，如石之不受水而不待惩也。其为逆臣悖子矣，则奖之以忠孝，如虎之不可驯而不可惩也。然则劝惩之道，惟在廉耻而已。不能忠，而不敢为逆臣；不能孝，而不敢为悖子；刑齐之也，而礼之精存焉。刑非死之足惧也，夺其生之荣，而小人之惧之也甚于死。天子正法以诛之，公卿守法以诘之，天下之士，衣裾不襫其门，比闾之氓，望尘而笑其失据，则惧以生耻。始耻于名利之得丧，而渐以触其羞恶之真，天子大臣所以濯磨一世之人心而保固天下者在此。手解其玺绶，而复延之坐论之列，两相觌而不惭，则耻先丧于上，而何望其下乎？裕之不戮濬也，人心风俗之祸延及百年。唐黜苏威，而后老奸贩国之恶习以破。惜老成，徇物望，以为悖逆师，祸将自及矣。

十一

李晟之后兴于唐，于是而知天道之在人心，非君子徒为之说以诱人于善也。《易》曰："履信思乎顺，是以自天佑之，吉无不利。"夫人亦岂好为疑诈而与人相逆哉？爱憎乱之也。亦既见为可为而为之，见为可言而言之，则孰遽背其初心而自相刺戾？见可爱而移，见可憎而止，而后心不能以自保，宁弃信也，且以快一时之情也。爱憎者，非以顺物，而求物之顺己也，求物顺己而不顺于物，勿恤也。顺己者，爱之而赏酬；逆己者，憎之而罚滥；罚滥既已大伤乎人心，赏酬则得者自诧其邀取之工而不以为恩，不得者抱怏邑以不平者积矣。是故履信思顺者，不求之物理，而但求之吾情；知吾情之非物理，而物理在矣。

晟之戒诸子曰："从政者审慎赏罚，勿任爱憎，折狱必和颜任理，用人无间于新旧，计近不足，经远有余。"是说也，岂徒其规模之弘远哉？内求之好恶之萌以治其心，与天相顺，循物以信；三代以下不多得之于君子者，而晟以偏方割据之雄，能自求以求福，推此心也，可以创业垂统、贻百世之休矣。求治理而本诸心，昧者以为迂也，《诗》《书》所言，岂欺我哉？

言综核者任憎也，世之言法者尽此耳；言宽大者任爱也，世之言恩者尽此耳。法近义，而非义以妨仁；恩近仁，而非仁以害义。秦政以刚而亡，汉元以柔召乱，非仁义也，且非法也，抑非恩也，任爱而淫，任憎而戾也。三代之王者，不立治天下之术，而急于学，克此心之爱憎而已矣。不学而以爱憎为师，苻坚之厚慕容垂，恩不足以为恩，况诸暴虐者之淫刑以逞乎？晷未尝学者也，而冥合于道，学岂以文哉？梁、陈之主，且《坟》夕《典》，而身为僇、国为灭亡，求之物而不求之己也。晷虽未学，吾必谓之学矣。一心得御，而太和之气归之，贻尔后昆于无穷，勿谓三代以下无其人也。

十二

殷仲文推戴桓玄，诋以求容，哀章之徒也。义兵起，随玄西走，复与俱东下以抗顺，及峥嵘洲之败，玄且诛殪，乃叛玄而降，挟二妇人以求免，此宜膺党贼之诛而勿赦者也。幸逃于死，复守东阳，曾不赧而更以出守不执权为怨望。仲文之敢尔者何也？王谧为三公，而人丧其耻心，故干荣之情不息也。刘裕、何无忌按法而诛之，而时论不协，史氏尤憾裕之擅权以枉法，何也？谧登庸而仲文受戮，裕任爱憎之情，仲文死而无以服其心也。

虽然，谧之辱人贱行，疲懦无能为者也，借令重用仲文，而假之以权，祸岂有极哉？始与玄共逆者仲堪也，继为玄佐命者仲文也，挟其门族与其虚誉，摇动人心以恣狂逞，不能有刘裕之功，而篡谋更亟，天下之爝乱如沸羹，愈不知其所止矣。仲文之诛也，并诛桓胤，前此桓氏灭而胤以冲之子独免，谓冲忠耳。桓温死，谢安、王彪之正纲纪以匡晋室，北府兵强，荆、江气折，冲自保其躯命，不敢尝试，而遂许之以忠，蛇蝎冬蛰而无毒于人，其许之为祥麟威凤乎？谢玄破苻坚，而冲郁抑以死，推此心也，灭其族焉非滥也。

十三

　　慕容超，鲜卑也，而无道以取死亡，不足道矣。苟有当于人心天理之宜者，君子必表出之，以为彝伦之准则。超母段氏在秦，姚兴挟之以求太乐诸伎，段晖言不宜以私亲之故，降尊自屈，先代遗音，不可与人。封逞言大燕七叶重光，奈何为竖子屈。呜呼！此岂有人之心者所忍言乎？超不听，而尽奉伎乐，北面受诏，而兴礼其母而遣之，超于是乎合人心之安以顺天理之得矣。超之窃据一隅而自帝，非天命也；慕容氏乘乱而世济其凶，非大统也；即其受天之命，承圣王之统，亦岂以天下故而弃置其亲于异域哉？舜之视天下也，犹草芥也，非超之所企及也；而不忍其亲之心，则充之而舜也。舜与蹠之分，岂相悬绝乎？离乎蹠，上达则舜矣。

　　然则宋高宗之迎母后而割地称臣于女真，亦许之孝乎？宋高不可以超自解也。慕容暐之亡，亡于苻氏，苻氏其仇也，姚氏非其仇也。国非其所灭，君父不为其所俘系，超乘乱而有青土，姚兴乘乱而有关中，两俱割据，以强弱相役，而固无首足之分，以母故而下之，非忘亲而自屈也。而宋高岂其然乎？况乎其未尝割世守之土，输岁币以自敝，仅以工伎之贱者易己罔极之昊天邪？

　　或曰："超之迎母并迎其妻，非纯孝也。"呜呼！君子之求于人也，可以苛察而无已乎？其为迎母矣，而于妻何嫌？且超即欲迎其妻而自屈，亦异于人之为妻而屈者。慕容备德随垂反叛之日，超母方娠，苻坚囚之，狱吏呼延平窃以逃于羌中而超生，超母感平全其子母之恩，为超娶平女，则呼延氏肉超母子之白骨，而恩亦大矣。妻为平女，而屈己以迎之归，亦厚道也，而何嫌焉？段晖、封逞矜血气以争，而不恤天性之恩，夷之鸷戾者也，不可与岳鹏举、胡邦衡同日并论也。

十四

　　有一人之正义，有一时之大义，有古今之通义；轻重之衡，公私之辨，三者不可不察。以一人之义，视一时之大义，而一人之义私矣；以一时之义，视古今之通义，而一时之义私矣；公者重，私者轻矣，权衡之所自定也。三者有时而合，合则亘千古、通天下、而协于一人之正，则以一人之义裁之，而古今天下不能越。有时而不能交全也，则不可以一时废千古，不可以一人废天下。执其一义以求伸，其义虽伸，而非万世不易之公理，是非愈严，而义愈病。

事是君而为是君死，食焉不避其难，义之正也。然有为其主者，非天下所共奉以宜为主者也，则一人之私也。子路死于卫辄，而不得为义，卫辄者，一时之乱人也。推此，则事偏方割据之主不足以为天下君者，守之以死，而抗大公至正之主，许以为义而义乱；去之以就有道，而讥其不义，而义愈乱。何也？君臣者，义之正者也，然而君非天下之君，一时之人心不属焉，则义徙矣；此一人之义，不可废天下之公也。

为天下所共奉之君，君令而臣共，义也；而夷夏者，义之尤严者也。五帝、三王，劳其神明，殚其智勇，为天分气，为地分理，以绝夷于夏，即以绝禽于人，万世守之而不可易，义之确乎不拔而无可徙者也。《春秋》者，精义以立极者也，诸侯不奉王命而擅兴师则贬之；齐桓公次陉之师，晋文公城濮之战，非奉王命，则序其绩而予之；乃至楚子伐陆浑之戎，犹书爵以进之；郑伯奉惠王之命抚以从楚，则书逃归以贱之；不以一时之君臣，废古今夷夏之通义也。

桓温抗表而伐李势，讨贼也。李势之僭，溃君臣之分也；温不奉命而伐之，温无以异于势。论者恶其不臣，是也，天下之义伸也。刘裕抗表以伐南燕，南燕，鲜卑也。慕容氏世载凶德以乱中夏，晋之君臣弗能问，而裕始有事，暗主不足与谋，具臣不足与议，裕无所可奉也。论者亦援温以责裕，一时之义伸，而古今之义屈矣。如裕者，以《春秋》之义予之，可也。若其后之终于篡晋，而后伸君臣之义以诛之，斯得矣。于此而遽夺焉，将听鲜卑之终污此土，而君尚得为君，臣尚得为臣乎？

十五

国之将亡，惧内逼而逃之夷，自司马国璠兄弟始。楚之、休之相继以走归姚兴，刘昶、萧宝寅因以受王封于拓跋氏，日导之以南侵，于家为败类，于国为匪人，于物类为禽虫，偷视息于人间，恣其忿戾，以侥幸分豺虎之余食，而犹自号曰忠孝，鬼神其赦之乎？

夫尊则君也，亲则祖若考也，宗祏将毁，不忍臣人而去之，义也。虽然，苟其忠孝之情发为义愤，如汉刘信、刘崇蹀血以起，捐脰领而报宗祏，斯则尚矣。若其可以待时而有为，则南阳诸刘、大则帝而小则侯，仇雠之首不难斫于渐台也。抑或势无可为而覆族之足忧乎？山之椒，海之澨，易姓名，混耕钓，以全身而延支裔，夫岂遂无道以处此哉？然则国璠之流，上非悼宗社之亡，下非仅以避死亡之祸，贪失其富贵，而倒行逆施以侥幸，乃使中夏之士相率而不以事夷为羞，罪可胜诛乎？国璠之始奔慕容氏也，以桓玄之篡，玄固可旦暮俟其亡者，而遽不能待；继奔姚氏也，刘裕之篡固尚未成，可静俟其成败者也，不能一日处于萧条岑寂之中；望犬类而分余食，廉耻灭而天良无遗矣。

丕之篡，刘氏之族全，炎之篡，曹氏之族全，山阳、陈留令终而不逢刀镬。刘裕篡而恭帝弑，司马氏几无噍类。岂操、懿、丕、炎之凶慝浅于刘裕哉？司马氏投夷狄以亟病中夏，刘裕之穷凶以推刃也，亦有辞矣，曰："彼将引封豕长蛇以蔑我冠裳者也。"而中夏之士，亦不为之抱愤以兴矣。纪季以酅入于齐，《春秋》无贬词焉。齐，纪仇也，宁附于齐，而不东走莱夷，南奔勾吴，则犹能知其类也。

十六

刘裕之篡，刘穆之导之也；其杀刘毅，胡藩激之也。不逞之士，游于帷幕，而干戈起于几席，亦可畏矣哉！诚其为奸雄矣，既能识夫成败之机，则亦知有名义也，故孙权劝曹操以僭夺，而操有踞炉著火之叹，既畏人之指摘，抑有慎动之思焉。而不逞之士，迫欲使之尝试，以幸得而己居其功；于是揣摩情形，动之以可疑，而愒之以可畏，则且谓天下之士业已许我，而事会不得不然；钱凤、郗超仅失之，而诡得者多矣，祸不可止矣。

先王收之于胶庠，而奖之以饮射，非以钳束之也，凡以养其和平之气而潜消其险诈也。王泽既斩，士非游说不显，流及战国，蔑宗周，斗群雄，诛夷亲臣，斩艾士民，皆不逞之士仇其攀附之私以爝乱天下。嗣是而后，上失其道，则游士蜂起。朱温之为枭獍，敬翔、李振导之也。石敬瑭之进犬羊，桑维翰导之也。乃至女真、蒙古之吞噬中华，皆衣冠无赖之士投幕求荣者窥测事机而劝成之。廉希宪、姚枢、许衡之流，又变其局而以理学为捭阖，使之自跻于尧、舜、汤、文之列，而益无忌惮。游士之祸，至于此而极矣。故娄敬、马周不遇英主，不值平世，皆足以乱天下而有余。李沆以不用梅询、曾致尧为报国，解缙言虽可赏，必罢遣归田以老其才而戢其躁，圣主贤臣所以一风俗、正人心、息祸乱者，诚慎之也，诚畏之也。

十七

开创之君，则有乡里从龙之士；播迁之主，则有旧都扈跸之人；念故旧以敦仁厚者所必不能遗也。然而以伤治理为天下害，亦在此焉。夫其捐弃坟墓、侨居客土以依我，亦足念也；而即束以法制，概以征役，则亦不忍也，而抑不能。然以此席富贵、图晏安、斥田宅、畜仆妾、人王人、土王土，而荡佚于赋役之外；河润及于姻亚，登仕版则处先，从国政则处后，不肖之子弟，倚阀阅，营私利，无有厌足；而新邑士民独受重役，而碍其进取之途。夫君若臣既托迹其地，恃其财力以相给卫，乃视为新附而屈抑之以役于豪贵。则以光武之明，而南阳不可问之语，已为天下所不平；又甚则刘焉私东州之众，以离西川之人心而速叛；岂徒国受其败，彼侨客者之荣利，又恶足以保邪？西人之子，随平王而东迁者也，谭大夫致怨于酒浆佩璲，而东诸侯皆叛。骄逸者之不可长，诚君天下者所宜斟酌而务得其平也。

晋东渡而有侨立之州郡，选举偏而赋役减，垂及安帝之世，已屡易世，勿能革也。江东所以不为晋用，而视其君如胡越，外莫能经中原，内不能捍篡贼，诚有以离其心也。刘裕举桓温之法，省流寓郡县而申土断，然且格而不能尽行。其始无以节之，后欲更之，难矣。

十八

崔浩智以亡身。其智也，适以亡其身；适以亡其身，则不智莫大焉。

君子之所贵于智者，自知也、知人也、知天也，至于知天而难矣。然而非知天则不足以知人，非知人则不足以自知。"天聪明，自我民聪明；天明威，自我民明威"；即民之聪明明威而见天之违顺，则秉天以治人，人之可从可违者审矣。故曰非知天则不足以知人。所事者君也，吾义之所不得不事也；所交者友也，吾道之不得不交也。不得不事、不得不交者，性也；事君交友，所以审用吾情以顺吾性，而身之得失系焉。故曰非知人不足以自知。繇此言之，极至于天，而岂难知哉？善，吾知其福；淫，吾知其祸；善而祸，淫而福，吾知其时；时有不齐，贞之以自求之理，吾知其复。絪缊之化无方，阴阳而已；阴阳之变化，进退消长而已。其征为象数，象数有不若，而静俟必反；其用为鬼神，鬼神不测，而诚格不违。故象数可以理贞，而鬼神可以正感。象数不可以术测也，鬼神不可以私求也。知此者，恒守而无渝，则象数鬼神赫赫明明昭示于心而无所惑，难矣。然而知此者之固无难也。非是者，谓之玩天而媟鬼，则但仇其术而生死于术之中，于人无择，于己不审，不亡其身何待焉？

浩之见知于拓跋嗣也，以《洪范》，以天文。其《洪范》非《洪范》也，非以相协厥居者也；其天文非天文也，非以敬授民时者也。及其后与寇谦之比，崇淫祀以徼福于妖妄而已矣。故浩之时，非开治之时也，而浩不知；吉凶者，民之聪明所察，民之明威所利用者也，而浩不知；嗣非高帝，己非子房，自以其占星媚鬼之小慧，逢迎伪主，因而予智焉，此所谓驱之阱而莫避也，不智孰甚焉？

无是非之心非人也，非人则禽也，禽非不能与于象数鬼神之灵也。鹊知戊己，而不知风撼其巢；燕知太岁，而不知火焚其室；风火之撼且焚者，天也，戊己太岁，象数之测也。蜮能射，而制于鹅；枭能咒，而食于其子；鹅以气制蜮，子以报食枭，天也，妖而射，淫而咒，鬼神之妄也。舍其是非而从其祸福，舍其祸福之理，而从其祸福之机，禽也，非人矣。浩之不别于人禽久矣，无足道者。为君子者，捐河、洛之精义，而曲测其象数；忘孝敬之合漠，而比昵于鬼神；天在人中而不能察，于知人而自知，其能贤于浩者几何也？此邵康节、刘文成之所以可惜也。

十九

　　慕容超求救于姚兴，姚泓求救于拓跋嗣，夫岂无唇亡齿寒之理足以动之乎？然而兴与嗣徒张虚声，按兵不动，坐视其亡。刘裕悬军深入，诒姚兴击魏兵于河上，弗虑其夹攻，挑其怒而终无患。盖超与泓之愚以自亡，兴与嗣审于进退，而裕料敌之已熟也。崔浩曰："裕图秦久矣，其志必取，若遏其上流，裕心忿怒，必上岸北侵，是我代秦受敌也。"其说韪矣。空国兴师，越数千里而攻人，岂畏战者哉？窦建德轻举以救王世充，世充未破而建德先擒，其明验也。攻者志于攻也，三军之士皆见为必攻；守者志于守也，乘堙之人皆见为必守；两俱不相下，而生死悬于一决，怒则果怒，惧则果惧也。若夫人不我侵，两相斗而我往参之，君与将无致死之心，士卒亦见为无故之劳，情先懈、气先不奋，取败而已矣。

　　呜呼！君子之所望于人者，以礼相奖、以情相好已耳，非若小人之相倚以雄也。己所怒而欲人怒之，己所忧而欲人忧之，父不能得之于子也。愚者不知，呼吁而冀人之为我怒、为我忧也，弗获已而应之，安足恃乎？若其不揣而为人忧怒以轻犯人者，则必妄人也。妄人先以自毙，而奚以拯人之危？齐桓次于聂北，能迁邢以存之，而不能为邢与狄战；吴为蔡请，全力以攻楚，而夫概先乱吴国，蔡亦终灭于楚；恃人而忘己，为人恃而捐己，皆愚也。君子不入井以望人之从，则不从井以救人，各求诸己而已矣。嵇叔夜不能取必于子，文信国不能喻志于弟，忠孝且然矣。颜渊曰："夫子步亦步，趋亦趋，已瞠乎其后矣。"子曰："当仁不让于师。"学问且然矣。况一己之成败利钝而恃人之我援哉？明者审此，自强之计决，而不怨他人之不我恤，而后足以自立。"谓他人父，亦莫我顾，谓他人昆，亦莫我闻。"情也，势也，即理也。不得而怨，何其晚也！

二十

　　刘裕初自广固归，卢循直逼建康，势甚危，而裕方要太尉黄钺之命；朱龄石方伐蜀，破贼与否未可知也，而裕方要太傅扬州牧之命；督诸军始发建康以伐秦，灭秦与否未可知也，而裕方要相国宋公九锡之命；则胡不待卢循已诛、谯纵已斩、姚泓已俘之日，始挟大功以逼主而服人乎？此裕之狡于持天下之权而用人之死力也。

夫能用人者，太上以德，其次以信，又其次则惟其权耳。人好逸而不惮劳，人好生而不畏死，自非有道之世，民视其君如父母，则权之所归，冀依附之以取利名而已。裕若揭其怀来以告众曰：吾且为天子矣，可以荣人富人，而操其生死者也。于是北归之疲卒、西征之孤军，皆倚之以效尺寸，而分利禄。如其不然，则劳为谁劳，死为谁死，则严刑以驱之而不奋。裕有以揣人心而固持之，刘穆之虽狡，且不测其机，而欲待之凯还之日，其愧惧而死者，智不逮也。

因是而知晋之必亡也久矣。谢太傅薨，司马道子父子昏愚以播恶，而继以饥饱不知之安帝，虽积功累仁之天下，人且去之，况晋以不道而得之，延及百年而亡已晚乎！晋亡决于孝武之末年，人方周爱四顾而思爰止之屋，裕乘其间以收人望，人胥冀其为天子而为之效死，其篡也，时且利其篡焉。所恶于裕者，弑也，篡犹非其大恶也。

二十一

刘裕灭姚秦，欲留长安经略西北，不果而归，而中原遂终于沦没。史称将佐思归，裕之饰说也。王、沈、毛、傅之独留，岂繄不有思归之念乎？西征之士，一岁而已，非久役也。新破人国，子女玉帛足系其心，枭雄者岂必故土之安乎？固知欲留经略者，裕之初志，而造次东归者，裕之转念也。夫裕欲归而急于篡，固其情已。然使裕据关中，抚洛阳，捍拓跋嗣而营河北，拒屈丐而固秦雍，平沮渠蒙逊而收陇右，勋愈大，威愈张，晋之天下其将安往？曹丕在邺，而汉献遥奉以玺绶，奚必反建康以面受之于晋廷乎？盖裕之北伐，非徒示威以逼主攘夺，而无志于中原者，青泥既败，长安失守，登高北望，慨然流涕，志欲再举，止之者谢晦、郑鲜之也。盖当日之贪佐命以弋利禄者，既无远志，抑无定情，裕欲孤行其志而不得，则急遽以行篡弑，裕之初心亦绌矣。

裕之为功于天下，烈于曹操，而其植人才以赞成其大计，不如操远矣。操方举事据兖州，他务未遑，而亟于用人；逮其后而丕与睿犹多得刚直明敏之才，以匡其阙失。裕起自寒微，以敢战立功名，而雄侠自喜，与士大夫之臭味不亲，故胡藩言：一谈一咏，缙绅之士辐辏归之，不如刘毅。当时在廷之士，无有为裕心腹者，孤恃一机巧汰纵之刘穆之，而又死矣；傅亮、徐羡之、谢晦，皆轻躁而无定情者也。孤危远处于外，求以制朝廷而遥授以天下也，既不可得，且有反面相距之忧，此裕所以汔济濡尾而仅以偏安草窃终也。当代无才，而裕又无驭才之道也。身殂而弑夺兴，况望其能相佐以成底定之功哉？曹操之所以得志于天下，而待其子始篡者，得人故也。岂徒奸雄为然乎？圣人以仁义取天下，亦视其人而已矣。

恭帝

一

赫连勃勃征隐士韦祖思而杀之，暴人之恒也。祖思不免于死。凡尸隐士之名以处乱世而无其实者，幸而不死，殆行险以侥幸之徒与！祖思之杀，以恭惧过甚，而逢勃勃之怒。恭惧非死道也。故庄周《人间世》有养虎之说，动色相戒，譬诸游羿之彀中，诚哉其言乎！而非也。若周之说，亦惧已甚而与死为徒者也。孔子之于阳货，义不屈而身不危，虽圣人哉，而固无神变不测之用，求诸己而已。君子之于人也，无所傲，无所徇，风雷之变起于前，而自敦其敬信。敬者自敬也，信者自信也，勿论其人之暴与否也。贞敬信者，行乎生死之途而自若，恂栗以居心，而外自和，初无与间也。其于暴人也，远之已凤矣。不可远而居正以自持，姚兴之与勃勃又奚择焉？

呜呼！即不幸而终不免于死矣，以正死，以谄死，而死均，以正处死者，不犹愈乎？以正为道，其与死违者，常也；不免者，变也。以惧而谄，谄而死，蹈乎死之道也；即不死而生理不足以存，幸而免也。刚柔之外有自立之本，而后行乎进退而不迷。庄周之说，亦舍其自立者以忧天下而侥幸乎免者尔。又恶知祖思之恭惧，非闻庄周之说，以戒心于羿谷，而增其葸怯哉？

乃若祖思之窃隐士之名而亡实，则于其行见之矣。处夷狄争乱之世，一征于姚兴，再征于勃勃，随声而至，既至而不受禄，以隐为显名厚实之囮，蹠之徒也。中夏无主，索虏、羌胡迭为雄长，而桓温、刘裕两入关中，独不可乘其时以南归邪？如曰温与裕不可托也，则管宁归汉，亦何尝受羁络于曹操乎？如其不能，身绝天下之交，口绝天下之言，莫为之先容者，兴与勃勃抑岂能有独知之契以相求于梦遇哉？

二

人之不肖，有贤者以相形，见贤而反求之己，改而从之，上也；虽弗能改，犹知愧焉而匿其不善，次也；以其相形，忮忌而思害之，小人之恶甚矣。然其忮忌之者，犹知彼之为贤，而惭己之不肖，则抑其羞恶之心销沈未尽，横发而狂者也。若夫与贤者伍，己之不肖无所逃责，而坦然忘愧，视贤者之痛哭流涕以哀世者，若弗闻焉，若弗见焉，进不知改，退不知忌，而后羞恶之心荡然无余，果禽兽矣，非但违之不远矣。

刘裕篡晋，而徐广流涕，此涕也，岂徐氏之私怨而蠹然伤心者乎？通国之变，盈廷之耻，苟有人之心者，宜于此焉变矣。谢晦者，晋之世臣也，从容谓广曰：“徐公，得无小过。”广曰：“君为宋佐命，身是晋遗臣，悲欢固不可同。”则已置晦于人伦之外而绝之矣。晦亦若置广于物理之外而任之，无愧也，无忌也。人自行，禽自飞，兰自芳，莸自臭，同域而不惊，同时而不掩。呜呼！天下若此，而君子所以救世陷溺之道穷矣。微独晦也，宋君臣皆夷然听广之异己而无忌之者。嗣是而刘彧、萧道成、萧鸾、萧衍，相袭以怙为故常。君臣义绝，廉耻道丧，置忠孝于不论不议之科，为其所为，而是非相忘于无迹。不知者以为其宽厚，亦知其天良灭绝之已极哉！曹操之杀孔北海，司马昭之杀嵇中散，耻心存焉。至于晋、宋之际，而荡尽已无余，“八表同昏，平路伊阻”，陶元亮之悲，岂徒为晋室之存亡哉！

《读通鉴论》卷十四终

读通鉴论卷十五

宋武帝

一

宋得天下与晋奚若？曰：视晋为愈矣，未见其劣也。魏、晋皆不义而得者也，不义而得之，不义者又起而夺之，情相若、理相报也。虽然，曹氏有国，虽非一统天下，而亦汔可小康矣。芳与髦，中主也，皆可席业以安。而司马氏生其攘心以迫夺之，视晋之桓玄内篡、卢循中起、鲜卑羌虏攘臂相加，而安帝以行尸视肉离天下之心，则固不侔矣。宋乃以功力服人而移其宗社，非司马氏之徒幸人弱而掇拾之也。论者升晋于正统，黜宋于分争，将无崇势而抑道乎？

固将曰："晋平吴、蜀，一天下矣，而宋不能。"魏、吴皆僭也，而魏篡，则平吴不可以为晋功；若蜀汉之灭，固殄绝刘氏二十余世之庙食，古今所恝然而伤心者。混一不再传而已裂，土宇之广，又奚足以雄哉？中原之失，晋失之，非宋失之也。宋武兴，东灭慕容超，西灭姚泓，拓跋嗣、赫连勃勃敛迹而穴处。自刘渊称乱以来，祖逖、庾翼、桓温、谢安经营百年而无能及此。后乎此者，二萧、陈氏无尺土之展，而浸以削亡。然则永嘉以降，仅延中国生人之气者，惟刘氏耳。举晋人坐失之中原，责宋以不荡平，没其挞伐之功而黜之，亦大不平矣。

君天下者，道也，非势也。如以势而已矣，则东周之季，荆、吴、徐、越割土称王，遂将黜周以与之等；而嬴政统一六宇，贤于五帝、三王也远矣。拓跋氏安得抗宋而与并肩哉？唐臣隋矣，宋臣周矣，其乐推以为正者，一天下尔。以义则假禅之名，以篡而与刘宋奚择焉？中原丧于司马氏之手，且爱其如线之绪以存之；徒不念中华冠带之区，而忍割南北为华、夷之界乎？半以委匪类而使为君，顾抑挞伐有功之主以不与唐、宋等伦哉？汉之后，唐之前，惟宋氏犹可以为中国主也。

二

宋可以有天下者也，而其为神人之所愤怒者，恶莫烈于弑君。篡之相仍，自曹氏而已然，宋因之耳。弑则自宋倡之。其后相习，而受夺之主必死于兵与鸩。夫安帝之无能为也，恭帝则欣欣然授之宋而无异心，宋抑可以安之矣；而决于弑焉，何其忍也！宋之邪心，固有自以萌而不可戢矣。宋武之篡也，年已耄，不三载而殂，自顾其子皆庸劣之才，谢晦、傅亮之流，抑诡险而无定情，司马楚之兄弟方挟拓跋氏以临淮甸，前此者桓玄不忍于安帝，而二刘、何、孟挟之以兴，故欲为子孙计巩固而弭天下之谋以决出于此。呜呼！躬行弑而欲子孙之得免于弑，躬行弑而欲其臣之弗弑，其可得乎？徐羡之、傅亮、谢晦之刃，已拟其子之膑而俟时以逞耳。萧道成继起而殄刘氏之血胤，又何怪乎？

夫人孰有不欲其子孙之安存者也，试之危，乃以安之；忘其亡，乃以存之；日暮智衰，彷徨顾虑，而生其惨毒，皆柔茸不自振之情为之也，而身已陷乎大恶以弗赦。"日昃之离，不鼓缶而歌，则大耋之嗟，凶"。嗟叹兴而妄虑起，妄虑无聊而残害生，恶不戢矣。君子之老也，戒之在得；得之勿戒，躬亲大恶，不容于天地鬼神，可弗畏哉？

三

举宗社子孙之大计而与人谋之，必其人之可托，而后可征之色而见之辞，不然，则祸自此而生。汉高帝疑于所立，乃进而谋者，张良、叔孙通耳。良虽多智，而心固无私；通虽诡合，而缘饰儒术；且皆从容讽议之臣，未尝握兵而持国柄者也。外此则萧、曹不得与焉，陈平、周勃但委任于既定之后，先固未尝参议论焉。晋武所谋者卫瓘也，是可与谋者，而不听，是以失也。隋高祖之谋于杨素，唐太宗之托于李勣，皆鸷贼性成，而适足以贼其后裔耳；然二主之失，未能深知素、勣之奸耳。若宋武之于谢晦，知其机变而有同异矣；太子不足为君，乃密与晦谋，而使觇庐陵之能否，是以营阳、庐陵之腰领授之于晦，而惟其生死之，不亦惑乎？

故有天下者，崇儒者以任师保，若无当于缓急，而保宗祊、燕子孙、杜祸乱者，必资于此。诗书以调其刚戾之气，名义以防其邪僻之欲，虽有私焉，犹不忍视君父之血胤如鸡鹜，而惟其龋磔。若夫身为人国之世臣，无难取其社稷惟所推奉而授之。若谢晦者，又居高位、拥兵柄，足以恣其所为；吾即可否不见于辞，喜怒不形于色，尚恐其窥测浅深而乘隙以逞，况以苞桑之至计进与密谋乎？至慎者几也，至密者节也；衡鉴定于一心，折中待之君子。唐德宗谋于李泌，宋英宗决于韩琦，而祸乱允戢，其明效也。拓跋嗣询崔浩而国本定，亦庶几焉。知谢晦之险而信之，国不亡，幸也。

营阳王

一

乱臣贼子敢推刃于君父，有欲篡而弑者，有欲有所援立而弑者，有祸将及身迫而弑者；又其下则女子小人狎侮而激其忿戾，憨不畏死，遂成乎弑者。若夫身为顾命之大臣，以谋国自任，既无篡夺之势，抑无攀立之主，身极尊荣，君无猜忌，而背憎翕訾，晨揣夕谋，相与协比而行弥天之巨恶，此则不可以意测，不可以情求者矣。而徐羡之、傅亮、谢晦以之。

营阳王狎群小而耽嬉游，诚不可以君天下，然其立逾年耳，淫昵之党未固，狂荡之恶未宣，武帝托大臣以辅弼之任，夫岂不望其捡柙而规正之？乃范泰谏而羡之、亮、晦寂无一言。王诚终不可诲矣，顾命大臣苟尽忠夹辅以不底于大恶，亦未遽有必亡之势也。恶有甫受遗诏以辅之，旋相与密谋而遽欲弑之，抑取无过之庐陵而先凌蔑之。至于弑逆已成，乃左顾右眄，迎立宜都。处心如此，诚不可以人理测者。视枭獍之行如儿戏，视先君之子如孤豚，呜呼！至此极矣。是举也，羡之以位而为之首，而谋之夙、行之坚、挟险恶以干大恶者，实谢晦。人至于机变以为心术而不可测矣，倏而彼焉，倏而此焉，目数动，心数移，殚其聪明才力以驰骋于事物之间隙，蹈险以为乐，而游刃于其肯綮；则天理不足顾，人情不足恤，祸福不足虑，而惟得逞其密谋隐毒之为愉；国有斯人，祸不中于宗社者鲜矣。

晦之初起，刘穆之之所荐也；其从军征伐，宋武之所与谋也。穆之者，固机变之魁；而宋武之诛桓玄、灭慕容超、胜卢循、俘姚泓，皆以入险而震人于不觉者为功；晦且师之，无所用之，则以试之君父而已。当其进言武帝，睥睨太子，侧目庐陵，贼杀之锋刃已回绕于二王之颈，曰"是可试吾术"，而二王不觉也，武帝亦不觉也。机变熟而心魂数动，一念猝兴，杀机不遏，如是之憯哉！至于宜都既立，晦乃问蔡廓曰；"吾其免乎？"则亦自知其徒以膺天诛为万世罪人矣。然而不悔也，机变之得逞，虽死而固甘之也。故天下之恶，至于机变而止矣。

二

知人之难也，非不知而犹姑试之，诎于时而弗能，为变计则乱矣。武帝于谢晦，知其心挟异同，而犹委以六尺之孤，使二子骈首以受刃，其失较然也。虽然，帝岂尽憪于品藻哉？使文帝督荆州，以王昙首、王华为参佐，而谓文帝曰："昙首沉毅有器度，宰相才也。"其后徐羡之等迎立文帝，众志疑殆，王华决行而大计定。元嘉之治，几至平康，皆华、昙首所饬正之规模。邂逅片言，生平遂决，帝之知人亦尚矣哉！而卒以伊、周之任付之晦、亮、羡之者，当是时，华、昙首之流，年尚少，名位卑，不足以弹压朝右，故且置之上流，而徐收其效。荆州者，建康之根本也。荆土有人，社稷虽危而不倾矣。乃其盈廷充位，他无可谋，而必任诸机变异同之人者，其时端直贞亮之士，若徐广、蔡廓、谢瞻者，既不屑为宋用，其余则庸沓苟容屈于权贵之下风者，不得已而姑授之机变之人，时诎之不知，变计所从出也。

江东自谢安薨，道子、元显以浑浊乱于内，殷仲堪、王恭以嬛薄乱于外，暗主尸位，寇攘相仍，王谧之流，党同幸免，廉耻隳，志趋下，国之无人久矣。非天地之不生才也，风俗之陵夷坏之也。苟非机变，则庸沓而已。迨乎机变之术已穷，庸沓之人已老，然后华、昙首、殷景仁、谢弘微脱颖以见。使宋之初有此数子者侍于密勿之地，晦等之恶何足以逞，而武帝亦恶役役于此数人而任之乎？

文帝

一

蛮夷之长有知道者，中国之人士愧之。故子曰："夷狄之有君，不如诸夏之亡。"甚悲夫中国也。宋之篡晋，义熙以后以甲子纪，而不奉宋之元朔，千古推陶公之高节。而武都王杨盛于晋之亡不改义熙年号。盛，仇池之酋长耳，与元亮颉颃于华、夷。晋氏衣冠之族，闻栗里之风而不愧者，又何以对偏方之渠帅也？盛临卒谓其世子玄曰："吾老矣，当终为晋臣，汝善事宋。"子之从违可与己而为变计哉？盛过矣。虽然，此非可以訾盛也。盛远在荒裔，虽受晋爵而不纯乎其为臣，进则不必为晋争存亡，退自有其不可亡之世守，则孤立而撄宋之怒，力不能敌，且以覆先人之宗社，固不可也。是以告其子以事宋而无贻危亡于后世，是亦一道也。

若夫戴高天，履厚土，世依日月之光，有君父之深仇，无社稷人民之世守，洁其身于山之椒、水之涯、耕读以终身，无凶危之见逮，如溧阳史氏者，屡世不干仕进，而抑可不坠其宗。处此而曰"终吾身而已，子孙固当去事他人以希荣利"，双收名利以为垄断，岂可援盛以自解哉？民之多辟，不可如何者也；自立辟焉，以两全于义利，又将谁欺？

二

承大难之余，居大位，秉大权，欲抑大奸以靖大乱，论者皆曰："非权不济，名不可急正，义不可急伸，志不可急行，姑含忍以听其消而相安于无事，国乃可靖。故晋弑厉公，迎悼公，公掩荀偃、栾书、士匄之恶而从容驭之，晋乃以宁。"其说非也。夫不见悼公之掣于群贼，邢丘一会，而天下之政移于大夫，晋乃以终亡于八卿之裔。无他，名不正，义不伸，志不行，苟免于乱，乱之所以不息也。叔孙婼杀竖牛，而安其宗。汉献帝不能正董卓之罪，待其骄横而始杀之，故李傕、郭汜得以报仇为名，杀大臣，逼天子，而关东州郡坐视不救，韩馥、袁绍且以其为贼所立，欲废之而立刘虞。夫惟弑君之罪为神人所不容，而兄弟之痛根于性而弗容隐，受其援立，与相比昵，名不正，义不伸，志不行，忘亲贪位，如是而曰权也，是岂君子之所谓权乎？

文帝初立，百务未举，首复庐陵王之封爵，迎其枢还建康，引见傅亮，号泣哀恸，问少帝、庐陵薨废本末，悲哭呜咽，亮、晦、羡之自危之心惴惴矣。自危甚，则将相比以谋全，而蜇毒再兴，固非其所惮为者。文帝之处此，将无虑之疏而发之躁乎？而非然也。明明在上者，天理也；赫赫在下者，人心也。无幸灾徼利之心，而自行其性之哀戚，视三凶如犬豕，而孰恤其恩怨之私哉？故天下无不可伸者，义也，义以正名，而志卒以行。彼三凶者，方将挟迎立之恩以制帝，帝舍其私恩，伸其公怨，夺三凶之所恃，而消沮以退。是以擒羡之、亮如搏鸡豚；谢晦虽居上流，拥徒众，一旦瓦解，自伏其辜。名其为贼以行天讨，凡民有心，无复为之效死者，党孤而自溃矣。于帝得乘权止乱之道焉，不贪大位，不恤私恩，不惮凶威，以伸其哀愤，则一夫可雄入于九军，况业已为神人之主而何所惧哉？惟能居重者之谓权，委而下移，则权坠而衡昂矣，故程子曰："汉以下无知权者。"

三

文帝亲临延贤堂听讼，非君天下之道也，然于其时则宜也。自晋以来，民之不治也久矣，君非幼冲则昏暗耳，国事一委之宰辅者几百年。乃其秉政之大臣，图篡逆者，既以饵天下为心，而成乎纵弛；贤如王导、郗鉴、何充、谢安，亦惟内戢强臣，外御狄患，暇则从容谈说，自托风流；而贪鄙如司马道子，又弗论也。及晋之亡，而法纪隳，风俗坏，于斯极矣。宋武以武功猎大位，豪迈而不悉治理，固未遑念及于亲民也。刘穆之、傅亮区区机变之小人，视斯民之治乱漠然不与相关，有司之贪浊瞀乱者，不知其若何也。文帝承其敝而欲理已乱之丝，则更不得高拱穆清以养尊贵。而况羡之、亮、晦杀君立君，威震朝野，民且不知有天子。苟不躬亲延访，则虚悬于上，废置惟人，亦恶足以制权奸、保大位乎？故急于亲临以示臣民之有主，抑求己自强之道也。以是知文帝之志略已深，而正逆臣之诛，成元嘉之治，皆繇此昉焉。

虽然，以是为君人之道则已末矣。国之大政，数端而已；铨选也，赋役也，刑狱也，乃其绪之委也，则不胜其冗，择得其人而饬之以法，士不废，民不困，而权亦不移。若必屈天子之尊，撤瑱纩以下问锥刀子女之淫慝，与民竞智而挠之者益工，与庶官争权而窃之者益密，明敏之过，终之以惛，求以起百年之颓靡，致旦暮之澄清，不亦难乎！帝之遣使行郡县访求民隐，诏郡县各言利病，斯可谓得治理矣。亲临听讼，暂尔权宜，非可法者也。王敬弘曰："臣得讯牒，读之正自不解。"其辞傲矣，而犹不失相臣之体。相臣执体要，佐天子以用人修法而天下宁，况天子乎？

四

赫连勃勃权谋勇力皆万人敌也，立国于险要之地，大修城池，宜足巩固以居而未如之何，乃至其子而遂亡。故夷狄恶其起而若未足忧也，不患其盛而若不可拔也。赫连氏亡而五胡杂糅之中原皆为拓跋氏所有，并刘、石、慕容、苻、姚、乞伏、赫连、沮渠、冯、高、吕、段、秃发之宇而合于一，固将挟全力以为南国忧，然而无足忧也。夷裔之未入中国，则忧其相并而合；既入中国，则患其杂冗而不适所治，不患其合一极盛而以相压也。故宋武之时难矣：奋勇以灭慕容超，而姚兴又竞；全力以灭姚泓，而赫连、拓跋又乘间以争；欲再举以争关中，而郑鲜之曰："江南士庶引领以望返旆。"盖二国既灭，人心乍弛，不能再振矣。拓跋氏血战以克统万，穷兵以破蠕蠕，精甲锐师半消折于二虏，是亦勃勃死而昌无能为之势也。宋能乘之，此其时矣；坐困江东，惮其威而不进，进而不敢与之敌，盖失此一时，而六代之偷安不足以兴。文帝非英武之君，到彦之之流不足以有为，惜哉！

五

拓跋焘惜财而不轻费，亲戚贵宠未尝横有所及，其赏赐勋绩死事之臣，则无所吝，用财之道，尽于此矣。有天下而患贫，岂惟其不当患也，抑岂有贫之可患乎？天之时、地之泽、人之力，以给天下之用者，自沛然而有余。乃患贫而愈窘于用，则崔浩之言审矣。国之贫，皆贫国之臣使之然也。贫国之臣有二：一则导君以侈者，其奸易知也；一则诱君于吝者，其奸难测也。诱君以吝者，使其君以贫告臣民，而使为我吝，君一惑之，则日发不足之叹，言之熟而遂生于心，必不以帑藏之实使其臣知之。君匿于上，奸人乃匿于下，交相匿而上不敌下之奸，浸淫日月，出入委沓，且使其君并不知有余不足之实。猝有大兵大役馈饷赏赐之急需，皆见为不足而吝于出纳，而国事不可言矣。

凡为此者，皆君之亲戚贵宠，而君以为真爱我者也。经用吝而其赏赐不吝，匪直赏赐耳，上下相匿，而大臣不能问，群臣不敢问，奸人且暗窃之以去，而上下皆罔所闻知。延及于子孙，则上无所匿于下，而专听奸人之匿以罔上，固必曰吾国贫也。大兵大役之猝至，非吝于用以酿溃乱，则横取之百姓而民怨不恤，曰吾实贫而不能不取之民也。则不徒亲戚贵宠之窃以厚藏者不可问，其所未窃者，湮沉填塞于古屋积土之中，至于国亡以资乱民之掠夺，新主之富有，而初不自知。呜呼！财一滥施于权贵，而事废于国，民怨于下，兵溃于境，国卒以亡，皆导吝之说为之，亦孰知导吝之情为窃国之秘术哉？庸主惑之，察主尤惑之，丧亡相踵而不悟，悲夫！

六

陶靖节之不仕，不可仕也，不忍仕也。其小试于彭泽，以世家而为仕，道在仕也。仕而知其终不可而去之，其用意深矣。用意深而终不可形之言，故多诡其辞焉。不可形之于言而托之诡词者，非畏祸也，晋未亡，刘裕未篡，而先发其未然之隐，固不可也。万一裕死于三年之前，义符辈不足以篡，一如桓温死而谢安可保晋以复兴，何事以未成之逆加诸再造晋室之元勋，而为已甚之辞哉？此君子之厚也。故其归也，但曰"岂能为五斗米向乡里小儿折腰"。如是而已矣。

虽然，此言出而长无礼者之傲，不揣而乐称之，则斯言过矣。君子之仕也，非但道之行也，义也；其交上下必遵时王之制者，非但法之守也，礼也。县令之束带以见督邮，时王之制，郡守之命，居是官者必繇之礼也。知其为督邮而已矣，岂择人哉？少长也，贤不肖也，皆非所问也。孔子之于阳货，往拜其门，非屈于货，屈于大夫也；屈于大夫者，屈于礼也。贤人在下位而亢，虽龙犹悔，靖节斯言，悔道也。庄周曰："无所逃于天地之间。"君子犹非之。君臣之义，上下之礼，性也，非但不可逃也，亢而悔，则蔑礼失义而不尽其性，过岂小哉？非有靖节不能言之隐，而信斯言以长傲，则下可以陵上；下可以陵上，则臣可以侮君；臣可以侮君，则子可以抗父。言不可不慎，诵古人之言，不可以昧其志而徇其词，有如是夫！

七

扩其情以统初终，而汇观其同异，则听言也，固不难矣。非坚持一背戾之说，不然之效已著，而迷谬不解者之难辨也。言烦而竞，诡出而相违，莫可端倪，而惟其意之所营，以恣其辩，惑人甚矣，而尤无难辨也。凡言之惑人也，必有所动以兴；下者动以利，其次动以情，其次动以气。利者灼见之而辨矣，或倡之，遂或和之，然皆私利之小人也，于人辨之而已。情之动也无端，偶见为然而然之，偶见为不然而不然之，因而智计生焉，因而事之机、物之变、古人之言，皆可为其附会之资，而说益长、情益流，非有所利也，而若沥血以言之，不获已而必强人以听，此疑于忠而难辨者也。然人之情无恒者也，倏而然之，倏而不然之，则知其情之妄，而非理之贞也。至于气之动而尤不可御矣，若或鼓之，若或飏之，一人言之而群嚣然以和之，言者不知其所以言，和者愈不知其所以和，百喙争鸣，若出一口，此庄周所谓"飘风则大和而听其自已"者也。既自已矣，则前后之不相蒙，还以自攻也而不恤。虽然，亦岂有难辨者哉？观于拓跋氏伐蠕蠕之议，而鼓以气、荡以情者，直可资旁观者之一哂而已。

当其议伐赫连氏，则曰宜置赫连而伐蠕蠕，崔浩持之，伐赫连而灭其国、俘其君矣；已而议伐蠕蠕，则又曰蠕蠕不可伐也。何前之伐蠕蠕也易而今难，何前之克蠕蠕也利而今无利？一言而折之有余，而群喙争鸣不息，有如是夫！人以为不可伐，则曰可伐；人以为可伐，则曰不可。气之为风也，倏而南，倏而北；气之为冬夏也，倏而寒，倏而暑；调之为暄清之适者，因乎时而已矣。言之善者，调其偏而适以其时。崔浩之言，则可谓知时矣，风不可得而飘，寒有衣襦、暑有簟也。拓跋寿之能用崔浩也，而犹疑之情。兴气动，难乎其不撼，况智不如寿者乎？虽然，无难辨也，统其初终，析其同异，以其所然攻其所不然，扩然会通以折中之，岂难辨哉！岂难辨哉！

八

元嘉之北伐也，文帝诛权奸，修内治，息民六年而用之，不可谓无其具；拓跋氏伐赫连，伐蠕蠕，击高车，兵疲于西北，备弛于东南，不可谓无其时；然而得地不守，瓦解猬缩，兵殄甲弃，并淮右之地而失之，何也？将非其人也。到彦之、萧思话大溃于青、徐，邵弘渊、李显忠大溃于符离，一也，皆将非其人，以卒与敌者也。文帝、孝宗皆图治之英君，大有为于天下者，其命将也，非信左右佞幸之推引，如燕之任骑劫、赵之任赵葱也；所任之将，亦当时人望所归，小试有效，非若曹之任公孙强、蜀汉之任陈祗也；意者当代有将才而莫之能用邪？然自是以后，未见有人焉，愈于彦之、思话而当时不用者，将天之吝于生材乎？非也。天生之，人主必有以鼓舞而培养之，当世之士，以人主之意指为趋，而文帝、孝宗之所信任推崇以风示天下者，皆拘恧巽谨之人，谓可信以无疑，而不知其适以召败也。道不足以消逆叛之萌，智不足以驭枭雄之士，于是乎摧抑英尤而登进柔软；则天下相戒以果敢机谋，而生人之气为之坐痿；故举世无可用之才，以保国而不足，况欲与猾虏争生死于中原乎？

夫江东之不振也久矣。谢玄监军事，始收骁健以鼓励之，于是北府之兵破苻坚而威震淮北；宋武平广固、收洛阳、入长安，而姚兴、拓跋嗣不能与之敌，皆恃此也。已而宋武老矣，北府之兵，老者退，少者未能兴也。宋武顾诸子无驾驭之才而虑其逼上，故斗王镇恶、沈田子诸人于关中，使自相残刘而不问。文帝入立，惩营阳之祸，急诛权谋之士，区区一檀道济而剑已拟其项领。上之意指如彼，下之祸福如此，王昙首诸人雍容谈笑以俟天下之澄清，虽有瑰玮之才，不折节以趋茬莘者，几何也？乃于其中择一二铮铮者使与猾虏竞，拓跋焘固曰："龟鳖小竖，夫何能为。"其堕彼目中久矣。孝宗之任邵、李以抗女真，亦犹是也。岳诛韩废，天下戒心于有为，风靡而弗能再振矣。身无英武之姿，外有方张之寇，奖柔顺以挫英奇，虽抱有为之志，四顾无可用之人，前以取败而不自知，及其败也，抑归咎于天方长乱，而虏势之不可撄也，愈以衰矣！

九

暗而弱者之用兵，其防之也，如张帱帐以御蚊蠓。薄绡疏绤使弗能入焉，则鼾睡以终夕；若此而不弃师失地以近于亡也，不可得矣。崔浩策宋兵之易败也，曰："东西列兵，径二千里，一处不过数千，形分势弱，可席卷而使无立草之地。"宋终不出其所料，金墉破而到彦之走，滑台败而萧思话走，守者分，攻者聚，一方溃，而诸方之患在腹心，不可支矣。故以战为守者，善术也；以守为战者，败道也；无他，将无略而以畏谨为万全之策也。

然则孔子之于战也慎，于行军也惧，又何以称焉？夫列兵千里，尺护而寸防之，岂其能惧哉？栉比株连以外蔽而安处其中，则心为之适然而忘忧。寇之来也，于彼乎，于此乎，我皆有以防之，则一处败而声息先闻，固可自全以退，而无忽出吾后以夹攻之患；于是乎而惧之情永忘，弗惧也，则亦无所慎矣。若夫惧以慎者，一与一相当，虔矫三军，履死地而生之，曾是瓜分棋布为能慎也与？不战而慎，未临事而惧先之，不败何待焉？

十

滑台陷，青州没，宋师燔，而拓跋氏旋遣使人聘宋以求和亲，逾年而宋报礼焉，此南北夷夏讲和之始也。宋大败，而刘振之且弃下邳以奔逃，拓跋氏乘之以卷江、淮也易矣；顾敛兵以退而先使请和，岂其无吞宋之心哉？力疲于蠕蠕，而固不能也。乃乘宋之惴栗以收宋，知宋之得释重忧，必欣然恐后，此虏之狡也。夫宋新败之余，弗能急与之争，则姑受其和而缓敌以待时，庸讵非策。且其于拓跋氏也，既非君父之仇，又无割地称臣之辱，如赵宋然者，则抑非义之所不许。顾亦思彼之先我以求和者何心乎？和者，利于夷狄而不利于中国，利于屡胜之兵，而不利于新败之国者也。

夷狄以战而强、以战而亡者也；其能悔祸以息兵，则休息其兵，生聚其民，蕃育其马，而其骑射技击，则性焉习焉，而不以不用而废。中国则恃和以安而忘危矣；上争虚名于廷，兵治生计于郊，人心解散，冀长此辑睦而罢兵以偷安，一旦闻警而魂摇，其败亡必矣。屡胜之余，败之几也，虽屈己以和人，不以为辱而丧其气，抑以免骄兵之取败也，善居胜者也。若败矣，君方悔前者之妄动以致衄，而情不竞，惴惴危栗，得和以无虞，而涣然冰释，于是乎戒战之危，而歆和之利，虽不弭兵，兵必弭矣。边陲戍守之士，皆赘设而聊以逍遥，尚足恃以御非常之变邪？骄贪无厌之虏，方养全力以乘我，而我幸其驯扰，抱虎而望其息机牙，不亦愚乎？

刘宋以和而罢兵，赵宋欲罢兵而讲和，赵宋尤急矣。以和而弭兵者，志不在弭兵，弭于外未忘于内，故刘宋犹可不亡。以弭兵而和者，惟恐己之不弱也，故赵宋君臣窜死于海滨而莫能救。且曰："君无失德，民不知兵。"可胜悼哉！

十一

拓跋氏诏举逸民，而所征皆世胄，民望属焉，其时之风尚然也。江左则王、谢、何、庾之族显，北方则崔、卢、李、郑之姓著，虽天子莫能抑焉，虽边远之主莫能易也。士大夫之流品与帝王之统绪并行，而自为兴废，风尚所沿，其犹三代之遗乎！

夫以族姓用人者，其途隘；舍此而博求之，其道广；然而古之帝王终不以广易隘者，人心之所趋，即天叙天秩之所显也。尧求人于侧陋，而舜固虞幕之裔；文王得贤于屠钓，而太公固四岳之嗣。降及于周衰而游士进，故孔子伤陪臣之僭，而忧庶人之议。《春秋》于私嬖骤起之臣，善则书人，恶则书盗；孟子恶处士之横逆，而均之于洪水猛兽；耕商驵侩胥史之徒起，而为大伦之蟊贼，诚民志之所不顺也。

汉高起自田间，萧、曹拔于掾吏，上意移而下俗乱，故江充、主父偃、息夫躬、哀章之徒，得以干主行私，乱君臣父子之彝伦而祸人宗社；然而古道之在人心者，不可泯也。六代南北分，而此意独传，以迄于唐，世胄与寒门犹相持而不下。及朱温肆清流之毒，五季摧折以无余，宋因陋而不复。然其盛也，吕、范、韩、陈犹以华胄而登三事、列清要，天下咸想望之；其卓然立大勋明圣学者，类能不坠家声而为国所恃赖；至于文及甫、程松之为败类者，百不得一也。女真、蒙古更主中国，而北面事之者，皆猥类无行之鄙夫，无有能如崔浩之不惜怨祸以护士大夫之品类者，而古道扫地无余。以迄于今，科举孤行，门阀不择，于是而市井锥刀、公门粪除之子弟，雕虫诡遇，且与天子坐论，而礼绝百僚。呜呼！君子之于小人，犹中国之于夷狄，其分也，天也，非人之故别之也，一乱而无不可乱矣。

六代固尝以夷狄主中国矣，而小人终不杂于君子，彼废而此不废焉。至于两俱废，而后人道狱不灭者无几矣。拔浊流而清之，将谓引小人而纳于君子之途，道至大也；乃其弊也，夷君子于小人，而道遂丧。道大则荒，故先王畏其荒而不嫌其隘，譬之治津涂者，无径隧而任人之行，则蔓草遍于周行，而无所谓津涂矣。其位，君子也；其职，君子也；其饰文物以希当世者，君子也。而钱刀嚣讼之声，习而闻之；役父谇母之色，狎而安之；则廉耻丧于天下，而人无以异于禽。故曰：将引小人而纳之君子，实夷君子于小人也。小人杂于君子，而仕与同官，学与同师，游与同方，婚姻与同种姓，天下无君子，皆小人矣，中国皆夷狄矣，可胜痛哉！有王者起，无仍朱温恶清流之恶；名世兴，无避崔浩清流品之怨，庶以扶乾坤于不毁乎！

十二

　　吏民得告守令，拓跋氏之制也。拓跋焘自谓恤弱民而惩贪虐，以伸其气，自以为快，而无知者亦将快之，要为夷狄驵侩之情，横行不顾，以乱纲纪、坏人心，奈之何世主不择而效之也！以事言之，能于天子之阙、大吏之廷、告守令者，必非愚懦可侮、被守令之荼毒而无告者也。奉公有式，守宪有常，守令犹以苛敛残虐枉抑之而无所忌，此其人见守令而惴栗弗敢逆者，而能叩天子之阙、登大吏之廷以告守令乎？此诏行，而奸猾胁守令以横行，守令且莫敢谁何，乡闾比族之弱民登其刀俎者，敢有或为喘息者哉？若夫贪墨之守令，免此亦易尔，宽假奸顽而与相比，则愚懦者之肉恣食之而固无忧也，其害于拓跋氏之世已著见矣。而君子所甚恶者尤不在此。逆大伦、裂大分也，奖浇薄而导悖乱也，贱天之所贵、夷堂廉而天子且不安其位也，此则君子之所甚恶也。

　　夫人君诚患守令之残民与？则亦思其残民也何所自，而吾欲止其恶也，何以大正而小不能违。夫流品不清，而纨绔、赀郎、胥史、驵侩得以邀墨绶；铨选不审，而华金、怀绮、姻亚、请谒得以猎大邑；秉宪不廉，而纠参会察施于如水之心，荐剡吹嘘集于同昏之党；皆教贪奖酷之所自也。原其所本，则女谒兴，宦寺张，戚畹专，佞幸进，源浊于上，流污于下，其来久矣。腥闻熏天，始从而怒之，假手于告讦之民以惩之；必民之是假也，亦恶用天子与大臣哉？夷狄不能禁其部曲，渐以流毒于郡邑，无已而此法行焉。堂堂代天而理民者，明大伦、持大法，以激浊扬清而弗伤其忠厚和平之气者，焉用此为？

十三

　　儒者之统，与帝王之统并行于天下，而互为兴替。其合也，天下以道而治，道以天子而明；及其衰，而帝王之统绝，儒者犹保其道以孤行而无所待，以人存道，而道可不亡。

　　魏、晋以降，玄学兴而天下无道，五胡入而天下无君，上无教，下无学，是二统者皆将斩于天下。乃永嘉之乱，能守先王之训典者，皆全身以去，西依张氏于河西；若其随琅邪而东迁者，则固多得之于玄虚之徒，灭裂君子之教者也。河西之儒，虽文行相辅，为天下后世所宗主者亦鲜；而矩矱不失，传习不发，自以为道崇，而不随其国以荣落。故张天锡降于苻秦，而人士未有随张氏而东求荣于羌、氐者。吕光叛，河西割为数国，秃发、沮渠、乞伏，蠢动喙息之酋长耳，杀人、生人、荣人、辱人惟其意，而无有敢施残害于诸儒者。且尊之也，非草窃一隅之夷能尊道也，儒者自立其纲维而莫能乱也。至于沮渠氏灭，河西无复孤立之势，拓跋焘礼聘殷勤，而诸儒始东。阚骃、刘昞、索敞师表人伦，为北方所矜式，然而势屈时违，只依之以自修其教，未尝有乘此以求荣于拓跋，取大官、执大政者。呜呼！亦伟矣哉！

江东为衣冠礼乐之区，而雷次宗、何胤出入佛、老以害道，北方之儒较醇正焉。流风所被，施于上下，拓跋氏乃革面而袭先王之文物；宇文氏承之，而隋以一天下；苏绰、李谔定隋之治具，关朗、王通开唐之文教，皆自此昉也。一隅耳，而可以存天下之废绪；端居耳，而可以消百战之凶危；贱士耳，而可以折嗜杀横行之异类。其书虽不传，其行谊虽不著，然其养道以自珍，无所求于物，物或求之而不屈，则与姚枢、许衡标榜自鬻于蒙古之廷者，相去远矣。

是故儒者之统，孤行而无待者也；天下自无统，而儒者有统。道存乎人，而人不可以多得，有心者所重悲也。虽然，斯道亘天垂地而不可亡者也，勿忧也。

十四

营阳弑，庐陵死，而文帝之心戚矣。环任诸弟以方州，而托国政于彭城，非但以为不拔之基也；顾瞻兄弟，不忍为权臣所屠割，相奖以共理，冀以服天下而保本支；衰世之君能尔者鲜矣。不然，营阳废而己兴，岂不早忧奸人之援立以加我者而峻防之乎？然则彭城之伏罪以废弃，彭城之不仁也，于帝何尤焉！

义康之入辞也，惟对之号泣而无一语，义康而有人之心也，其何以自容也！义康奉顾命之诏，刘湛即昌言幼主之不可御天下。义康而无篡夺之心乎？即不能执湛以归司寇，自可面折而斥绝之；方且爱湛弥笃，而不自敛约，义康之心，路人知之矣。或曰："义康非固有其意，而湛以倾险导之，义康固可原也。"亲则兄弟，尊则君臣，此立身何等事，而可谢咎于人之诱之也哉！扶令育谏文帝以保全义康则可矣，欲使召还而授以政，是亦一刘湛也，其见杀亦自取之也。

十五

当其重也，则孔子之车，颜渊无椁而不可得也；当其轻也，则天子之尊，四海之富，如野蕲之在山麓水湄，而人思掇之也。谢灵运、范晔雕虫之士耳，俱思蹶然而兴，有所废立，而因之以自篡，天子若是其轻哉！何防乎？防于司马懿也。

王敦、桓温死而不成；桓玄狂逞遂志而终以授首；傅亮、谢晦、徐羡之甫一试其凶，而身膏铁钺；而灵运、晔犹不恤死以思偾兴，惟视天下之果轻于一羽，而尪夫举之之无难也。范晔之志趋无常，何尚之先知之，其处心非一日也；灵运犹倚先人之功业，而晔儒素之子弟耳，一念怏怏，而人主悬命于其佩刀之下，险矣哉！萧道成、萧衍之侥得也，灵运、晔之侥失也，一也。大位之轻若此，曹操所经营百战而不敢捷得者也，故曰司马懿防之也。

位不重，奸不戢，天下之祸乱不已，君臣之分义不立，故《易》曰："圣人之大宝曰位。"思所以服天下之心而早戢其异志，必有道矣。爱名器，慎选举，以重百官。贾生曰："陛尊、廉远、堂高。"知言也夫！

十六

高允几于知《易》矣。《易》曰："其出入以度入声外内人句，使知惧。"故圣人之作《易》也，使人度也，使人惧也；使人占也，即使人学也。子曰："不占而已矣。"谓不学也。拓跋丕从刘絜而欲谋篡，梦登白台，四顾不见人，使董道秀筮之，而道秀曰："吉。"此以占为占，而不知以学为占也。允曰："亢龙有悔，高而无民，不可以不戒。"此以学为占，而不于得失之外言吉凶也。

天下无所谓吉，得之谓也；无所谓凶；失之谓也；无所谓得失，善不善之谓也。然而圣人作《易》以前民用者，两俱仁而有不广，两俱义而有不精，时位变迁而争之于毫末，思虑穷，而《易》以何思何虑之妙用，折中以协乎贞，则《易》之所以神，而筮之所以不可废也。若夫臣之忠，子之孝，义之必为，利之必去，昭然揭日月于中天，非偶然朽骨枯茎、乘不诚不道者之私以妄动，任术士之妄，谓之吉而遽信为古，以祸天下而自戕者，所可窃以亿中也。

然而《易》亦未尝绝小人而不正告之也，通其义，裁之以理，使小人亦知惧焉。夫小人之为不善，行且为天下忧，故《易》不为小人谋，而为天下忧，惩小人之妄而使之戢，则祸乱不作，故大义所垂以遏小人之恶者，亦昭著而不隐。呜呼！知此者鲜矣，而高允能知焉，不亦善乎！朱子乃谓易但为筮卜之书，非学者所宜学，何其言之似王安石，而顾出允下也！

十七

历法至何承天而始得天，前此者未逮，后此者为一行、为郭守敬，皆踵之以兴，而无能废承天之法也。子曰："行夏之时。"伤周历之疏也。历莫疏于周，莫乱于秦，惟其简而已矣。《春秋》所书日食三十六，有未朔、既朔、月晦而食者，简故疏也。秦以建亥为岁首，置闰于岁终，简故乱也。历无可简者也，法备而后可合于天。承天之法，以月食之冲，知日之所在；因日躔之异于古，知岁之有差；以月之迟疾置朔，以参合于经朔，精密于前人。天之聪明，以渐而著，其于人也，聪明以时而启，惟密以察者能承之。拘蔿之儒，执其习见习闻以闭天之聪明，而反为之谤毁；嵬琐之士，偶得天明之一端，自诩其神奇，而欲废古人之规矩以为简捷。皆妄也。

古之所未至，可益也；以益之者改之，可改也。古之所已备者，不可略也；略之而使亡焉，则道因之而永废矣。废古而亡之，取便于流俗，苟且之术，秦之所以乱天下者，君子之所恶也。郭守敬废历元，俾算者之简便，徇流俗尔。历元废，则甲子何所从始，奚以纪年而奚以纪日邪？近乃有欲废气盈朔虚，以中气三十日有奇纪孟仲季，而废闰并废月者，是天垂三曜而蔑其一也。夫人仰而见月，以月之改矣，知四时寒暑之且更矣；舍之而以中纪岁，非据历之成书，而人莫能知时之变迁矣。故古之以朔纪月，而为闰以通之于岁者，所以使人仰观于月而知时，犹仰观于日而知昼夜，何可废也。备古之所未逮，则自我而始，垂之无穷；古法废，则自我而且绝；此通蔽之大端，君子之所不敢恃己以逆天人也，岂徒历法为然哉！

十八

王玄谟北伐之必败也，弗待沈庆之以老成宿将见而知之也；今从千余岁以下，繇其言论风旨而观之，知其未有不败者也。文帝曰："观玄谟所陈，令人有封狼居胥意。"坐谈而动远略之雄心，不败何待焉？

兵之所取胜者，谋也、勇也，二者尽之矣。以勇，则锋镝雨集车驰骑骤之下，一与一相当，而后勇怯见焉。以言说勇者，气之浮也，侈于口而馁于心，见敌而必奔矣。若谋，则疑可以豫筹者也；而豫筹者，进退之大纲而已。两相敌而两相谋，扼吭抵虚，声左击右，阳进阴退之术，皎然于心目者，皆不可恃前定以为用。惟夫呼吸之顷，或敛、或纵、或虚、或实，念有其萌芽，而机操于转晌；非沉潜审固、凝神聚气以内营，则目荧而心不及动，辨起而智不能决。故善谋者，未有能言其谋者也。指天画地，度彼参此，规无穷之变于数端，而揣之于未事，则临机之束手，瞀于死生而嗫无一语也，必矣。

玄谟之勇，大声疾呼之勇也；其谋，鸡鸣而寤、画衾扪腹之谋也；是以可于未事之先，对人主而拄笏掀髯，琅琅惊四筵之众。今亦不知其所陈者何如，一出诸口，一濡之笔，而数十万人之要领已涂郊原之草矣，况又与江、徐文墨之士相协而鸣也哉！

薛安都之攻关、陕而胜也，鲁方平谓安都曰："卿不进，我斩卿，我不进，卿斩我。"流血凝肘而不退，兵是以胜。武陵王骏之守彭城而固也，张畅谓江夏王义恭曰："若欲弃城，下官请以颈血污公马蹄。"骏听之，誓与城存亡，城是以全。繇此观之，拓跋氏岂果有不可当之势哉？勇奋于生死之交，谋决于安危之顷，武帝之所以灭慕容、俘姚泓，骂姚兴而兴不敢动，夺拓跋嗣之城以济师而嗣不敢遏，亦此而已矣。皆玄谟所引以自雄者，而心妄度之，目若见之，口遂言之，反诸中而无一虚静灵通之牖，以受情势之变，而生其心；则事与谋违，仓皇失措，晋寇以屠江、淮，不待智者而早已灼见之矣。

言兵者必死于兵，听言而用兵者，必丧其国，赵括之所以亡赵，景延广之所以亡晋，一也。最下而郭京、申甫之妖诞兴焉。有国家者，亟正以刑可也。但废不用，犹且著为论说以惑后世，而戕民于无已。《易》曰："弟子舆尸。"坐而论兵者之谓也。

十九

于崔浩以史被杀，而重有感焉。浩以不周身之智，为索虏用，乃欲伸直笔于狼子野心之廷，以速其死，其愚固矣。然浩死而后世之史益葳，则浩存直笔于天壤，亦未可没也。直道之行于斯民者，五帝、三王之法也，圣人之教也，礼乐刑政之兴废，荒隅盗贼之缘起，皆于史乎征之，即有不典，而固可征也。若浩者，仕于魏而为魏史，然能存拓跋氏之所繇来，详著其不可为君师之实，与其乘间以入中国之祸始，俾后之王者鉴而知惧，以制之于早，后世之士民知愧而不屑戴之为君，则浩之为功于人极者亦伟矣。浩虽杀，魏收继之，李延寿继之，撰述虽葳，而诘汾、力微之葳迹犹有传者，皆浩之追叙仅存者也。

前乎此而刘、石、慕容、苻、姚、赫连之所自来佚矣；后乎此而契丹、女真、蒙古之所自出泯矣。刘、石、慕容、苻、姚、赫连之佚也，无史也；契丹、女真之泯也，蒙古氏讳其类，脱脱隐之也；然犹千百而存一也。宋濂中华之士，与闻君子之教，佐兴王以复中华者也，非有崔浩族诛之恐。而修蒙古之史，隐其恶，扬其美，其兴也，若列之汉、唐、宋开国之君而有余休；其亡也，则若无罪于天下而不幸以亡也。濂史成，而天下之直道永绝于人心矣。濂其能无愧于浩乎？浩以赤族而不恤，濂以曲徇虞集、危素而为蒙古掩其腥秽，使后王无所惩以厚其防，后人无所愧以洁其身。人之度量相越，有如此哉！后之作者，虽欲正之，无征而正之，濂之罪，延于终古矣。

二十

生人之大节，至于不惮死而可无余憾矣。然士苟不惮死，则于以自靖也，何不可为，而犹使人有余憾焉，是可惜也。

袁淑死于元凶之难，从容就义以蹈白刃，其视王僧绰与废立之谋，变而受其吏部尚书，以迹露而被杀者远矣。虽然，元凶劭之与君父有不两立之势也，自其怨江、徐而造巫蛊已然矣。淑为其左卫率，无能改其凶德，辞宫僚而去之，不可乎？可弗死也。及其日飨将士，亲行酒以奉之，枭獍之谋决矣，发其不轨而闻之于帝，不可乎？言以召祸，于此而死焉，可也。伐国不问仁人，其严气有以詟之也。风棱峻削岳立，而为元凶所忌，或殒其身，可也。何至露刃行逆之时，元凶尚敢就谋成败乎？且其官卫率也，将士之主也，元凶不逞，握符麾众，禽之以献，不济而死焉，可也。何踌躇永夜，而被其胁使登车，而泯泯以受刃乎？伤哉！淑之能以死免于从逆，而荏苒以徒亡也。

子曰："见义不为，无勇也。"淑之于义曙矣，而勇不足以堪之，将无有掣其情而使无勇者存邪？勇于定乱，勇于讨贼，难矣；勇于去官，决于一念而惟己所欲为者也，此之不决，则死有余憾。为君子者，可不决之于早哉！养勇以处不测之险阻，无他，爵禄不系其心，则思过半矣。

二十一

晋、宋以降，国法圮、大伦斁、而廉耻丧，非一日矣。周札应王敦，而与卞壶、桓彝同其赠恤；王谧解天子玺绶以授玄，玄死，反归而任三公，天讨不加，而荣宠及之。数叛数归，觍颜百年而六易其主，无惑也。如是，宜速歼以亡；而其君犹能传及其世，其士大夫犹能全其族者，何也？盖君臣之道丧，而父子之伦尚存也。

元凶为逆，孝武起兵以致讨，元凶败矣，萧斌解甲带白幡来降，逆濬就江夏王义恭以降，而但问来无晚乎，固自谓得视王谧，斌犹可立人之朝，濬犹可有其封爵也。于是斩斌于军门，枭濬于大航，法乃伸焉，则人知覆载不容之罪无所逃于上刑。于斯时也，义愤所激，天良警之，人理不绝于天下，恃此也夫！故延及齐、梁而父子之伦独重。梁武于服除入见者，无哀毁之容，则终身坐废。区区孱弱之江左，拥衣冠而抗方张之拓跋，存一线人理于所生，而若或佑之；于此可以知天，可以知不学不虑之性矣。萧正德，萧综捐父事贼，而无有正天诛者，然后江东瓦解以渐灭。兴亡之故，系于彝伦，岂不重与！

孝武帝

一

势变情移，而有无妄之灾，恬不知警，违时任意，则祸必及，庸夫之恒态也。惟然，而巧者测之，急改其常度，以迎当时之意指，乃至残忍甚害，为同类所饮恨而不顾，以是为自全之策；幸而全也，小人之尤也，而究以得全者亦鲜矣。

孝武以藩王起兵，而受臣民之推戴，德望素为诸王所轻，不自安也；于是杀铄，诛义宣，忍削本支，以快其志。江夏王义恭诱逆劢弃南岸，单骑南奔，上表劝进，斩逆濬，厥功大矣；于是畏祸之及己也，条奏裁损王侯九事，以希合孝武未言之隐，削剥诸王以消疑忌。夫义恭岂无葛藟之恩，利非在己，而灭天性以任骨肉之怨者，何也？以为先自我发，而人不得挟短长以议己，全躯保禄位之术，自诧为工矣。

或曰：遇暴人，丁险运，不授异姓以制我之权，而自任之，则祸泯于无形，亦知时度势者之不废乎！浸不若此，而以笃懿亲、固根本之言投于猜忌之衷，无救于时，而只以自害，奚可也？曰：君子之处此，固有道矣。物激矣，而持之以定，禹之所以抑洪水也。势危矣，而居之以安，孔子之所以解匡围也。圣人岂有以异于人哉？出乎圣，即疾入乎狂。义恭之狂也，无以持物而自奠其居也。君多忌而寡恩矣，义宣等之不辑，非必妄干天位，而贪权势以启忮人之衅矣。义恭以有功居百僚之上，诚危矣；而远嫌以消疑忌，固无难也。自谢不敏，翩然而去之，养疾邱园，杜口朝政，则于以自全焉有余矣。而何事导君以残刻，而己为不仁之俑哉？

主自疑也，吾自信也；诸王自竞也，吾自静也。或有闻风而相效者，则宗族以保，而帝亦且消其猜防骨肉之邪心。其不然也，为孝武献残忍之谋者，岂伊无人，而我处无咎之中，不已裕乎？惟其欲为功以固荣宠也，而违心以行颠倒之政，引君以益其慝，敛众怨以激其争，而后天理亡，民彝绝，国亦以危矣。身虽苟免，其喙息亦何异于禽兽哉？其究也，逃孝建、大明之网罗，翱翔百僚之上，而终授首于子业，狂者之自毙也，未有免者也。道二：仁与不仁而已矣。一念之贪，天理之贼，圣狂之界也。

二

拓跋氏将立其子为太子，则杀其母，夷狄残忍以灭大伦，亦至此哉！然其后卒以未杀之淫妪擅国而召乱以亡，徒以椓杙天性而无救于亡，何为者邪？且夫母后者，岂特不可杀，而亦不必过为防者也。周之过其历也，化始于《关雎》，琴瑟钟鼓，惟是乐以友之，而内治修、国政不紊。彼为圣王之化，不可及矣。虽不及此，取供祭祀奉皇天先祖之伉俪而视之如仇雠，是可忍也，亦孰不可忍也！将必如浮屠氏之尽弃家室而后可治也邪？

内教之修尚矣，迪之以阴礼，而可使见德；统之以妇职，而可使见功。夫妇人亦犹是人也，无所见其功德，而后预外事以为荣。故先王勤饬以躬桑渍种之仪，劝奖以亚献馈笾之礼，有余荣焉。虽乐于自见之哲妇，亦不患其幽闶深宫如圈豚笼鸟之待饲，而其志宁矣。其次，则后族虽贤弗任也，内竖之服勤于宫中者弗庸也，大臣得箴其举动，嗣子不托以匡扶，制之之道，亦岂无术，而必以为患哉？不然，人主六御在握，方将举天下之智勇而驭之，取草泽之雄、夷狄之狡而制之，匹夫亦有一匹偶，而惴惴然惟恐戕我国家也，不亦陋乎！

拓跋氏不足诛者也，有天下者，非猜而钳之，则昵而纵之。道二：仁与不仁而已，非取法于齐家之圣化，亦惘怅而不得其术也。

三

源贺请减过误入死罪者充卒戍边，拓跋濬从之，而奖贺曰"一岁所活不少"，是也。又曰"增兵亦多"，则乱政也，拓跋氏自此而衰矣。兵者，宗社生民所倚以为存亡生死者也。古者寓兵于农，兵亦农也。王者莫重乎农，则莫重乎兵，于《风》有《东山》焉，于《雅》有《杕杜》焉，相与劳来而咏歌之，如此乎其贵之也。后世招募兴，而朴者耕耨以养兵，强者战守以卫农，相为匹而不相下，坐食农人勤获之粟而不以为厉农，其有功则立朝右，与士伍而不以为辱士，抑如此乎其重之也。乃使犯铁锁之刑，为生人所不齿者，苟全其命，而以行伍为四裔之徒，则兵之贱也，曾不得与徒隶等，求其不厌苦而思脱、决裂而自恣、幸败而溃散者，几何也？兵贱则将亦贱矣，授钺而专征者，一岸狱之长而已，廉耻丧，卤掠行，叛离易于反掌，辱人贱行者之固然，又何怪焉？

夫兵，惟其精也，不惟其多也。士皆千金之士，将专阃外之尊，为国干城，一旅而敌百万。乌合之众，罪人无行，苟免而无惭，虽多何补哉？若以矜全过误而贷其命，则有流放之辟在焉。贺之说，涂饰以为两得，而不知其馁国之神气以向于衰。后世免死充军，改流刑为金伍，皆祖贺之术，而建之为法；行之未久而武备堕，盗贼夷裔横行而无与守国，夫亦见拓跋氏之坐制于六镇而以亡也乎！

四

自魏、晋以来至于宋大明之世，而后权移于近臣。戴法兴、戴明宝、巢尚之皆赐爵掌中书事。前此者，权归大臣，天子虽有所宠信而不能伸，孝武以疑忌行独制，义恭等畏祸以苟全，于是而其法始变。春秋之季，世卿执国，非其族属，则谓之嬖大夫。以孔子之圣，位至下大夫而止，弗能为卿也。魏、晋以后，流品重，世族兴，而非门阀以进者，谓之幸臣；即人主之所委任，弗能登之三事也。乃以其时考之，春秋篡弑相仍，晋、宋权臣继攘，上用一人，而下远之也若将污己，仇之也若不两立，人君孤立，而兴废死生不能自保。盖嬖幸之名立，以禁锢天子之左右，流俗之稗政，夺攘之祸媒也。

然而为人主所亲幸者，率多邪佞贪谀，导君于恶，而弄威福以售奸利，卒不能收一人之用可恃为股肱者，何也？物之所贵，因而自贵者，道也；物之所贱，因而自贱者，机也。丰年谷贱而多黄稗，陂泽鱼贱而多臭腐，物论之所趋，物情之所竞，而物理之所繇以良楛，必然之势也。九品之外无清流，世族之外无造士，于是而不在此数者，知不足以应当世之宠光，颓然自放而已。其慧者，又将旁出歧趋以冀非分之福泽。故天子欲拔一士于流品之外，而果无其人。即有明辨之智，干理之才，喻利焉耳，稔恶焉耳，于是而天下后世益信孤寒特起之士果为佞幸，适以破国亡家而不可用；亦恶知摧抑而使习于污下者，虽有才智不能自拔也。

故人主之好尚，不能不随风俗以移，而圣王崛起，移风易俗，抑必甄陶渐渍之有日，而不可旦夕期其速革。孝武以近臣间大臣而终于乱，非天子不可有特用之人，其驯致之者，无以豫养之也。

五

一动而不可止者，势也。太上以道处势之先，而消其妄，静而自正也。其次坦然任之，不得已而后应，澄之于既波之后，则亦可以不倾。元凶造逆，天下同仇，孝武援戈而起，以臣子而恤君父之惨，行戮兄弟而非忍，夫孰谓其非正者。然而诸王拥方州以自大，义宣反于江州，诞反于广陵，休茂反于襄阳，乘之以动而不可止，于是而孝武之疑忌深矣。削之制之，不遗余力，而终莫能戢。嗣子虽不道，而祸速发于同姓之操戈，垂及明帝，杀戮逞而刘宗遂亡。波涛触乎崖石，逆风而喷薄，亦至此哉！揆厥所繇，不可谓非孝武之师先之也。

夫孝武之师，动以正也，乃一动而不可止，卒以倡乱者，岂谓其不宜悬逆劭之首于都市哉？度之于先，而与物相安以息争也，固有道矣。义兵之至建业也，劭将授首，君父之怨释，臣子之职亦庶几尽矣。乃以次，则非长也；以望，则不足以服人也；于此屯兵于宫阙，正告诸王曰："吾之决于称兵也，以君父不忍言之惨，古今不再见之祸也。今元凶已伏诛矣，孤岂忍有利天下之心？以齿以德，必有所归，社稷不可以无主，吾将与诸王奉之。"使众意他有所属，臣子之道尽，虽不为天子而志已遂矣。如臣民以功而不我释与？抑引咎含哀，不得已而受命，推怵惕之忧，厚抚诸父昆弟，以广先君之爱，则天下既服其仁，而抑知大位之不可以力争也。天下定矣，乃听义恭之诏，元凶未斩，而先即位于新亭。然则起兵也，非果有割肝裂胆之痛，而幸兄弟之逆以获大宝也。波自我扬，而欲遏之也，得乎？

既急于自立而莫能待矣，则抑可自信曰：均为臣子，而诸王偃蹇于逆劭之世，我既诛贼子而得之，人情所归，非我贪也。有谅我者，其知顺逆者也，不足虑也；其横逆而逞者，狂飙之拂水而已，怀之以恩，而尚不可革，天下臣民，自不迷于向背，夫孰与我为敌者？坦然无惧于彼，而不轨者之意亦消。即有妄动之狡童，而义诎援孤，亦不崇朝而沮丧矣。乃孝武忮人也，甫一践阼，而杀其弟铄，视诸父昆弟若人可为已之为，而削夺禁制以巫掔曳之，夫而后告诸王以不自保之情，启其觊觎，徒树荆棘于寸心以相捍御，非能御也，教之而已矣。及身三叛，而嗣子速亡，不亦宜乎！呜呼！以忠孝始，以恶缩终，怀恶缩于心，启戈矛于外，惜哉！孝武有仁孝之资，而自流于薄恶，天子之位，犹可猎也，孝子之实，不可袭也，反居中而不诚，居之不安而卒于乱，乱其可止哉！遏之乃以扬之，得免于及身之戮，幸矣。

六

张岱历事宋之诸王，皆败度之纨绔也，岱咸得其欢心，免于咎恶，而自诩曰："吾一心可事百君。"夫一心而可事百君，于仕为巧宦，于学为乡原，斯言也，以惑人心、坏风俗，君子之所深恶。晋、宋以降，君屡易而臣之居位也自若，佐命于乱贼而不耻，反归于故主而不怍，皆曰：吾有所以事之者也。廉耻荡而忠孝亡，其术秘而不敢自暴，岱乃昌言之而以为得计。呜呼！至此极矣！

且夫事君之心，其可一者，忠而已矣；其他固有不容一者也。岱曰："明暗短长，更是才用之多少耳。"才可以随方而诡合，遇明与之明，遇暗与之暗。假令桀为倾宫，将为之饰土木，纣为炮烙，将为之爇炉炭乎？故有顺而导之者，有徐而导之者，有正而折之者，有曲而匡之者，心不容一也。若逆天悖道之君，自非受托孤之寄，任心膂之重，义不可去，必死以自靖者，则亦引身以退，而必不可与同昏，恶有百君而皆可事者乎？则恶有一心以事君，而君可百者乎？游其心以逢君，无所往而不保其禄位，此心也，胡广、孔光、冯道之心也。全躯保荣利，而乱臣贼子夷狄盗贼亦何不可事哉？心者，人之权衡也，故有可事有不可事，画然若好色恶臭之不待图惟也。苟其有心而不昧，则宋之诸王无一可事者，而百云乎哉？女而倚门也，贾而居肆也，皆一于利而无不可之心也。故曰：充岱之说，廉耻丧，忠孝亡，惑人心，坏风俗，至此极矣。

七

郡县之天下有利乎？曰："有，莫利乎州郡之不得擅兴军也。"郡县之天下有善乎？曰："有，莫善于长吏之不敢专杀也。"诸侯之擅兴以相侵伐，三代之衰也，密、阮、齐、晋，莫制之也；三代之盛，王者禁之，而后不能禁也。若其专杀人也，则禹、汤、文、武之未能禁也，而郡县之天下得矣。

人而相杀矣，诸侯杀之，大夫杀之，庶人之强豪者杀之，是蛙黾之相吞而鲸鲵之相吸也。夫禹、汤、文、武岂虑之未周，法之不足以立乎？自邃古以来，各君其土，各役其民，若今化外土夷之长，名为天子之守臣，而实自据为部落，三王不能革，以待后王者也。至于战国，流血成渠，亦剥极而复之一机乎！汉承秦以一天下，而内而司隶，外而刺守，若严延年、陈球之流，亢厉以嗜杀为风采，其贪残者无论也，犹沿三代之敝而未能革。宋孝武猜忌以临下，乃定"非临军毋得专杀、非手诏毋得兴军"之制，法乃永利而极乎善，不可以人废者也。嗣是而毒刘之祸以减焉。至于唐、宋，非叛贼不敢称兵；有司之酷者，惟以鞭笞杀人，而不敢用刀锯；然后生人之害息，而立人之道存。不然，金、元之世，中国遗黎，其能胜千虎万狼之搏噬乎？

前废帝

　　沈庆之缚绮以入而收刘斌，斥颜竣而决诛逆劭，何其决也！及子业昏虐，柳元景首倡废立之谋，而庆之发之，蔡兴宗苦说以举事，沈文秀流涕以固请，而庆之终执不从，坐待暴君之鸩，又何懦软不断以自毙也！呜呼！六代之臣，能自靖以不得罪于名教者，庆之一人而已。

　　庆之曰："但当尽忠奉国，始终以之。"又曰："非仆所能行，固当抱忠以没耳。"斯言也，斯心也，抱孤忠以质鬼神而无欺者也。君而不道，天下固将叛之，要亦无可如何者。比干、箕子，岂不能剚纣之首以奉微子哉？而不尔者，天下之恶无有逾于臣弑其君者。安社稷者，亦以靖乃心耳，如之何其干之！如兴宗之言，取青溪之铠仗，率攸之辈驱三吴勇士以入，其能容子业使为昌邑王之从容以去乎？宋之社稷且以之而倾，而庆之已允为戎首矣。惧祸杜门，安居而俟命，啧啧之言，岂知庆之之心者哉？死生，命也；国之存亡，天也；己与孝武艰难同起，嗣子败类，而遽以其血染刀剑，天良阋阋于心，安能与阮佃夫、寿寂之同为逆乎？

　　呜呼！董卓推陈留之刃，司马懿解曹芳之玺，桓温夺帝弈以与简文，刘裕弑安帝以立琅邪，皆假伊、霍以为名而成其篡。后此者，道成之弑苍梧，萧衍之戕东昏，皆已弑而必篡者也。庆之三朝宿将，威望行于南北，扶孝武以诛元凶，位三公而冠百辟，将吏皆出其门，扑子业之荐凶，以解朝野之焚溺，此乃乘时以收人心而猎大位之一机也。向令独夫已殄，众望聿归，且有骑虎不下之势，宋太祖所谓黄袍加身不繇汝者，刘氏之宗祐，且移于沈而不可辞。庆之虑此，而忍以其身为莽、操乎？进则帝矣，退则死矣，决之于心，而安于抱忠以死，故曰抱孤志以质鬼神，六代之臣，庆之一人而已。如曰愚以亡身，则箕子、比干先庆之而愚矣。

明帝

一

　　杀机动于内，祸乱极于外。宋之季世，拓跋氏未有南侵之谋也，而淮西、淮北席卷而收之，薛安都一反面北向，风靡萍散而不可止。谓明帝不从蔡兴宗之言，以重兵迎薛安都而使疑惧，犹末论也。

　　帝与子勋争立，而尽杀孝武二十八子，是石虎之所以歼其种类者。宋之不亡，幸耳；尚能抚有淮甸哉？二十八王，非皆挟争心者也，以子勋故，而迁忿怒以歼之，骨肉之恩，斩绝不恤。则夫淮、汝州郡应子勋而起者，虽剖心沥血以慰劳之，固将怀芒刺于癏瘝，奚更待重兵之见胁乎？夫子业不道，而孝武恩在人心，人未忘也。子业死，明帝与子勋两俱有可立之势，而子勋兄弟为尤正。明帝据非所有，逞基毒以殄懿亲，宁养假子而必绝刘氏之宗。明于义者去之若污，审于害者逃之若骛，尚孰与守国而不呕厥以飞邪？孝武忌同姓亦至矣，子业虐诸父亦酷矣，至于明帝而抑甚焉。其后高湛、陈蒨相踵以行其残忍，皆不能再世。小人不知恩义，而抑不知祸福，将谓鬼神之可欺也，夫鬼神而可欺也哉！

二

　　自宋以来，贞人志士之言绝于天下。夏侯详者，名不显于当时，而能昌言以救刘勔之失，殆跫然空谷之足音矣。殷琰在寿阳，畏明帝之诛己，欲降于拓跋氏。详曰："今日之事，本效忠节，何可北面左衽乎？"至哉言乎！司马楚之、王琳而知此，不为千载之罪人矣。

　　以宋事言之，子业之弑，宵小挟怨毒而弑之，起明帝于囚系之中而扳之以立，为贼所立，乘间以窃位，不能正其始矣。子勋虽反，乃以独夫之将覆宗社而起，未纯乎不正也。孝武以讨贼而为神人主，一子不肖，以次而仍立其子，位固子勋之位也。应子勋而起者，名亦近正，志亦近义。详曰"本效忠节"，皎皎初心，岂自诬哉？夫既以名义为初心，则于义也当审。为先君争嗣子之废兴，义也；为中国争人禽之存去，亦义也；两者以义相衡而并行不悖。如其不可两全矣，则先君之义犹私也；中国之义，人禽之界，天下古今之公义也。不以私害公，不以小害大，则耻臣明帝而归拓跋，奚可哉？

呜呼！人莫急于自全其初心，而不可任者一往之意气。欲为君子，势屈而不遂其志，抑还问吾所自居者何等也。情之所流，气之所激，势之所迫，倒行逆施，则陷于大恶而不知，而初心违矣。故迫难两全之际，捐小以全大，乃与其初心小异而不伤于大同。故管仲事仇而夫子许之为仁，以其知小大公私之辨也。使怀子纠之怨，忿戾以去其故国，北走戎，南走楚，必与桓公为难，而雪其悁悁之忿，则抑匹夫匹妇之不若，禽兽而已矣。君子之称管仲曰"徙义"，徙而不伤君子之素，则合异于同，而无愧于天下。详曰"本效忠节"，大正而固不昧其初也。

三

宋以金赎刘昶于拓跋氏，其情匿，其志憯矣。怀不肖之心于隐微，而千里之外见之，人不可罔也如斯夫！

何言乎其情匿也？昶之北奔，畏孝武之疑忌而见杀也。明帝既杀孝武之子以泄其忿媢，恐人怀孝武之恩而致怨于己，故召回昶，以暴孝武之过，曰"彼欲灭兄弟而我复之"，托于昶以扬孝武之恶，怀匿而故为之名也。

何言乎其志憯也？休仁者，亦其兄弟，所与争国而有功者也。疑忌既深，休仁自解扬州牧以免祸，而终不免于鸩；袆与休佑、休若无毫发之嫌，而先后被杀；所仅全者，庸劣之休范耳。昶才非休范之匹，而又有拓跋氏之外援，畏其在外，且挟强敌之势以入，争其养子，姑召之归。使其反邪，鸩杀之祸，必不在休仁兄弟之后。欲加之罪，而何患无辞乎？故曰其志憯也。

于是而魏人知之矣，昶亦知之矣。亢兄弟之词，而无来归之志，魏以全昶而昶以自全。灼见其恶而远之惟恐不夙，人其可以罔乎哉？论者乃曰："赎昶，义也。"亦尝见明帝灭绝天性之恶已著而不可掩者乎？

四

佞佛者，皆非所据而据，心危而附之以安者也。自古帝王至于士庶，其果服膺于释氏之说而笃信者，鲜矣。其为教也，离人割欲，内灭心而外绝物，而佞佛者反是，何为其笃信之？篡弑而居天子之尊，夷狄而为中国之主，德薄才菲，自顾而不知富贵所从来，怀慝负惭，叩窃而觉梦魂之不帖，始或感冥报之我佑，继或冀覆悚之无忧，于是而佛氏宿命之因缘，忏除之功德，足以慰藉而安之。故夷狄之君，篡逆之主，屈身降志，糜国殃民，以事土木之偶；而士大夫之侥幸显荣，乃至庶民之奸富者，亦惑溢分之荣朓所自致，而幸灾眚之不及。其有因而述其空寂之说者，则以自文其陋而已，非果以般若涅槃为身心之利，而思证入之也。于是而浮屠之为民害也，不可止矣。

拓跋氏置僧祇佛图户，夺国之民，而委赋役于贫弱之农民，其主倡之，州镇因而效之，遍天下以为民害。读杨炫之《伽蓝记》，穷奢竞靡，而拓跋氏以亡。非所据而据焉，身必危，浮屠氏其蒺藜矣。然则拓跋焘之诛沙门，又何也？彼乞灵于仙鬼，事异而情同，皆怀欺于人，而徼福于鬼，《夏书》所谓巫风也。

五

无可信之边将者国必危。掩败以为功，匿寇而不闻，一危也；贪权固位，怀忧疑以避害，无寇而自张之，以自重于外，二危也。二者均足以危国，而张虚寇以怙权者尤为烈焉。边将之言曰：无寇，则朝廷轻我。边荒盗贼之言曰：无我，则汝之为将也，削夺诛杀随之矣。于是而挑寇也，养寇也，纵寇也，无所不至，玩弄人君于股掌之上，一恐喝而惟我所欲。呜呼！此固猜疑防制自以为智之主也，而玩弄之如婴儿，不亦伤乎！

宋明帝欲除萧道成，荀伯玉为之谋，使轻骑挑魏之游兵，而遽以警闻、繇是而道成终据兖州以立篡弑之基。故掩败以为功，匿警而不闻者，视此而祸犹小也。择人而任之，既任而信之，坦衷大度以临之，彼敢欺我哉？故莫愚于猜疑防制之主，而暗者犹次也。

六

赵武灵王授位于子，而自称主父，废长立少，恐其不安于位也。拓跋弘授位于子，而自称太上皇帝，子幼而恐为人所篡夺也。宗爱弑两君，而潜几不立；乙浑专杀无君，弘几死其手；故弘年甫二十，急欲树宏于大位，以素统臣民，而已镇抚之。犹恐人心之贰也，故先逊位于子推，使群臣争之，而又阳怒以试之，故子推之弟子云力争以为子推辞，而陆馥、源贺、高允皆犯颜以谏而不避其怒，其怒也，乃其所深喜者也。其退居而事佛、老，犹武灵之自将以征伐，皆托也；不欲明示其授子之意旨，而以此为辞也。此二主者，皆强智有余，事功自喜，岂惮劳而舍国政者乎？弘好黄、老，而得老氏之术，其欲逊位子推，老氏欲取固与之术也；其托于清谧而匿其建立嗣子之旨也，老氏守兑之术也。所欲立者非不正，而诡道行之，巧笼宗室大臣之心，亦狡矣哉！而抑岂君人之道哉？

虽然，其以传位笼子推而制之，犹贤于宋明帝之贼杀兄弟以安其养子远矣。黄、老之术，所繇贤于申、韩也。然而疑虑以钳制天下，则一也。故曰黄、老之流为申、韩，机诈兴而末流极于残忍，故君子重恶之也。夫古之明王，岂不欲安其冢嗣以奠社稷乎？惟豫教而游之于大学，一时之俊士，皆有恩纪以相结，而择师保傅以辅之，学以成，德以修，而授益以固，奚事此哉？

或曰：宋高宗之内禅，论者何以无讥也？曰：高宗以孝宗为太祖之裔，疏远已甚，不得不早正位以防争，而高宗年已及耄也。惟其时、惟其人而已矣。

七

有不待劝者，士之学也，农之耕也。劝士以学，士乃习为为人之学；为人而学，学乃为道术之蠹，世道之患。升俊有常典，养士有常法，人主尊师问道以倡之，士自劝矣。若旦命而夕饬之，赏法行而教令繁，徒有劝学之名，而士日以偷。果有志于学者，岂待劝哉？宋立伪学之禁，而士趋朱子之门也如归，禁之不止，何容劝邪？

虽然，士无志于学，劝之而不学，弗能为益，而犹无伤于士。若农，则无不志于得粟者矣。其窳者，既劝之而固不加勤；而劝之也，还以伤农。方其恪共于耕之日，士女营营，匪朝伊夕，从事于陇首，而吏拥车骑喧阗于中野以贰其心，则民伤；于是刻核之吏，搜剔垦莱以增益其赋，苛求余丁以增益其役，而民愈伤。夫古之省耕者，君与民亲，而天子之圻，诸侯之国，提封既狭，不容委之有司，且君有公田，自省其获而以余惠民也。后世尽地以与民，而但收其赋税，薄赋则可弗补助，息讼轻徭则可弗省督，胡为委贪廉不可信之有司以扰妇子于耕馌哉？

拓跋氏，夷也，闻中国有圣人之道焉，取其易行者而行之，于是奔走郡县而名为劝农；又勒取民牛力之有余者，以借惰窳之罢民。其挠乱纷纭，以使民无宁志也，不知何若，守令乃饰美增赋以邀赏，天下之病，尚忍言哉！蒙古课民种桑，而桑丝之税加于不宜桑之土，害极于四百余年而不息。读古人书而不知通，且识而夕行之，以贼道而害及天下，陋儒之妄，非夷狄之主，其孰听之！

后废帝

一

纣之亡也，正名之曰独夫。独夫者，有天下而国必亡，身必戮，大分之尊不足以居之，先王之泽不足以庇之。况在下位而为独夫，未有能得人之天下者也。

刘休范以庸劣而免于忮主之杀，乃乘君死国乱之际，而求干天位，张敬儿以一健卒入二万人之中斩其首，无卫之者，此其为独夫也奚疑，而可为天子乎？然且几陷建业，为天子。甚哉！晋、宋之末天子之易为，而人思为之，其贱曾不如有道之世一命试为邑宰者，何足谓为大宝哉！草芥而已矣。

天子如草芥，而人思为之，为之不克，而为独夫以死者，休范也；为之克而终为天子者，萧道成也。以小慧小才言之，则道成之愈于休范也远矣；以君天下言之，则休范、道成一也，皆独夫也。道成弑君，张敬儿取白帽加其首，曰："事须及热。"为道成之腹心者，敬儿之流，一休范之许公与、丁文豪也。褚渊虽贵，而无称于宋。止此三数人，而掇宋之宗社如一羽，授之道成，而道成居之以安。呜呼！至于此，而天下犹有贵贱之等差哉？贤不肖尤非所论矣。

曹氏之篡也，威服群雄而有讨董卓之义，有迎驾于蒙尘之功焉。刘宋之篡也，灭鲜卑，俘羌夷，荡妖贼，夷桓玄，恭帝所被夺而不怨者也。司马氏奸矣，而平辽东，灭蜀汉，四世而后得之。道成者，胠箧之盗，媚一褚渊而已，哀然正南面而立，论者以罪褚渊，未尽也。渊一亡赖之鄙夫耳，安能以天下与人哉！微渊而道成固足以篡，无他，惟天子之如草芥而人可为之者也。前有道成，后有霸先，五代有石敬瑭、刘知远、郭威，而篡夺亦将息矣。未有天之所子，人之所君，而人思为之者也。君子于此，远之惟恐不速。陶弘景其知此矣，"惟可自怡悦，不堪持赠君"，目笑而心怜之已尔。

二

边外之轻于杀人，其天性然也。有时乎思所以生人，而非果有不忍人之心，乃以生之之道杀之，遂自信为矜恤。呜呼！民之遇此也，可悲也夫！

拓跋弘重用大刑，多令覆鞫，以自诧其矜恕，而因系积年，不为决遣，其言曰："幽苦则思善，故智者以囹圄为福堂。"哀哉！民之瘴瘐死于犴狱者不知凡几，而犹谓之福堂邪？《易》曰："君子以明慎用刑，而不留狱。"明慎矣，速断之，而刑者刑，免者免，各得其所，而无所连逮；即或明慎未至，而枉者固千百而什一也。何也？择折狱之吏，申画一之法，除条例之繁，严失入之罚，枉者固千百而什一矣。夫人之情伪，不可掩于初犯之日，证佐未累，其辞尚直，情穷色见，犹可察也；迨及已久，取案牍而重复理之，移审于他署，而互相同异，犯者之辨，且屡屈屡伸而错舛益甚，目眩心疑，愈以乱矣。不留者，取人之初心而验其诚也；非今岁一官，明岁一吏，颠倒反覆之所能得其情也。徒以饥寒疾疫死之于丛棘之下，不亦惨乎！如是以为矜恤，亦嗜杀之转念而已矣。

若其罢门房之诛，则得之矣。乃门房之诛所自来，亦有繇也。夷狄而主中国，王侯将相皆其种类，群起于驰逐之中，儦儦俟俟以为群友，则一人富贵而合族骄盈，耕者不耕，猎者不猎，依倚势门，互相煽虐，非被诛者之陷及门房，而门房之陷人于诛者多矣。安与同其噬搏，危与共其诛夷，亦自取之矣。前之立法者，深恶夫合族之蜂集，待食于将吏，众为虐而一人独婴其祸，弗与惩之，而门房之败类横逞益烈也。罢其诛，不禁其朋从之恶，拓跋氏之所以敛怨而终亡也。

顺帝

国无人焉则必亡，非生才之数于将亡之国独俭也。上多猜，则忠直果断之士不达；上多猜而忠直果断者诎，则士相习于茸靡，虽有贞志，发焉而不成。宋自孝武迄于明帝，怀猜忌以待下，四十余载矣，又有二暴君之狠毒以间之，人皆惴惴焉旦夕之不保，而茸靡图全之习已成。其不肖者，靡而之于恶，以戴叛逆、戕君父而不愧，则褚渊之流是已。其贤者，虽怀贞而固靡，其败也，则不足立皎皎之节，即使其成，而抑无以收底定之功，则袁粲、刘秉是已。粲与秉孤立，而思抗悍鸷多徒之萧道成，不爱死以报刘氏，则固无容深求者。粲闻道成废立之谋，而不能抗辞以拒之，秉以军旅一委道成，授之以篡逆之柄，且置勿论。徒其决计以诛道成，幸而克矣，不知二子者，何以处沈攸之，而终延宋祚也？

苍梧之昏虐，安成之巽愞，皆道成所不以置诸目中者，所与争天下者，攸之而已。攸之又岂有刘氏之子孙在其意中乎？攸之之欲为道成也，非一日也。兵已顺流直下，而道成授首于内，则攸之歌舞而入，挟重兵，居大功，握安成于股掌，二子欲与异而固不能。委社稷于攸之，掷宗祊于道成，有以异乎？吾知二子者，歧路仓皇，欲如今日之捐生以报国，不可得已。此无他，以刚决为嫌，以深谋为讳，自孝建以来，士大夫酿成雍容观变之习，蔡兴宗已启其源，而流不可止也。故兴宗之死，无可为宋惜者。兴宗存，则为袁、为刘，否则为谢朏而已。史称粲简淡平素无经世材，非无材也，狃于全身避咎之术，以逃猜主之鼎镬，气已苶而不可复张。宋末之人才，大抵然也。故以猜驭下者，其下慑焉而旁流，刚化为柔，直化为曲，密化为疏，祸伏而不警，祸发而无术，为君子者，无以救其亡，而小人勿论已。

《读通鉴论》卷十五终

读通鉴论卷十六

齐高帝 <small>凡篡位者，未即位皆称名，已即位则称帝，史例也。萧齐无功窃位，不足列于帝王之统系，而以帝称者，以北有拓跋氏之称魏，故主齐以存中国。</small>

一

　　天下之治，统于天子者也，以天子下统乎天下，则天下乱。故封建之天下，分其统于国；郡县之天下，分其统于州。<small>后世曰道、曰路、曰行省、曰布政使司，皆州之异名也。</small>州牧、刺史，统其州者也，州牧、刺史，统一州而一州乱，故分其统于郡。<small>隋、唐曰州，今曰府。</small>郡守，统其郡者也，郡守统一郡而一郡乱，故分其统于县。上统之则乱，分统之则治者，非但智之不及察，才之不及理也。民至卑矣，其识知事力情伪至不齐矣。居尊者下与治之，亵而无威，则民益亢而偷；以威临之，则民恒惧而靡所骋。故天子之令行于郡而郡乱，州牧、刺史之令行于县，郡守之令行于民，而民乱。强者玩焉，弱者震悼失守而困以死。惟县令之卑也而近于民，可以达民之甘苦而悉其情伪。惟郡守近于令，可以察令之贪廉敏拙而督以成功。惟州牧、刺史近于守，可以察守之张弛宽猛而节其行政。故天子之令不行于郡，州牧刺史之令不行于县，郡守之令不行于民，此之谓一统。上侵焉而下移，则大乱之道也。而暴君污吏，恒下求以迫应其所欲，于是牧刺不能治守，守不能治令，令抑不能治民。其尤乱者，天子之令，下与编氓相督责，守令益旷，奸民益逞，懦民益困，则国必亡。故统者，以绪相因而理之谓也，非越数累而遥系之也。

江左之有天下，名为天子，而其时之人已曰：适如平世之扬州刺史而已。虽然，荆、扬、徐、梁四州之土广矣，而又益之以交、广、宁三州之地，视商、周之天下，版图不隘也。而天子急奔其欲，日遣台使下郡县以征求于民；则天子一县令，台使一胥隶也。乃既名为天子之使而有淫威，则民之死于督迫者积矣；实为天子之令而威已媟，则民之无惮于上以亢守令者又多矣。齐高立，令群臣言事，而竟陵王首以为言，知治道矣。

将亡之国，必频遣使以征求于天下。遣御史矣，遣给谏矣，且遣卿贰矣。民愈怨，事愈废，守令愈偷，未有不亡者也。画尊卑而限之，乃以联四海而一之。故《春秋》书武氏子、家父、毛伯之来求，以著天王之不君而自绝其纽也。

二

义不可袭者也，君子验之于心，小人验之于天。心所弗信，君子弗为。天所弗顺，小人无成。徒曰义而遂执言以加人，则义在外也。故辟外义之邪说，而乱以不生。

齐无寸功于天下，乘昏虐而窃其国、弑其君、尽灭其族，神人之所不容，义之必讨者也。刘昶以宋室懿亲，拥拓跋氏之众三十万以向寿阳，流涕纵横，遍拜将士，求泄其大仇，于义无不克者也，而困于垣崇祖之孤军，狼狈而退；再举以向甬城，周盘龙父子两骑驰骋万众之中，胸缩旋师。然则智力伸而义诎，将天之重护萧齐以佑乱贼、挫忠孝哉？盖昶者，非可以义服人者也。其奔也不仁，其仕于拓跋氏也不正；而其假于报仇以南侵也，又豫为称藩于魏之约，以蔑中夏之余绪；则其挟强夷以逞也，乘国之亡而遂其私也。

呜呼！昶诚扪心而自问，果悯宗国之亡、祖考之不血食、合族之歼死邪？否也？昶方流涕之时，不能自喻，而天下又恶从而喻之？然而天鉴之矣。故愤盈以出，而疲劫以归，天夺之也。若夫昶之耽荣宠于索虏，则千载以下，可按迹以知心者也。义不义，决于心而即征于外，验之天而益信，岂可掩哉？

三

魏、晋以降，臣节隳，士行丧，拥新君以戕旧君，且比肩而夕北面，居之不疑，而天下亦相与安之也久矣。独至于褚渊而人皆贱之，弟照祝其早死，刘祥斥其障面，沈文季责其不忠；且其子贲以封爵为大辱，而屏居不仕。华歆、王祥、殷仲文、王弘、傅亮之流，均为党逆，渊独不齿，何也？此天理之权衡发见于人心者，铢两之差不昧也。

党篡逆而叨佐命之赏者多矣。有志同谋合而悦以服焉者，有私恩固结而不解者，有不用于时而奋起以取高位者；其下则全躯保禄位被胁而诡随者。凡此，以君子之道责之，则无可容，以小人之情度之，则犹相谅，而渊皆不然。渊者，联姻宋室，明帝任之为冢宰者也。其时，齐高一巴陵王休若之偏裨耳，渊不借之以贵，抑未尝与协谋而相得，恩所不加，志所不合，势不相须，权不相下。乃其决于党逆而终始成乎篡弑者，无他，己则不孝，脱衰干进，而忌袁粲之终丧，欲夺粲以陷之死；宋不亡，齐不篡，则粲不死，遂以君授人而使加以刃，遂倾其祚，皆快意为之而不恤；于是永为禽兽，不足比数于人伦。故闺门之内，弟愿其死，子畏其污；子弟不愿以为父兄，而后虽流风颓靡之世，亦不足以容。不然，何独于渊而苛责之邪？

褚贲之辞父爵，疑非人子之道矣；而屏居墓下，终身不仕，则先自靖而不伤父子相隐之恩；无他，忘利禄而后可曲全于人伦之变也。以名位权势而系其心者，于君亲何有哉？张居正以冲主为辞，杨嗣昌以灭贼自诧，幸而先填沟壑，不及见国之亡尔，不然，其为褚渊必也。绝其本根，见弃于天，人之贱之也夙矣。不待恶已著见而后不容于天下也。

武帝

一

范缜作《神灭论》以辟浮屠，竟陵王子良饵之以中书郎，使废其论，缜不屑卖论以取官，可谓伟矣。虽然，其立言之不审，求以规正子良而折浮屠之邪妄，难矣。

子良，翩翩之纨绔耳，俯而自视，非其祖父乘时而窃天位，则参佐之才而已；而爵王侯、位三公，惊喜而不知所从来，虽欲不疑为凤世之福田而不可得，而缜恶能以寥阔之论破之？夫缜"树花齐发"之论，卑陋已甚，而不自知其卑陋也。子良乘篡逆之余润而位王侯，见为茵褥而实粪溷；缜修文行而为士流，茵褥之资也，而自以为粪溷。以富贵贫贱而判清浊，则已与子良惊宠辱而失据者，同其情矣，而恶足以破之？夫以福报诱崇奉学佛之徒，黠者且轻之矣；谓形灭而神不灭，学佛之徒，慧者亦谓为常见而非之矣。无见于道，而但执其绪论以折之，此以无制之孤军，撩蜂屯之寇盗，未有不衄者也。

子良奚以知神之不灭哉？谓之不灭，遂有说焉以成乎其不灭。缜又奚以知神之必灭哉？谓之灭，遂有说焉以成乎其灭。非有得于性命之原而体人道之极，知则果知，行则果行，揭日月而无隐者，讵足以及此？浮游之论，一彼一此，与于不仁之甚，而君子之道乃以充塞于天下。后之儒者之于浮屠也，或惑之，或辟之，两皆无据，而辟之者化为惑也不鲜。韩愈氏不能保其正，岂缜之所克任哉？夫其辨焉而不胜，争焉而反屈者，固有其本矣。范缜以贫贱为粪溷，韩愈以送穷为悲叹，小人喻利之心，不足以喻义，而恶能立义？浮屠之慧者，且目笑而贱之。允矣，无制之孤军必为寇盗禽也。

二

官无常禄，赃则坐死，日杀人而贪弥甚；有常禄矣，赃乃坐死，可无辞于枉矣，乃抑日杀人而贪尤弥甚。老氏曰："民不畏死，奈何以死威之！”诚哉是言也。拓跋氏之未班禄也，枉法十疋、义赃二十疋、坐死；其既班禄也，义赃一疋、枉法无多少、皆死；徒为残虐之令而已。

夫吏岂能无义赃一疋者乎？非于陵仲子之徒，大贤以下，未有免焉者也。人皆游于羿之彀中，则将诡遁于法，而上下相蒙以幸免。其不免者，则无交于权贵者也，有忤于上官者也，绳奸胥之过、拂猾民之欲者也。狎奸胥，纵奸民，媚上官，事权贵，则枉法千匹而免矣。反是，不患其无义赃一疋之可搜摘者也。于是乎日杀人而贪弥甚。不知治道，而刻核以任法，其弊必若此而不爽。故拓跋令群臣自审不胜贪心者辞位，而慕容契曰：“小人之心无常，帝王之法有常。以无常之心，奉有常之法，非所克堪，乞从退黜。”盖以言乎常法之设，徒使人人自危，而人人可以兔脱，其意深矣！宏不悟焉，死者积而贪不惩。岂但下之流风不可止哉？以杀之者导之也。

三

拓跋氏之禁谶纬凡再矣，至太和九年诏焚之，留者以大辟论。盖邪说乘一时之淫气，泛滥既极，必且消亡，此其时也。于是并委巷卜筮非经典所载而禁之，卓哉！为此议者，其以迪民于正而使审于吉凶也。《礼》于卜筮者问之曰：“义与？志与？义则可问，志则否。”又曰：“假于时日卜筮以疑众，杀。”盖卜筮者，君子之事，非小人之事，委巷之所不得与也。君子之于卜筮，两疑于义而未决于所信，问焉而以履信；事逆于志，已逆于物，未能顺也，问焉而以思顺。得信而履，思效于顺，则自天佑之，吉无不利。若此者，岂委巷小人所知，亦岂委巷小人所务知者哉？其当严刑以禁之也，非但奸宄之妄兴以消其萌也，即生人之日用，亦不可以此乱之也。

死生，人道之大者也。仰而父母，俯而妻子，病而不忍其死，则调持之已耳。乃从而卜筮之，其凶也，将遂置之而废药食邪？其吉也，将遂慰焉而疏侍省邪？委巷之人，以此而妨孝慈以致之死，追悔弗及矣。婚姻，人道之大者也。族类必辨，年齿必当，才质必堪，审酌之已耳。乃从而卜筮之，其吉也，虽匪类而与合邪？其凶也，虽佳偶而与离邪？委巷之人，其以此乱配偶而或致狱讼，追悔弗及矣。抑如寇至而避之，不容已者也。避之必以其时，而不可待；避之必于其地，而不可迷；深思而谋之，有识者虽不免焉，鲜矣。乃从而卜筮之，其吉也，时地两失，必趋于陷阱邪？其凶也，时地两得，必背其坦途邪？委巷之人，以此而蹈凶危，追悔弗及矣。繇此言之，委巷之有卜筮，岂但纳天下于邪乎！抑且陷民于凶危咎悔之途。而愚民无识，方且走之如骛。王者安全天下而迪之以贞，故王制以为非杀莫能禁也。

且委巷卜筮之术背于经典者，于古不知何若，而以今例之，则先天序位也，世应游魂也，窃卦气于陈抟也，师纳甲于魏伯阳也，参六神生克神煞于星家之琐说与巫觋之妖术也。自焦、京以来，其诬久矣。沿流不止，为君子儒者，不能自拔流俗之中以守先王之道，亦且信其妄而隮之羲、文、周、孔之间，芜其微言，叛其大义，徒以惑民而导之于险阻。呜呼！拓跋氏夷也，而知禁之；为君子儒者，文之以淫辞，而尊之为天人之至教，不谓之异端也，奚可哉？程子鄙康节之术而不屑学，康节之术，委巷之师也。

四

拓跋氏太和九年，从李冲之请，五家立邻长，五邻立里长，五里立党长，此里长之名所自昉也。冲盖师《周礼》之遗制而设焉。乃以周制考，王畿为方千里，为田九万万亩，以古亩百步今亩二百四十步约之，为田三万七千万有奇，以今起科之中制准之，为粮大约二百二十万石，视今吴县、长洲二邑之赋而不足，则其为地也狭，为民也寡矣。周之侯国千八百，视今州县之数而尤俭也。以甚狭之地，任甚寡之民，区别而屑分之也易。且诸侯制赋治民之法，固有不用周制者，如齐之轨里，楚之牧隰，不能强天下以同也。以治众大之法治寡小，则疏而不理；以治寡小之法治众大，则渎而不行。故《周礼》之制，行之一邑而效，行之天下而未必效者多矣。

三长之立，李冲非求以靖民，以核民之隐冒尔。拓跋氏之初制，三五十家而制一宗主，始为一户，略矣，于是而多隐冒。冲立繁密之法，使民无所藏隐，是数罟以尽鱼之术，商鞅之所以强秦而涂炭其民者也。且夫一切之法不可齐天下，虽圣人复起，不能易吾说也。地有肥瘠，民有淳顽，而为之长者亦异矣。民疲而瘠，则五家之累常于一家；民悍而顽，则是五家而置一豺虎以临之也。且所责于三长者，独以课核赋役与？抑以兼司其讼狱禁制也？兼司禁制，则弱肉强食，相迫而无穷；独任赋役，则李代桃僵，交倾而不给。黠者因公私敛，拙者奔走不遑，民之困于斯极矣。非商鞅其孰忍为此哉？

夫民无长，则不可也，隐冒无稽，而非违莫诘也。乃法不可不简，而任之也不可不轻，此王道之所以易易也。然则三五十家而立宗主，未尝不为已密，而五家栉比以立长，其祸岂有涯乎？民不可无长，而置长也有道；酌古今之变，参事会之宜，简其数而网不密，递相代而互相制，则疲赢者不困，而强豪者不横。若李冲之法，免其赋役，三载无过，则升为党长，复其三夫，而知奸民之恣肆无已矣。

要而论之，天下之大，田赋之多，人民之众，固不可以一切之法治之也。有王者起，酌腹里边方、山泽肥瘠、民人众寡、风俗淳顽，因其故俗之便，使民自陈之，邑之贤士大夫酌之，良有司裁之，公卿决之，天子制之，可以行之数百年而不敝。而不可合南北、齐山泽、均刚柔、一利钝，一概强天下以同而自谓均平。盖一切之法者，大利于此，则大害于彼者也。如之何其可行也！

五

齐以民间谷帛至贱，而官出钱籴买之，亦权宜之法，可以救偏者也。民之所为务本业以生，积勤苦以获，为生理之必需，佐天子以守邦者，莫大乎谷帛。农夫终岁以耕，红女终宵而纺，遍四海，历万年，惟此之是营也。然而婚葬之用，医药之需，盐茗之资，亲故乡邻之相为酬酢，多有非谷帛之可孤行，必需金钱以济者。乃握粟抱布，罄经年之精髓适市，而奸商杂技挥斥之如土芥；故菽粟如水火，而天下之不仁益甚。孟子之言，目击齐、梁之饿莩充途、仇杀相仍者言也，非通论也。

乃当其贵，不能使贱，上禁之弗贵，而积粟者闭籴，则愈腾其贵；当其贱，不能使贵，上禁之勿贱，而怀金者不雠，则愈益其贱；故上之禁之，不如其勿禁也。无已，贱则官籴买之，而贵官粜卖之，此"常平"之法也。而犹未尽也。官籴官买，何必凶年而粜卖乎？以饷兵而供国用，蠲民本色之征，而折金钱以抵谷帛之赋，则富室自开廪发筒以敛金钱，而价自平矣。故曰：权宜之法，可以救偏者也。

乃若王者之节宣也有道，则亦何至谷帛之视土芥哉！金钱不敛于上而散布民间，技巧不淫于市而游民急须衣食，年虽丰，桑蚕虽盛，金钱贱而自为流通，亦何待官之籴买，而后使农夫红女之不困邪？故粟生金死而后民兴于仁。菽粟如水火，何如金钱之如瓦砾哉！

六

拓跋宏诏群臣言事，李彪所言，几于治道，君子所必取焉。其善之尤者，曰："父兄系狱，子弟无惨容，子弟被刑，父兄无愧色，宴安自若，衣冠不变，骨肉之恩，岂当如此？父兄有罪，宜令子弟肉袒诣阙请罪；子弟有坐，宜令父兄露板引咎，乞解所司。"以扶人伦于已坠，动天性于已亡，不已至乎！夫父兄之引咎，子弟之请罪，文也；若其孝慈恻怛之存亡，未可知也。役于其文，亦恶足贵乎？而非然也。天下骛于文，则反之于质以去其伪；天下丧其质，则导之于文以动其心。故质以节文，为欲为君子者言也；文以存质，所以悯质之亡而使质可立也。

天下之无道也，质固浇矣，而犹有存焉者，动止色笑之间，对人而生其愧怍。不知道者曰："忠孝慈友之浅深厚薄，称其质而出之，而何以文为？"则坦然行于忻戚之便安，而后其质永丧而无余。今且使父兄被罪者肉袒于阙，子弟坐刑者退省于官，则虽不肖者，亦愿其父兄子弟之免，而己可以即安。此情一动，而天性之孝慈，相引而出，小人之恶敛，而君子之志舒，此非救衰薄、挽残忍之上术与？

近世有南昌熊文举者，为吏部郎，其父受赇于家，贻书文举，为人求官，逻者得之，其父逮问遣戍，而文举以不与知匄免，莅事如故，渐以迁官，未三年而天下遂沦。悲哉！三纲绝，人道蔑，岂徒一家之有余殃哉！

七

　　正统之论，始于五德。五德者，邹衍之邪说，以惑天下，而诬古帝王以征之，秦、汉因而袭之，大抵皆方士之言，非君子之所齿也。汉以下，其说虽未之能绝，而争辨五德者鲜；惟正统则聚讼而不息。拓跋宏欲自跻于帝王之列，而高闾欲承苻秦之火德，李彪欲承晋之水德；勿论刘、石、慕容、苻氏不可以德言，司马氏狐媚以篡，而何德之称焉？夏尚玄，殷尚白，周尚赤，见于礼文者较然。如衍之说，玄为水，白为金，赤为火，于相生相胜，岂有常法哉？天下之势，一离一合，一治一乱而已。离而合之，合者不继离也；乱而治之，治者不继乱也。明于治乱合离之各有时，则奚有于五德之相禅，而取必于一统之相承哉！

　　夫上世不可考矣。三代而下，吾知秦、隋之乱，汉、唐之治而已；吾知六代、五季之离，唐、宋之合而已。治乱合离者，天也；合而治之者，人也。舍人而窥天，舍君天下之道而论一姓之兴亡，于是而有正闰之辨，但以混一者为主。故宋濂作史，以元为正，而乱大防，皆可托也。夫汉亡于献帝，唐亡于哀帝，明矣。延旁出之孤绪，以蜀汉系汉，黜魏、吴而使晋承之，犹之可也。然晋之篡立，又奚愈于魏、吴，而可继汉邪？萧詧召夷以灭宗国，窃据弹丸，而欲存之为梁统；萧衍之逆，且无以愈于陈霸先，而况于詧？李存勖朱邪之部落，李昇不知谁氏之子，必欲伸其冒姓之妄于诸国之上，以嗣唐统而授之宋，则刘渊可以继汉，韩山童可以继宋乎？近世有李槩者云然。一合而一离，一治而一乱，于此可以知天道焉，于此可以知人治焉。过此而曰五德，曰正统，嚚讼于廷，舞文以相炫，亦奚用此哓哓者为！

八

　　篡逆之臣不足诛，君子所恶者，进逆臣而授以篡弑之资者也。夫惟曹操、刘裕，自以其能迫夺其君，操不待荀彧之予以柄，而刘穆之、傅亮因裕以取富贵，非裕所借以兴也。司马懿之逆，刘放、孙资进而授之也，放、资之罪无所逭矣；然放、资固天下之险人也，亦无足诛也。萧道成之逆谁授之？刘秉也。萧鸾之逆谁授之？萧子良也。夫秉之忠，子良之贤，其于放、资，薰莸迥别矣；而优柔恇怯，修礼让之虚文以成实祸，于是而后为君子之所甚恶，以二子者可以当君子之恶者也。金日磾之让霍光也，曰："臣胡人，且使匈奴轻汉。"自揣审，知光深，而为国亦至矣。然终日磾之世，霍光不敢受封，上官桀不敢肆志，则日磾固毅然以社稷为己任，而特避其名耳。秉以宋之宗室，子良以齐之懿亲，受托孤之重，分位可以制百官，品望可以服天下，忠忱可以告君父；而迂回退巽，知奸贼之叵测，而宾宾然修礼让之文，宗社之任在躬，懵忘而不恤。岂徒其果断之不足哉？盖亦忠诚之未笃也。是以君子恶之也。

《易》曰："谦，德之柄也。"君子以谦为柄，而销天下之竞，岂失其柄以为谦，而召奸宄以得志乎？秉终受刃，而子良郁郁以亡，亦自悔之弗及矣。史称"子良仁厚，不乐世务，故以辅政推鸾"。诚不乐世务也，山之椒，水之湄，独寐寤歌，胡为乎立百僚之上而不早退也？

郁林王

一

孟子曰："尽信《书》则不如无《书》。"《尚书》删自仲尼，且不可尽信，况后世之史哉？郁林王昭业之不足为君，固已。然曰"世祖积钱及金帛不可胜计，未期岁而用尽"，则诬矣。夷考期岁之中，未尝有倾宫璇室裂缯凿莲之事也，徒以掷涂赌跳之戏，遂荡无穷之帑乎？隋炀之侈极矣，用之十三年而未竭，郁林居位几何时，而遽空其国邪？当其初立，王融先有废立之谋矣；萧鸾排抑子良，挟权辅政，即有篡夺之心矣。引萧衍同谋，而征随王子隆，于是而其谋益亟，郁林坐卧于刀锯之上，而愚不知耳。鸾已弑主自立，王晏、徐孝嗣文致郁林之恶，以掩鸾滔天之罪，欲加之罪，何患无辞乎？

史于宋主子业及昱，皆备纪其恶，穷极蔑嫫，不可以人理求者，而言之已确，岂尽然哉？乱臣贼子弑君而篡其国，讵可曰君有小过而我固不容，则极乎丑诋而犹若不足，固其所矣。夫宋孝武之惩于逆劭也，明帝之必欲立昱而固其位也，齐武之明而俭也，夫岂不知子孙之不肖而思有以正之乎？大臣挟人人可为主之心，不以戴贼为耻，谁与进豫教之道于先，献箴规之言于后者。待其不道，暴其恶以弑之已耳。此三数君者，亦尝逆师保之训，杀忠谋之臣否邪？此可以知在廷之心矣。人道绝，廉耻丧，公然诋数其君之恶，而加以已甚之辞，曰：此其宜乎弑而宜乎篡者也。恶足信哉！

二

人而不仁，言动皆非人之所测；天下而不仁，向背皆任其意之所安。不仁者，非但残忍忮害之谓也。残忍忮害者，抑必先蒙昧其心，漠然于身，漠然于天下，而后敢动于恶而无忌。虽然，犹或有时焉，遇大不忍之事，若鬼神临之，而恻恻以不宁，则人亡其仁，而仁未遽去其心也。惟夫为善不力，为恶不力，漠然于身，漠然于天下，优游淌漾而夷然自适者，则果不仁也，如死者之形存而哀乐不足以感矣。此其为术，老聃、杨朱、庄周倡之，而魏、晋以来，王衍、谢鲲之徒，鼓其狂澜，以荡忠孝之心，弃善恶之辨，谓名义皆前识也，谓是非一天籁也，于我何与焉？漠然于身而丧我，漠然于天下而丧耦，其说行，而天下遂成一刀刺不伤、火焚不爇之习气，君可弑，国可亡，民可涂炭，解散披离，悠然自得，尽天下以不仁，祸均于洪水猛兽而抑甚焉。

萧鸾之弑郁林也，谢瀹与客围棋，局竟，遂卧而不问；虞惊闻变，但曰："王、徐缚袴废天子，天下岂有此理邪？"江敩则托疾吐哕而去；谢朏出为吴兴守，致酒数斛与其弟，曰："可力饮此，勿豫人事。"此数事者，当时传之以为高。而立人之朝，食人之禄，国亡君弑，若视黄雀之啄螳螂，付之目笑，非至不仁者，其能若此乎？故刻薄残忍者，情之不戢，祸及君亲，而清宵一念，犹有愧悔之萌。惟若瀹、惊、敩、朏之流，恬然自适，生机斩而痛痒不知，仁乃永不生于其心，而后人理尽绝。士大夫倡之，天下效之，以成乎不仁之天下。追原祸始，惟聃、朱、庄、列"守雌""缘督"之教是信，以为仁之贼也。君子恶而等之洪水，恶此而已。

明帝

一

人才之靡也，至齐、梁而已极。非尽靡也，尸大官、执大政者，靡于上焉耳。明帝之凶悖，高、武之子孙，杀戮殚尽而后止，而大臣谈笑于酒弈之间自若也。乃晋安王子懋之死，其防阁陆超之、董僧慧先与子懋谋举兵者，独能不昧其初心：僧慧则请大敛子懋而就死，业已无杀之者，而视子懋幼子讯父之书，一恸而卒；超之或劝其逃，而曰"吾若逃亡，非惟孤晋安之恩，亦恐田横之客笑人"，端坐以待囚，而为门生所杀，头陨而身不僵。夫二子者，非但其慷慨以捐生也，审于义以迟回，濒死而不易其度，使当托孤寄命之任，其不谓之社稷之臣与？乃皆出自寒门，身为武吏，其视王、谢、徐、江世胄华门清流文苑之选，世且以为泾、渭之殊，而以较彼之转面忘君、安心助逆者，果谁清而谁浊也？故曰：尸大官、执大政者靡于上，而下未尽然也。

永嘉之后，风俗替矣。而晋初东渡，有若郗鉴、卞壶、桓彝之流，秉正而著立朝之节；纪瞻、祖逖、陶侃、温峤，忘身以弘济其艰危。乃及谢傅薨，王国宝用事以后，在大位者，若有衣钵以相传，擅大位以为私门传家之物，君屡易，社屡屋，而磐石之家自若；于是以苟保官位为令图，而视改姓易服为浮云之聚散。惟是寒门武吏，无世业之可凭依，得以孤致其恻隐羞恶之天良。繇此言之，爵禄者，天子齐一人心、移易风俗之大权在焉，不可与下以固然，而使据之以为己重，其亦明矣。世业者，天子之守也，非下之所得怙也。闾井之子弟，受一顷田于祖父，而即以赋税怨县官，亦何以异于此哉？拓跋宏曰："君子之门，无当世之用，要自德行纯笃。"纯笃云者，岂不恤名义，长保其富贵之家世而已乎？

二

拓跋宏之伪也，儒者之耻也。夫宏之伪，欺人而遂以自欺久矣。欲迁洛阳，而以伐齐为辞，当时亦孰不知其伪者，特未形之言，勿敢与争而已。出其府藏金帛衣器以赐群臣，下逮于民，行无故之赏，以饵民而要誉，得之者固不以为德也，皆欺人而适以自欺也，犹未极形其伪也。至于天不雨而三日不食，将谁欺，欺天乎？人未有三日而可不食者，况其在豢养之子乎！高处深宫，其食也，孰知之？其不食也，孰信之？大官不进，品物不具，宦官宫妾之侧孰禁之？果不食也欤哉！而告人曰："不食数日，犹无所感。"将谁欺，欺天乎？

宏之习于伪也如此，固将曰圣王之所以圣，吾知之矣，五帝可六，三王可四也。自冯后死，宏始亲政，以后五年之间，作明堂，正祀典，定桃庙，祀圜丘，迎春东郊，定次五德，朝日养老，修舜、禹、周、孔之祀，耕藉田，行三载考绩之典，禁胡服胡语，亲祠阙里，求遗书，立国子大学、四门小学，定族姓，宴国老庶老，听群臣终三年之丧，小儒争艳称之以为荣。凡此者，典谟之所不道，孔、孟之所不言，立学终丧之外，皆汉儒依托附会、逐末舍本、杂谶纬巫觋之言，涂饰耳目，是为拓跋宏所行之王道而已。尉元为三老，游明根为五更，岂不辱名教而羞当世之士哉？故曰儒者之耻也。

德立而后道随之，道立而后政随之。诚者德之本，欺者诚之反也。汉儒附经典以刻画为文章，皆不诚之政也。而曰帝之所以帝，王之所以王，在是而已。乃毕行之以欺天下后世者惟宏尔。后之论者犹艳称之，以为斯道之荣，若汉、唐、宋之贤主俱所无逮者。不恤一日之劳，不吝金钱之费，而已为后世所欣慕，则儒者将以其道博宠光而侈门庭乎？故曰儒者之耻也。

虽然，抑岂足为君子儒之耻哉？君子儒之以道佐人主也，本之以德，立之以诚，视宏之所为，沐猴之冠、优俳之戏而已矣。备纪宏之伪政于史策，所以示无本而效汉儒附托之文具，则亦索虏欺人之术也，可以鉴矣。

三

王敬则之子幼隆，以谢朓其姊婿也，告以反谋，而朓发之，敬则败死，朓迁吏部，则夫妇之恩绝；其后始安王遥光要与同反，复以告左兴盛，为遥光所杀，则保身之计亦迷；故论者以咎朓之倾险。虽然，使朓从幼隆而秘其谋，从遥光而受卫尉卿之命以为内应，于义既已不可，而事败骈诛，又何足以为全身之智乎？呜呼！士之处乱世遇乱人也难矣。若朓者，非有位望之隆足为重轻、干略之长可谋成败者也，徒以词翰之美见推流辈而已。而不轨以侥幸者，必引与偕而不相释，夫朓亦岂幸有此哉？无端苦以相加，而进有叛主之逆，退有负亲戚卖友朋之憾，"握粟出卜，自何能谷"。朓之诗曰："大江流日夜，客心悲未央。"诚哉其可悲乎！

夫朓直未闻君子之教、立身于寡过之地而已，非怀情叵测、陷人以自陷之金人也，而卒以不令而死。夫君子之处此，则有道矣：可弗仕，勿仕也；仕可退，无待而退也；无可退焉，静而若愚，简而若荡；既已为文人矣，山川云物之外，言不及于当世，交不狎于乱人，则庄周所谓才不才之间者近之。而益之以修洁，持之以端严。乱人曰：此沉酣词艺而木强不知道者，未足与谋也。则虽怀恶而欲相告，至其前而默然已退。荣不得而加，辱不得而至，福不得而及，祸不得而延，庶其免夫！朓之不能及此也，名败而身随之，宜矣。虽然，又岂若范晔、王融、祖珽与魏收之狂悖猥鄙乎？谚曰："文人无行。"未可概以加朓也。

东昏侯

一

扬雄曰："鸿飞冥冥，弋者何篡焉？"雄未能践其言也，若其言，则固可深长思也。冥冥者时也，飞者道也；鸿以飞为道，不待冥始飞也，而所以处冥者得矣。弋者之不篡，非有篡之之心，限于冥而罢其机牙也。苟有可篡，则于冥而篡之也滋甚。惟使弋者忘其篡之情，而后鸿以安于云逵，其以销弋者之情已久矣。

王敬则反，欲劫何胤为尚书令，敬则长史王弄璋曰："何令高蹈，必不从；不从，便应杀之；举大事，先杀名贤，必不济。"敬则乃止。夫胤何以得此于弄璋乎？至何点而尤危矣，崔慧景反，逼点召之，点弗能脱，惟日与谈佛义，不及军事。慧景败，东昏侯欲杀点，萧畅曰：点若不诱贼共讲，未易可量。"东昏乃止。点又何以得此于畅邪？点与胤之时冥矣，上有乱君，下有乱臣，而二子若罔知也，守其机之恒而已。二子者，学于浮屠氏者也，而守其恒以自安于道，且若此矣，况君子之忠信为甲胄，礼义为干橹者乎！飞绝于地，而非有择地。故二子迫处于吴、越之间，而不必浮海滨而居荒峤。飞无求于人而人自仰之。故畅、弄璋不必与相知，而曲为之护。乱君乱臣，弋之不可，而弋之之志自消。二子岂以飞为避弋之术哉？自翔于云路，而弋固莫能篡也。

故飞者，非怙之以不可篡也；冥者，非可乘以飞之机也。天下无道，吾有其道；道其所道，而与天下无与。然而道之不可废也，不息于冥，亦不待冥而始决也。持己自正，修其业而人心自顺，生死祸福，俟之天，听之世，己何知焉？是故扬雄氏之言，可深长思也，而非固为暗晦以图全之陋术也，愈于庄生曳途之说远矣。

二

齐之逆，非曹、马、刘氏之比也；东昏之虐，非苍梧、郁林之比也；故萧衍虽篡，而罪轻于道成。乃自宋以来，天下之灭裂甚矣，一帝殂，一嗣子立，则必有权臣不旋踵而思废之。伺其失德，则暴扬之，以为夺之之名。当宸之席未暖，今将之械已成。谢晦一启戎心，而接迹以兴者不绝，至于东昏立，而无人不思攘臂以仍矣。江祏也，刘暄也，萧遥光也，徐孝嗣也，沈文季也，陈显达也，崔慧景也，张欣泰也，死而不惩，后起而益烈，汲汲焉惟手刃其君以为得志尔。身为大臣，不定策于顾命之日，不进谏于失德之始，翘首以待其颠覆，起而杀之。呜呼！君臣道亡，恬不知恤，相习以成风尚，至此极矣！

拓跋氏闻风而起，元禧无故而乘其主之出猎，遂欲举兵以内乱。自有天地以来，人道之逆，未有甚于此时者也。能挽其狂波而扶名义于已坠者，顾不伟与！于是而萧懿独秉耿耿之忠，白刃临头而不易其节，弟衍说之而不听，张弘策说之而不听，徐曜甫说之而不听，祸将及矣，曜甫知之，劝其奔襄阳，而奋然曰："自古皆有死，岂有叛走尚书令邪？"可不谓皎皎炎炎，天日在心，而山岳孤立者乎！沈庆之不忍废子业而死，犹有低回之心焉，懿则引领受刃，以全大臣之节，尤为烈矣。一人风之，而天下之心亦动。故自是以后，自非决志篡夺，不敢视嗣君如圈豚、旋拥立而旋执杀之，懿之为功于名教大矣哉！炀之者谢晦，扑之者懿也。晦罪滔天，而懿之功又岂可泯乎？

三

孟昶与刘裕同起，卢循寇逼而昶惧以死；萧颖胄与萧衍同起，萧璝兵逼江陵而颖胄惧以死；庸人轻动而丧其神守，裕与衍固不以其存亡为轻重也。乃昶、颖胄之无定情固矣，假令不死，而裕、衍之势成，昶、颖胄其能终匡晋、齐乎？抑知己之非裕、衍之敌而不争乎？昶且为刘毅，颖胄且为沈攸之也无疑；则其死也，又裕、衍之幸。昶死而刘毅无援，颖胄死而衍安坐以有国；天下稍宁，免于兵争者五十余年，则颖胄之死，非徒衍之幸，抑天下之幸也。

颖胄之立南康王也，非衍志也，颖胄挟以制衍也。故于诸篡主，惟衍差为近正者有二：颖胄悾怯，欲请救于魏，其时元英方欲乘乱以袭襄阳，幸其主不从耳，而请援以挑之，是授国于索虏也。衍毅然曰：“丈夫举事，欲清天步，岂容北面请救戎狄？”则其视刘文静之引突厥以贻后患者为正矣。颖胄之立南康也，果不忘萧鸾之血祀乎？抑道成立顺帝、萧鸾立海陵之故智耳。已正君臣之分，而又夺而弑之，则君臣之道，遂沦丧而无余。衍之东下也，东昏已死于张稷之手，衍乃整勒部曲以入建康，自以宣德太后令承制受百僚之敬，而非受命于南康。南康王至姑熟，而衍已自立，未尝一日立于南康之廷。非己立之，未尝臣之，则视唐之奉代王而逼之禅也，又有间矣。故曰视诸篡者为近正也。藉令颖胄不死，必阳奉南康以与衍争，而规灭衍以自篡；不胜，则北引索虏以残中国仅存之统，王琳之祸，颖胄先之矣。故颖胄之死，非徒衍之幸，抑天下之幸也。

乃若衍之恶不可掩者，则弑和帝是已。衍固欲置之南海，而沈约以危词动之，然衍以是恶约，夺其权而加以恶谥，则衍且有自艾之心矣。若颖胄之茸顽，而欲师道成、鸾之故辙，死而其慝隐耳，衍之所不屑也。

《读通鉴论》卷十六终